CHAMPION CLASSIQUES
Collection dirigée par Claude Blum
Série « Moyen Âge »
sous la direction d'Emmanuèle Baumgartner et de Laurence Harf-Lancner

LE CYCLE DE
LA BELLE DAME SANS MERCY

Dans la collection *Champion Classiques*

Série « Moyen Âge »
Éditions bilingues

1. THOMAS, *Le Roman de Tristan* suivi de *La Folie Tristan* de Berne et de *La Folie Tristan* d'Oxford. Traduction, présentation et notes d'Emmanuèle Baumgartner et Ian Short, avec les textes édités par Félix Lecoy.
2. ROBERT D'ORBIGNY, *Le Conte de Floire et Blanchefleur*, publié, traduit, présenté et annoté par Jean-Luc Leclanche.
3. *Chevalerie et grivoiserie-Fabliaux de chevalerie*, publiés, traduits, présentés et annotés par Jean-Luc Leclanche.
4. RENAUD DE BEAUJEU, *Le Bel Inconnu*, publié, présenté et annoté par Michèle Perret. Traduction de Michèle Perret et Isabelle Weill.
5. THOMAS DE KENT, *Le Roman d'Alexandre* ou *Le Roman de toute chevalerie*. Traduction, présentation et notes de Catherine Gaullier-Bougassas et Laurence Harf-Lancner, avec le texte édité par Brian Foster et Ian Short.
6. GUILLAUME DE BERNEVILLE, *La Vie de saint Gilles*, publiée, traduite, présentée et annotée par Françoise Laurent.
7. *Huon de Bordeaux*, Chanson de geste du XIIIe siècle, publiée, traduite, présentée et annotée par William W. Kibler et François Suard.
8. ALAIN CHARTIER, Le Cycle de *La Belle Dame sans Mercy*, une anthologie poétique du XVe siècle, publiée, traduite, présentée et annotée par David F. Hult et Joan E. McRae.
9. *Floriant et Florete*, publié, traduit, présenté et annoté par Annie Combes et Richard Trachsler.

ALAIN CHARTIER

BAUDET HERENC
ACHILLE CAULIER

LE CYCLE DE
LA BELLE DAME SANS MERCY

Une anthologie poétique
du XVe siècle
(BNF MS FR. 1131)

*Édition bilingue établie
traduite, présentée et annotée
par David F. Hult et Joan E. McRae*

CHAMPION CLASSIQUES
HONORÉ CHAMPION
PARIS – 2003

David F. Hult, qui a enseigné à Yale, à Johns Hopkins et à l'Université de Virginie (Charlottesville), est actuellement professeur de littérature française médiévale à l'Université de Californie-Berkeley. Il a édité et traduit le *Chevalier au Lion* (Lettres Gothiques). Il est également auteur d'un livre sur le *Roman de la Rose* et a publié plusieurs articles sur Chrétien de Troyes, Jean de Meun, Christine de Pizan, sur l'allégorie médiévale et sur la méthodologie de l'édition des textes médiévaux.

Joan E. McRae a soutenu en 1997 sa thèse de doctorat à l'Université de Virginie (Charlottesville) et enseigne le français à Hampden-Sydney College, dans l'état de Virginie.

© 2003. Honoré Champion Editeur, Paris.
www.honorechampion.com
Reproduction et traduction, même partielles, interdites.
Tous droits réservés pour tous les pays.
ISBN 2-7453-0889-0   ISSN 1636-9386

INTRODUCTION

> *Item, donne aux amans enfermes,*
> *Sans le laiz maistre Alain Chartier,*
> *A leurs chevetz de pleurs et lermes*
> *Trestout fin plain ung benoistier,*
> *Et ung petit brain d'esglantier*
> *En tous temps vert pour guepillon,*
> *Pourveu qu'ilz diront ung psautier*
> *Pour l'ame du povre Villon.*
>
> François Villon, *Le Testament*

Un simple clerc que l'en appelle Alain

Diplomate, secrétaire et notaire au service royal, maître-ès-arts de l'Université de Paris, archidiacre de Paris et surtout, écrivain, Alain Chartier naît à Bayeux aux alentours de 1385. Peu de détails biographiques concernant la jeunesse de Chartier nous sont parvenus. De toute évidence, ayant terminé ses études, Chartier entre au service de la reine Yolande d'Anjou : on trouve son nom parmi bien d'autres dans les comptes de l'hôtel d'Anjou couvrant la période 1409-1414. Puis il devient secrétaire et notaire du roi, attaché au service du dauphin, fils de Charles VI, sans doute en 1417 ou peu avant. En 1418, Chartier quitte Paris avec le dauphin et son entourage, en raison des émeutes des Bourguignons. Une période de plus de dix ans, que Chartier qualifie de "dolent exil" (*Livre de l'Espérance*, éd. Rouy, Po I, v. 1), va suivre, pendant laquelle notre auteur accomplit un certain nombre de missions diplomatiques importantes pour le dauphin, réfugié à Bourges et dans d'autres lieux de séjour provinciaux. La période de l'activité professionnelle de Chartier coïncide donc avec la période la plus noire de la Guerre de Cent Ans, marquée par la guerre civile entre Bourguignons et Armagnacs et par l'invasion des Anglais. En effet, après une brève période de trêve et de calme relatif, les Anglais reprennent l'offensive en 1413 avec l'accession au trône d'Henri V qui, comme ses prédécesseurs, persiste à réclamer ses droits au royaume de France. Deux ans après survient la bataille d'Azincourt, l'une des plus désastreuses de l'histoire de la France, qui se termine par le massacre ou la capture de l'élite de la chevalerie française. En 1420, le traité de Troyes, fruit de l'alliance entre les Bourguignons et les Anglais, déshérite le dauphin en accordant la couronne à Henri V, succession qui devait se réaliser après la mort de Charles VI. Mais deux ans après, la mort d'Henri V, puis celle de Charles VI se succèdent dans l'espace de trois mois, ce qui met en question les termes du traité de Troyes et laisse la France dans une crise de succession qui durera jusqu'en 1429. L'apparition soudaine de Jeanne d'Arc, « la Pucelle », assure le sacre de Charles VII dans la cathédrale de Reims, cérémonie à laquelle assiste Alain Chartier. Son dernier écrit sera en effet une épître en latin décrivant les exploits de la Pucelle, composée sans doute peu avant la mort de l'écrivain en 1430.

Auteur d'une œuvre variée, latine et française, en vers et en prose, produite pour l'essentiel entre 1414 et 1430, Alain Chartier fut un commentateur acharné des événements politiques et sociaux de son époque, mais il avait également maîtrisé la poésie courtoise traditionnelle, encore très à la mode. Œuvre variée, certes, mais non pas abondante, si on compare sa production avec celle des grands poètes des générations précédentes – Machaut, Froissart, Deschamps – ou de son aînée et contemporaine Christine de Pizan. Par exemple, l'ensemble de ses œuvres versifiées, parmi lesquelles on recense au total une trentaine de poésies lyriques à forme fixe – ballades, rondeaux et lais – et un peu plus d'une demi-douzaine d'œuvres plutôt narratives et de longueur variable, ne fait au total que quelque 7500 vers ; ce qui est bien modeste par rapport aux 9000 vers (sans compter les lettres en prose !) du seul *Livre du Voir Dit* de Machaut, aux 23 000 vers de la *Mutation de Fortune* de Christine de Pizan, ou aux 1500 pièces lyriques composées par Deschamps. Autre contraste, du moins avec Machaut et Pizan : Alain Chartier n'a de toute évidence jamais veillé à la mise en recueil, et donc à la publication formelle, de ses ouvrages. Il n'a jamais non plus montré beaucoup de goût pour des écrits à part entière autobiographiques ou même pseudo-autobiographiques : rien de comparable, dans l'œuvre de Chartier, au *Voir Dit* de Machaut ou à l'*Advision Christine*.

Le manque d'attention que Chartier semble avoir prêté à la confection de ses œuvres collectives et à leur transmission (dû vraisemblablement à sa vie professionnelle mouvementée et itinérante), voire à leur survie, est d'autant plus frappant que les copistes du siècle suivant sa mort nous ont légué une quantité de manuscrits très importante. J. Laidlaw a recensé environ 200 manuscrits ayant transmis une ou plusieurs œuvres de Chartier, ce qui fait de lui un des auteurs français médiévaux les mieux représentés en manuscrit. A titre de comparaison, du *Lais* et du *Testament* de François Villon, poète de nos jours le plus prisé du XVe siècle, il n'en subsiste que quatre, dont trois sont également associés avec Alain Chartier. La répartition des œuvres dans ces manuscrits est loin d'être aléatoire ; elle suggère, en fait, que les textes des manuscrits étaient compilés et organisés selon le goût du public (ou des publics, car il y en avait plusieurs) et que, même si Alain Chartier se trouve souvent placé au centre d'un manuscrit, on ne s'intéressait pas à reconstituer ses « œuvres complètes ». C'est là une idée qui ne semble être née qu'avec la première édition imprimée des œuvres de Chartier, les *Fais Maistre Alain Chartier* publiés par Pierre Caron, volume qui comprend toutes ses œuvres françaises, poésie et prose, ainsi que certaines œuvres qui lui sont associées à l'époque mais qui sont maintenant attribuées à d'autres auteurs. Quant à la tradition manuscrite spécifique de Chartier, par contre, on peut identifier trois types principaux de réception de son corpus sûrement destinés à trois publics distincts : 1) les œuvres latines, qui ne sont, sauf exception, jamais copiées dans les mêmes manuscrits que les œuvres françaises ; 2) les œuvres françaises en prose ; 3) les œuvres poétiques. Dans l'exposé qui suit, nous allons nous limiter à cette dernière catégorie, qui constitue le contexte principal pour les textes que nous présentons dans ce volume.

Quelques textes de Chartier sont aisément datables parce qu'ils gardent les marques des circonstances de leur composition. Certains, par exemple, furent composés dans le contexte de ses fonctions de secrétaire et diplomate – des lettres signées de sa main, des discours latins qu'il a prononcés lors de ses visites diplomatiques[1]. D'autres, moins liés à une circonstance historique précise, sont également datés, comme, par exemple, le *Quadrilogue invectif*, sorte de dialogue sur les graves problèmes moraux et politiques de la France, qui se place en 1422, très précisément avant le mois d'août, comme l'atteste une référence au roi d'Angleterre, toujours vivant. Les textes poétiques, par contre, qui sont moins systématiquement associés avec des événements contemporains, se datent avec plus de difficulté.

Chartier a su pourtant tisser des fragments autobiographiques dans les marges de ses écrits, ce qui nous permet de tenter une chronologie de ses ouvrages tout en nous méfiant du piège d'une lecture biographique irréfléchie. La chronologie que l'on peut établir à partir d'indications intérieures à ses fictions comporte en effet elle-même une part de fiction. *Le Livre des quatre Dames* est un des poèmes les plus faciles à situer, car il prend comme donnée historique la bataille d'Azincourt et la défaite de l'armée française : sous forme d'un débat consistant en une suite de monologues, les quatre dames se disputent le titre de la plus malheureuse, chacune décrivant la profondeur de sa désolation au lendemain de ce désastre. La première se plaint de la mort de son amant ; la seconde, de la capture du sien ; la troisième se lamente à cause de son incertitude, ne sachant pas si son amant est mort ou vivant ; enfin, la quatrième proclame la honte qu'elle a subie, parce que son amant est un fuyard. Une résolution du débat – laquelle de ces dames est la plus malheureuse ? – est laissée en

---

[1] Voir à ce sujet Walravens, *Alain Chartier*, Amsterdam, 1971, qui reproduit (pp. 149-211) les lettres transcrites par Alain dans sa fonction de secrétaire du roi ; et Bourgain-Hemeryck, *Les Œuvres latines d'Alain Chartier*, Paris, 1977, pp. 3-25, pour une discussion de ses discours officiels.

suspens, car le narrateur/témoin du début, qui se déclare auteur du poème, soumet son ouvrage à la dame qu'il aime[2] :

> Il m'est commis que je demande
> Vostre avis, Belle,
> D'une questïon bien nouvelle
> Dont en ce livre la querele
> J'ay mise en rime tele quele,
> Au long escripte ;
> Et se si bien ne la recite
> Comment elle m'a esté dicte,
> Ignorance m'en face quicte.
> Or la lisez
> S'il vous plaist, afin que disez
> De bouche, ou au moins escripsez,
> Laquele plus triste eslisez
> De quatre amantes,
> Dames belles, bonnes, savantes
> Qui sont tristes et desplaisantes
> Et de leur debat requerantes
> Vostre sentence.
>
> (*Quatre Dames*, éd. Laidlaw, vv. 3475-92)

Comme nous le verrons ailleurs chez Alain Chartier, la situation personnelle du narrateur s'infiltre subtilement dans les marges de récits dont les protagonistes lui sont étrangers. Ici, la dame à qui le narrateur dédie en conclusion son ouvrage est la même que celle dont il avait parlé au début, celle à qui il avait voué son cœur deux mois auparavant. Attendant les faveurs de cette dame, il évoque le désespoir que lui causa une autre dame, qu'il servit pendant deux ans avant de comprendre qu'« elle entendi/Bien autre part » (*Quatre Dames*, éd. Laidlaw, vv. 335-36).

---

[2] A part les textes d'Alain Chartier qui se trouvent dans le présent volume, nous citons les œuvres poétiques d'après la belle édition de J. Laidlaw, *The Poetical Works of Alain Chartier*, Cambridge U. K., 1974.

C'est ce fil conducteur à caractère autobiographique – que ce soit fictif ou réel, peu importe – qui permet de relier plusieurs des poèmes de Chartier et de proposer une chronologie hypothétique. Fil conducteur qui a pu d'ailleurs intriguer les lecteurs contemporains, les invitant à construire un corpus poétique à partir de morceaux dispersés reflétant un je poétique qui fait la médiation entre un univers personnel et un monde extérieur ancré dans l'histoire. Si on doit par exemple situer le *terminus a quo* des *Quatre Dames* en 1415, date de la bataille d'Azincourt, sa composition doit le suivre de peu, car non seulement la catastrophe semble être de fraîche date, mais la référence que fait le narrateur à son retour à Paris (« Envers Paris m'en retournay,/Car sans y estre, bon jour n'ay », vv. 3450-51) semble improbable après la fuite du dauphin avec son entourage de la capitale en 1418. C'est donc à juste raison que l'on a situé la composition de ce poème aux alentours de 1416.

Suivant la fiction personnelle du narrateur, ne faut-il pas placer le *Lai de Plaisance* et le *Débat des deux Fortunés d'Amour (Le Gras et le Maigre)* au plus tard en 1414, car dans le premier le narrateur se déclare 'sans dame' (*Lay de Plaisance*, v. 10) et dans le second le narrateur/auteur s'identifie ainsi dans le dernier couplet :

> Ce livret voult ditter et faire escripre,
> Pour passer temps sans courage vilain,
> Un simple clerc que l'en appelle Alain
> Qui parle ainsi d'amours par ouïr dire.
> 			(*Deux Fortunés*, éd. Laidlaw, vv. 1243-46) ?

De tels aveux ont permis à Daniel Poirion de proposer trois étapes dans le développement de la carrière d'Alain Chartier, comme amant et comme poète. La première étape serait justement celle où le narrateur parle d'amour sans en avoir eu l'expérience ; la deuxième étape, représentée par les *Quatre Dames,* situe le narrateur à la place « classique » du poète courtois, qui écrit son ouvrage à l'intention de sa dame, en espérant recevoir ses faveurs. La troisième étape dans le développement du poète comme amant est celle qui nous intéresse particulièrement ici, celle qui représente l'amant triste et langoureux dont la dame vient de mourir.

Charretier... l'ort infame de loyaulté mescreu

C'est sans doute à l'intention d'un groupe de courtisans connaisseurs de la tradition poétique et amoureuse qu'Alain Chartier écrit la *Belle Dame sans Mercy*, œuvre qui se compose de cent huitains de vers octosyllabiques. Le narrateur/observateur, que nous connaissons depuis les autres poèmes de Chartier, s'achemine tout seul, à cheval, profondément accablé par la mort de sa dame. C'est une atmosphère de deuil et de tristesse qui associe étroitement la *Belle Dame* à l'un des poèmes les plus imités de Chartier, la *Complainte sur la Mort de sa Dame*, ce qui suggère qu'ils furent composés à la même époque, et peut-être d'un seul jet. Il s'agit également d'un refus de la composition poétique, déclaration paradoxale au seuil de ce qui deviendra son poème le plus célèbre :

> Des or maiz est temps de moy taire,
> Car de dire suis je lassé.
> Je veul laisser aux aultres faire :
> Leur temps est, le mien est passé.
>
> (*Belle Dame*, vv. 33-36)

Assistant à une fête peuplée par des hommes et des femmes amoureux, le narrateur observe avec intérêt un homme pâle et triste, vêtu de noir, qui participe à la joie commune mais dont les regards langoureux reviennent constamment sur une dame de la compagnie. Caché derrière une haie, le narrateur observe la discussion entre l'amant et sa dame ; le reste du poème, les trois quarts au total, est consacré à la transcription de ce dialogue, où l'amant demande les faveurs de la dame, qui lui oppose des refus. La dame se montre si inflexible que l'amant finit par s'en aller et le narrateur rapporte qu'on lui a appris par la suite la mort de l'amant. Les deux derniers huitains contiennent des messages pour les hommes et les femmes qui viennent d'entendre cette histoire pitoyable. Le narrateur conseille aux hommes d'éviter et de condamner ces « vanteurs et... mesdisants » qui sont à la source de la méfiance des dames, et il demande de même aux dames de ne pas imiter les actions de cette dame qu'il appelle, dans le dernier vers, 'La belle dame sans mercy.'

Aucune référence intérieure au poème ne permet de lui attribuer une date. Mais, bientôt après sa composition, Alain reçoit une lettre en prose signée par trois dames de la cour lui demandant de se défendre contre les reproches de leurs amis, qui trouvent que le portrait de cette dame risque de mettre leur propre poursuite amoureuse en péril. La lettre des dames, signée « le derrenier jour de janvier », fait une référence explicite à l'absence d'Alain, ainsi qu'aux dangers possibles qu'il affronte sur une mission dont les détails ne sont cependant pas précisés. Les dames lui demandent en plus de se présenter devant elles pour se disculper le premier jour d'avril. Or nous savons, d'après un document daté le 31 décembre 1424, qu'Alain devait quitter la cour les premiers jours de janvier 1425 pour accomplir une mission diplomatique auprès de l'Empereur d'Allemagne, mission qui finira par l'occuper une grande partie de cette année. Il est donc plus que probable que la composition de la *Belle Dame* date des derniers mois de 1424 et que le début de la querelle lancée par les lettres en prose occupe la première partie de 1425 : Maître Alain situe sa réponse aux dames, sous forme de dialogue entre l'auteur et le dieu d'Amour, *L'Excusacion de Maistre Alain*, « le jour de l'estraine », qui en 1425 tombe le 8 avril. La chronologie interne suggère donc qu'Alain, n'ayant pas pu assister à la convocation des dames pour le 1er avril – conséquence de son absence au service du roi ? –, écrit *L'Excusacion* pour s'en disculper. Une dernière réponse des dames, celle-ci en vers, transmise dans quatre manuscrits seulement (voir Dossier, p. 493-99), prend un ton franchement accusatoire et se réfère textuellement à l'*Excusacion*, ce qui suggère qu'elle date du printemps ou de l'été 1425[3].

---

[3] La mise en vers de la lettre des dames (voir Dossier, p. 477), dont on ne saurait cependant fixer la date, s'accorde avec cette chronologie en donnant la précision suivante : « vous prïons qu'on vous revoye/En personne *en ce temps d'esté* ».

Dans quelle mesure faut-il prendre au sérieux cette controverse qui semble occuper l'attention de toute la cour et qui, de surcroît, prend les allures d'un procès judiciaire ? C'est une question que la critique pose depuis longtemps et à laquelle il est difficile de répondre. Quelques années après, sans doute vers le début de 1429, Pierre de Nesson, un auteur contemporain originaire d'Aigueperse, aux confins du Bourbonnais, écrit un *Lai de Guerre*, qui se situe explicitement par rapport à un tout autre ouvrage de Chartier, le *Lai de Paix*, dans lequel le personnage allégorique Paix s'en prend aux seigneurs de France pour leur demander de mettre fin aux divisions dans le royaume et à la guerre incessante qui, selon elle, risque de tout détruire. Bien qu'il s'agisse de questions politiques courantes, *Le Lai de Paix* est difficile à dater, car il aborde son sujet de manière extrêmement générale, mais il fut sans doute produit dans la période suivant la mort du roi Henri V et celle de Charles VI en 1422, et sûrement avant les événements de 1429. Les rubriques de quelques manuscrits indiquent qu'Alain Chartier l'a écrit pour le duc de Bourgogne, auprès de qui l'écrivain avait accompli une mission diplomatique en 1426 ; elles le désignent donc comme un document ayant trait aux efforts pour conclure une paix avec ce rival du dauphin. Nesson, quant à lui, propose un poème symétrique, et de ce fait foncièrement ironique, où le personnage de Guerre, dans une harangue virulente, montre son dédain pour Alain et son poème, ainsi que pour Nesson qui, dit-elle, « moult nous het ». En même temps, donc, que Nesson se montre en sympathie idéologique avec Chartier – tous les deux sont dénoncés comme des ennemis de Guerre – il fait rappeler par Guerre un épisode curieux qui aurait eu lieu lorsque la cour se trouvait à Issoudun :

> Ainsi que dit son ribault Charretier,
> Qui d'elle [Paix] fit une rime avant'ier,
> En blasmant ceulx que je norris et paix,
> Et l'appelle, le truant, *Lay de Paix*,
> Et dit qu'elle est fille du roy des cieulx
> Et qu'elle fait tant de biens et de mieulx,
> L'ort infame de loyaulté mescreu

Qui ne devroit estre tesmoin ne creu,
Lui qui jadis fut anmy d'Issouldun,
Present son roy et trestout le commun,
Publicquement banni a son de trompe.

(Lai de Guerre, éd. Piaget/Droz, vv. 49-59)

Guerre ajoute que ce fut Nesson lui-même qui « diffama [Alain Chartier] ainsi publicquement » (*Lai de Guerre*, éd. Piaget/Droz, v. 64), déclaration pour le moins provocatrice dans un poème que l'auteur bourbonnais écrit de sa propre main. Le contexte ironique de cet ouvrage met en question le sérieux de cette anecdote, mais on se demande également quelles ont pu être les circonstances qui lui ont donné naissance.

A. Piaget et E. Droz, éditeurs des poèmes de Nesson, y ont vu le signe d'une rivalité amicale entre Nesson et Chartier, qui n'aurait rien à voir avec la querelle de la *Belle Dame*[4]. Certes, Chartier de son côté s'amuse au dépens de Nesson dans l'épilogue d'un ouvrage qui à l'évidence n'a guère circulé, et qui n'était peut-être même pas destiné à la publication, *Le Débat du Herault, du Vassault et du Villain*, court échange entre les trois personnages du titre qui traite de manière satirique de questions politiques et sociales similaires à celles qui se débattent avec une gravité absolue dans le *Quadrilogue invectif* (1422) : Là où le héraut et ce jeune noble appelé 'le vassal' discutent des valeurs idéales de la noblesse et de sa déchéance actuelle, le vilain intervient à la fin pour critiquer cette classe qui, selon lui, profite des revenus des contribuables sans véritablement faire son devoir de protéger le pays. Dans les deux dernières strophes, Alain affirme de manière sournoise et moqueuse que cet ouvrage fut écrit à l'intention de Nesson, le « vaillant bailli d'Aigue-

---

[4] *Pierre de Nesson et ses œuvres*, Paris, 1925, p. 18 : « Ainsi la Cour amoureuse n'est pour rien dans cette aventure d'Issoudun. On est heureux d'apprendre que les dames de la cour, le roi de France et Nesson lui-même, n'ont pas manqué d'esprit au point de prétendre punir le doux poète Alain Chartier d'avoir écrit la *Belle dame sans merci*. »

perse », qui aurait une fois exprimé des idées qui le rapprochent du vilain :

> Me sembloit d'eulx ouÿr parler
> Qu'antr'eux jouassent une farce,
> Et lors il me va remambrer
> Du vaillant bailly d'Aigueperse
> Qui me dist une foys : 'Alain,
> J'ayme trop mieulx paier la taille
> Et vivre longuement villain,
> Que noble mourir en bataille'.
>
> On pourroit avoir souspeczon
> Que je voulsisse cecy dire
> Pour mon bon compaignon Neczon.
> Pour ce, quant je l'ay fait escripre,
> J'ay a l'escripvain deffendu
> Du moustrer. Au fort, s'on lui baille,
> Bien assailly, bien deffendu ;
> Face, s'il scet, de pire taille !
> (*Débat du Herault,* éd. Laidlaw, vv. 425-40)

« Bien assailly, bien deffendu »... difficile de déterminer si *Le Débat du Hérault* est lui-même une réponse au *Lai de Guerre*, ou si, inversement, Nesson n'aurait pas écrit celui-ci pour répondre au défi ironique et poétique lancé par Chartier dans le dernier vers. Là où les deux s'accordent, pourtant, c'est sur la caractérisation de Nesson : sans qu'il l'accuse de couardise, Chartier suggère que Nesson est prêt à abandonner tous les idéaux de la noblesse pour mener une vie tranquille loin des horreurs de la guerre. Constatation que Guerre ne contredit pas, car elle affirme de son côté que Nesson a toujours fui le champ de bataille :

> Et maintes foiz a il laissé son maistre,
> Quant il failloit en lieu lou [= là où] feussions estre.
> (*Lai de Guerre*, éd. Piaget/Droz, vv. 81-82)

Mais à part la question de la rivalité professionnelle entre Nesson et Chartier, il y a d'autres raisons pour s'interroger sur le sérieux de ces plaisanteries, tout en les associant à la querelle de la *Belle Dame*. D'abord, autant que l'on sache, Alain n'a jamais été banni de la cour ; il continue à partir en missions diplomatiques jusqu'à la fin de la décennie et, on l'a vu, il assiste au sacre du roi en 1429. Donc, s'il y a eu bannissement, il était sûrement d'un genre aussi fictif que les remarques même du personnage Guerre. Mais la localisation de cet épisode n'est pas sans importance : non seulement Issoudun est une ville du Berry à proximité de la cour du roi Charles VII, en exil à Bourges, mais c'est précisément à Issoudun que les trois dames signent leur lettre à Alain Chartier en lui demandant de se défendre. A titre d'explication de ce passage, un scribe a écrit aux marges d'un manuscrit[5] du *Lai de Guerre* que « Nesson, estant le roy a Issodun, trova une crie de la ville faisant ung cry de par le roy et estoit ladicte crie yvre ; si fist Nesson bannir maistre Alain par mocquerie par tous les carrefours et de ce parle Guerre en ce lieu. » L'élaboration de cette mise-en-scène moqueuse, le crieur public ivre qui dénonce Alain Chartier dans les rues d'Issoudun, suggère que, plutôt que d'une rivalité sérieuse, il s'agit ici d'un jeu littéraire et social, d'une farce à laquelle auraient participé plusieurs membres de la cour : le « jugement » que subit Alain Chartier devant les dames de la cour ferait penser à la Cour Amoureuse dont on sait l'importance dans les entourages de Charles VI et de Charles VII[6].

Il semble même possible de voir dans l'épilogue du *Débat du Herault* une réponse à l'attaque, tant soit peu sérieuse, contre Chartier dans l'affaire de la *Belle Dame*, bannissement ludique où Pierre de Nesson aurait eu son rôle à jouer... *bien assailly, bien deffendu*. Et en même temps, un retour ironique sur lui-même : Alain, après tout, ne

---

[5] Il s'agit du ms. Vatican reg. lat. 1363.
[6] Sur Nesson et Chartier, voir également S. Lefèvre, « 'Le Cachet de la Poste faisant foi' : *La Belle Dame sans Mercy* et sa datation... ». Sur la Cour Amoureuse, voir Piaget, « La Cour amoureuse dite de Charles VI », *Romania*, 20, 1891, pp. 417-54 ; et Bozzolo/Loyau, *La Cour amoureuse dite de Charles VI*, Paris, Le Léopard d'Or, 1982.

fait-il pas rimer son nom avec « villain » (*Débat du Herault*, éd. Laidlaw, vv. 429, 431) ? Quoi qu'il en soit, il est évident que ces premiers échanges se situent dans une atmosphère de « farce », pour reprendre la parole même de Chartier, et que c'est dans cette perspective que nous devons comprendre non seulement le noyau de la querelle de la *Belle Dame sans Mercy* mais également les pièces complémentaires de la controverse.

Genèse d'une Querelle

Le premier février 1402, Christine de Pizan termine un petit recueil de documents qu'elle expédie à la reine de France, Isabeau de Bavière. Ce dossier, qu'elle intitule « Les espitres du debat sus *Le Rommant de la Rose* entre notables personnes : Maistre Gontier Col, General Conseillier du Roy, Maistre Johan Johannez, et Cristine de Pizan », rassemble une série de lettres échangées l'année précédente, provoquées par une discussion entre Christine et Jean de Montreuil sur les mérites du célèbre poème allégorique attribué à Guillaume de Lorris et à son continuateur Jean de Meun[7]. Au seuil du quinzième siècle, le *Roman de la Rose*, terminé par le second auteur vers 1270, était l'œuvre française la plus connue et la plus lue, fait attesté par les quelque trois cents manuscrits qui en ont survécu, la plupart copiés entre 1300 et 1500 ; ses auteurs, en particulier Jean de Meun, furent célébrés comme des maîtres en amour et des modèles d'érudition. Christine, offensée par sa misogynie indubitable ainsi que par son obscénité flagrante, s'en prit aux défenseurs du poème, pour la plupart des clercs et des professionnels de la chancellerie royale, et demanda la censure du texte. Son attaque était courageuse mais aussi stratégique, car Christine avait bien compris que la création d'une telle querelle (tout à fait inouïe à l'époque), de même que sa présentation sous forme d'un volume manuscrit, pouvait créer une réputation et mener à d'autres commandes. C'est cet aspect de la

---

[7] Pour les documents principaux, voir l'édition de E. Hicks, *Le Débat sur le Roman de la Rose*, Paris, Champion, 1977.

querelle que commente Pierre Col, un des défenseurs de Jean de Meun, lorsqu'il écrit à Christine :

> Si te prie, femme de grant engin, que tu gardes l'onneur que tu as pour la hautesse de ton entendement et langaige bien ordené ; et que s'on t'a loué pour ce que tu as tirey d'un boulet par dessus les tours de Nostre Dame, ne t'essayes pour tant a ferir la lune d'un boujon pesant : garde que tu ne rassambles le corbel, lequel, pour ce que on loua son chant, se prist a chanter plus fort qu'il n'avoit acoustumé et laissa cheoir sa bouchié.
>
> (*Le Débat*, éd. Hicks, pp. 109-10)

Bien audacieux que d'utiliser la fable du corbeau flatté par le renard pour commenter les démarches de Christine, jugées outrecuidantes par Pierre Col, vis à vis du grand maître qu'était Jean de Meun. Christine, qui avait déjà eu des succès auprès des grands, serait allée trop loin en essayant d'accroître sa propre renommée en attaquant le maître. On devine que l'adversaire de Christine avait frappé juste en lisant la réponse de celle-ci à ce passage :

> Tu m'anjoins ou accuses come de presompcion de moy mesmes : si te jure sur ma foy que onques ne presumay avoir si hault lancié come les tours Nostre Dame – ne say comment plus hault tacheroye – ; ne pour cuidier hault chanter ne me cherra ja bouchee. Car je repute mon fait et mon savoir chose de nulle grandeur ; autre chose n'y a quelconques fors tant – je le puis bien dire veritablement –, que je ayme l'estude et vie solitaire ; et par frequenter ycelluy puet bien estre que g'y ay queilly des basses flourettes du jardin delicieux, non pas monté sur les haulx arbres pour queillir de ce beau fruit odorant et savoureux (non mie que l'appetit et la volanté n'y soit grant, mais foiblesce d'entendement ne le me sueffre) ; et mesmes pour l'oudeur des flourettes dont j'ay fait grailles chappellés, ceulx qui les ont voulu avoir – a qui ne les osasse ne peusse veer –, se sont esmervilliés de mon labour, non pour grandeur qui y fait, mais pour le cas nouvel qui n'est accoustumé : si ne s'en sont mie teus, – non obstant ait esté loing temps celey, et te promet que a ma resqueste n'est magnifesté.
>
> (*Le Débat*, éd. Hicks, pp. 148-49)

Pierre Col, en mettant en question les motivations de Christine dans la querelle, formule bien l'idée qu'une querelle, voire un scandale, peut ajouter à la notoriété d'un auteur en provoquant la lecture d'un texte qui aurait pu rester inaperçu.

De toute évidence, cette première querelle de l'histoire littéraire française n'a pas circulé beaucoup plus loin que le cercle restreint de fonctionnaires parmi lesquels elle était née ; elle n'a été transmise que par huit manuscrits, dont cinq sont des volumes entièrement consacrés aux œuvres complètes de Christine de Pizan, soit confectionnés sous l'égide de Christine elle-même, soit copiés sur un de ces exemplaires ; un sixième a vraisemblablement été transcrit par Gonthier Col, un autre des figurants dans la querelle, pour le duc de Berry. Une génération après, le sort de la querelle de la *Belle Dame sans Mercy* aurait pu finir avec l'*Excusacion* d'Alain Chartier et en rester là. Mais les choses se sont passées autrement car, pour une raison ou une autre, la situation fictive que Chartier avait créée a fini par piquer l'intérêt d'un public friand de querelles mi-sérieuses mi-satiriques, public en plus fasciné par l'aspect légal et moral de cette dame qui refuse d'accorder ses faveurs à son pitoyable prétendant. Le point culminant de ce qu'Alain a commencé et qui sera développé dans une longue série de fictions judiciaires (parfois remplies de jargon technique) sera sûrement *Les Arrêts d'Amour* de Martial d'Auvergne (c. 1460), lui-même notaire et procureur, compilation en prose de cinquante-et-un procès-verbaux présentés devant le tribunal d'Amour, dont l'un est une version de la *Belle Dame*.

Si la matière de la *Belle Dame* a influencé toute une génération de poètes, le succès formel n'en fut pas moindre. On a souvent attribué à Alain Chartier l'invention de cette forme strophique caractéristique qu'est le huitain composé de deux quatrains, à trois rimes : a b a b/b c b c. Mais, on le sait depuis les travaux de Piaget, non seulement c'était une forme strophique très utilisée dans la poésie lyrique, notamment les ballades, du XIVe siècle, mais l'utilisation en est faite pour de longs poèmes chez Oton de Grandson, une génération avant Chartier. Il est pourtant indiscutable que la vogue de cette forme au XVe siècle, y compris le *Lais* et le *Testament* de Villon, est due au succès de la *Belle Dame*. Pratiquement tous les imitateurs de la *Belle Dame* s'en servent[8].

Premier sans doute de ses continuateurs, un certain Baudet Herenc, auteur d'un art de seconde rhétorique, écrit un ouvrage appelé *Accusation contre la Belle Dame sans Mercy (Le Parlement d'Amour)*, dans lequel il oblige la belle dame à se présenter devant le tribunal du dieu d'Amour, car elle est accusée d'avoir commis le meurtre du triste amant d'Alain Chartier. C'est un développement intéressant car, là où il s'agissait au début d'une querelle portant sur la culpabilité d'Alain Chartier, le jugement le laisse de côté pour se concentrer sur le personnage de la femme *dans* la fiction. En effet, l'auteur n'est guère mentionné dans *l'Accusation* mais ce poème, qui s'est vite rattaché à la *Belle Dame*, en a fait une cause célèbre. L'auteur anonyme de la *Dame loyale* va, lui, revenir sur le rôle de l'écrivain dans l'affaire, faisant décrire par Vérité, défenseur de la dame, cet homme aux « oreilles doubles » (v. 436), « affublé de decepcïon » (v. 430). Recourant à la *Belle Dame* et à l'*Excusacion*, Vérité fait le procès de l'auteur mensonger afin de disculper la dame des crimes dont elle est accusée. C'est sûrement Achille Caulier, le continuateur suivant, qui fut responsable de l'apologie définitive d'Alain Chartier. D'abord dans la *Cruelle Femme*, où on dénonce les fautes de procédure dans le premier procès : pour ce faire, on innocente l'auteur qui fut le témoin d'un crime qu'il a à bon droit dénoncé. En effet, il valait mieux que ce « tresnotable escripvain » (v. 466) eût mis en écrit son témoignage plutôt que, faute de témoin, la cruauté de la dame ne fût pas documentée. Vérité finit avec l'éloge de l'écrivain, dont elle annonce la mort récente :

> Car son engin fu si haultain,
> Et son bon renon si certain,
> Que s'il estoit encore en vie,

---

[8] Voir H. Chatelain, *Recherches sur les vers français*, pp. 91-2, qui dresse une longue liste de ces imitations. En effet, la survie exceptionnelle de *La Belle Dame qui eut Mercy*, poème attribué à Grandson, et qui utilise cette même forme strophique, est sûrement due à son association ultérieure avec Chartier.

Je ne vys huy courage humain
Qui l'osast blasmer par envye.

(Cruelle Femme, vv. 492-96)

Achille Caulier va même plus loin dans l'*Hôpital d'Amour*, poème qui eut un énorme succès au XVe siècle, lorsqu'il place Alain Chartier dans le cimetière des loyaux amants, pas très loin de Tristan et Lancelot, et à côté de l'amant tué par la Belle Dame :

Assés pres, au bout d'ung sentier,
Gesoit le corps de tresparfait,
Sage et loyal Alain Chartier,
Qui en amours fist maint hault fait.
Par luy fut sceü le meffait
De celle qui l'amant occy,
Qu'il appela, quant il ot fait,
La Belle Dame sans Mercy.

Entour sa tombe, en lectres d'or,
Estoit tout l'art de rethorique.
Emprés luy, vers ung aultre cor,
Soubz une tombe assés publique,
Gesoit l'amant tresautentique,
Qui mouru, sans le secours de ame,
Par le regart du basillique
Contre raison appellé dame.

(Hôpital, vv. 425-40)

La consécration d'Alain Chartier est désormais établie dans ce contexte où, selon la belle formule de J. Cerquiglini-Toulet (*La Couleur*, p. 130), le tombeau, le souvenir et le livre s'entrecroisent dans l'imaginaire poétique. Que de cimetières à venir, qui deviennent des listes d'hommes célèbres du passé, chevaliers et poètes, ainsi que des lieux mélancoliques où l'amour n'est plus qu'un vague souvenir[9] ! Jean Régnier, dans ses *Fortunes et Adversités*, composées entre 1431 et 1433, lors d'un emprisonnement en Angleterre – et donc quelque deux ou trois ans seulement après la mort de Chartier – lui fait l'hommage suivant au moment de transcrire une de ses poésies lyriques :

> Et combien que fusse en esmay,
> Mon cueur se print a resjouyr,
> Esperant encor de jouyr
> De la grace dame Fortune.
> C'elle m'avoit baillé pour une
> Du bien, encor me pourroit faire
> Sans me vouloir du tout deffaire,
> En cel espoir fut tant surpris
> Quë a chanter tantost me pris
> Une chanson que ne feis oncques.
> Mais pourquoy la chantay je doncques ?
> Pource quë au cueur me tenoit
> Et a mon propos revenoit.
> Maistre Alain, duquel Dieu ait l'ame,
> Lequel cy gist soubz une lame,
> Si la fit, com l'ay ouy dire.
> Icy après la vueil escripre.
>   (*Les Fortunes et Adversitez*, éd. E. Droz, vv. 4354-70)

On sent une profonde affinité entre la tristesse du prisonnier et le souvenir de Maître Alain, qui avait si bien chanté la douleur de l'amour.

---

[9] On voit jusqu'à quel point cette association entre la *Belle Dame*, le cimetière et l'Hôpital d'Amour était devenue une réalité poétique, sans solution de continuité entre Alain Chartier et ses imitateurs, lorsque Martin le Franc revient là-dessus pour corriger la tradition telle qu'il l'avait reçue : La Belle Dame ne se trouve pas dans l'Hôpital mais plutôt dans le cimetière des loyaux amants (voir *Le Champion des Dames*, éd. Deschaux, vv. 1897-1928).

Martin le Franc, vers 1441-42, dans le *Champion des Dames*, dresse une liste de poètes-prédécesseurs :

> Aux estrangiers pouons la feste
> Faire de la vaillant Cristine
> Dont la vertu est manifeste
> En lettre et en langue latine.
> Et ne debvons pas soubs courtine
> Mettre ses euvres et ses dis,
> Affin que se mort encourtine
> Le corps, son nom dure toudis.
>
> Froissart sçavoit bien la pratique
> De bien dicter, ou ilz me mentent ;
> La mort Machaut grand rethorique
> Les facteurs amoureux lamentent ;
> Les aultres d'Alain se dementent
> Car il a le mieulx baladé ;
> Aultres pour Castel se desmentent,
> Pour Nesson et pour Mercadé.
>
> <div align="right">(<i>Champion</i>, éd. Deschaux, vv. 18953-968)</div>

Vers la même époque, Pierre de Hauteville, poète de la même région qu'Achille Caulier et connu comme « Prince de la cour d'Amour », écrit *La Confession et Testament de l'Amant trespassé de Deuil*, ouvrage qui se situe dans la lignée des imitations de la *Belle Dame*, et y ajoute un *Inventaire des Biens demourez du Décès de l'Amant trespassé de Deuil*. Voici la bibliothèque laissée par ce pauvre seigneur :

> La fut trouvé ung cartulat
> En françois rond sans quelque gloze,
> Le livre *Lancelot du Lac*
> Et ung vielz *Rommant de la Rose,*

Ung caier noté de leçons,
De basses dances nouveletes
Et ung autre plein de chançons
De pastoureaux et bergeretes,

Le livre *des Joies et Doulours,*
Du Jenne Amoureux Sans Soucy,
La Belle Dame Sans Mercy
Et aussi *l'Ospital d'Amours* ;

Passe temps Michault y estoit,
L'Amoureux rendu cordelier
Et d'autres livres ung millier
Ou le Defunct si s'esbatoit.

(*L'Inventaire*, éd. R. Bidler, vv. 429-44)

La constitution d'une bibliothèque de seigneur qui est mort d'un amour désespéré est pour le moins emblématique de toute une époque : chevalerie romanesque idéalisée (Le livre *Lancelot du Lac*) ; tradition érotique courtoise considérée comme légèrement désuète (ung vielz *Rommant de la Rose*) ; et suite d'ouvrages entourant la *Belle Dame*, tous composés entre 1425 et 1440, traduisant la mélancolie actuelle de ce XVe siècle.

Une dizaine d'années plus tard, c'est au roi René d'Anjou, dans son *Livre du Cuers d'Amours espris*, de revenir explicitement au cimetière de l'*Hôpital d'Amour* pour en faire le lieu de repos des grands poètes d'amour du passé, ce qui n'est pas sans rappeler le discours du Dieu d'Amour au milieu du *Roman de la Rose*, qui place Guillaume de Lorris et le continuateur à venir, le poète Jean de Meun, dans la lignée des grands poètes que furent Catulle, Tibulle et Ovide. Le nouveau Parnasse que décrit René commence avec le poète d'amour incontournable, Ovide, mais s'oriente plutôt vers des poètes de mémoire récente : « Ovide, Machaut, Boccace, Jean Clopinel de Meung, Pétrarque... ». A cette liste de cinq poètes René en ajoute un sixième, qui semble quand même d'une taille plus modeste : « Ou ranc des cincq dessus nommez estoit une tombe, ou pour plus vray parler ung sercueil, car il n'estoit fait que de boys seulement... ». Alain Chartier avait déjà été placé dans le cimetière de l'Hôpital d'Amour, lieu de repos « De mains lëaulx amoureux mors » :

> Ung y a de fresche memoire
> Qui fut homme digne de gloire :
> Ce fust maistre Alain Charretier,
> Qui tant sceut d'Amours le mestier
> Qu'il en fit les tresplus beaux dictz
> Qu'oncques puis son temps furent ditz,
> Et d'autres tant que ne savroye
> Les nombrer, aussi ne pourroye.
> (*Livre du Cuers d'Amours espris*, éd. Wharton, p. 114)

Lorsque nous arrivons aux tombes des poètes, par contre, voici l'épitaphe que René nous donne à lire :

> *Telle estoit la sepulture de maistre Alain Charretier*
> *et l'escript disoit ainsi*

> Je Alain Charretier, secretaire du roy
> Charles le septiesme, fuz en tresdur arroy
> Des faiz d'Amours sourpris tellement et si fort
> Que depuis que Fortune me volt tollir par mort
> Ma tresgente damë et ma seulle maistresse,
> Finay mes jours du tout en langueur et tristesse,
> Voire, faisant chançons, ballades et dictiez
> Telz comme croy n'en furent oncques puis nulz dy tielz,
> Ne si bien äornez, selon mon dolant cas.
> Pource aprés ma mort ne m'a oublié pas
> Le noble dieu d'Amours, a qui suys serviteur ;
> O les autres poethes m'a mis par sa doulceur.
> (*Livre du Cuers d'Amours espris*, éd. Wharton, p. 146)

Chez les poètes d'amour de la génération suivante, donc, Alain Chartier prend place comme un des grands, et sa réputation semble principalement fondée sur la figure de l'amant mélancolique qui se partage entre narrateur et protagoniste dans la *Belle Dame*.

On a tendance à marquer une division dans l'œuvre de Chartier entre ses poésies d'amour, considérées comme traditionnelles et légères, et ses ouvrages sérieux, de portée politique ou morale, suivant par là une brève indication que nous donne Chartier lui-même dans le prologue du *Livre de l'Espérance*, son dernier écrit en français, resté inachevé :

> Je souloye ma jonnesse acquiter
> A joyeuses escriptures dicter ;
> Or me convient aultre ouvrage tissir :
> De cueur dolent ne pourroit joye issir.
>   (*Livre de l'Espérance*, éd. Rouy, Po. I, vv. 47-50, p. 2)

On a souvent soutenu que ces 'joyeuses escriptures' sont médiocres et artificielles, tandis que Chartier se distingue comme un des premiers grands prosateurs de la tradition française, grand styliste et fin commentateur des mœurs de son temps. Bien que d'une tonalité excessive, les remarques suivantes d'Arthur Piaget, publiées tout juste il y a un siècle, sont restés monnaie courante dans les jugements sur Chartier :

> Il est banal de dire que chez Alain Chartier le prosateur vaut mieux que le poète. On l'a depuis longtemps remarqué, et il n'est pas difficile de voir d'où provient cette différence. Chartier, qui se faisait de la poésie la même pauvre idée que ses contemporains, ne voyait en elle qu'un passe-temps à l'usage des hautes classes de la société : pour plaire à de riches et puissants patrons, les poètes ne traitaient dans leurs vers que de questions amoureuses, sans personnalité ni sincérité, avec les mêmes formules et les mêmes situations.... [Chartier] n'eut pas assez d'originalité pour s'affranchir de la mode, et il a banni de ses vers ce qui nous toucherait le plus, ses tristesses patriotiques, ses découragements et ses espérances... [I]l ne sut écrire que des vers d'une banalité correcte et froide.... Le prosateur vaut mieux que le poète, parce que la même convention ne l'enchaînait pas. (*Romania*, 30 [1901], pp. 22-23)

Ceci dit, Alain Chartier eut un succès énorme à travers le XVe siècle, et reste un des rares auteurs médiévaux, avec Jean de Meun et François Villon, dont la renommée persiste jusqu'au milieu du XVIe siècle. A part les nombreuses citations de son nom, il est, avec Villon et le *Roman de la Rose*, un des premiers auteurs français à être imprimé, et dans une succession impressionnante d'éditions[10]. En 1526, Geofroy Tory, dans son *Champ Fleury*, déclare : « Alain Chartier, & George Chastellain Chevalier sont Autheurs dignes desquelz on face frequente lecture, car ilz sont tresplains de langage moult seignorial & heroique. » Clément Marot, dans son œuvre de jeunesse *Le Temple de Cupido*, qui doit beaucoup à la tradition médiévale, dresse une courte liste des poètes, ses prédécesseurs, dont on récite les œuvres dans le temple d'Amour :

> Ovidius, maistre Alain Charretier,
> Petrarche, aussi le Rommant de la Rose,
> Sont les Messelz, Breviaire, & Psaultier,
> Qu'en ce sainct Temple on lit en Rime, & Prose.
> (Clément Marot, *Œuvres poétiques*, éd. G. Defaux, t. 1, p. 36)

Marot, on le sait, avait également critiqué l'attribution abusive à Alain Chartier de certaines œuvres dans les éditions imprimées, notamment l'*Hôpital d'Amour*, qu'il considérait bien au-dessous de ses talents. La vogue pour Alain Chartier s'atténue nettement, comme c'est le cas pour les auteurs médiévaux généralement, dans la deuxième moitié du seizième siècle.

Suivant les remarques de Piaget, on peut affirmer qu'une certaine partie de la célébrité d'Alain Chartier est due à ses œuvres politiques et didactiques, et notamment celles qu'il a écrites en prose. Mais cela ne représente qu'un aspect de la réception de Chartier, aspect sans doute qui a mené Pierre Fabri à l'appeler, en 1521, « le pere de

---

[10] Pour un relevé très complet de citations du nom de Chartier dans les deux siècles suivant sa mort, voir Hoffman, *Alain Chartier : His Work and Reputation*, New York, 1942, pp. 216-61. Pour les éditions des œuvres d'Alain Chartier, voir Walravens, *Alain Chartier*, pp. 222-62.

l'eloquence françoyse ». Le paradoxe qui entoure la survie de Chartier, c'est le fait que, quelle que fût l'importance, voire la réputation, de ses œuvres latines, de ses œuvres françaises « sérieuses », ce fut *La Belle Dame sans Mercy* qui assura sa renommée et sa postérité comme auteur et comme poète d'amour (ou, faut-il dire, comme poète d'amour et donc comme auteur). Et la plupart du temps lire la *La Belle Dame sans Mercy* voulait dire, lire le cycle de la *Belle Dame*. En effet, c'est dans la tradition d'écrivains d'amour, d'écrivains courtois, que nous trouvons la louange répétée de Chartier. Pour le lecteur moderne il s'agit de comprendre comment un auteur qui au jugement de plusieurs commentateurs ne dit que des banalités et des fadaises a pu susciter une si grande réaction à son poème courtois le plus important, *La Belle Dame sans Mercy.*

Essai d'interprétation

Dans son livre monumental sur les traditions médiévales de l'œuvre, capitale, de François Villon, I. Siciliano consacre un chapitre à « L'amant martyr et la dame sans merci » où il répète certains jugements sur Alain Chartier et son entourage poétique qui étaient déjà des clichés à l'époque de Piaget : Non seulement ces poèmes composés au Nord de la France manquent d'originalité mais ils représentent une version bien fade de ce qui était une inspiration énergique et profondément sentie chez les premiers troubadours :

> Ces personnages fameux, brillants, faux-brillants, eurent, dans leur pays d'origine, une vie courte et charmante, exquise et poétique. Bientôt ils s'expatrièrent. Embaumés, empaillés, ils voyagèrent partout, de la France du Nord à la Sicile.... La « Domna » (très souvent sans merci), l'Amant (toujours plus martyr) continuèrent à vivre pendant des siècles une vie factice et monotone. Enluminée et immobile, la première suscite encore au XVe la rhétorique la plus surannée et les débats les plus creux[11].

---

[11] I. Siciliano, *François Villon et les thèmes poétiques du Moyen Age*, Paris, 1967, p. 317.

Le jugement ouvertement méprisant exprimé par Siciliano sur les traditions poétiques amoureuses du Nord de la France ne peut tout de même manquer de soulever certaines questions sur la différence de goût entre un public moderne et celui, médiéval, qui, lui, était de toute évidence fasciné par la polémique qui avait entouré la *Belle Dame*. Mais si, comme le disent si bien Piaget et Siciliano, le poème de Chartier manque totalement d'originalité, s'il ne fait que répéter des stéréotypes vieux de plusieurs siècles, comment expliquer cet engouement ponctuel qui en a fait un des poèmes français les mieux connus du XVe siècle ?

La situation de la *Belle Dame* par rapport à la longue tradition de la littérature courtoise est fort complexe et ne saurait se réduire à un seul type d'influence, ni même à un genre spécifique à l'intérieur d'un corpus très varié. On l'a souvent dit, ce que nous appelons « amour courtois », terme moderne inventé par Gaston Paris vers 1881 pour désigner un certain type d'amour que l'on trouve dans la littérature médiévale (et dont, selon lui, la meilleure expression se trouve dans le *Chevalier de la Charrete* de Chrétien de Troyes [c. 1174] et le *Traité sur l'Amour* d'André le Chapelain [c. 1180-90]), est en fait un amalgame de règles et de comportements formulés d'abord dans les cours du XIIe siècle et ensuite transportés à travers l'Europe. L'éthique qui sert de fondation au code, voire au lexique, de l'amour courtois ressort à la fois à l'idéal de la chevalerie tel qu'il était conçu à cette époque cruciale, ainsi qu'à une nouvelle conception de la passion et du sentiment. Dès les premiers troubadours, les éléments essentiels de cette éthique et de ce code, de même que leur expression littéraire, leur rhétorique, sont mis en place.

Dans les chansons des troubadours, il s'agit tout d'abord d'une voix à la première personne, le chanteur/poète qui proclame son amour, une subjectivité masculine s'adressant soit à sa dame, soit au Dieu d'Amour, soit à un public divers, comme dans cette première strophe d'un poème de Bernard de Ventadour (fl. 1145-70), l'un des plus illustres des troubadours :

> Chantars no pot gaire valer,
> si d'ins dal cor no mou lo chans ;

> ni chans no pot dal cor mover,
> si no i es fin' amors coraus.
> Per so es mos chantars cabaus
> qu'en joi d'amour ai et enten
> la boch' e·ls olhs e·l cor e·l sen.

> Rien ne sert de chanter si le chant ne vient du fond du cœur, et le chant ne peut venir du cœur s'il n'y a en lui un noble et cordial amour. Pour cette raison mon chant est parfait, parce que j'engage dans la joie d'amour la bouche et les yeux, le cœur et la raison. (*Chansons d'Amour*, éd. et tr. M. Lazar, pp. 64-65)

Cette ouverture contient en noyau plusieurs des préoccupations de la poésie courtoise : la relation étroite entre le chant, la composition poétique, et le sentiment ; le cœur comme siège de ce sentiment ; la joie d'amour ; la liaison entre l'extérieur (bouche et yeux) et l'intérieur (cœur et raison). Bernard nous donne également ici l'expression qui est le seul équivalent médiéval du néologisme « amour courtois » : *fin'amors*. Les valeurs individuelles de l'amant/poète tournent autour de l'intensité du sentiment d'amour, de la sincérité, de la virtuosité de son expression. Comme P. Zumthor l'a si bien formulé, aimer et chanter sont deux côtés de la même action[12].

Mais tout est loin de rester dans l'idéal car la situation du poète loin de l'objet de sa passion, la définition même du désir, entraînent la réalité d'un obstacle entre l'amant et sa dame, que ce soit le fait d'une distance irrémédiable (comme pour « l'amour de loin » de Jaufré Rudel), de l'intrusion d'une société piquée par la jalousie ou l'envie, ou de l'indifférence, voire de la résistance, de la dame. Il n'est pas surprenant que l'obstacle, n'importe lequel, prenne une place prépondérante dans les fictions de l'amour. Et pour ce qui nous concerne ici, la dame sans pitié, « sans mercy », est une figure importante dès l'aube de la tradition. « Merces es perduda » (la

---

[12] « De la circularité du chant », *Poétique* 2, 1970, pp. 129-40.

compassion est perdue), nous dit Bernard dans son poème le plus connu, « Can vei la lauzeta mover », et il continue ainsi :

> Pus ab midons no·m pot valer
> precs ni merces ni·l dreihz qu'eu ai,
> ni a leis no ven a plazer
> qu'eu l'am, ja mais no·lh o dirai.
> Aissi·m part de leis e·m recre ;
> mort m'a, e per mort li respon,
> e vau m'en, pus ilh no·m rete,
> chaitius, en issilh, no sai on.

Puisque ni prières, ni pitié, ni les droits que j'ai, ne peuvent me servir auprès de ma dame, puisqu'il ne lui plaît guère que je l'aime, jamais plus je ne le lui dirai. Aussi je me sépare d'elle et déserte son service. Elle m'a tué, et par la mort je lui réponds ; et je m'en vais, puisqu'elle ne me retient pas, malheureux, en exil, je ne sais où.
(*Chansons d'Amour*, éd. et tr. M. Lazar, pp. 182-83)

Puisque la dame est dans une position de pouvoir, souvent de ce fait assimilée au seigneur du poète-chevalier, elle peut le repousser si elle veut, entraînant par là le décès de l'amant.

Déjà dans la tradition lyrique, le sentiment personnel est infléchi par un besoin d'articuler une doctrine, de spécifier le code de comportement. D'où des expressions de portée générale, comme celle que nous avons citée plus haut, « rien ne sert de chanter si le chant ne vient du fond du cœur ». Très tôt, formuler le code devient en soi un objet d'intérêt et donne naissance à d'autres genres, notamment le débat et le jugement d'amour. On pense également aux arts d'amour dans la lignée d'Ovide, dont le traité d'André le Chapelain, écrit en latin, fut le plus important et le plus influent. Dans cette œuvre pour le moins ambiguë, André inclut une série de jugements sur des cas d'amour, soumis à des autorités reconnues, dont Aliénor d'Aquitaine et sa fille Marie de Champagne. Les cours d'amour, comme on les appelle, sont le signe le plus évident de cet intérêt très vif pour la casuistique amoureuse.

Le Roman de la Rose, laissé manifestement incomplet par son premier auteur, Guillaume de Lorris, vers 1230 et complété par Jean de Meun quarante ans après, traduit le code de l'amour courtois dans le cadre du songe allégorique. Le narrateur, qui emprunte la première personne traditionnellement réservée au poète lyrique, nous raconte un songe qu'il a eu quelque temps auparavant et dont tous les événements se sont, selon lui, réalisés après. Songe prophétique donc. Le narrateur entre dans le jardin de Deduit (Plaisir), auquel Oiseuse (Oisiveté) lui ouvre la porte ; une série de rencontres avec quantité de personnages allégoriques représentant les qualités propices à l'amour (Beauté, Jeunesse, Largesse, etc.) précède la vision de la rose, dont le narrateur tombe amoureux, et qui sera la cible de la quête qui occupera le reste du poème. Son approche de la rose, emblème de la femme car objet du désir, est soit aidée soit bloquée par une deuxième suite de personnages allégoriques qui deviendront les figurants principaux du drame : Bel Accueil, qui lui donne la permission de prendre un baiser, Danger (Résistance), qui le chasse ; Raison, qui lui conseille de fuir l'amour ; Jalousie, Honte (fille de Raison), et Peur qui protègent les chemins qui mènent à la rose. Guillaume de Lorris laisse le pauvre amant, qui est également narrateur, devant la porte du château nouvellement construit pour protéger la rose ; celui-ci reprend la voix du poète lyrique, au temps présent, pour se lamenter et pour exprimer son espoir. Jean de Meun reprend quarante ans après le récit et le transforme en une encyclopédie de discours concernant l'amour mis dans la bouche d'une série de personnages allégoriques. Il termine le récit par la prise du château, description grivoise, à peine voilée, de l'acte sexuel, un des aspects les plus violemment critiqués par Christine de Pizan.

Que ce soit plutôt aux divers discours érudits de Jean de Meun qu'à l'univers allégorique de l'amour courtois présenté par Guillaume de Lorris qu'est dû le succès foudroyant du *Roman de la Rose*, peu importe, car l'un englobe l'autre pour en former une somme imposante. Dans les siècles à venir, tous connaissaient la *Rose*, tous l'avaient lu, comme P.-Y. Badel l'a si bien démontré[13]. Mais, plus important, la mise en scène et les personnages de cette allégorie avaient acquis une certaine réalité, étaient devenus des points de référence incontournables. Les dits de Machaut et de Froissart, les ouvrages didactiques de Christine de Pizan, se placent nettement dans cette lignée, mais offrent des raffinements considérables. Machaut, notamment, personnalise la voix du narrateur, qui désormais s'identifie au poète dans un sens étroitement temporel et spatial, personnalisation qui verra son point limite dans le chef d'œuvre qu'est le *Voir Dit*. Christine, de son côté, reprend les personnages allégoriques de Jean de Meun, en rajoute d'autres, pour encadrer ses idées politiques et morales.

Or, Alain Chartier est tributaire de toutes ces traditions. Le langage de l'amour, la situation de l'amant vis à vis de sa dame, n'ont guère évolué depuis l'époque des troubadours. La situation du narrateur au début, le rôle du narrateur comme observateur, voire espion, sont des éléments redevables à la tradition du *dit*, illustrée notamment par Machaut. Le dialogue acharné entre l'amant et sa dame, plein de toutes les astuces d'une rhétorique devenue précieuse, se place dans la tradition des débats et des jugements d'amour, dont les premiers exemples remontent également aux troubadours puis aux trouvères, aux *tensos* et jeux partis dans lesquels deux poètes échangeaient des strophes pour débattre d'une question d'amour. Cette tradition est également présente chez les poètes plus proches de Chartier : on pense aux *Jugements* de Machaut ou au *Débat des deux Amants* de Christine de Pizan. Comme il était devenu traditionnel, une fois le débat terminé, le jugement était laissé à une autorité, soit le Dieu d'Amour, soit le patron à qui on dédiait le poème.

Certes, la *Belle Dame* ne s'insère pas dans la tradition allégorique proprement dite, bien que ce dialogue se serve de certaines personnifications comme s'il s'agissait de personnage réels. Mais le narrateur, ainsi que les deux protagonistes du poème, sont des individus présu-

---

[13] *Le Roman de la Rose au XIVe siècle : Étude de la réception de l'œuvre*, Genève, 1980.

més vivants, et toute référence allégorique reste marginale ou épisodique. Là où la *Belle Dame* rejoint la longue tradition inaugurée par le *Roman de la Rose*, c'est dans le choix du narrateur à la première personne qui poursuit son chemin, que ce soit dans un rêve ou non. Comme Badel l'a signalé dans son ouvrage sur la réception de la *Rose* au XIVe siècle, la première personne, qui est devenue pour nous signe d'une voix directe et franche, d'une parole ancrée dans le réel, suggérait plutôt à cette date l'entrée dans un monde onirique, la plupart du temps dans un paysage allégorique. Dès le premier vers, le narrateur se situe à cheval, « N'a gueres, chevauchant, pensoye », littéralement et métaphoriquement, et le lecteur hésite entre une expérience onirique et un moment vécu. Dans les vers qui suivent, nous comprenons que c'est bien le narrateur qui s'achemine, attristé par la perte de sa maîtresse ; mais la sensation de rêve ne disparaît pas pour autant. La fête sur laquelle il tombe bientôt après n'est pas sans rappeler la *carole* au début du *Roman de la Rose*, ainsi que les fêtes qui parsèment les romans courtois et chevaleresques. Par la suite, le narrateur se situe comme voyeur, et la dynamique du poème glisse vers l'amant et la dame et leur dialogue (qui occupe soixante-douze des cent huitains). Mais, comme les commentateurs l'ont souvent remarqué, l'amant pitoyable ressemble beaucoup au narrateur, au point que nous ressentons comme un effet de miroir : le narrateur se reconnaît, ou peut-être même se regarde dans une existence antérieure. En fait, le narrateur avoue cette affinité :

> Je apperceu le trait de ses yeulx,
> Tout enpané de humbles requestes,
> Si diz appart moy, « se m'aist Dieux,
> Autel fusmes comme vous estes. »
>
> (*Belle Dame*, vv. 117-20)

Le narrateur, relate-t-il les tourments d'un autre, ou se raconte-t-il sans vouloir (ou pouvoir) l'avouer ? La mort dont il s'agit au début est-elle littérale ou métaphorique, la mort qui suit la fin d'une relation à la suite d'un refus rendu définitif[14] ?

Quoi qu'il en soit, le dialogue, voire le débat, entre l'amant et la dame, couvre un territoire bien représenté dans la littérature amoureuse. Bien qu'il n'y ait pas un ordre très précis des arguments, ceux que présente l'amant tournent autour de son affirmation de sincérité et de loyauté, tandis que ceux de la dame reposent sur une mise en question de cette sincérité et sur un désir de préserver son honneur face aux médisants qui sont, dit-elle, partout aux aguets. Dans les termes du *Roman de la Rose*, Honte, Peur et Danger gardent le château et laissent l'amant à l'extérieur. Mais tout ce qui se passe ne reflète pas simplement la tradition. En particulier, il est important de remarquer l'écart qui s'établit entre l'usage d'arguments universaux et l'assertion d'une opinion individuelle. Si la Belle Dame a commis un crime, c'est peut-être bien parce qu'elle a osé dire *je*.

Au début, l'amant prétend que c'est la dame qui a déclenché l'affaire, ou au moins qui lui a délibérément inspiré sa passion :

> Nully n'y pourroit la paix mettre
> Fors vous qui la guerre y meïstes
> Quant vos yeulx escriprent la lettre
> Par quoy deffïer me feïstes,
> Et que Doulx Regart transmeïstes,
> Herault de celle deffïance,
> Par le quel vous me promeïstes,
> En deffïant, bonne fïance.
>
> (*Belle Dame*, vv. 225-32)

On retrouve là la mise en œuvre d'une rhétorique traditionnelle, basée sur la métaphore de la guerre et de l'agression : C'est la dame qui a déclaré la guerre, au moyen d'une lettre écrite par ses yeux. L'amant

---

[14] Voir les remarques intéressantes de R. Giannasi, « Chartier's Deceptive Narrator : *La belle dame sans mercy* as Delusion », *Romania*, 114, 1996, pp. 362-384.

répète la même idée dans le registre allégorique : elle a envoyé Doux Regard comme héraut et ce même défi de guerre, selon un des paradoxes chers à la rhétorique courtoise, est le garant de sa sincérité. Dans les deux cas, les yeux de la dame deviennent une synecdoque de son être et de son propre sentiment ; la perception extérieure de ces yeux, l'interprétation de l'amant, deviennent par là une affirmation de son désir à elle, qu'elle le veuille ou non. Cette imposition interprétative est concrétisée encore dans l'image de la lettre, indice d'une intention, d'un désir de communiquer, « écrite » par ses yeux. L'amant utilise en fait trois champs métaphoriques – la guerre, la flèche d'amour, et l'écriture – pour convaincre la dame. On voit bien la puissance de cette rhétorique traditionnelle, qui enlève à celle-ci toute possibilité de s'exprimer autrement qu'à travers les intentions de l'amant. Victime de ses yeux, elle est également victime de sa beauté, car c'est souvent la personnification Beauté qui est responsable de la captivité de l'amant.

La réponse de la dame, devenue un des passages les plus cités du poème, a pour effet de banaliser l'image et donc d'enlever toute efficacité au scénario dicté par la rhétorique traditionnelle :

> Se moy ou aultre vous regarde,
> Les yeux sont faiz pour regarder.
> Je n'y pren point aultrement garde :
> Qui y sent mal s'en doibt garder.
>
> (*Belle Dame*, vv. 237-40)

Par là, la dame vide l'image de son contenu allégorique – les yeux ne sont plus que l'organe de la vue et donc dénués d'intention – et par là elle renvoie la responsabilité à l'interprète, tout en limitant sa propre responsabilité dans l'affaire. Ce qui ne veut pas dire que la dame n'utilise jamais des figures ou des personnifications de la rhétorique courtoise, mais c'est presque toujours pour caractériser la position de l'amant et rarement pour les reprendre sur son compte. Ses propositions les plus dévastatrices se présentent, par contre, lorsqu'elle se sert de la première personne, et qu'elle parle en tant qu'individu. Le noyau de sa résistance s'articule par exemple dans l'extraordinaire strophe trente-six :

> D'amours ne quier courroux ne aysance,
> Ne grant espoir ne grant desir,
> Et si n'ay de vos maulx plaisance
> Ne regret a vostre plaisir.
> Choisisse qui vouldra choisir :
> Je suis france et france veul estre,
> Sans moy de mon cueur dessaisir
> Pour en faire ung aultre le maistre.
>
> (*Belle Dame*, vv. 281-88)

La réponse de l'amant signale un moment critique dans le débat, car de même qu'il s'accorde au désir de liberté de la dame, il reformule sa maîtrise de la manière suivante :

> Amours, qui joye et deul depart,
> Mist les dames hors de servage,
> Et leur ordonna pour leur part
> Maistrisë, et franc segnourage.
>
> (*Belle Dame*, vv. 289-92)

En même temps que l'amant affirme la maîtrise (et par extension la liberté) de la dame, il introduit le personnage d'Amour qui aurait, lui, « ordonné » cette situation, contradiction s'il en est. Autrement dit, en soumettant le pouvoir de la dame à un autre pouvoir, celui de la tradition courtoise, il le soumet également à ses règles. Selon ces règles, sorte de contrat social de la courtoisie, le maître est obligé de bien traiter ses servants, c'est à dire que la dame doit logiquement prendre soin de son amant.

La stratégie qui permet à la dame de résister à cette persuasion, persuasion qui porte avec elle tout le poids de cette longue tradition, c'est son scepticisme linguistique, c'est à dire sa mise en doute de la sincérité des paroles de tout homme, quel qu'il soit, ainsi que sa redéfinition d'un vocabulaire courtois qui, selon elle, n'est pas valable pour tout le monde. Donc, sa réponse à la dernière remarque s'en prend à la séduction langagière des hommes (« plaisans bourdes/Confites en belles parolles ») tandis que, plus loin, elle suggère qu'un même adjectif, un même substantif, ne correspondent pas à la même valeur pour tous :

> Plaisir n'est mie par tout ung ;
> Ce vous est doulx qui m'est amer,
> Si ne poués vous ou aucun
> A vostre gré moy faire amer.
>
> (*Belle Dame*, vv. 329-332)

A un moment ultérieur du débat, elle joue sur les termes employés par l'amant pour lui montrer que ses propres paroles peuvent entraîner un résultat contraire à ce qu'on attend ;

> Se dame est a aultry piteuse
> Pour estre a soy mesmes crüele,
> Sa pitié devient despiteuse
> Et son amour hayne mortelle.
>
> (*Belle Dame*, vv. 669-72)

Il faut souligner ici l'utilisation stratégique de l'adjectif *despiteuse* qui maintient son sens propre, « plein de dépit », mais qui, dans son contact à la rime avec *piteuse*, prend le sens suggéré par la construction du mot composé *des-piteuse*, la négation de pitié.

Chartier utilise également les qualités formelles du poème, c'est à dire le débat ou dialogue, pour lesquels il avait toujours montré une nette prédilection[15], afin de démasquer la logique inévitable de l'aspect contractuel de la relation courtoise. Car, de même que cette dernière est basée sur la réciprocité, l'échange, qu'il soit concret ou abstrait, autrement dit la logique du don et du *guerredon* (don exigé

---

[15] *Les Deux Fortunés d'Amour, Le Livre des quatre Dames, Réveille Matin, La Belle Dame*, et *Le Herault* sont tous des débats.

en retour), l'auteur nous démontre que le simple fait d'entrer en dialogue va de pair avec les prétentions de l'amant. Voilà pourquoi l'une des stratégies les plus puissantes, et nécessaires, de la dame consiste à disloquer les liens mutuels qui se construisent dans et par le dialogue en insistant sur la responsabilité que chacun a de soi. Pour l'amant par exemple, la définition même de Courtoisie se trouve dans la réciprocité : « Courtoisie, qui vous semont/Qu'amours soit par amours merie » (vv. 407-8). Pour la dame, par contre, Courtoisie est incompatible avec un système d'échange :

> Guerredon, contrainte, et renchiere,
> Et elles [Courtoisie et Onneur], ne vont point ensemble.
> *(Belle Dame*, vv. 415-16)

Elle va jusqu'à redéfinir l'idée du don courtois :

> Je ne tieng mie pour donné
> Ce que on offre s'on ne le prent,
> Car le don est abandonné
> Se le donneur ne le reprent.
> *(Belle Dame*, vv. 473-76)

Ici, la dame se sert d'une autre stratégie rhétorique, l'*annominatio* don-donné-donneur-abandonné, pour démanteler les implications de ce lieu commun du discours courtois masculin : il faut aimer celui qui vous aime.

Le retour sur soi préconisé par la dame mène à une insistance radicale sur la connaissance de soi et, en même temps, à une indifférence raisonnée envers autrui, le tout exprimé en termes de biens tangibles : « Car tant mains du sien en retient/Qui trop veult a l'autry entendre » (vv. 447-48). Il est important de remarquer qu'elle ne le dit pas uniquement pour elle-même, comme on pourrait aisément le croire ; elle prétend inspirer à l'amant cette même lucidité, cette même indépendance, qualités qui lui permettraient de renoncer à ce discours de l'amour purement circulaire et auto-définissant, qui ne peut que répéter ses propres conclusions :

> Qui n'a a soy mesme amitié
> De toute amour est deffiés ;
> Et se de vous n'avés pitié,
> D'aultry pitié ne vous fiés.
>
> *(Belle Dame*, vv. 633-36)

Conclusion surprenante : la véritable pitié, le véritable amour, *pour ce qui concerne l'amant*, doivent trouver leur source non pas chez elle, mais chez lui. Les dernières paroles de la dame, celles qui marquent la clôture du dialogue, affirment la responsabilité personnelle de l'amant dans l'affaire : « Rien ne vous nuist fors vous meïsmes :/ De vous mesmes juges soyés ». (*Belle Dame*, vv. 763-64). Le narrateur aurait pu en rester là – fin de dialogue, fin d'amour – mais il ajoute un petit détail que l'on pourrait facilement négliger mais qui devient peut-être le facteur le plus important dans le déclenchement de la controverse :

> Depuis je ne sceus qu'il devint
> Ne quel part il se transporta ;
> Maiz a sa dame n'en souvint
> Qui aux dances se depporta.
> Et depuis on me rapporta
> Qu'il avoit ses cheveux desroups,
> Et que tant se desconforta
> Qu'il en estoit mort de courrous.
>
> *(Belle Dame*, vv. 777-784)

Par là, le dialogue amoureux, si fréquent à cette date, prend les allures d'une histoire amèrement tragique : la mort souhaitée par l'amant (« 'Mort, vieng a moy courant ..' », *Belle Dame*, v. 773) et rapportée au narrateur, mort manifestement opposée à l'indifférence de la dame qui revient vers ses plaisirs mondains.

Combien de poèmes lyriques où l'on parle d'une mort imminente, combien de dames censées être cruelles... Mais ce qui sauve la situation, ce qui la rend supportable, dans cette rhétorique courtoise omniprésente, c'est la qualité de l'espoir, qui n'est rien d'autre qu'une ouverture vers l'avenir – en termes narratifs, le manque de clôture définitive. Voilà pourquoi le fragment allégorique de Guillaume de Lorris traduit de manière si brillante et si frustrante les données de la rhétorique courtoise. Il y a d'autres dialogues, on pense notamment au *Lai de l'Ombre*, où la dame résiste aux avances de l'amant... jusqu'aux derniers vers, dans lesquels l'astuce du protagoniste finit par la convaincre de sa sincérité. Rien de comparable ici, où Alain Chartier enlève toute possibilité d'une fin « heureuse ». L'espoir est désormais banni.

Ce dialogue rapporté devient, on l'a vu, un récit exemplaire dans les deux derniers huitains du poème, où le narrateur s'adresse d'abord aux hommes et ensuite aux femmes qui viennent d'écouter cette histoire tragique. Il est suggéré aux hommes de faire la police de leur propre entourage, parce que les médisants qui s'y promènent en grand nombre risquent de vouer à l'échec les démarches des hommes sincères. Quant aux femmes, le narrateur leur demande de ne pas ressembler à cette femme à qui il donne le nom, en même temps qu'il précise le titre de son poème, *La Belle Dame sans Mercy*. Il faut convenir que, en cela similaire à la « Forêt de Longue Attente », une telle dénomination anéantit l'essentiel des arguments que la dame avait avancés dans le dialogue, en ce sens qu'il fait d'elle une allégorie, une personnification – le type, ou modèle, de la dame impitoyable. Il la réinscrit par là dans les stéréotypes de la rhétorique courtoise et d'une certaine manière prévoit les jugements à la cour d'Amour, qui en est, lui, l'arbitre ultime. L'ambiguïté initiale de ce poème, le statut du narrateur vis-à-vis de ces personnages, cède la place à une ambiguïté d'une plus grande envergure, la relation entre un échange fictif et un message qui lui est attaché, non sans quelque arbitraire.

On a depuis longtemps rattaché la querelle de la *Belle Dame* à la querelle des femmes dont le recueil confectionné par Christine de Pizan une génération auparavant avait marqué sa première apparition en langue vernaculaire. De cette querelle on a toujours retenu la critique de la femme « sans mercy », la femme impitoyable. Mais, on l'a vu, les femme cruelles, les femmes impitoyables, ou tout simplement les femmes qui refusent, existent depuis toujours. Pour quelle raison cette dame aurait-elle suscité une telle réaction ? Certes, on vient de le suggérer, elle représente une disposition franchement anti-courtoise, mais celle-ci suffit-elle pour en avoir fait une cause célèbre ? On a tendance à oublier que le début de la querelle, la lettre attribuée aux hommes de la cour, accuse plutôt l'auteur que le personnage. On se souvient également que les trois dames de la cour, « Katherine, Marie et Jehanne », se disent amies d'Alain Chartier et lui demandent de se défendre de ces critiques. La question se pose donc : Maistre Alain est-il ou non l'ami des dames ?

La stratégie de ces hommes qui protestent contre ce qu'ils appellent des « nouvelletés » mises en vers est fort intéressante car, dans un geste parallèle à celui que nous venons de voir dans le dernier huitain de la *Belle Dame*, ils réinscrivent leur position dans l'éthique chevaleresque traditionnelle telle qu'elle se formule dans l'allégorie courtoise, ce qui n'est pas sans rappeler André le Chapelain : ce sont des chevaliers, quêteurs à la recherche du don précieux de Mercy (Graal d'un autre type...) que nos amis allégoriques bien connus, Danger, Refus et Crainte, ont enlevé et transporté dans la Forest de Longue Actente, grâce à une embuscade. Ces pauvres chevaliers attendent l'aide d'Espoir, de Bel Accueil et de Doulx Actrait, mais la publication de ce livre néfaste risque de contrecarrer tous leurs efforts, en chassant la vertu de Pitié de la compagnie des dames. Cette mise en allégorie marque un mouvement en arrière, un gommage de la rhétorique anti-courtoise de la Belle Dame en même temps qu'il accentue le côté exemplaire de ce récit, dangeureusement exemplaire, car non seulement il risque d'enseigner aux dames un comportement abusif mais il les rend incapables d'agir autrement. Ici on rejoint des arguments utilisés par Christine pour condamner la *Rose* : la plupart des lecteurs de ce texte sont incapables de résister à ses séductions. Le Dieu d'Amour, qui critique directement l'auteur dans l'*Excusacion*, dit une chose similaire :

> 'Tu veulx, par ton oultrecuidance
> Et les faulx vers que tu as faiz,
> Tollir aux dames leur puissance'

(*Excusacion*, vv. 105-7).

Le procès de l'auteur entamé ici néglige le fait qu'Alain, dans son dernier huitain, avait demandé aux dames de ne pas ressembler à la femme protagoniste de son poème, anticipant par là les critiques qui allaient lui être adressées.

L'Excusacion, mise en scène quasi-sérieuse, quasi-ludique, de la protestation des hommes, place celle-ci dans la bouche du Dieu d'Amour. Si nous prenons au sérieux le côté osé du discours de la Belle Dame, on ne peut qu'admirer la défense de l'auteur, car il se soumet avec son ouvrage au contexte courtois que celle-ci avait essayé d'abolir. Mais c'est aussi, à l'instar du geste présomptueux de Christine dans la *Querelle de la Rose*, un moyen de se promouvoir en tant qu'auteur, à travers cet auto-portrait extravagant. En fait, la défense d'Alain est tellement en accord avec les deux lettres en prose, que l'on peut se demander si tous ces documents ne sont pas de sa propre invention (un aspect de la farce jouée avec Pierre de Nesson), destinés à le promouvoir en tant qu'auteur en transformant son poème en une cause célèbre.

On a trop peu scruté cette défense subtile qui, tout en réaffirmant les valeurs chères au Dieu d'Amour, notamment le don de Pitié, le plus grand trésor des dames, suggère doublement une autre façon de lire ce texte, laissant peut-être entrevoir la véritable source de la controverse qu'il a causée. D'une part, geste de fausse modestie typique des grands auteurs, Alain déprécie son petit livre en déclarant qu'il est de peu de valeur (« Mon livret, qui poy vault et monte », *L'Excusacion*, v. 193). Ensuite, il affirme que c'est le témoignage pur et simple d'un amoureux désespéré et rien de plus : « Et qui aultre chose y entent,/Il y voit trop ou n'y voyt goute. » (*Excusacion,* vv. 199-200). Par là la disculpation de l'auteur est patente : selon son propre dire, il n'est que le copiste de cette histoire (« Dont je ne suis que l'escripvain », *Excusacion*, v. 216) qui est, par ailleurs, le produit du délire (« reverie mortelle », *Excusacion*, v. 202) du protagoniste. L'histoire elle-même est réorientée car, dans cette défense, la *Belle Dame* devient l'histoire d'un amant déséquilibré, sujet à des fantasmes :

> Nennil, car le grief mal d'amer
> Y met fievre continüelle
> Qui fait sembler le doulx amer.
>
> (*Excusacion*, vv. 206-208)

Cette extraordinaire révision de son poème est doublée d'une modification du statut même de l'auteur car celui-ci, dans son envoi, s'identifie par son nom et affirme qu'il est dans l'état d'un amoureux attendant les faveurs de celle qui l'a séduit :

> Vostre humble serviteur, Alain,
> Qui Beaulté prist pieça a l'ain
> Du trait d'ungs tresdoulx rians yeulx,
> Dont i languist, actendant mieulx.
>
> (*Excusacion*, vv. 241-44)

Ce qui revient à dire que lui, Alain, auteur des deux poèmes, doit être distingué du narrateur de la *Belle Dame*, qui avait mis un point final à sa carrière d'amant après la mort de sa dame. La *Belle Dame* se transforme par là en un rêve, rêve d'un poète/narrateur accablé par une folie amoureuse. La défense d'Alain n'est rien d'autre qu'une rétractation, en ce sens que l'espoir est de nouveau possible.

Or, pour revenir à la question de ce qui a pu inspirer la réaction à ce poème, on a peut-être trop vite accepté le schéma réducteur qui sépare les œuvres courtoises d'Alain Chartier de ses œuvres dites sérieuses, ce que Piaget avait appelé « ce divorce entre les événements extérieurs, les souffrances réelles, les luttes, les « griefves douleurs » privées du poète, d'une part, et les préoccupations poétiques des courtisans d'autre part » (*Romania* 30, 1901, p. 23). Pour Piaget, les graves problèmes politiques et sociaux que subissait la France entre 1418, année où le dauphin quitte Paris avec son entourage, dont Chartier, dans sa fonction de secrétaire royal, fait partie, et 1429, année du sacre du roi Charles VII rendu possible par les exploits de celle qu'on appelle la Pucelle – c'est-à-dire, le fait d'être déchirée par une guerre civile et en même temps de se trouver à deux doigts de se voir soumise au pouvoir du roi anglais – tous ces soucis politiques et sociaux sont absents d'un texte comme la *Belle Dame* et en soulignent la vacuité.

Pourtant, il est important de revenir à la relation, à cette époque, entre les écrits d'amour et la conception de la chevalerie, relation qui était devenue sans doute plus étroite et plus urgente depuis la bataille d'Azincourt en 1415, où tant de chevaliers ont été tués ou faits prisonniers, y compris des chevaliers-poètes, dont Charles d'Orléans, resté prisonnier en Angleterre pendant 25 ans, et Jean de Werchin, qui y trouva la mort. Toute cette génération de poètes du début du XVe siècle, et qui sont peu lus aujourd'hui, exercèrent une influence importante sur Chartier et ses contemporains : il en va ainsi d'Oton de Grandson, de Jean de Garencières, et des nobles qui ont collaboré au célèbre recueil des *Cent Ballades*, publié vers 1389. Achille Caulier, dans son *Hôpital d'Amour*, composé avant 1440, placera Jean de Werchin, le sénéchal des Hennuyers, dans le cimetière des amants loyaux entre Lancelot et Tristan, d'une part, et, d'autre part, Alain Chartier et l'amant-martyr de la Belle Dame...

Lorsqu'Alain se réfère aux « joyeuses escriptures » de sa jeunesse dans son *Livre de l'Espérance*, dernier long ouvrage et grave méditation sur la consolation, c'est sans doute à toute sa production poétique en langue vernaculaire qu'il pense, plutôt qu'aux ouvrages purement amoureux qui sont en fait très peu nombreux. Et ses poésies sont pleines de réminiscences, pleines de considérations sur le rapport entre chevalerie et amour. Il suffit de mentionner *Le Livre des quatre Dames*, œuvre poétique la plus longue de Chartier, qui fut composé, on l'a vu, au lendemain de la bataille d'Azincourt. Les femmes se lamentent, certes, de leur tristesse, mais elles prêtent également leurs voix à un autre discours, une critique sévère de certains chevaliers, notamment les fuyards d'Azincourt. La première dame, par exemple, qui se plaint de la perte de son ami, critique le rôle des fuyards dans cette défaite ; elle ne l'aurait pas perdu si les chevaliers étaient restés solidaires :

> Haa, peu loyaulx,
> Fuitifz, lasches et desloyaulx,
> Qui n'amez qu'estaz et joiaulx !

> Vous lessastes tous les royaulx,
> Et leur tournastes
> Les dos et vous en retournastes,
> Que tant soit pou n'y sejournastes,
> Car alors les abandonnastes,
> Tous mescreüz
> De traÿson et recreüz,
> Dont le nombre fut descreüz
> Et les cuers des Anglois creüz...
>
> (*Quatre Dames*, éd. Laidlaw, vv. 885-96)

Mais c'est surtout la quatrième dame qui souligne la bassesse des fuyards, car sa honte personnelle traduit la honte de toute la France, et l'honneur est une qualité qui transcende la mort :

> S'amant s'esloigne
> Ou qu'il meurt en haulte besoigne,
> L'onneur la loyauté tesmoigne ;
> Maiz je pers le mien en vergoigne
> Honteusement,
> Villené treshideusement.
> Les autres sont piteusement
> Prins, ou mors vertüeusement
> Pour la couronne ;
> Et quoy qu'il soit de la personne,
> Au moins la renommee bonne
> Demeure, qui pour vie sonne.
>
> (*Quatre Dames*, éd. Laidlaw, vv. 3048-59)

Et en signe qu'elle se fait l'écho de l'opinion publique, elle cite le jugement général :

> Et dit on : "Pourquoy y fu y,
> Et ses semblables,
> Quant leurs laschetez dommageables
> Et leurs fuites deshonnourables

> Ont fait mourir tant de notables,
> Pres qu'a milliers,
> Et fait perdre les chevaliers
> Qui de France estoient piliers,
> Menez comme beufx en coliers
> En vïolentes
> Prisons ou n'a que poulz et lentes ?"
>
> (*Quatre Dames*, éd. Laidlaw, vv. 2566-76)

Les dames sont à la fois miroir de l'honneur masculin et porte-parole efficace pour qui veut critiquer les défaillances de certains chevaliers.

En fait, et contrairement au schéma préconisé par Piaget, il est difficile de trouver dans le corpus de Chartier des ouvrages qui ne traitent pas directement de la chevalerie et de ses valeurs, mis à part les quelques poèmes à formes fixes qu'il a pratiqués, une vingtaine de rondeaux et ballades, le *Lai de Plaisance*, courte œuvre de jeunesse, et enfin la *Belle Dame*. Certains de ces ouvrages, les plus goûtés à l'époque, sont carrément didactiques, tel que le *Bréviaire des Nobles* et le *Lai de Paix*. D'autres, d'apparence frivole dans le style courtois, abordent dans le contexte du comportement courtois des questions d'honneur et de valeur parmi les hommes qui sont d'ordre social autant que personnel. Par exemple, le débat des *Deux Fortunés d'Amour*, souvent appelé dans les manuscrits *Le Gras et le Maigre*, vise une question étroitement courtoise : « y a-t-il plus de bien ou de mal dans l'amour ? ». Le titre désigne les deux participants du débat, le chevalier « en bon point, sain, alegre et joyeulx » (*Deux Fortunés*, éd. Laidlaw, v. 212) qui célèbre les biens d'amour et le chevalier maigre, pâle et vêtu de noir qui, bien sûr, ne parle que des angoisses que subit le fidèle amant. Mais ce sont la mise en scène et le cadre du débat qui donnent une idée de la réelle portée du débat, car celui-ci a lieu dans un château où hommes, précisément des chevaliers, et femmes forment une société courtoise, qui n'est pas sans rappeler l'ouverture d'un des romans de Chrétien de Troyes : "Yleq estoient/Des chevaliers qui hault renon portoient./Aprés disner vers elles s'esbatoient ;/D'onneur, d'armes et d'amour quaquetoient. » (*Deux Fortunés*, éd. Laidlaw, vv. 20-23). Sur presque 200 vers, le narrateur résume leurs discussions sur l'amour et sa toute-puissance, et accentue la place de l'amour comme émotion primordiale, même sur le champ de bataille : amour qui

> « entre ou cuer et dedens les entrailles,
> Parmy fossez et espesses murailles,
> Tout au travers de l'ost et des batailles,
> Et se lance par ces harnois de mailles
> Ou plus parfont »
> (*Deux Fortunés*, éd. Laidlaw, vv. 93-97).

Le pouvoir ultime de l'amour, en effet :

> «... Si fait valoir
> Les cuers des bons et croistre leur vouloir
> Et mettre paour et crainte en nonchaloir
> Et de tous faiz honteux leur cuer douloir,
> Et si leur donne
> Le hardement et la voulenté bonne
> Qui par honneur croist en eulx et foisonne. »
> (*Deux Fortunés*, éd. Laidlaw, vv. 101-7).

Le débat, qui sera soumis au jugement d'un noble guerrier, le comte de Foix, précise donc bien la place de l'amour au sein d'une éthique chevaleresque, ainsi que son rôle pratique et effectif.

Le *Débat de Réveille Matin*, souvent associé dans les manuscrits avec la *Belle Dame*[16], paraît un peu plus ambigu dans ce contexte. Dans ce débat, qui est plutôt une discussion, un amoureux tire du sommeil son compagnon, pour lui parler des maux qu'il subit pour la dame qu'il aime. Le Dormeur, bien raisonnable, essaie de faire comprendre à l'amant les enjeux de sa relation : là où l'amant

---

[16] Laidlaw recense 37 manuscrits qui ont transmis *Réveille Matin* et 44 pour la *Belle Dame*. Un seul des manuscrits de *Réveille Matin* ne l'associe pas avec la *Belle Dame*, si on met à part les deux manuscrits fragmentaires (qui sans doute à l'origine contenaient la *Belle Dame*).

prétend qu'il mérite les faveurs de sa dame à force de souffrir, le dormeur insiste sur le fait que c'est à la dame de décider : « Se vostre voullenté s'est mise/En dame ou il ait tel dangier,/Il fault qu'il en soit a sa guyse. » (*Réveille Matin*, vv. 141-43). La patience, l'espoir, l'attente sont nécessaires. En plus, la résignation s'impose lorsqu'on ne reçoit pas ce qu'on désire : « Se aultre luy plaist et elle l'aime,/De tort plaindre ne vous pouez ;.... Car il convient que les dons voysent/Aux saintz a qui ilz sont vouez ;/Ceux qui n'en ont, si s'en rappaisent. » (*Réveille Matin*, vv. 329-30, 334-36). C'est ici la leçon, comme dans tant d'autres poèmes de ce genre : résignez-vous si votre dame ne vous rend pas votre amour et, surtout, ne poursuivez pas une dame qui a porté son attention ailleurs.

Or, pour revenir à la *Belle Dame* : on voit tout d'abord la nette parenté entre l'Amant dans ce débat et tous les autre amoureux tristes, maigres, pâles et vêtus de noir qui parsèment les œuvres poétiques d'Alain Chartier. Une fois qu'on a fait ce rapprochement, pourtant, il faut convenir que l'amant de la *Belle Dame,* qui meurt de chagrin, est aberrant, dans ce sens justement qu'il meurt. De tout temps, les amants parlent de leur souffrance, de leur martyre, de leur mort prochaine – mais la mort reste hypothétique et métaphorique. Il ne s'agit pas des célèbres amants de la tradition romanesque – on pense notamment à Tristan – mais plutôt du poète lyrique qui parle à la première personne. A une époque où les valeurs chevaleresques sont intimement liées aux comportements amoureux, et où la constitution et la survivance même de la société sont en danger, il faut interpréter un manquement tel que celui de l'amant de la *Belle Dame* comme une défaillance des plus nettes, un découragement dans tous les sens du terme qui correspond au manque de courage chez les fuyards.

Le *Bréviaire des Nobles*, œuvre ouvertement didactique, est composé de treize ballades, dont la première représente la voix de Noblesse ; les douze ballades suivantes décrivent chacune une des vertus de la noblesse : Foi, Loyauté et ainsi de suite. Non seulement Amour et Courtoisie font partie des vertus de cette noblesse, mais la dernière, qui "tout parfait, acomplit et termine" (*Bréviaire*, éd. Laidlaw, v. 399), s'appelle Dame Perseverance – c'est la constance devant les adversités de Fortune, qui fait que l'on poursuit jusqu'au bout ce que l'on a entrepris : « Il ne fait rien, qui commence et ne fine ;/Et des que aucun a varïer s'encline,/Son bien passé demeure en oublïance » (*Bréviaire*, éd. Laidlaw, vv. 428-30). C'est loin d'être un hasard si le refrain de cette dernière ballade a à la fois une portée morale et esthétique : *Puis que la fin fait les euvres louer.*

Si, comme Alain Chartier l'avait soutenu dans son traité en prose polémique, *Le Quadrilogue invectif* (1422), la « faute de cœur » de la part des nobles ses contemporains est la cause de ce qu'il appelle les « durtez et rapines dont le peuple se complaint »[17], l'amant de la *Belle Dame* nous en donne un autre exemple, deux ans après, dans le domaine parallèle de la poursuite amoureuse. Le vrai scandale de la *Belle Dame* n'est peut-être pas l'image de cette femme dite cruelle, même si elle parle de l'amour d'une façon peu respectueuse et parfois ironique (pour emprunter les mots de Piaget), même si elle a toujours raison et finit par avoir le dernier mot dans le débat, même si elle démantèle la rhétorique de l'amour. L'innovation de ce poème, et donc sa répercussion dans la cour amoureuse, c'est peut-être bien cette figure de l'homme amoureux mais faible, incapable de se prendre en main devant la netteté de la situation, et qui s'avoue vaincu. On se souvient, après tout, que ce sont les hommes de la cour en premier qui protestent contre le poème d'Alain, accusant le ou les auteurs de couardise dans la poursuite d'amour. Ces hommes de cour, par contre, prétendent clairement que leur propre poursuite, marquée par un dévouement total, comprend toutes les facultés nobles : « Supplient humblement vos loyaulx serviteurs,... comme ilz ayent donné leurs cueurs a penser, leurs corps a traveillier, leur bouche a requerir, leur vouloir a desirer, leur temps a pourchasser le riche don de Pitié ». L'amant de la *Belle Dame* est une figure dangereuse pour les hommes de la cour, car ses actions, et enfin sa mort, mettent en question l'image que la noblesse se fait d'elle-même à cette époque où la confiance est pour le moins fragilisée. Par ailleurs, du point de

---

[17] Alain Chartier, *Le Quadrilogue invectif*, éd. E. Droz, CFMA 32, Paris, Champion, 1950 [2ᵉ impr.], p. 57.

vue narratif, le statut social de l'amant est pour le moins ambigu : d'une part, sa parenté avec les amants tristes des *Deux Fortunés* ou du *Débat de Réveille Matin* suggère une origine chevaleresque, mais, d'autre part, le dédoublement à peine déguisé par rapport au narrateur, confondu avec l'auteur, maître Alain, le situe plutôt dans un milieu clérical. Ou bien c'est peut-être tout à la fois une figure de chevalier, de poète, et de clerc.

Quoi qu'il en soit, un modèle qui permet de mieux comprendre la réponse des hommes, la lettre en prose où ils portent plainte contre l'auteur de la *Belle Dame*, nous est offert dans le *Quadrilogue invectif*. Devant les reproches plutôt sévères de Dame France, ainsi que les plaintes du Peuple, la figure allégorique et emblématique du chevalier dans le *Quadrilogue*, qui représente toute la classe des aristocrates, refuse d'admettre ses propres défaillances. De même, dans la lettre en prose, les hommes jettent le blâme sur un des leurs qui a abandonné la quête ; dans ce cas, c'est l'auteur qui recèle quelque peu les faiblesses du misérable amant, équivalent du fuyard dans le domaine courtois. Et, dans la prolongation de l'affaire, le coupable ultime sera la dame, qui servira de bouc-émissaire à ce que Poirion a appelé « la virilité inquiète » de l'homme. Ce n'est pas la virilité seule qui est menacée pourtant. Certes, le système de l'amour ou de la courtoisie est mis en cause, mais c'est peut-être plus précisément le malaise d'une société aristocratique qui semble près de sa ruine.

Dans les suites de l'affaire, les imitations de la *Belle Dame*, la dame est accusée et, comme punition, perd son nom ; l'amant, de son côté, est enseveli dans le cimetière des amants loyaux. De cette manière, le défaitisme de l'amant conçu par Chartier se transforme en une image de constance et de fidélité outre-tombe, lié à un autre renversement, le déshonneur de la dame. Pourquoi ? Vers la fin de la *Belle Dame*, on l'a vu, la femme-protagoniste essaie d'inspirer à l'amant de l'indépendance, de le redresser en quelque sorte – c'est l'essentiel de ses derniers mots : « Rien ne vous nuist fors vous meïsmes/De vous mesmes juges soyés » (*Belle Dame*, vv. 763-64). C'est un message que les chevaliers prétendants ne voulaient sûrement pas entendre, pas plus que le Chevalier dans le *Quadrilogue* n'arrive à admettre les conseils que Chartier met dans la bouche de la figure allégorique, et hautement patriotique, de Dame France : "Tournez voz yeulx et convertissez vostre jugement sur vous mesmes." (*Quadrilogue*, p. 13). Et comme cela a souvent été le cas dans notre société, la femme devient le bouc-émissaire des défaillances que les hommes se refusent à admettre. Mais c'est également une conséquence du déplacement du débat : Si le noyau de la querelle, jusqu'à *L'Excusacion de Maistre Alain*, se situe à la cour du roi réfugié, les suites sont le fait de clercs-poètes, voire fonctionnaires, du Nord, bien loin des débats patriotiques qui ont motivé Chartier dans les dernières années de sa vie. Ces professionnels rattachés aux cours de justice et qui ont vu dans le jugement de la dame un espace ludique et satirique ouvert à des observations comiques sur l'état de la justice, ont orienté la fiction d'origine dans un sens très différent. Dès que l'on arrive aux *Arrêts d'Amour*, la finesse de Chartier n'est guère reconnaissable. On y voit l'une de ces énormes ironies de l'histoire littéraire, qui est loin d'être isolée, lorsqu'on constate que ce qui avait commencé comme une mise en cause des valeurs aristocratiques (ou bien un effort pour les redresser) à travers l'exemple d'un amant courtois se transpose en une satire bourgeoise à peine déguisée, dont la misogynie finit encore une fois par déboucher sur le procès des dames.

Analyse de la Querelle

La Belle Dame sans mercy

Le narrateur, plongé dans la tristesse par la mort de sa maîtresse, voyage tout seul à cheval. Il renonce à la joie d'amour, comme à la poésie, mais le hasard le mène à une fête à laquelle assiste un grand nombre d'hommes et de femmes amoureux (I-X). Un des jeunes hommes présents, visiblement obsédé par une dame de la compagnie, attire l'attention du narrateur. Se reconnaissant dans les gestes de cet homme, le narrateur observe les deux amants, qui finissent par se trouver seuls à l'écart de l'assemblée. Le narrateur, caché derrière une haie, écoute leur conversation (XI-XXIII). L'homme se plaint de l'indifférence de la dame et demande simplement de pouvoir la servir. La dame lui dit de renoncer à cette idée (XXIV-XXVIII). L'homme suggère qu'elle est à l'origine de sa souffrance, que ses yeux l'ont séduit, et la dame déclare qu'il a mal interprété ses pensées (XXIX-XXXII). L'homme lui demande de le sauver de la mort et la dame déclare qu'elle ne veut pas accorder ses faveurs au dépens de sa liberté (XXXIII-XXXVI). L'homme souligne que la dame a tout pouvoir mais la dame parle du danger des paroles trompeuses de l'homme, qu'il faut éviter à tout prix (XXXVII-XLVII). Lorsque l'amant se plaint d'être traité moins bien qu'un inconnu, la dame répond qu'elle agit ainsi pour ne pas lui donner des illusions (XLVIII-LI). Par ailleurs, les faveurs d'une dame doivent être librement accordées et non pas soumises aux lois de l'échange (LII-LIV). L'homme ne pense qu'à l'honneur de la dame, mais celle-ci lui dit de se charger plutôt du sien (LV-LVIII). L'homme soutient que son cœur est tout à elle, mais elle refuse de l'accepter (LIX-LX). L'homme déclare sa loyauté et sa constance dans l'amour, mais la dame lui dit de chercher une autre dame qui réponde mieux à ses désirs (LXI-LXIII). Lui préfère mourir en poursuivant sa quête plutôt que d'être déloyal (LXIV-LXV). La dame trouve que les dangers de l'amour sont plus forts que ses plaisirs ; elle préfère ne pas y participer (LXVI-LXVIII). Quant à la loyauté de l'amant, elle prétend qu'il n'en a pas encore fait la preuve. Lorsque l'amant condamne les faux amants, elle répond que, malheureusement, aucun tribunal n'existe pour les juger. (LXIX-LXXVII). Lorsqu'elle lui dit qu'il lui faut faire appel à la raison, l'amant déclare que sa raison est soumise au pouvoir de son désir, et que seule la pitié de la dame peut le sauver. Elle répond que c'est à lui de se prendre en main (LXXVIII-LXXX). L'amant espère toujours mais elle affirme qu'elle n'accordera pas sa pitié car ce serait un acte de cruauté envers elle-même (LXXXI-LXXXIV). L'amant se plaint de sa rigueur, mais elle déclare qu'elle ne perdra pas sa réputation pour autrui, car les hommes se vantent dès qu'ils reçoivent les faveurs d'une dame (LXXXV-LXXXVIII). L'amant proteste qu'il n'est pas un vantard, mais la dame soutient que les mauvaises langues sont partout (LXXXIX-

XCII). Lorsque l'amant dit qu'il ne faut pas maltraiter les loyaux à cause des fautes des méchants, la dame répond qu'elle ne veut maltraiter qui que ce soit mais qu'elle préfère se méfier de tous (XCIII-XCIV). A une dernière accusation de rigueur, la dame répond à l'amant que c'est à lui de trouver une solution et que son refus est définitif (XCV-XCVI). Le dialogue terminé, le narrateur nous dit que l'homme, étant parti, est mort quelque temps après. La dame, elle, revient à la fête (XCVII-XCVIII). Le narrateur conseille aux amoureux de dénoncer les vantards et médisants, car ils compromettent la poursuite des dames (XCIX). Enfin il se tourne vers les dames, les priant de ne pas être cruelles envers leurs prétendants et de ne pas ressembler à celle qu'il appelle au dernier vers *La Belle Dame sans Mercy* (C).

Les lettres en prose

Trois dames de la cour, Katherine, Marie et Jeanne, envoient une lettre à Maître Alain, leur ami, et lui demandent de se défendre contre certaines accusations dont il est la cible. Elles lui rappellent également qu'il est convoqué à paraître avec ses adversaires le premier jour d'avril. Elles incluent à la leur une copie de la lettre de ses accusateurs.

Ceux qui s'identifient comme des prétendants à la douce grâce de leurs dames leur écrivent une lettre où ils décrivent l'influence fâcheuse d'un ouvrage « escript en vers rimés » qui vient de paraître et que les auteurs intitulent *La Belle Dame sans Mercy*. Selon ces hommes, l'ouvrage mérite d'être banni, car il risque d'empêcher la poursuite des hommes en enlevant aux dames leur pitié. Ils demandent aux dames de ne pas lire cet ouvrage et d'en punir les auteurs pour montrer qu'elles restent détentrices de grâce et de pitié.

Les Excuses de Maître Alain

Le narrateur s'adresse aux dames pour raconter une expérience qu'il a eue le Jour de l'An (I). A moitié endormi, il reçoit la visite du Dieu d'Amour, qui, l'arc tendu, lui reproche ce qu'il a dit à propos des dames dans son « maleureux livre », notamment la suggestion qu'une dame a pu manquer de pitié (*mercy*) (II-VI). Puisque Dieu a créé la dame dans toute sa perfection, Pitié ne peut pas lui manquer ; en disant cela, le narrateur enlève aux dames leurs vertus et leur pouvoir (VII-XIV). Ce discours terminé, le narrateur nous raconte ce qu'il a répondu, glacé de peur : il soutient qu'il est le serviteur des dames et en fait l'éloge (XV-XIX). Pitié est leur plus grande vertu (XX-XXIV). Son livre fut écrit avec la seule intention de raconter les malheurs d'un homme atteint par la maladie d'amour ; si celui-ci a déliré, ce n'est pas sa faute à lui, car il n'a fait que transcrire ce qu'il a entendu (XXV-XXVII). Il fait ses excuses au Dieu d'Amour (XXVIII). Celui-ci, apaisé, remet son arc dans son carquois et ordonne au narrateur de comparaître devant les dames (XXIX). Le narrateur se réveille et s'adressant encore aux dames, promet de venir à leur cour et demande pardon (XXX). Dans le dernier quatrain, qui sert d'envoi, le narrateur se nomme Alain et avoue qu'il attend les faveurs de sa dame.

Accusation contre la Belle Dame sans Mercy
(Le Parlement d'Amour)

Le narrateur nous raconte que le Dieu d'Amour lui avait ordonné d'écrire une ballade pour sa dame de qui il attend le don de pitié (*mercy*). Il n'a ni le talent ni la disposition de le faire et finit par aller se coucher (I-V). Aussitôt endormi, il se promène en rêve dans un verger merveilleux et arrive à une salle d'audience, où Amour tient sa cour de justice (VI-XI). Il y a douze présidents dont le premier est Franc Vouloir ; Espoir en est procureur et Désir, l'avocat chargé du réquisitoire. Souvenir est le greffier et Doux Penser, l'huissier, appelle à l'audience la Belle Dame sans Mercy (XII-XIV). La dame, seule et rouge de honte, se présente ; Désir récite les prérogatives d'Amour avant de commencer l'exposé des accusations contre la dame (XV-XVIII). Point par point, Désir énumère les principaux chefs d'accusation contre la Belle Dame (XIX-LXXI) en faisant référence explicite au poème d'Alain Chartier : c'est contre les lois d'Amour qu'une dame méprise un homme qui demande sa pitié

(XXV) ; elle a trompé l'amant avec son regard (XXIX) ; elle a critiqué l'outrecuidance de l'amant, mais celle-ci est nécessaire pour atteindre son but (XXXII) ; la dame a martyrisé l'amant (XXXVII) ; la dame a en fait cherché l'amour auprès de plusieurs prétendants (XXXVIII) ; loin d'utiliser des paroles trompeuses, l'homme a toujours été ami de Loyauté (XLIV) ; en critiquant le cœur de l'amant, elle critique Amour lui-même (XLVII) ; elle médit d'Amour sans le connaître (LV) ; elle avait séduit l'amant pour abuser de lui (LXII) ; elle calomnie les hommes sincères, et donc va à l'encontre de Dieu (LXVII) ; en conclusion, puisqu'elle diffame les hommes ainsi qu'Amour, et qu'elle a tué l'amant par sa tromperie, elle mérite d'être punie et de perdre le nom de dame (LXIX-LXX). Franc Vouloir, le président, la prie de se défendre et elle fait appel aux services d'un avocat ; personne ne se présente. Elle demande donc un sursis, qui lui est accordé (LXXII-LXXIV). Le narrateur se réveille, termine la ballade qu'il avait commencée et la présente à sa dame ; il lui raconte son rêve et demande de ne pas être congédié comme l'amant défunt (LXXV-LXXVI).

La Dame loyale en Amour

Le narrateur se rappelle vivement d'un moment passé, au mois de septembre, où il souffrait des refus de sa dame (I-IV). Il se décide à partir à la chasse et, s'étant perdu dans une vallée déserte, il entend la voix d'une dame (V-X). Il rencontre une dame tout en pleurs qui explique qu'on l'a injustement accusée d'un crime (XI-XVIII). Tous deux sont aussitôt enveloppés par une lumière qui les éblouit ; une voix annonce que la dame doit comparaître devant le Dieu d'Amour et que le narrateur doit l'accompagner (XIX-XXIII). Ils sont ravis au ciel, passant d'abord par celui, rouge, des orgueilleux en amour, ensuite par le ciel vert où résident les amants volages, et enfin par celui, moitié bleu, moitié blanc, des amants loyaux, avant d'arriver à une vaste sphère qui englobe toutes les autres, et où se trouve le trône d'Amour (XXIV-XXXI). L'homme et la dame sont placés devant les juges, qui sont tous des personnages allégoriques (XXXII-XXXV). Le Dieu d'Amour s'adresse à elle, faisant référence au procès qui n'a pas été conclu ; Désir réitère sa conclusion (XXXVI-XXXVIII). Amour demande à la dame de s'expliquer. On lui donne le choix d'un avocat, et elle nomme spécifiquement Vérité et Loyauté, qui viennent écouter son histoire en aparté (XXXIX-XLII). Vérité monte une très longue défense de la dame (XLIII-C), dont l'une des principales révélations est qu'elle avait déjà accordé ses faveurs à un autre homme, selon les règles d'Amour, et donc qu'elle aurait été déloyale si elle avait accepté l'amant qui lui faisait la cour (L). Dans cette perspective Vérité essaie de démontrer que l'amant vivait dans une illusion. Il critique l'auteur de la *Belle Dame sans Mercy*, sans le nommer, pour l'avoir trahie dans son poème (LII-LV, LXIV-LXV, LXIX, LXXVI-LXXVII). Il évoque le huitain XCIX de la *Belle Dame*, où celui-ci diminue le pouvoir d'Amour (LXXII). Il nie l'affirmation de Désir qu'elle avait plus d'un amant (LXXXIV). Le vrai coupable, c'est en fait Désir qui, lui, a aveuglé l'amant et qui par conséquent est responsable de sa mort (XCVII-XCVIII). Elle mérite d'être appelée « Dame Loyale » et de retrouver sa renommée ternie (C). Désir répète qu'il a montré des preuves incontestables et que c'est à Amour à rendre jugement. Amour convoque son conseil (CI-CIV). Gracieux Parler annonce la décision : La dame est acquittée et dorénavant prend le nom de « Dame Loyale en Amour » ; Désir et Espoir sont convoqués pour les crimes qu'ils ont commis. (CV-CVIII). Le narrateur se retrouve alors dans la vallée du début et il a compris la leçon : se méfier d'un désir trop ardent qui risque de tout détruire (CIX-CXI).

La Cruelle Femme en Amour

Le narrateur, dans un état de tristesse et de confusion, se trouve à cheval, le premier mai. Il veut fuir toute joie et donc se dirige vers des lieux déserts. Réfléchissant à ses tristesses amoureuses, il entre dans une transe et puis il a une vision (I-X). Il croit se trouver dans un palais rempli de tableaux et d'images de toutes sortes qu'il parcourt entièrement. Puis il est ravi dans un nuage qui le transporte en une ville merveilleuse où se trouve le Palais de Justice, autrement appelé le Palais d'Espoir, où se logent les amoureux (XI-XXIV). Il rend visite au temple de Vénus, où on célèbre la fête de la déesse. À l'extérieur, il passe par le cimetière des loyaux amants trépassés (XXV-XXVIII). De retour au palais il aperçoit un jeune écuyer, vêtu de noir et en deuil, qui se présente devant Amour et ses présidents. Le greffier, ayant lu sa réclamation écrite, s'adresse au parlement : L'écuyer, ami de l'amant défunt de la Dame sans mercy, demande de casser le jugement qui avait innocenté la dame, car la mémoire du défunt en est honnie et le procès a procédé par chicanes (XXIX-XXXVIII). Amour répond que puisque Vérité et Loyauté avaient plaidé la cause, le jugement ne peut être annulé (XXXIX). Le greffier riposte que Vérité n'avait pas plaidé la cause de cette dame et la fait appeler : Vérité s'avance et révèle qu'elle et Loyauté n'en savent rien, que ceux qui avaient plaidé à leurs places étaient Fiction et Poésie déguisées et que par conséquent Amour a été trompé (XL-XLIII). Vérité en offre la preuve en disant que la Belle Dame avait elle-même nié l'existence d'un autre amant, ce qui avait été l'élément principal de la défense (XLIV-XLVI). Le jugement est annulé, et la Belle Dame convoquée de nouveau devant le tribunal, avec Espoir et Désir, dont le procès annoncé à la fin de la *Dame loyale* doit maintenant avoir lieu (XLVII-XLVIII). Gracieux Parler annonce les chefs d'accusation, disant que le défunt a précisément trouvé la mort à cause de Désir et Fol Espoir, après un refus définitif, et demande qu'ils soient remis dans la prison de Refus (XLIX-LI). Vérité les défend simplement : puisqu'ils sont les hommes d'Amour, s'ils ont eu tort, il faudrait conclure qu'Amour en est la cause. Amour les acquitte (LII-LIII). Vérité et Loyauté consultent leur client, l'écuyer, puis Vérité expose longuement les faits concernant la Belle Dame et la mort de l'amant (LIV-XCII). Elle s'appuie, comme preuve de la culpabilité de la Belle Dame, sur le témoignage du « tresnotable escripvain » qui en avait été témoin (LIX-LXIII), et dont elle fait l'éloge, mentionnant en passant sa mort. Pourquoi la dame n'a-t-elle pas mentionné un autre amant au début, s'il y en avait ? (LXXIV). Vérité l'accuse de diablerie (LXXXVI). Dans sa conclusion, Vérité condamne l'auteur de la *Dame loyale* puisqu'il a mis des mensonges dans la bouche du Dieu d'Amour (XCII). Amour admet qu'il n'a jamais juré d'avoir donné un autre amant à cette dame (XCIII).

Vérité accuse celle-ci officiellement d'avoir commis le crime de lèse-majesté envers Amour et d'avoir commis le meurtre du défunt : Qu'elle soit exilée de la cour d'Amour et nommée « La Cruelle Femme en Amour » ; ensuite, qu'elle soit noyée dans un puits de larmes et que l'amant soit élevé au paradis des loyaux amants (XCIV-XCVIII). La dame demande d'écouter les témoins qui, selon Vérité, sont prêts à attester l'innocence de l'amant (XCIX). On écoute les attestations de huit témoins, qui tous s'accordent avec l'accusation de Vérité (C-CIV). Le Dieu d'Amour tient son conseil, et Souvenir enjoint la dame de se défendre. Celle-ci ne sait pas quoi dire et l'absence de larmes semble justifier leurs conclusions (CV-CVII). Puis elle fait une confession et sous l'influence de Honte, elle demande leur indulgence (CVIII-CIX). Amour réunit son conseil et ils finissent par accepter toutes les conclusions de Vérité concernant la punition de la dame ; Désespoir vient conduire la Belle Dame en prison, et Doux Penser déclare que personne ne doit mettre en question le jugement (CX-CXVI). À cet instant, le narrateur se retrouve dans la vallée sombre et il rentre chez lui, à Tournai, pour mettre par écrit cette histoire ; il demande aux femmes, surtout à celle qu'il aime, de ne pas ressembler à cette dame (CXVII-CXX).

L'Hôpital d'Amour

Le narrateur arrive à une fête peuplée par les dames les plus belles et les plus courtoises qui soient. Il y courtise la dame qu'il aime avec persévérance, mais elle le renvoie. Accablé, il quitte la compagnie (I-VIII). Désirant mourir, il entre en transe et commence à rêver. Il se trouve sur un chemin rude qui s'appelle *Trop Dure Réponse* et, au fond d'une triste vallée, il trouve les cadavres de célèbres amants qui sont morts dans la douleur ou même qui se sont suicidés, pendus à des arbres, noyés dans un étang, transpercés d'épées, jetés dans la flamme : Phillis, Léandre, Héro, Pyrame, Thisbé, Didon. La fontaine de Narcisse s'y trouve également. Il va s'y diriger lorsque Patience et Espérance l'envahissent (IX-XIX). Ces deux figures lui suggèrent de quitter ce lieu désert et à l'instant il se trouve devant l'Hôpital d'Amour, dont Bel Accueil est le portier, Courtoisie l'infirmière, et

Espoir le médecin (XX-XXIV). Courtoisie reçoit les malades qui y entrent ; elle amène le narrateur au lit qui convient à sa maladie, en passant par l'hôpital et la chapelle attenante (XXV-XXXVIII). Espoir vient le soigner avec un breuvage qui s'appelle *Eau de Gracieux Penser*. Le narrateur se remet un peu et demande à Pitié, la supérieure, le don d'un baiser. Elle le prévient que Danger, le jardinier, ne le permettra pas. Pitié intercède cependant et on lui donne congé d'aller dans le jardin, où la dame qui s'était refusée à lui lui accorde un baiser (XXXIX-XLIX). Rétabli, le narrateur inspecte l'Hôpital. Il retrouve le cimetière des loyaux amants, où se trouvent les tombeaux de Tristan et de Lancelot, de Jean de Werchin, sénéchal des Hennuyers, et d'Alain Chartier, situé à côté de l'amoureux défunt de la *Belle Dame*. Puis il trouve un charnier où sont entassés les corps des faux amants : Jason, Démophon, Narcisse, et celle qui avait tué son amant, dorénavant appelée la *Cruelle Femme en Amour*, placée à côté de Briséida (L-LX). Sur ce, Désir vient enflammer le narrateur qui, ne pouvant pas retrouver les faveurs de sa dame, redevient malade et rentre à l'hôpital. Entendement lui donne des conseils et fait venir Espoir, qui lui dit de demander la miséricorde d'Amour (LXI-LXXVII). Le narrateur lui prête un serment solennel et puis s'endort (LXXVIII-LXXXIII). Dans son rêve, Amour se présente devant lui et lui donne des conseils, lui demandant s'il n'a pas oublié ses leçons d'autrefois. Après un bref dialogue, Amour décide de les lui rappeler (LXXXIV-CI). Pour avoir ce que l'on désire, il faut être loyal (CII-CIV). Amour raconte le périple d'un amant loyal emblématique, qui part en voyage puis revient, épie son amie, la suit à la messe et puis se consume de jalousie (CV-CXXX). Cet amant hypothétique se torture et entre dans une telle confusion qu'il est incapable de demander à sa dame ce qu'il veut (CXXXI-CXXXVIII). La dame, qui n'est pas en fait indifférente, lui demande finalement ce qu'il a. Elle le mettra à l'épreuve, mais tout cela montre que la dame est souveraine maîtresse et qu'il faut être patient en attendant ses bontés (CXXXIX-CXLVIII). Amour conclut en disant qu'il va écouter la prière du narrateur (CXLIX-CL). Le narrateur se réveille et s'en va vers sa dame, qui lui accorde un baiser (CLI-CLV). Le narrateur est obligé de partir aussitôt, à cause des menaces d'Envie et de Male Bouche ;

il rentre à l'hôpital où il remercie tous ceux qui l'ont aidé (CLVI-CLVIII). Le narrateur se réveille et, ayant transformé son expérience en poème pour faire plaisir à sa dame, il lui adresse une dernière prière (CLIX-CLX).

Chronologie des Œuvres françaises attribuées à Alain Chartier[18]

1412-14 ?	*Lay de Plaisance*
1412-14 ?	*Débat des deux Fortunés d'Amour*
1416	*Livre des quatre Dames*
1422	*Quadrilogue invectif*
1421-25 ?	*Débat du Herault, du Vassault et du Villain*
1422-26 ?	*Lay de Paix*
1422-26 ?	*Bréviaire des Nobles*
1422-26 ?	*Débat de Réveille Matin*
1424	*Complainte contre la Mort*
1424	*Belle Dame sans Mercy*
1425	*Excusacion aux Dames*
1428-29	*Livre de l'Espérance*
1412-25 ?	*Rondeaux et Ballades*

David F. HULT

---

[18] Je me suis notamment appuyé sur les travaux de Laidlaw et de Walravens pour établir cette chronologie. Pour des précisions, voir également ma discussion ci-dessus, pp. X-XVIII.

SIGLES DES MANUSCRITS

Nj Grenoble, Bibl. Mun. 874
Pa Paris, BNF, fr. 833
Pb Paris, BNF, fr. 924
Pc Paris, BNF, fr. 1131
Pd Paris, BNF, fr. 1642
Pe Paris, BNF, fr. 1727
Pf Paris, BNF, fr. 2230
Pg Paris, BNF, fr. 2264
Ph Paris, BNF, fr. 19139
Pj Paris, BNF, fr. 20026
Pk Paris, BNF, fr. 24440
Pl Paris, BNF, fonds Rothschild 440 (I.4.31)
Pm Paris, BNF, fr. 1661
Pn Paris, Arsenal 3521
Po Paris, Arsenal 3523
Pp Paris, Musée Jacquemart-André 11
Pq Paris, BNF, fr. 1169
Pr Paris, BNF, n. a. fr. 4237
Qa Besançon, Bibl. Mun. 554
Qb Carpentras, Bibl. Mun. 390
Qc Chantilly, Musée Condé 686
Qd Toulouse, Bibl. Mun. 826
Qf Bibl. Arnhem, 79
Qh Copenhague, Bib. Roy. Ny Kgl. S. 1768.2
Qj Fribourg-Diesbach [collection particulière, aujourd'hui perdu, décrit par Piaget, *Romania*, 34, 1905, pp. 597-602]
Qk La Haye, Bib. Roy. 71.E.49
Ql Saint Petersbourg, Bibl. Saltikov-Schedrin, fr. f. V.XIV.7
Qm Londres, British Museum, Royal 19.A.III
Qn Londres, Vente Clumber (Sotheby, 06/12/37), no. 941
Qp Turin, Bibl. Naz. Univ., L.II.12

Qq Rome, Vat. Lat. 4794
Qr Vienne, Bibl. Nat. 2619
Qs Turin, Bibl. Naz. Univ., L. IV.3
Qt Rome, Vat. Reg. 1363[19]

---

[19] Nous utilisons le système de sigles fort utile que Laidlaw a établi pour les manuscrits des œuvres d'Alain Chartier. Les mss. Pq, Pr, Qs et Qt et, par conséquent, les sigles ne se trouvent pas dans le répertoire de Laidlaw, car ces manuscrits ne contiennent aucun ouvrage d'Alain Chartier. Nous leur attribuons ces nouveaux sigles. Voir McRae, *The Trials of Chartier's Belle Dame sans Mercy*.

Établissement du texte

La tradition manuscrite

J. C. Laidlaw a naguère recensé 192 manuscrits contenant un ou plusieurs ouvrages d'Alain Chartier. Sur ces 192 manuscrits, 62 ne contiennent qu'un seul de ses ouvrages (soit dans un volume à part, ce qui est notamment le cas pour les *Quatre Dames*, en raison de sa longueur, soit dans un recueil avec des ouvrages d'autres auteurs), 18 rassemblent deux ou trois des ouvrages en prose, 31 transmettent uniquement de ses œuvres en latin, et 16 ne contiennent que des poésies lyriques. On remarque que des œuvres latines, seul le *Dialogus Familiaris Amici et Sodalis* se trouve transcrit avec des œuvres françaises et deux fois seulement avec des œuvres poétiques. Le corpus latin reste donc largement séparé du corpus en langue vernaculaire et presque entièrement de l'œuvre poétique. Quant aux autres manuscrits, 65 dans le recensement de Laidlaw, 33 contiennent au moins deux des œuvres poétiques (sigles N et O) et 32 contiennent des œuvres en vers (et à l'occasion en prose) associées avec la *Belle Dame* et une ou plusieurs des suites (sigles P et Q)[20]. Aucun des ces manuscrits ne contient les dix poèmes attribuables à Alain Chartier, mais plusieurs en rassemblent un nombre important. Pour qui cherche à isoler ce qu'on peut appeler des anthologies poétiques de l'œuvre de Chartier en langue vernaculaire, on peut encore réduire ce groupe de manuscrits, non sans quelque arbitraire, à ceux qui contiennent au

---

[20] Le système de sigles adopté par Laidlaw permet de démêler assez facilement les différents types de manuscrit ayant transmis l'œuvre de Chartier. N et O s'appliquent à des manuscrits contenant plus d'une œuvre française de Chartier, la série N des œuvres en vers, la série O des œuvres en vers et en prose. P et Q désignent les manuscrits contenant des œuvres françaises de Chartier avec une ou plusieurs des « imitations » de la *Belle Dame*. P s'applique aux mss parisiens tandis que Q s'utilise pour les manuscrits qui se trouvent ailleurs.

moins cinq des dix œuvres poétiques[21] : Il y en a 33, dont dix du type N/O et 23 du type P/Q. De ces 33 anthologies, trois seulement ne contiennent pas la *Belle Dame* et 23 (par définition, celles du type P/Q), plus de deux tiers du total, l'associent également avec une ou plusieurs des imitations. La tradition manuscrite confirme donc l'hypothèse que nous avons pu formuler à partir des références que lui font ses successeurs : non seulement la *Belle Dame* semble avoir constitué le noyau de l'œuvre poétique de Chartier, mais la *Belle Dame* était, elle, souvent lue et comprise de concert avec les documents de la 'querelle' et les suites auxquelles elle a donné naissance.

Arthur Piaget, dont la série d'articles publiés dans la *Romania* il y a une centaine d'années sous le titre général "La Belle Dame sans mercy et ses imitations" reste encore la source imprimée essentielle pour les indications bibliographiques (et, dans certains cas, pour les éditions), a dénombré une vingtaine de ce qu'il appelle « imitations ». Là où plusieurs de ces ouvrages sont restés plutôt marginaux, à juger d'après la faible quantité de manuscrits dans lesquels ils ont été transcrits, d'autres ont connu une certaine célébrité, tant et si bien que pour un temps ils ont été attribués à Chartier lui-même. Voici la liste des poèmes discutés par Piaget, ainsi que le nombre de manuscrits qui les ont transmis[22] :

---

[21] Nous comptons : *Le Lay de Plaisance, Le Débat des deux Fortunés d'Amour (Le Gras et le Maigre), Le Livre des quatre Dames, Le Débat de Réveille Matin, La Complainte contre la Mort, La Belle Dame sans Mercy, L'Excusacion, Le Bréviaire des Nobles, Le Lay de Paix*, et *Le Débat du Herault, du Vassault et du Villain*.

[22] Nous comprenons dans ces chiffres les manuscrits décrits par Piaget ou connus par ailleurs mais actuellement disparus ou inaccessibles, en particulier Qj, Qn et Qs. Les différences d'avec le décompte de Piaget pour *L'Accusation, La Dame loyale, La Cruelle Femme, Les Erreurs, La Belle Dame qui eut Mercy* et *L'Hôpital d'Amour* sont dues au fait que le critique suisse ne connaissait pas, ou n'a pas systématiquement pris en compte, les mss. Pp, Qb, Qc, Qf, Qh, Ql, et Qn.

Accusation contre la Belle Dame sans Mercy (Le Parlement d'Amour) par Baudet Herenc (18 mss.)
La Dame loyale en Amour (anonyme) (13 mss.)
La Cruelle Femme en Amour par Achille Caulier (16 mss.)
Les Erreurs du Jugement de la Belle Dame sans Mercy (anonyme) (3 mss.)
La Belle Dame qui eut Mercy, poème attribué à Oton de Grandson (16 mss.)
Dialogue d'un Amoureux et de sa Dame (anonyme) (4 mss.)
Le Jugement du pauvre triste Amant banny (anonyme) (4 mss.)
Les Erreurs du Jugement de l'Amant banny (anonyme) (1 ms.)
L'Amant rendu Cordelier à l'Observance d'Amour (anonyme)[23] (7 mss.)
L'Hôpital d'Amour par Achille Caulier (23 mss.)
Le Traité de Réveille qui dort (anonyme) (2 mss.)
Le Débat sans Conclusion (anonyme) (3 mss.)
Le Déconseillé d'Amour par Henri Anctil (1 ms.)
Le Loyal Amant refusé (anonyme) (1 ms.)
La Desserte du Déloyal (anonyme) (4 mss.)
La Sépulture d'Amour (anonyme) (2 mss.)
Le Martyre d'Amour par Franci (1 ms.)
Le Débat de la Dame et de l'Écuyer (1 ms.)

Parmi cette profusion de poèmes, on peut faire la distinction entre les « suites » proprement dites, c'est-à-dire des poèmes qui reprennent le fil narratif et les personnages de la *Belle Dame*, et les « imitations », œuvres qui reprennent certains motifs, certains types de personnages, certaines situations (telles que la cour d'Amour, le personnage de l'amoureux languissant, etc.) sans se relier directement au poème de Chartier. Si on élimine ces dernières, on arrive à cerner

---

[23] Ce poème était autrefois attribué à Martial d'Auvergne, notamment dans l'édition Montaiglon de 1881. Pourtant, la mention qui en est faite dans l'*Inventaire des Biens demourez au Decés de l'Amant trespassez de Dueil* place sa composition en 1447 au plus tard, à peine quinze ans après la naissance de Martial, ce qui rend cette attribution peu probable.

un cycle d'ouvrages qui ont une cohérence narrative et qui ont été conçus comme faisant partie d'un ensemble[24] : *L'Accusation contre la Belle Dame*, *La Dame loyale en Amour*, *La Cruelle Femme en Amour*, et *Les Erreurs du Jugement de la Belle Dame sans Mercy*.

Mis à part le dernier de ces ouvrages, ce que nous appelons le cycle de la *Belle Dame* apparaît donc dans une bonne dizaine de manuscrits. Voici la liste des manuscrits (avec les sigles de Laidlaw) qui nous ont transmis le cycle dans son état présumé complet : Pb, Pc, Pd, Pk, Pn, Qa, Qf, Qh, Qj, Qk, et Ql.

Il est difficile de savoir comment ces manuscrits ont été compilés, mais il est probable que les poèmes ont circulé soit séparément soit déjà insérés dans des recueils. Tout copiste chargé de confectionner une anthologie autour d'Alain Chartier essayait de faire l'acquisition des textes de Chartier ainsi que des textes du cycle et de les copier dans son manuscrit, mais il est évident que cette compilation s'effectuait souvent sans égard à leur « place » dans le cycle : le copiste de *Pd* place *La Dame loyale* avant *l'Accusation* ; ceux de *Pb* et *Qa* situent *L'Accusation* après *La Belle Dame* et avant les lettres en prose et *L'Excusacion* ; *Qf* et *Qj* insèrent le *Réveille Matin* au milieu de la série. Les anthologies de Chartier accueillaient également des œuvres d'autres poètes et c'est souvent grâce à ces anthologies que ces œuvres ont été préservées en grand nombre : la plupart des manuscrits de Michault Taillevent sont des anthologies d'Alain Chartier ; *La Belle Dame qui eut Mercy*, ainsi que d'autres poèmes d'Oton de Grandson, ont été annexés à l'œuvre de Chartier. On ne trouve pas de manuscrit qui soit entièrement la copie directe d'un autre, ni même par intermédiaire. Par contre, pour certains textes, on détecte une relation indubitable : Laidlaw avait signalé la parenté, par exemple, entre Pc et Ql ; certains poèmes de Pk sont suffisamment proches de ceux de Pc pour qu'on puisse conclure que l'un est la copie de l'autre, notamment les continuations de la *Belle Dame*

---

[24] Achille Caulier utilise le terme « tiers livre » dans la *Cruelle Femme*, v. 361, pour se référer à la *Dame loyale*. Les rubriques de Qj, transcrites par Piaget, en parlent également comme d'une série. Pour plus de détails, voir la note à ce vers.

(l'*Accusation* de Pk, par exemple, a des lacunes identiques à celles de Pc), tandis que d'autres, comme la *La Belle Dame* et *L'Excusation*, viennent d'une tradition différente.

Choix du manuscrit de base

On a souvent remarqué que les textes poétiques du XVe siècle qui ont survécu en copies multiples se prêtent mal à un classement traditionnel par stemma (voir à ce sujet les remarques récentes de Laidlaw pour Alain Chartier, et de Deschaux pour Michault Taillevent), en raison de l'inattention fréquente des copistes ainsi que de la forte probabilité de contamination (c'est à dire, l'emprunt de leçons à plusieurs sources). Ce phénomène est d'autant plus frappant lorsqu'on considère des anthologies comme nous venons de les décrire, pour la constitution desquelles les copistes ont été obligés de recourir à plusieurs sources. Donc, même pour qui veut présenter un corpus d'auteur, on suit avec difficulté les méthodes traditionnelles préconisées par les éditeurs de texte, et dont le résultat a toutes les chances d'être, selon les belles paroles de Paul Imbs, « une chimérique reconstitution du texte original tel qu'il était sorti des mains de l'auteur », assortie d'« une langue uniformisée qui ne serait en fait qu'une construction de l'esprit »[25]. La tâche est d'autant plus malaisée pour qui veut présenter une suite de textes composés par des auteurs différents et dont l'association est un fait de mise en recueil, et donc de réception : toute édition de ce genre qui mettrait ensemble ces textes édités séparément et à partir de manuscrits différents, quel que fût son intérêt, prend le risque de devenir tout simplement une reconstruction moderne et quelque peu aléatoire qui n'a jamais existé. Nous avons donc pris le parti de reproduire le cycle de la *Belle Dame* tel qu'il paraît dans un manuscrit particulier, donc nécessairement l'un des onze manuscrits mentionnés ci-dessus.

---

[25] Citées par J. Cerquiglini-Toulet dans l'éd. du *Livre du Voir Dit*, p. 29. Pour une discussion de ces problèmes, voir Hult, « Reading it Right... » et « Lancelot's Two Steps... ».

Or, comme nous venons de le constater, l'ordre des poèmes dans les manuscrits est très variable (notamment, la place des suites par rapport à la *Belle Dame*). Pourtant, trois de ces manuscrits contiennent la *Belle Dame*, les lettres en prose, l'*Excusacion* et les trois principales suites du poème (*L'Accusation contre la Belle Dame, La Dame loyale en Amour, La Cruelle Femme en Amour*) dans l'ordre qui convient selon les références que fait chaque texte à ses prédécesseurs : ce sont les mss. Pc, Pk et Pn. Nous avons choisi de présenter un texte critique du cycle de la *Belle Dame* tel qu'il apparaît dans le meilleur de ceux-ci, Pc, le ms. 1131 du fonds français de la Bibliothèque Nationale de France.

Le manuscrit BNF fr. 1131

BNF fr. 1131 est un volume en parchemin qui date vraisemblablement du milieu ou, au plus tard, du troisième quart du quinzième siècle. Il comporte 208 folios et a été transcrit par une seule main. Le volume a été composé avec soin, mais de toute évidence il n'a pas été complété. L'écriture occupe une seule colonne avec des marges assez amples, ce qui est typique de nos manuscrits, mais, ce qui est plus rare, le copiste a pris le soin de ne pas diviser les strophes des poèmes en huitains pour remplir la place ; pour ces poèmes, il y a toujours quatre strophes, et donc 32 vers, par page. Les initiales sont décorées avec de l'or. En revanche, le texte n'a pas été corrigé et la place laissée pour des miniatures n'a pas été remplie. Certains des poèmes comportent des titres rubriqués au début et/ou à la fin, mais la plupart en manquent. C'est un volume que l'on peut dire dédié dans son ensemble aux œuvres en vers composées par Alain Chartier, ou associées à lui. Des dix œuvres poétiques de Chartier, il en contient huit. Pour ce qui concerne les poèmes annexes, et par contraste avec les autres manuscrits collectifs, la collection de Pc se montre plutôt conservatrice, car elle se limite à des poèmes de la fin du XIVe ou de la première partie du XVe siècle. Laidlaw considérait Pc comme l'un des meilleurs manuscrits collectifs de Chartier et s'en est servi comme manuscrit de contrôle pour tous les poèmes de Chartier qu'il contient.

En voici le contenu[26] :

1. *Le Livre des quatre Dames* (fol. 1r)
2. *Le Débat du Gras et du Maigre (Les deux Fortunés d'Amours)* (fol. 51r)
3. *Complainte amoureuse de Saint Valentin Gransson* (fol. 69r)
4. *Le Bréviaire des Nobles* (fol. 73r)
5. *Lay de Paix aux Seigneurs de France* (fol. 80r)
6. *Lay de Conplainte pour les Guerres* (fol. 84v)
7. *Complainte de la Mort a la Dame m. Alain* (fol. 88r)
8. *La Belle Dame sans Mercy* (fol. 91r)
9. *Coppie de la Requeste faicte et baillee aux Dames contre Maistre Alain* (fol. 103v)
10. *Coppie des Lettres envoyees par les Dames a Maistre Alain* (fol. 104r)
11. *L'Excusacion de Maistre Alain* (fol. 104v)
12. *Accusation contre la Belle Dame sans Mercy (Le Parlement d'Amour)*, par Baudet Herenc (fol. 108v)
13. *La Dame loyale en Amour* (anonyme) (fol. 117r)
14. *La Cruelle Femme en Amour*, par Achille Caulier (fol. 131r)
15. *L'Hôpital d'Amour*, par Achille Caulier (fol. 146r)
16. *Le Débat de Réveille Matin* (fol. 167r)
17. *Le Traité de Réveille qui dort* (fol. 173r)

---

[26] Nous donnons les titres d'après leur identification moderne. Les seules rubriques insérées par le copiste (à part quelques *Explicit, Fin,* et *Cy fin*) sont : « Cy commence le livre des quatre dames dont les maris furent a la bataille d'agincourt » (fol.1r) ; « Cy fine le livre des quatre dames » (fol. 50v) ; « Explicit le debat du gras et du maigre » (fol. 68v) ; « Icy commence le breviaire des nobles » (fol. 73r) ; « Lay de paix aux seigneurs de france » (fol. 80r) ; « Lay de conplainte pour les guerres » (f. 84v) ; « Complainte de la mort a la dame M. alain » (fol. 88r) ; « Cy fine la cruelle femme en amours que on dist le proces de la belle dame sans mercy » (fol. 146r) ; « Explicit l'ospital d'amours » (fol. 166v) ; « Cy fine resveille matin » (fol. 172v) ; « Cy fine le traictie de resveille qui dort » (fol. 183v) ; « Explicit la dame qui eust mercy de son amant » (fol. 189v) ; « Cy finist la pastourelle granson » (fol. 194v). Tous les autres titres du manuscrit ont été ajoutés par une main moderne.

18. *La Belle Dame qui eut Mercy*, attribuée à Oton de Grandson (fol. 184r)
19. *Complainte* (fol. 189v)
20. *Complainte* (fol. 191r)
21. *La Pastourelle Granson* (fol. 192v)
22. *Dialogue d'un Amoureux et de sa Dame* (anonyme) (fol. 195r)
23. *Dicts moraux* (fol. 201v)

Pour des raisons pratiques, il nous était impossible de présenter tout le contenu de ce manuscrit volumineux, ce qui aurait cependant un certain intérêt, puisqu'il présente, comme on l'a vu, une bonne partie de l'œuvre de Chartier avec une version complète et bien organisée du cycle de la *Belle Dame*. Il fallait donc choisir, ce qui ne va pas sans un certain arbitraire. Le manuscrit s'ouvre sur une série d'ouvrages qui concernent plutôt des questions politiques (*Bréviaire des Nobles*, *Lay de Paix*), ou bien des débats amoureux qui sont placés dans ce contexte chevaleresque (*Le Livre des quatre Dames*, *Le Débat des deux Fortunés d'Amour*). Nous avons décidé de laisser de côté cette section et d'ouvrir notre volume avec la *Complainte*, qui est souvent associée avec la *Belle Dame* dans les manuscrits et, comme on l'a vu ci-dessus, qui présente le narrateur dans une situation quasi identique à celle de la *Belle Dame*. En fait, étant donné le soin évident avec lequel le copiste de Pc a organisé son recueil, il a sûrement compris l'importance de la *Complainte* comme ouverture d'un cycle qui, lui, tourne autour de questions de mort et de désolation. Cet agencement souligne également une continuité entre la voix narrative de la *Complainte* et celle de la *Belle Dame*, comme si la première était un type de soliloque précédant la mise en récit de la seconde. Ce choix, nous semblait-il, s'imposait, mais la question du point auquel il convenait de clore notre volume est plus délicate. *La Cruelle Femme* constitue, bien sûr, la conclusion du cycle tel que nous l'avons défini, avec la condamnation de la Belle Dame et sa mise à mort. Mais l'*Hôpital d'Amour*, composé par le même auteur, Achille Caulier, constitue un autre type de clôture avec la consécration d'Alain Chartier comme amant et comme poète, et avec le rappel des personnnages de la *Belle Dame* dans le cimetière d'amour. Il nous semblait par ailleurs dommage de ne pas inclure ce poème si populaire au XVe siècle, et qui a paru dans toutes les anciennes éditions d'Alain Chartier, mais qui n'est disponible pour un public moderne que dans l'édition du Chesne des œuvres d'Alain Chartier qui date de 1617 (!). Enfin, le *Débat de Réveille Matin* représente de plusieurs façons la contrepartie de la *Belle Dame* dans l'œuvre de Chartier, comme on a essayé de le montrer ci-dessus. Dans les manuscrits il est presque toujours associé avec la *Belle Dame* et, en plus, c'est le seul autre poème de Chartier (à part la *Belle Dame* et *L'Excusacion*) à utiliser la forme caractéristique du huitain dont Chartier a lancé l'usage pour des poème narratifs[27]. Nous sommes convaincu que le copiste de Pc a compris l'importance du *Réveille Matin* en tant que *coda* fermant le cycle, comme un type de révision qui présente une autre version de la figure de l'amant languissant.

Nous avons inclus dans un dossier en fin de volume certains textes, ou extraits de textes, qui jettent encore de la lumière sur la querelle de la *Belle Dame*, sans pour autant avoir occupé une place principale dans la tradition manuscrite. Aucun de ces textes ne se trouve dans notre manuscrit. Il s'agit tout d'abord de quelques pièces qui supplémentent les lettres en prose. L'intéressant recueil qui se trouve à la Bibliothèque Municipale de Besançon (Qa) inclut les lettres en prose mais également une mise en vers de chacune de ces lettres. On ne connaît qu'un autre manuscrit, Qj, aujourd'hui disparu, qui aurait contenu ces mises en vers. Qa contient de même une lettre versifiée fascinante attribuée à ces mêmes dames, qui constitue une réponse à l'*Excusacion de Maistre Alain*. Cette lettre n'a laissé de trace que dans quatre manuscrits au total, y compris Qa et Qj. Enfin, le texte que nous avons mentionné ci-dessus, *Les Erreurs du Jugement de la* Belle Dame sans Mercy, bien qu'il se situe comme clôture du cycle (ce sont les héritiers de la Belle Dame, morte après le jugement de la *Cruelle Femme*, qui viennent réclamer justice), n'est transcrit que

---

[27] Le plus illustre des poètes qui ont suivi la mode lancée par Chartier est bien sûr François Villon, qui s'en est servi pour son *Lais* et pour son *Testament*.

dans trois manuscrits, ce qui suggère qu'il n'a jamais fait partie du cycle tel qu'il était perçu par le public du XVe siècle. En raison de sa longueur, nous ne présentons que quelques extraits de ce poème qui atteste la survie extraordinaire de cette controverse.

Principes de l'édition

Si l'édition que nous proposons a l'avantage de présenter l'œuvre d'un copiste intelligent et soigné dont les habitudes de langue et d'orthographe s'étendent à travers cette collection de textes (et donc donnent un échantillon d'une *scripta* homogène), elle a également le désavantage d'avoir réuni des textes de sources diverses et dont, comme on peut s'y attendre, les qualités diffèrent considérablement. Certains des textes transcrits sont pour la plupart excellents (et là notre opinion se différencie parfois de celle de Laidlaw), notamment pour *La Belle Dame*, *L'Excusacion*, *Le Débat de Réveille Matin*, et *L'Hôpital d'Amour*. Un seul des textes que présente ce manuscrit, *L'Accusation contre la Belle Dame sans Mercy* (*Le Parlement d'Amour*), est inacceptable tel quel en raison de son état lacunaire (douze strophes lui manquent au total). Mais la tradition étant relativement homogène à travers les manuscrits, nous avons pris le parti d'en suppléer les lacunes avec les strophes en question tirées de Pn, manuscrit de bonne qualité (et dont R. Deschaux s'est servi de base pour plusieurs des poèmes de Michault Taillevent qu'il a édités) et qui représente souvent une tradition commune ; nous ne l'avons pas choisi comme manuscrit de base en raison de ses nombreux vers faux.

Pour chacun des textes nous avons choisi un groupe de manuscrits de contrôle que nous utilisons pour corriger notre manuscrit lorsqu'il comporte des vers faux ou, tout simplement, lorsqu'il est incohérent. Pour les textes que Laidlaw a édités, *La Complainte*, *La Belle Dame*, les lettres en prose, *L'Excusacion*, et le *Débat de Réveille Matin*, nous n'avons pas cru nécessaire de refaire son travail mais nous avons consulté tous les manuscrits dont nous donnons des variantes, soit directement, soit en reproduction. Pour les autres textes, nous avons consulté tous les manuscrits qui nous étaient disponibles et nous avons choisi ceux qui étaient de la meilleure qualité pour contrôler le nôtre. Notre souci a été de présenter des textes lisibles et aussi exempts de fautes que possibles, sans toutefois trop intervenir sur notre manuscrit qui, même s'il comporte une leçon isolée, a peut-être gardé la bonne leçon. Nous soulignons encore une fois que notre but a été de reproduire un document qui reflète un certain état de la réception d'un ensemble de poèmes, ensemble qui, lui, est le résultat non pas d'une seule intention d'auteur (ce qui est après tout la pierre de touche de toutes les méthodes éditoriales traditionnelles) mais d'un compilateur intelligent. Nous avons tenu à corriger les défauts inévitables de ce témoin, mais également à donner des matériaux qui permettent de considérer d'autres états de la tradition, grâce aux variantes que nous donnons. L'appareil critique, qui comprend deux sections, l'une réservée aux leçons rejetées de notre manuscrit de base et l'autre aux variantes, se situe après les éditions. Ce genre d'édition ne prétend ni constituer, ni remplacer, une véritable édition critique de chacun des poèmes, basée sur la tradition manuscrite entière (travail que nous souhaitons pour *L'Hôpital d'Amour*, texte fort intéressant et injustement délaissé) ; mais, comme nous l'avons suggéré, cette approche nous permet de reproduire une trace de la réception poétique au XVe siècle, ce qui serait difficilement envisageable (sinon théoriquement impossible) dans une édition critique traditionnelle.

Langue et habitudes du copiste

La scripta du copiste est marquée par de nombreux traits picards, ce qui n'est pas surprenant, car ces traits se sont généralisés au cours des XIVe et XVe siècles parmi les scribes de toutes les régions au nord de la Loire. De plus, au moins deux de nos auteurs, Baudet Herenc et Achille Caulier, sont originaires de la région Picardie-Hainault. Mais le copiste montre une certaine souplesse dans l'usage de ces traits : il écrit par exemple *s'efforchoit/forchoit* (*Belle Dame*, v. 89), mais quelques vers auparavant, *forcier* (v. 37) et non pas *forchier*, comme on aurait pu s'y attendre. On peut se demander, en fait, s'il était originaire du Nord car parfois (assez rarement, il est vrai) il se trompe sur une rime typiquement picarde, comme par exemple au v. 103 de la *Cruelle Femme* : Achille Caulier a mis à la rime *venir/veïr*, mais notre copiste écrit *veoir*.

Du milieu du XVe siècle datent, on le sait, des transformations phonétiques importantes. La plus caractéristique est la réduction des hiatus vocaliques qui avaient marqué l'ancien français. Nos auteurs se situent à une période charnière où ils peuvent jouer aisément des deux possibilités offertes pour des besoins métriques et poétiques. Que l'on ne soit donc pas surpris de voir, par exemple, *veu* (une syllabe) au v. 391 de l'*Hôpital* et *veü* (deux syllabes) au v. 392. Le mot *neant*, ainsi que *peur/paour*, peuvent compter pour une ou deux syllabes. Lorsqu'il y a un écart entre les habitudes du copiste et celles de l'auteur (ou tout simplement du texte qu'il copiait), on peut voir la trace des révisions métriques. Certains vers, par exemple, comportent deux versions dans les mss. Pour les vv. 249-251 de la *Belle Dame*, notre copiste écrit :

> Contre vous desdaing n'actaÿnne
> N'eux onques ne ne veul avoir,
> Ne trop grant amour ne haÿnne

Dans l'édition Laidlaw on lit :

> Contre vous ne desdaing n'ataine
> N'euz je onques ne n'y vueil avoir,
> Ne trop grant amour ne trop haine

Laidlaw ne révèle que dans ses notes en fin de volume que le copiste de son manuscrit de base avait d'abord transcrit notre leçon et qu'ensuite il l'a corrigée. On ne peut pas savoir quelle est la leçon de Chartier, mais il y a des chances que ce soit celle qui représente un état de la langue en voie de devenir archaïque.

Dans un cas, nous avons gardé une leçon qui semble fausse à la rime : « Quant meschans meschant parler usent », (: deüssent) (*Belle Dame*, v. 729), et dont plusieurs copistes donnent la version suivante : « Quant meschans fol parler eüssent ». La correction peut sembler justifiée et pourtant, comme l'a bien montré Chatelain (*Recherches sur les vers français*, p. 69), la rime s/z à cette époque n'est pas rare. De plus la correction amoindrit la force du discours de la dame en supprimant la répétition *meschant/meschant/meschief*.

Notre scribe écrit d'une manière précise et très lisible. La différence entre *u* et *n* au milieu d'un mot est difficile à percevoir, mais en fin de mot il les distingue nettement, terminant le *u* avec un trait vers le haut, et le *n* avec un trait légèrement plongeant. Par conséquent le mot *en* est toujours distingué de l'enclise *eu* (forme contractée de *en* + *le*). La différence entre –*sf*- et –*ff*- , -*ct*- et –*tt*-, se fait parfois difficilement. Les *i* sont régulièrement pointés. Un des tics morphologiques personnels de notre scribe, que nous avons décidé de garder parce qu'il l'utilise d'une manière très régulière, est la forme *peust*, qui sert pour la troisième personne du singulier du verbe *pouoir* au présent. Lorsque la même forme désigne l'imparfait du subjonctif, elle compte, à une exception près (*Hôpital*, v. 30), pour deux syllabes. Par contre, puisque le copiste fait régulièrement la distinction entre *fu(t)* et *fust*, *ot/eut* et *eust*, nous corrigeons dans ces cas-là. Autre particularité de notre copiste, celle-ci bien frappante : très souvent il n'élide pas un *e* muet en fin de mot devant la voyelle initiale du mot suivant, même quand il y a élision. Par exemple, il écrit, *L'Hôpital*, v. 13, *Je y* (qui compte pour une syllabe), là où le copiste de Pn écrit *Gy* ; au v. 483, *que onques*, plutôt que *quonques*. S'il y a plus d'un cas de ce genre dans un vers, le résultat peut prêter à confusion, par exemple dans le v. 176 de *L'Excusacion* : « Que on ne doibt monstrer que aux grans festes ». Ce vers compte bel et bien pour huit syllabes.

Pour les raisons mentionnées ci-dessus – la réduction arbitraire des hiatus ainsi que des faits d'élision qui n'en paraissent pas – nous faisons un usage assez large du tréma (plus ou moins en accord avec ce que préconise le manuel récent, *Conseils pour l'édition des textes médiévaux*, fasc. 1, pp. 50-53) pour faciliter la lecture du texte et pour désambiguïser le compte des syllabes. Donc, parfois il y a hiatus dans une situation comme celle que nous venons de citer et dans ce cas, l'hiatus est marqué par un tréma, comme par exemple dans le v. 600 de la *Cruelle Femme*, citation du v. 704 de la *Belle Dame* :

« Que vous në aultres ne s'en vantent ». Puisque la combinaison –ea- (par exemple, dans *neant*) peut compter pour une ou deux syllabes, selon le cas, nous utilisons le tréma pour marquer les cas où elle est dissyllabique. Les lettres doubles (-aa-, -ee-, ou –oo-) étant toujours dissyllabiques, point n'est besoin d'un tréma, par conséquent, pour signaler le phénomène dans ces cas. Dans les manuscrits du XIVe et du XVe siècles les divisions entre mots, faits d'agglutination et de séparation, ne correspondent pas toujours à nos habitudes modernes. Nous avons largement conservé les habitudes du copiste dans ces cas, surtout pour ce qui concerne des adverbes et des verbes composés (nous restons donc plus conservateur que ce que prescrivent les *Conseils pour l'édition des textes médiévaux*, fasc. 1, pp. 41-43).

Traduction

Nous avons cherché dans nos traductions à rester aussi près de l'original que possible. Sans vouloir produire des effets poétiques, nous avons essayé de respecter autant que possible la division en vers pour permettre une comparaison plus facile entre texte et traduction. Il est parfois difficile, dans la poésie du XVe siècle, de marquer la différence entre un substantif abstrait, tel que *beauté*, et sa fonction comme personnification. Nous avons limité l'utilisation de la majuscule (et donc l'interprétation du substantif comme personnification) aux cas où le substantif est sujet d'un verbe d'action ou montre autrement des qualités qui en feraient un être vivant. Puisqu'un certain nombre de ces personnifications étaient devenues dans la tradition de l'allégorie médiévale des personnages connus – comme Danger, Bel Accueil ou Franchise – nous gardons les noms en moyen français, même quand le nom est peu familier (p. ex., *Celler*) : quitte au lecteur de consulter l'Index des Noms Propres, où il trouvera une liste de toute les personnifications avec une traduction pour celles dont le sens n'est pas évident en français moderne.

Remerciements

Nous désirons exprimer notre gratitude et notre profonde reconnaissance à Emmanuèle Baumgartner, qui a bien voulu accueillir ce volume dans sa collection de textes médiévaux et qui nous a prodigué inlassablement des conseils et suggestions.

Nous sommes également redevables aux collègues qui ont partagé leur savoir dans le domaine de la littérature du moyen âge tardif, surtout Jacqueline Cerquiglini-Toulet, Sylvie Lefèvre et Danielle Regnier-Bohler. Nos remerciements vont aussi à nos assistants à Berkeley, Louisa Mackenzie et Christophe Wall-Romana, qui nous ont beaucoup aidés à divers moments pendant la préparation du recueil.

Nous tenons enfin à remercier les institutions grâce auxquelles nous avons pu mener à terme ce travail : L'Institut de Recherche et d'Histoire des Textes (section romane) ; La Bibliothèque Nationale de France ; La Bibliothèque de l'Arsenal ; Le Musée Jacquemart-André ; La Bibliothèque Municipale de Besançon ; Hampden-Sydney College ; Le Maurice C. Mednick Memorial Scholarship Fund administré par The Virginia Foundation for Independent Colleges ; The Committee on Research et The Humanities Research Fellowship Fund de l'Université de Californie-Berkeley.

DFH et JEM

ALAIN CHARTIER

COMPLAINTE DE LA MORT A LA DAME MAISTRE ALAIN[1]

(Complainte sur la Mort de la Dame de Maître Alain)

Édition critique, Traduction et Notes par
David F. HULT

---

[1] Laidlaw a dénombré 37 mss. contenant ce poème. Pour le détail, voir *The Poetical Works*, pp. 320-21. Sur ces 37 mss., 28 contiennent également la *Belle Dame sans Mercy*. Plus important peut-être, des mss. où la *Belle Dame* est associée avec une ou plusieurs des imitations (donc du type P et Q), une nette majorité (23 sur 29) incluent la *Complainte*. Dans dix de ces cas, la *Complainte* est transcrite à côté de la *Belle Dame*, cinq fois juste avant (comme ici, dans Pc) et cinq fois juste après. Comme Laidlaw l'a remarqué, l'ordre des strophes du milieu du poème (toutes sauf les strophes I-III et XI-XII, qui sont stables dans tous les mss.) varie considérablement parmi les mss., sans que l'on puisse affirmer quel est l'ordre définitif. Nous utilisons les mss. suivants pour corriger Pc et nous en donnons les variantes significatives : Nj, Qd (ms. de base de Laidlaw), Ql, Ph, Pj, Pk, et Pn.

Complainte de la mort a la dame M. Alain

I

Contre toy, Mort douloureuse et despite,   [fol. 88r]
Engoysseuse, maleureuse et maudite,
Et en tes faiz merveilleuse et soubdainne,
Ceste complainte ay fourmee et escripte
De cueur courché ou nul plaisir n'abite,
Noircy de dueil et agravé de paine.
Je t'apelle de traÿson villainne ;
De toy me plain, de toute rigour plainne,
Quant ta durté a tort me desherite
Du riche don de joye souverainne,
Et que ton dart a piteuse fin mainne
Le choiz d'onneur et des dames l'eslite.

II

Tu m'as osté ma dame et ma maistresse,
Et m'as meurdry mon cueur et ma liesse
Par ung seul coup dont ilz sont tous deulx mors.
Du cueur n'est rien puis que Plaisir le laisse
Et que je pers la joye de jennesse :
Ainsy n'ay plus que la voix et le corps.
Mes yeulx pleurent ens et rïent dehors,
Et tousjours ay le douloureux remors
Du hault plaisir qui de tous poins me cesse.
Las ! Or n'ay plus ce que j'avoye, Amors.
Je muyr sus bout et en ce point me pors
Comme arbre sec qui sus le pié se dresse.

Complainte sur la Mort de la Dame de Maître Alain

Mort, douloureuse et haïssable,
angoissante, néfaste et maudite,
et qui étonnes, tant tu frappes soudainement,
c'est contre toi que j'ai composé et transcrit cette complainte,
le cœur irrité, dénué de tout plaisir,
noirci de chagrin et accablé de souffrance.
Je t'accuse d'une trahison ignoble ;
je me plains de toi et de ton implacable rigueur,
quand, dans ta sévérité, tu m'as injustement enlevé
le précieux don de joie incomparable,
et que ta lance a mené à fin pitoyable
le comble de l'honneur et la meilleure des dames.

Tu m'as ravi ma dame et ma maîtresse,
tu m'as fendu le cœur et tu as éteint ma gaieté
d'un seul coup, dont ils sont morts tous deux.
Du cœur rien ne subsiste du moment où Plaisir le délaisse
et que j'ai perdu la joie de la jeunesse :
Je n'ai donc plus que la voix et le corps.
Mes yeux pleurent en moi et sourient au dehors ;
j'ai sans cesse le douloureux tourment
de sentir que ce rare plaisir s'effondre autour de moi.
Hélas, je n'ai plus, Amour, ce que j'avais.
Je meurs debout et, à présent, me voilà
comme un arbre dont le tronc desséché reste tout droit.

III

Or suis deshert, despointié et desfait
De pensee, de parole et de fait,
De los, de joye et de tout ce qui fait
28 Cueur en jonesse a hault honneur venir,
Puis que a celle qui ne t'a riens meffait
Tu as osté ce qu'el n'a pas forfait
Et que jamés ne peust estre refait :
32 C'est sa vie que tu as fait fenir, [fol. 88v]
Qui plus faisoit la moye soubstenir
Pour avoir non et plus hault advenir
Et tousjours tendre a meilleur devenir.
36 Or as tu tout mon penser contrefait ;
Si ne sçay plus a quoy me doy tenir,
Et ne me peust de confort souvenir
Quant j'ay perdu sans jamés revenir
40 De tous les biens ce qu'estoit plus parfait.

IV

Il n'est plus rien qui me peust conforter.
Je n'ay pas cueur a tel douleur porter,
Car endurer ne puis ne supporter
44 Les durs assaux de mon dolent mesaise.
C'est temps perdu que de moy enorter
A m'esjouïr, rirë, ou deporter :
On ne me peust nouvelles apporter
48 Ne langaige si plaisant qui me plaise.
Plaindre et plourer sont mes gieux et mon aise.
Je n'ay soussy maiz comme tout en voise ;
Il ne me chault a qui mon fait desplaise.
52 Chacun en peust endroit soy rapporter ;
Parle qui veult, ou qui vouldra se taise,
Et qui aura parlé si se rappaise,
Car ma fortune est telle et si malvaise
56 Que ne peust pis pour moy desconforter.

Maintenant, je suis ruiné, destitué et privé
de pensée, de parole et d'action,
de gloire, de joie et de tout ce qui fait
parvenir un cœur dans sa prime jeunesse à un grand honneur,
puisque tu as enlevé à celle qui n'a commis aucune faute envers toi
ce dont elle ne méritait pas d'être dépossédé
et qui jamais ne peut lui être rendue :
sa vie, à laquelle tu as mis terme,
et qui servait de support à la mienne
pour acquérir renom et atteindre au plus haut,
pour aspirer sans relâche à m'améliorer.
Maintenant tu as bouleversé mon esprit ;
je ne sais plus à quoi me raccrocher
et je ne peux trouver le moindre réconfort
dès lors que j'ai irrévocablement perdu
de tous les biens le plus parfait.

Plus rien ne peut me consoler.
Mon cœur n'est pas capable de subir une telle douleur,
car je ne puis ni endurer ni supporter
les pénibles assauts de ma cruelle peine.
C'est perdre du temps que de m'exhorter
à me réjouir, à sourire ou à me distraire :
Venir me conter quelque nouvelle
ou me tenir de plaisants discours ne saurait me plaire.
Tous mes divertissements, tout mon bien-être, ce sont les pleurs et les
[plaintes.
Quoi qu'il arrive, je ne m'en soucie plus ;
Peu m'importe à qui déplaît mon état.
D'autres peut-être se compareront à moi :
En parle qui veut, se taise qui veut ;
Et que celui qui en aura parlé se calme,
car mon sort est tel, il est si déplorable
qu'il ne serait pas possible de m'accabler davantage.

V

Hellas ! pour quoy me fist Amours enprendre
A tant l'aimer et si hault entreprendre,
Et moy donner tel don pour le reprendre
60 Et de tel joye yessir par souppirer ?
Or me pugnist Fortune, sans mesprendre,
Pour celle amer, ou n'avoit que reprendre,
Et ou Nature et Dieu vouldrent comprendre
64 Ce que on saroit a souhait desirer :
Qui tous les biens vouldroit en ung tirer,
En celle estoit, sans nulle aultre empirer, [fol. 89r]
Le droit mireur pour les aultres mirer,
68 Ou chacun peust, sans riens mectre, tout prendre.
Si ne sçay plus de quel part me virer,
Si non offrir mon cuer a martirer
Et de tous poins d'Amours le retirer,
72 Com chevalier qui ses armes vient rendre.

VI

Jugiés par qui ne comment ce seroit
Quë une dame ou Amours cuyderoit
Qu'aprés sa mort mon cueur aultre ameroit,
76 Ou que jamés prendroit en rien plaisance,
Car qui tousjours de son bien parleroit
Et d'en parler jamés ne cesseroit,
Le langaige ses faiz ne passeroit :
80 On ne la peust löer a suffisance.
Tout s'esforcha le jour de sa naissanse :
Les elemens y firent alïance ;
Nature y mist le hault de sa puissance,
84 Et dist qu'alors ung chief d'euvre feroit,
Ou tant mectroit honneur, scens et savance,
Que tout vauldroit mieulx par son acointance.
Pardonnés moy pour dire oultrecuidance,
88 Maiz d'aultre amer mon cueur s'abesseroit.

Hélas ! Pourquoi Amour m'a-t-il inspiré le désir
de l'aimer à ce point, d'aspirer à un tel sommet ?
Pourquoi m'a-t-il donné ce don si c'était pour le reprendre ?
Pourquoi substituer mes soupirs à cette joie ?
Fortune à présent me punit, sans aucun doute,
pour avoir aimé cette dame en qui il n'y avait rien à reprendre
et chez qui Nature et Dieu ont voulu réunir
tout ce qu'on saurait désirer ;
Si on voulait recueillir dans une personne toutes les bonne qualités,
eh bien !, c'était elle le parfait miroir pour servir de modèle aux
[autres
(Je le dis sans diminuer la valeur d'aucune d'entre elles)
et où chacun peut tout apprendre sans y ajouter du sien.
Je ne sais donc plus où me tourner,
sinon vouer mon cœur au martyre
et le soustraire entièrement à l'empire d'Amour,
comme un chevalier qui vient rendre ses armes.

Imaginez-vous comment, ou par qui, il serait possible
qu'une dame, ou Amour, aillent croire
qu'après sa mort mon cœur puisse en aimer une autre,
ou même se réjouir jamais de quoi que ce soit :
En fait, si quelqu'un me parlait constamment de sa valeur
et ne cessait jamais d'en parler,
le discours n'épuiserait jamais ses actions :
On ne saurait tarir d'éloges sur elle.
Toutes les forces se sont conjuguées le jour de sa naissance :
les éléments ont conclu ce jour-là une alliance ;
Nature y consacra toute sa puissance
et annonça qu'elle allait faire un chef d'œuvre,
pourvu de tant d'honneur, d'esprit, et de savoir
que tout le monde gagnerait à la fréquenter.
Pardonnez-moi si je dis une chose présomptueuse,
mais mon cœur s'abaisserait s'il cherchait l'amour d'une autre.

VII

Je ne diz pas, ne m'entente n'est telle,
Qu'il n'ait des biens en mainte dame belle,
Et qu'il n'en soit d'aultres bonnes que celle,
92 Ou faulte n'est de rien qui dame amende.
Ainchois maintien des dames la querelle,
Pour leur bonté qui croyt et renouvelle ;
Et se je y fail de rien, je m'en rappelle
96 Et cry mercy et engaige l'amende.
Maiz c'est trop fort que jamés je m'actende
A mieulx avoir, quelque part que je tende,
N'en quelque lieu que mon las cueur se rende ; [fol. 89v]
100 Et l'amendrir seroit douleur mortelle.
En ce point veult Amours que je l'entende
Et qu'a tousjours Loyaulté m'en deffende,
Qui tant l'aima et tant fut de sa bende
104 Que poy s'en fault qu'el n'est morte avec elle.

VIII

Ainsy ma vie en doulour use et passe,
Dont le sourplus desja m'ennuye et lasse,
Car je n'ay temps, heure, lieu ny espasse
108 De rien penser qui mon espoir soustienne.
Je faiz tresor des regrés que je amasse,
Et n'est ung bien passé que je oublïasse ;
Je en rent compte sans que nul en trespasse,
112 Par chacun jour, quelque chose que adviengne.
Il est force qu'adés il m'en souviengne,
Ou que je soye et quoy que je deviengne,
Tant que l'ame dedens mon corps se tiengne,
116 Et si n'est rien dont mieulx ne me passasse.
Fortune veult qu'en ce point me contiengne :
Ch'est la leçon qu'il fault que je retiengne.
J'ai prins le ploy ; force est que le maintiengne.
120 Ce seroit fort que jamés le changasse.

Je ne dis pas – telle n'est pas mon intention –
que la plupart des belles dames n'ont pas de bonne qualités,
ni qu'il n'existe pas d'autres dames de valeur comparables à elle,
chez qui rien de ce dont une dame peut tirer avantage ne fait défaut.
Au contraire, je soutiens la cause des dames,
en raison de leur bonté, qui ne cesse d'augmenter et de se renouveler.
Du reste, si je viens à y manquer tant soit peu, je m'en retire,
j'implore pitié, et promets de faire réparation.
Mais il est impossible que j'envisage jamais
d'avoir mieux, où que j'aille,
où que s'adresse mon pauvre cœur.
Tout allègement me vaudrait une douleur mortelle.
Amour veut que je le comprenne ainsi en ce moment
et que Loyauté m'en défende pour toujours –
Loyauté, qui l'aima tellement et conçut avec elle alliance si intime
qu'il s'en faut de peu qu'elle ne soit morte avec elle.

C'est donc dans la douleur que je passe et use ma vie,
dont le restant déjà me fâche et m'épuise,
car je n'ai temps ni moment, ni lieu ni espace,
de penser à ce qui pourrait nourrir mon espoir.
J'amasse mes regrets comme un trésor
et ne saurais oublier aucune des joies passées.
J'en dresse le bilan sans en omettre aucune,
chaque jour, quoi qu'il arrive.
Il me faut garder le souvenir,
où que je sois, et quoi qu'il m'arrive,
aussi longtemps que mon âme demeure dans mon corps ;
et pourtant il n'est rien dont je ne me passerais plus volontiers.
Fortune veut que je me cantonne dans cet état :
Voilà la leçon qu'il me faut retenir.
J'ai pris ce pli ; il me faut continuer.
Il me serait difficile de jamais changer.

IX

Mes semblans sont de joye contrefaiz,
Tout au rebours du penser et des faiz,
Et ne me plaist de rien ce que je faiz
S'il ne sortist a doulours et a plains.
Estre tout seul est ma vie et ma paix ;
Je chemine sans savoir ou je voiz.
Qui parle a moy, je l'escoute et me taiz
Et pense ailleurs s'a force ne me vainqs.
Je oy les aultres chanter et je me plains :
Ilz vont dansant et je detours mes mains ;
Ilz festoient et je tout seul remains.
J'ay faiz leurs tours ; maintenant les deffaiz. [fol. 90r]
Plus voy jouer, et tant m'esjouÿs mains ;
Tous mes desirs sont de lermes destains.
Le noir me plaist, car mon cueur en est tains
De tainture qui ne faudra jamés.

X

Hellas ! Comment m'est Fortune si dure,
Ne comment Dieu seuffre ceste advanture
Qui d'ung seul coup met a desconfiture
Ma leësce, mon espoir et ma vie ?
Qui peust a ce mouvoir Dame Nature
Qu'elle a souffert c'on luy feist telle injure
De desfaire si parfaicte figure
Qu'elle avoit faicte a patron assouvye,
Pour esbahir et desconfire Envie,
Qui mesdisans a mesdire convie ?
Mes s'elle eüst cent foys sa foy plevie,
Si n'y sceüst dire faulte ou laidure.
Or l'a la Mort a tort prise et ravie,
Et moy, qui l'ay si longuement servie,
Vifz en doulour sans l'avoir deservie,
Ne sans savoir pour quoy ma vie dure.

Mon visage ne montre qu'une joie feinte,
tout à l'inverse de mes pensées et de mon état,
et ce que je fais ne me donne pas le moindre plaisir
s'il ne produit ni des douleurs ni des plaintes.
La solitude est désormais ma vie, ma source de paix.
Je me promène sans savoir où je vais.
Si quelqu'un m'adresse la parole, je l'écoute, et me tais,
et, si je n'arrive pas à me dominer, ma pensée s'en va ailleurs.
J'entends chanter les autres et je pousse des plaintes.
Ils vont danser et je me tords les mains.
Ils font la fête et je reste tout seul.
Autrefois je partageais leurs jeux ; maintenant je renonce à tout.
Plus je les vois jouer, moins je me réjouis.
Noyés dans les larmes, tous mes désirs se ternissent.
J'affectionne le noir, car mon cœur en est teint :
c'est une teinture qui ne déteindra jamais.

Hélas ! Comment Fortune peut-elle être si dure envers moi ?
Comment Dieu permet-il cette situation
qui, d'un seul coup, met en déroute
mon bonheur, mon espoir et ma vie ?
Qui a pu pousser Dame Nature au point
d'accepter qu'on lui fît cette injure :
défaire cette figure si parfaite
qu'elle avait formée selon un patron exemplaire,
afin d'intimider et d'abattre Envie,
qui incite les médisants à médire ?
Même si elle avait juré sur sa foi une centaine de fois
elle n'aurait pas su relever en elle la moindre faute ni le moindre tort.
A présent la Mort l'a capturée et ravie à tort,
et moi, qui l'ai servie si longtemps,
je vis dans la douleur sans l'avoir méritée,
ni sans savoir pourquoi ma vie continue.

XI

Trop dur espart est sur moy esparty,
Quant esgaré me voy et departy
Du per sans per, qui onques ne party
156 En faintise n'en legier pensement.
Onquez ensemble n'avions rien party,
Maiz ung desir, ung vouloir, ung party,
Ung cueur entier de deux cueurs miparty :
160 Pareil plaisir de commun sentement.
Mort, or as tu fait le departement,
Et j'ay perdu mon bien entierement ;
Si appelle de ton faulx jugement,
164 Car tout ce mal m'est advenu par ty,
Dont je renonce a tout esbatement, [fol. 90v]
Chassé d'Espoir, bany d'Alegement,
Et souhaide la mort tant seullement,
168 Disant : « Mon cueur, pour quoy n'ez esparty ? »

XII

Si pren congié et d'Amours et de Joye
Pour vivre seul tant que mourir je doye,
Sans jamés plus serchier place ne voye
172 Ou Leësce ne Plaisance demeure.
Les conpaignons laisse que je hantoye.
Adieu, chanssons que voulentiers chantoye
Et les beaux diz ou je me delictoye.
176 Tel rit joyeulx qui aprés dolent pleure.
Mon ame en moy fait trop longue demeure :
Le cueur m'estraint, Engoysse me queurt seure ;
Je n'ay menbre qu'en langour ne labeure,
180 Si me tarde que ja mort de deul soye.
Rien ne m'est bon, n'aultre bien n'assaveure,
Fors seulement l'actente que je meure ;
Et ne requier si non que viengne l'eure
184 Que aprés ma mort en paradis la voye.

Une si dure séparation m'a frappé comme la foudre,
car je me suis trouvé séparé et privé
d'une égale sans égal, qui ne se consacra jamais
ni à la tromperie ni aux préoccupations frivoles.
Ensemble, nous n'avions jamais rien divisé,
car c'était un même désir, un même vouloir, une union,
deux cœurs qui n'en faisaient qu'un seul :
un plaisir identique né d'un sentiment commun.
Mort, tu viens d'effectuer la séparation
et j'ai perdu entièrement la source de mon bien-être ;
je fais donc appel de ton faux jugement,
car tout ce malheur, qui me fait renoncer à tout divertissement,
moi qui suis exilé d'Espoir, banni d'Alegement,
m'est venu de toi,
et je ne peux souhaiter que la mort,
disant, « Mon cœur, pourquoi ne t'es-tu pas fendu ? »[1]

Je prends congé d'Amour et de Joie
pour vivre seul jusqu'à l'instant de ma mort,
sans jamais chercher dorénavant endroit ni chemin
où Leesse et Plaisance demeurent.
Je quitte les compagnons que je fréquentais.
Adieu, chansons que je chantais volontiers,
et beaux dits où je prenais plaisir.
Tel rit de joie qui bientôt pleurera de peine.
Mon âme est trop demeurée en moi :
j'ai le cœur serré ; Angoisse me poursuit ;
je n'ai membre qui ne soit travaillé par la peine,
il me tarde de mourir de douleur.
Rien ne me semble bon, et tout ce qui me donne du plaisir
c'est l'attente de ma mort.
Et tout ce que je demande, c'est que l'heure vienne
où je pourrais la voir au paradis, après ma mort.

---

[1] *153-68* : Jeu remarquable à la rime sur les différents sens du verbe *partir* et de ses dérivés, qui comprennent les idées de « départ », de « séparation », de « division » mais également de « partage ». Pour le v. 168, la répétition de « esparty » (v. 153) se justifie parce que le verbe a un sens tout à fait différent. Les variantes pour ce vers sont multiples.

ALAIN CHARTIER

LA BELLE DAME SANS MERCY[1]

Édition critique, Traduction et Notes par
David F. HULT

---

[1] Laidlaw considère la tradition de la *Belle Dame*, des lettres en prose et de l'*Excusacion* suffisamment étroite pour les discuter ensemble. Il dénombre 44 mss. contenant la *Belle Dame*, 25 contenant les lettres, et 31 contenant l'*Excusacion*. Les lettres en prose ne sont jamais trouvées sans l'*Excusacion*. Pour le détail, voir *The Poetical Works*, pp. 328-331. Nous utilisons les mss. suivants pour corriger Pc et nous en donnons des variantes significatives : Nj (ms. de base pour Piaget), Qd (ms. de base pour Laidlaw), Ql, Pf, Ph, Pk, et Pn.

S'ensieut La belle dame sans mercy

I

N'a gueres, chevauchant, pensoye,
Comme homme triste et douloureux,
Au deul ou il fault que je soye
Le plus dolent des amoureux,
Puis que, par son dart rigoureux,
La Mort m'a tollu ma maistresse,
Et me laissa seul, langoureux,
En la conduite de Tristresse.

II

Si disoye : « Il fault que je cesse
De dicter et de rimoyer,
Et que j'abandonne et delaisse
Le rire pour le lermoyer.
La me fault mon temps employer,
Car plus n'ay sentement në aise,
Soit d'escrire, soit d'envoyer
Chose qu'a moy n'a aultry plaise.

III

Qui vouldroit mon vouloir contraindre
A joyeuses choses escrire,
Ma plume n'y saroit actaindre,
Non feroit ma langue a les dire.
Je n'ay bouche qui puisse rire
Que les yeulx ne la desmentissent,
Car le cueur l'en vouldroit desdire
Par les lermes qui des yeulx yssent.

La Belle Dame sans Mercy

Il n'y a pas longtemps, lors d'une promenade à cheval,
plein de tristesse et de douleur,
je pensais à l'affliction qui m'accable,
moi qui suis sûrement le plus malheureux des amants,
depuis que la Mort, de sa lance implacable,
m'a enlevé ma maîtresse,
me laissant seul et languissant,
sous la conduite de Tristesse.

Je me disais, « Il me faut cesser
de composer des poèmes, et de rimer ;
il me faut renoncer
à rire pour m'abandonner aux larmes.
C'est ainsi qu'il me faut employer mon temps,
car je n'éprouve plus ni émotion ni plaisir
à écrire, ou à faire circuler,
des pièces qui plairaient à moi ou à d'autres.

Il serait vain de vouloir me forcer
ou de m'obliger à produire des écrits pleins de gaieté,
car ma plume ne saurait y parvenir,
et ma langue ne pourrait les formuler.
Ma bouche aurait beau essayer de rire,
mes yeux la contrediraient aussitôt :
Mon cœur aurait tôt fait de lui opposer un démenti
par les larmes qui coulent des yeux.

IV

Je laisse aux amoureux malades
Qui ont espoir d'alegement
Faire chansons, diz, et balades,
28 Chacun a son entendement,
Car ma dame en son testament
Prist a la mort, Dieu en ait l'ame !,
Et emporta mon sentement,
32 Qui gist o elle soubz la lame.

V

Des or maiz est temps de moy taire,
Car de dire suis je lassé.
Je veul laisser aux aultres faire :
36 Leur temps est, le mien est passé.
Fortune a le forcier cassé
Ou je esparnoye ma richesse
Et le bien que j'ay amassé
40 Ou meilleur temps de ma jonesse.

VI

Amours a gouverné mon sens :
Se faulte y a, Dieu me pardonne ;
Se j'ay bien fait, plus ne m'en sens.
44 Cela ne me toult ne ne donne,
Car au trespas de la tresbonne
Tout mon bienfait se trespassa.
La Mort m'assist illeuc la bonne
48 C'onques puis mon cueur ne passa. »

Je laisse aux amoureux tourmentés
qui gardent espoir de quelque consolation
le soin de faire des chansons, des dits, des ballades,
chacun selon ses talents,
car ma dame me fit un legs en mourant, Dieu ait son âme ! :
elle me retira et emporta avec elle
ma faculté de sentir,
qui repose maintenant auprès d'elle dans la tombe.

Il est temps dorénavant de me taire,
car je suis las de composer.
Je veux laisser la place à d'autres :
Leur temps est venu, le mien est fini.
Dame Fortune a brisé le coffre-fort
où je conservais mes épargnes
et tous les biens que j'ai accumulés
à la belle époque de ma jeunesse.

Amour a été maître de mon esprit :
Si c'est une erreur, que Dieu me pardonne ;
si j'ai bien fait, je ne m'en ressens plus.
Tout cela me laisse indifférent,
car avec la disparition de la très-bonne
tout mon bonheur a également disparu.
Voilà la borne que la Mort plaça devant moi
et que mon cœur depuis n'a jamais franchie. »

VII

En ce penser et en ce soing
Chevauchay toute matinee,
Tant que je ne fus gueres loing
Du lieu ou estoit la disnee ;
Et quant je eux ma voye finee
Et que je cuyday herbegier,
Je ouÿ par droicte destinee
Menestreux dedens ung vergier.

VIII

Si me retraÿ voulentiers [fol. 92r]
En ung lieu tout coy et privé,
Maiz deulz mes bons amis entiers
Sceurent que je fus arrivé :
Ilz vindrent. Tant ont estrivé
— Moitié force, moitié requeste —
Que je n'ay onques eschivé
Qu'ilz ne me mainnent a la feste.

IX

A l'entrer fus bien recueully
De dames et de demoyselles,
Et de celles bien acueully
Qui toutes sont bonnes et belles.
Et de la courtoisie d'elles
Me tindrent illeuc tout le jour,
En plaisans parolles nouvelles
Et en tres gracïeux sejour.

Plongé dans de telles pensées, de tels soucis,
je passai toute la matinée à cheval,
jusqu'au moment où je m'approchai
de l'endroit où je devais déjeuner.
Lorsque je fus arrivé au bout de mon chemin,
croyant trouver un logement,
j'entendis par pur hasard
des ménestrels dans un verger.

Je me retirai exprès
dans un endroit calme et écarté,
mais deux de mes bons amis fidèles
apprirent que j'étais arrivé :
ils vinrent à moi. Ils ont tant bataillé
– en alternant contraintes et prières –
que je n'ai pu refuser
de me laisser conduire à la fête.

Dès mon entrée, j'ai été reçu
par des dames et des demoiselles ;
je fus d'elles bien accueilli,
elles qui étaient toutes d'une bonté et d'une beauté parfaites.
Leur courtoisie fut telle
qu'elles me retinrent là toute la journée,
par la nouveauté et la grâce de leur entretien,
en une détente des plus agréables.

X

Disner fu prest et tables mises.
Les dames a table s'assirent
Et quant elles furent assises,
76 Les plus gracïeux les servirent.
Tieulx y ot qui a ce jour virent
En la compaignie lëans
Leurs juges, dont semblant ne firent,
80 Qui les tiennent en leurs lëans.

XI

Ung entre les aultres y vy,
Qui souvent aloit et venoit,
Et pensoit comme homme ravy,
84 Et gueres de bruit ne menoit.
Son semblant fort entretenoit,
Maiz desir passoit la raison,
Qui souvent son regart menoit
88 Tel foiz qu'il n'estoit pas saison.

XII

De faire chiere s'efforchoit [fol. 92v]
Et menoit une joye fainte,
Et a chanter son cueur forchoit,
92 Non pas pour plaisir maiz pour crainte :
Car tousjours ung relaiz de plainte
S'enlachoit au ton de sa voix ;
Et revenoit a son actainte
96 Comme l'oysel au chant du bois.

Le repas fut préparé et dressées les tables.
Les dames prirent place
et lorsqu'elles furent assises
les hommes les plus gracieux les servirent.
Certains d'entre eux aperçurent ce jour-là,
parmi l'assemblée,
mais sans en laisser rien paraître,
les juges qui les tiennent dans leurs liens.

Parmi ces hommes j'en aperçus un
qui passait et repassait souvent ;
il était comme hors de lui, plongé dans ses pensées,
sans faire le moindre bruit.
Il maîtrisait soigneusement son visage
mais son désir était plus fort que sa raison,
car il jetait si fréquemment des coups d'œil
que c'en était contraire aux convenances.

Il s'efforçait de garder une mine enjouée,
mais c'est une joie feinte qu'il affectait ;
il forçait son cœur à chanter
non pas par plaisir mais par crainte.
On percevait à tout moment des traces de soupirs
qui s'enlaçaient aux intonations de sa voix,
et pourtant il reprenait de plus belle
comme l'oiseau qui chante dans les bois.

XIII

Des aultres y ot plainne sale,
Maiz celui trop bien me sembloit
Ennuyé, mesgre, blesme et pale,
100 Et la parole luy trembloit.
Gueres aux aultres n'assembloit.
Le noir portoit et sans devise,
Et trop bien homme ressembloit
104 Qui n'a pas son cueur en francise.

XIV

De toutes festoyer faignoit :
Bien le fist et bien luy sëoit,
Maiz a la foys le contraingnoit
108 Amours, qui son cueur hardëoit
Pour sa maistresse qu'il vëoit,
Que je choysi lors clerement
A son regart qu'il assëoit
112 Sur elle si piteusement.

XV

Assés sa face destournoit
Pour regarder en aultres lieux,
Maiz, au travers, l'oeul retournoit
116 Au lieu qui luy plaisoit le mieulx.
Je apperceu le trait de ses yeulx,
Tout enpané de humbles requestes,
Si diz appart moy, « se m'aist Dieux,
120 Autel fusmes comme vous estes. »

Une foule de personnes remplissaient la salle,
mais il me semblait bien que cet homme était
affligé – maigre, et d'une pâleur extrême –
et que sa voix tremblait.
Il ne tenait guère compagnie aux autres.
Il était habillé de noir, sans devise,
et il avait tout à fait l'air d'un homme
dont le cœur n'est pas libre.

Il feignait de faire fête à toutes les dames.
Il y réussit et cela lui convenait,
mais par moments Amour le tenait serré,
Amour qui assiégeait son cœur
lorsqu'il voyait sa maîtresse,
que je distinguai alors clairement
en voyant le regard qu'il posait
sur elle d'une manière si digne de pitié.

Il détournait souvent son visage
pour regarder ailleurs,
mais, de biais, son regard retournait
à l'endroit qui lui plaisait le mieux.
J'aperçus la flèche qui partait de ses yeux,
tout empennée d'humbles requêtes[1],
et je me dis, en aparté, « Dieu me soit témoin,
nous avons été dans la situation où vous voilà. »

---

[1] *117-18* : modification de la métaphorique traditionnelle : ici c'est la flèche qui part des yeux de l'homme.

XVI

A la foys apart se trayoit
Pour raffermir sa contenance,
Et trestendrement soupiroit
124 Par douloureuse souvenance.
Puis reprenoit son ordenance
Et venoit pour servir les més,
Maiz, a bien jugier sa semblance,
128 C'estoit ung piteux entremés.

XVII

Apprés disner or s'avancha
De dansser chacun et chacune,
Et le triste amoureux dansa
132 Adés o l'autre, adés o l'une.
A toutes fist chiere commune,
O chacune a son tour aloit,
Maiz tousjours revenoit a une,
136 Dont sus toutes plus luy chaloit.

XVIII

Bien avoit a mon gré visé
Entre celles que je vy lors,
S'il eust au gré du cueur visé
140 Autant qu'a la beaulté du corps :
Qui croit de legier les rappors
De ses yeulx, sans aultre esperance,
Pourroit mourir de mille mors
144 Ainchoiz qu'ataindre a sa plaisance.

[fol. 93r]

Parfois il s'écartait
pour reprendre contenance,
et il soupirait d'une manière attendrissante,
accablé de souvenirs douloureux.
Puis, ayant recouvré son sang-froid,
il venait servir les mets,
mais, si l'on en juge d'après son apparence,
les intermèdes en étaient bien tristes.

Le repas terminé,
voici que tous et toutes s'avancèrent pour danser,
et le triste amoureux dansa,
tantôt avec celle-ci, tantôt avec celle-là.
Il fit à toutes le même visage,
et accompagnait chacune à tour de rôle,
mais il revenait toujours à l'une en particulier
qui lui importait plus que toutes les autres.

A mon avis, il avait bien choisi
parmi celles que je vis à cette occasion,
si seulement il avait attaché à la bonté du cœur
autant d'importance qu'à la beauté du corps :
celui qui croit à la légère le témoignage
de ses yeux, sans autre raison d'espérer,
pourrait mourir mille fois
avant d'atteindre sa joie.

XIX

En la dame ne failloit riens,
Ne plus avant ne plus arriere.
C'estoit garnison de tous biens
Pour faire a cueurs d'amans frontiere :
Jeune, gente, fresche, et entiere ;
Maintien rassis et sans changier ;
Doulce parole et grant maniere,
Dessoubz l'estandart de Dangier.

XX

De celle feste me lassay, [fol. 93v]
Car joye triste cueur traveille,
Et hors de la presse passay ;
Si m'assis derriere une treille,
Drue de feulles a merveille,
Entrelacee de saux vers,
Si que nulx, pour l'espesse fueille,
Ne peüst vëoir au travers.

XXI

L'amoureux sa dame menoit
Danser, quant venoit a son tour,
Et puis sëoir se revenoit
Sur ung prëau vert au retour.
Nulx aultres n'avoit a l'entour
Assis, fors seullement les deulx ;
Et n'y avoit aultre destour
Fors la treille entre moy et eulx.

Il ne manquait rien à la dame,
ni par excès, ni par défaut.
Telle une forteresse garnie de toutes les qualités,
elle pouvait faire front aux cœurs des amants :
jeune, noble, fraîche et pure,
d'allure sereine et immuable,
possédant douceur de parole et beau maintien
alliés sous l'étendard de Danger.

Je me fatiguai de la fête,
car la réjouissance tourmente un cœur triste,
et je m'éloignai de la foule.
Je m'assis derrière un treillage
dont l'épaisseur des feuilles était étonnante,
entrelacé de saules vigoureux,
de sorte que personne, en raison du feuillage si touffu,
n'aurait pu voir au travers.

L'amoureux conduisait sa dame
à la danse, lorsque c'était son tour,
et puis il revenait s'asseoir
dans un enclos verdoyant à leur retour.
Personne d'autre n'était assis
alentour sauf eux deux,
et il n'y avait pas d'autre barrière
que la treille entre eux et moi.

XXII

J'ouÿ l'amant qui soupiroit,
Car qui plus pres est plus desire,
Et la grant doulour qu'il sentoit
Ne savoit taire et n'osoit dire ;
Si languissoit auprés du mire
Et nuysoit a sa garison,
Car qui art ne se peust plus nuyre
Qu'aprochier le feu du tison.

XXIII

Le cueur ens eu corps luy croissoit,
D'engoisse et de päour estraint,
Tant qu'a bien poy qu'il ne froissoit
Quant l'un et l'autre le contraint.
Desir boute, Crainte reffraint ;
L'un eslargist, l'autre resserre ;
Si n'a pas poy de mal empraint
Qui porte en son cueur telle guerre.

XXIV

De parler souvent s'efforcha   [fol. 94r]
Se Crainte ne l'eust destourné,
Maiz en la fin son cueur forcha
Quant il ot assés sejourné.
Puis s'est vers la dame tourné
Et dist bas, en pleurant adonques :
« Mal jour fu pour moy adjourné,
Ma dame, quant je vous vy onques.

J'entendis l'amant qui poussait des soupirs,
car plus on est proche, plus on désire.
La grande douleur qu'il ressentait,
il n'arrivait pas à la taire et n'osait l'exprimer.
Ainsi il dépérissait auprès de son médecin
et empêchait sa guérison :
Qui brûle ne peut se faire plus de violence
que d'approcher le feu du tison.

Dans son for intérieur, il avait le cœur gonflé,
étreint par l'angoisse et la peur,
si bien qu'il s'en fallait de peu que ce cœur ne se fende
sous l'effet de ces forces contraires.
Désir incite, Crainte refrène ;
l'un déborde, l'autre retient ;
celui dont le cœur est habité par une pareille guerre
ne peut qu'être marqué par ce malheur.

Il fit de fréquents efforts pour parler,
et il l'aurait fait, si Crainte ne l'en avait dissuadé,
mais il finit par dominer son cœur
après être resté là un long moment.
Il s'est tourné vers la dame
et lui dit à voix basse, tout en pleurs :
« Ce fut pour moi un bien mauvais jour,
ma dame, que celui où je vous vis pour la première fois.

L'amant
XXV

Je seuffre mal ardant et chault,
Dont je muir pour vous bien vouloir,
Et si voy qu'il ne vous en chaut
Et n'avés d'i penser vouloir ;
Maiz a trop mains qu'en non chaloir
Le mettés quant je le vous conte,
Et si n'en poués pis valoir
N'avoir mains honneur ne plus honte.

L'amant
XXVI

Hellas ! Que vous grefve, ma dame,
S'ung franc cueur d'omme vous veult bien,
Et se par honneur et sans blasme
Je suis vostre et vostre me tien ?
De droit je n'y chalenge rien,
Car ma voulenté s'est soubzmise
En vostre gré, non pas au mien,
Pour plus asservir ma franchise.

L'amant
XXVII

Ja soit ce que pas ne desserve
Vostre grace par mon servir,
Souffrés au mains que je vous serve
Sans vostre mal gré deservir.
Je serviray sans desservir
En ma loyaulté observant,
Car pour ce me fist asservir
Amours d'estre vostre servant. »

L'Amant

Je souffre d'un mal qui me brûle et consume :
Je meurs parce que je vous veux du bien
et je vois en revanche que cela ne vous importe pas,
et que vous n'avez aucune volonté d'y songer.
Mais vous le traitez avec bien moins que de l'insouciance
lorsque je m'explique en votre présence,
et pourtant votre réputation ne peut en souffrir
et vous n'y auriez ni moins d'honneur ni plus de honte.

L'Amant

Hélas ! Comment cela peut-il vous peser, ma dame,
si le cœur d'un homme sincère vous veut du bien,
et si, ménageant votre honneur et loin de tout reproche,
je me déclare vôtre et vôtre je me considère ?
D'aucun droit je ne fais état,
car ma volonté s'en est remise
à votre plaisir, non pas au mien,
pour mieux soumettre ma liberté.

L'Amant

Quoique je ne mérite pas
votre bienveillance par mon service,
permettez au moins que je vous serve
sans encourir votre déplaisir.
Je servirai sans démériter,
persévérant dans ma fidélité :
le service qu'Amour m'imposa,
c'est d'être votre serviteur. »

La dame
XXVIII
Quant la dame ouÿ ce langaige,
Elle respondi bassement,
Sans müer couleur ne couraige,
220 Maiz tout amesureement :
« Beau sire, ce fol pensement,
Ne vous laissera il jamaiz ?
Ne penserés vous aultrement
224 De donner a vostre cueur paix ?

L'amant
XXIX
— Nully n'y pourroit la paix mettre
Fors vous qui la guerre y meïstes
Quant vos yeulx escriprent la lettre
228 Par quoy deffïer me feïstes,
Et que Doulx Regart transmeïstes,
Herault de celle deffïance,
Par le quel vous me promeïstes,
232 En deffïant, bonne fïance.

La dame
XXX
— Il a grant fain de vivre en deul
Et fait de son cueur lache garde,
Qui, contre ung tout seul regart d'eul,
236 Sa paix et sa joye ne garde.
Se moy ou aultre vous regarde,
Les yeux sont faiz pour regarder.
Je n'y pren point aultrement garde :
240 Qui y sent mal s'en doibt garder.

La Dame

Quand la dame entendit ce discours,
elle répondit à voix basse,
sans changer de couleur ni de comportement,
mais d'une manière tout à fait mesurée :
« Beau seigneur, cette folle pensée,
ne va-t-elle jamais vous quitter ?
N'allez-vous pas trouver un autre moyen
de rendre la paix à votre cœur ?

L'Amant

– Personne ne pourrait y faire régner la paix
sauf vous, qui y avez déclenché la guerre
dès lors que vos yeux écrivirent la lettre
par laquelle vous m'avez lancé le défi
et que vous avez délégué Doux Regard,
héraut de ce défi,
lui par qui vous m'avez promis,
en me défiant, votre bonne foi.

La Dame

– Il a grande envie de vivre dans l'affliction –
pour le moins, il surveille mal son cœur –
celui qui, pour un simple coup d'œil,
abandonne sa paix et sa joie.
Que moi ou tout autre vous regarde, peu importe :
Les yeux sont faits pour regarder.
Le reste n'est pas mon affaire :
Qui en éprouve du chagrin doit prendre garde.

L'amant
XXXI

– S'aucun blesce aultry d'avanture
Par coulpe de celuy qu'i blesce,
Quoy qu'il n'en peust maiz par droicture,
244 Si en a il dueil et tristresse.
Et puis que Fortune ou Rudesse
Ne m'ont mie fait ce mehaing,
Maiz vostre tresbelle jennesse,
248 Pour quoy l'avez vous en desdaing ?

La dame
XXXII

– Contre vous desdaing n'actaÿnne [fol. 95r]
N'eux onques ne ne veul avoir,
Ne trop grant amour ne haÿnne,
252 Ne vostre priveté savoir.
Se Cuider vous fait percevoir
Que poy de chose doibt trop plaire,
Et vous vous voulés decepvoir,
256 Ce ne veul je pas pour tant faire.

L'amant
XXXIII

– Qui que m'ait le mal pourchassé,
Cuider ne m'a point deceü ;
Maiz Amours m'a si bien chassé
260 Que je suis en vos lacz cheü.
Et puis qu'ainsy m'est escheü
D'estre en mercy entre vos mains,
S'il m'est au chëoir mescheü,
264 Qui plus tost meurt en languist mains.

L'Amant

– Supposons que quelqu'un blesse un autre par hasard,
et par la faute de celui qu'il a blessé :
même si en toute justice il n'y peut rien,
néanmoins il en a remords et tristesse.
Dès lors que ma blessure n'est attribuable
ni à Fortune ni à Rudesse,
mais à votre très belle jeunesse,
pourquoi la traitez-vous avec mépris ?

La Dame

– Je n'ai jamais ressenti ni mépris ni colère
envers vous, et je ne le souhaite pas,
pas plus que ressentir un amour ou une haine excessifs.
Je ne veux pas en savoir plus sur vos sentiments.
Si Cuider vous donne l'idée
que ce peu d'attention est signe de grand plaisir,
et que vous voulez ainsi vous tromper,
c'est une chose que moi, en revanche, je ne veux pas faire.

L'Amant

– Qui que ce soit qui m'ait causé ce mal,
Cuider ne m'a point trompé.
C'est plutôt Amour qui m'a si bien donné la chasse
que je suis tombé dans vos filets.
Et puisque, pour moi, il m'est échu
d'être entre vos mains et à votre merci,
si ma chute s'avère malheureuse, eh bien !,
plus vite on meurt, moins on souffre.

La dame
XXXIV

– Si gracïeuse maladie
Ne met gueres de gens a mort,
Maiz il chiet bien que l'en le die
Pour plus tost actraire confort.
Tel se plaint et guermente fort
Qui n'a pas les plus aspres deulz ;
Et s'Amours grefve tant, au fort,
Mieulx en vault ung dolent que deulx.

L'amant
XXXV

– Helas !, ma dame, il vault trop mieulx,
Pour courtoisie et bonté faire,
D'ung dolent faire deulx joyeux
Que le dolent du tout deffaire.
Je n'ay desir në aultre affaire
Fors que mon service vous plaise
Pour eschangier, sans rien meffaire,
Deulx plaisirs en lieu d'ung mesaise.

La dame
XXXVI

– D'amours ne quier courroux ne aysance,   [fol. 95v]
Ne grant espoir ne grant desir,
Et si n'ay de vos maulx plaisance
Ne regret a vostre plaisir.
Choisisse qui vouldra choisir :
Je suis france et france veul estre,
Sans moy de mon cueur dessaisir
Pour en faire ung aultre le maistre.

La Dame

– Une maladie aussi pleine de charmes
est rarement fatale :
il suffit bien d'en parler, du reste,
pour obtenir consolation plus rapide.
Tel se plaint et se lamente
qui n'éprouve pas les plus graves douleurs.
Et si Amour est si pesant, somme toute,
mieux vaut un malheureux que deux.

L'Amant

– Hélas, ma dame, mieux vaut encore,
par un geste de courtoisie et de bonté,
transformer un seul malheureux en deux heureux,
que détruire complètement celui qui souffre.
Mon seul désir, mon seul souci,
c'est que mon service finisse par vous plaire,
en sorte que, sans qu'il y ait le moindre méfait,
deux plaisirs prennent la place d'un tourment.

La Dame

– Je ne cherche ni l'angoisse ni la douceur de l'amour,
ni les puissants accès d'espoir et de désir ;
Ni vos malheurs ne me donnent de joie,
ni votre plaisir ne me contrarie.
A chacun son choix :
Je suis libre et je veux rester libre,
sans me dessaisir de mon cœur
pour qu'un autre en devienne maître.

L'amant
XXXVII

– Amours, qui joye et deul depart,
Mist les dames hors de servage,
Et leur ordonna pour leur part
292 Maistrisë, et franc segnourage.
Les servans n'y ont avantage
Fors tant seulement leur pourchas ;
Et qui fait une fois l'ommage,
296 Bien chier en coustent les rachas.

La dame
XXXVIII

– Dames ne sont mie si lourdes,
Si mal entendans, ne si folles,
Que, pour ung poy de plaisans bourdes
300 Confites en belles parolles,
Dont vous aultres tenés escoles
Pour leur faire croirre merveilles,
Elles changent si tost leurs colles :
304 A beau parler closes oreilles.

L'amant
XXXIX

– Il n'est jongleur, tant y meïst
De scens, d'estudie et de painne,
Qui si triste plainte feïst
308 Comme celuy qui le mal mainne.
Car qui se plaint de teste sainne
A painne sa faintise queuvre ;
Maiz pensee de doulour plainne
312 Preuve ses parolles par l'euvre.

L'Amant
– Amour, qui distribue joie et douleur,
protégea les dames de toute servitude
et leur donna en partage
souveraineté et plein pouvoir.
Ceux qui les servent ne peuvent faire mieux
que de continuer leur poursuite.
Une fois que l'on a rendu hommage,
on en paie bien cher la rançon.

La Dame
– Les dames ne sont pas si balourdes,
si ignorantes, ni si sottes,
qu'elles changent à l'instant leur humeur
pour quelques propos au charme mensonger,
tissés de ces belles paroles
dont vous et vos semblables faites métier
pour leur faire croire monts et merveilles.
Aux beaux discours il faut se boucher les oreilles.

L'Amant
– Il n'existe pas de beau parleur, même s'il y appliquait
toute son habileté, toutes ses connaissances, tout son effort,
qui puisse composer aussi triste plainte
que celle d'un homme malheureux :
Celui qui se plaint d'une manière calculée
n'arrive guère à dissimuler l'artifice.
Mais quand l'esprit est possédé par la douleur,
la justesse des paroles se vérifie aux œuvres.

La dame
XL

– Amours est crüel losengier, [fol. 96r]
Aspre en fait et doulx au mentir,
Et se sceit bien de ceux vengier
316 Qui cuydent ses segrés sentir :
Il les fait a soy consentir
Par une entree de chierté ;
Maiz quant vient jusqu'au repentir,
320 Lors se descueuvre sa fierté.

L'amant
XLI

– De tant plus que Dieu et Nature
Ont fait plaisir d'amours plus hault,
Tant plus aspre en est la pointure
324 Et plus desplaisant le deffault.
Qui n'a froit n'a cure de chault ;
L'un contraire est par l'autre quiz,
Et ne sceit nul que plaisir vault
328 S'il ne l'a par douleur acquiz.

La dame
XLII

– Plaisir n'est mie par tout ung ;
Ce vous est doulx qui m'est amer,
Si ne poués vous ou aucun
332 A vostre gré moy faire amer.
Nul ne se doibt amy clamer
Si non par cueur ains que par livre,
Car force ne peust entamer
336 La voulenté france et delivre.

La Dame

– Amour est un cruel menteur,
sévère en actes et doux en tromperies ;
il sait bien se venger de ceux
qui prétendent connaître ses secrets.
Il les fait d'abord se vouer à lui
en offrant un peu d'affection ;
mais c'est au moment du repentir
qu'il dévoile son côté farouche.

L'Amant

– Autant Dieu et Nature
ont fait d'amour le plus grand des plaisirs,
autant la blessure en est rude
et encore plus fâcheuse son absence.
Celui qui n'a pas froid ne se préoccupe pas de la chaleur.
Toute qualité se fait connaître par son contraire :
Et on ne peut apprécier le plaisir
si on ne l'a pas acquis par l'expérience de la douleur.

La Dame

– Le plaisir n'est pas pour tous le même :
Ce qui vous paraît doux est pour moi amer.
Vous n'avez donc pas le droit, pas plus qu'un autre,
de m'obliger à aimer selon votre bon vouloir.
Personne ne doit s'appeler ami
si cela ne vient pas du cœur plutôt que des pages d'un manuel,
car la force ne peut rien
contre la volonté indépendante et libre.

L'amant
XLIII

– Ha, ma dame ! Ja Dieu ne plaise
Qu'autre droit je veulle querir
Fors de vous monstrer ma mesaise
340 Et vostre mercy requerir.
Se je tens honneur sourquerir,
Dieu et Fortune me confonde
Et ne me doint ja aquerir
344 Une seulle joye en ce monde.

La dame
XLIV

– Vous et aultres qui ainsy jurent [fol. 96v]
Et se condanpnent et mauldïent,
Ne cuident que leurs sermens durent
348 Fors tant comme les moz se dïent,
Et que Dieu et les sains s'en rïent,
Car en tieulx sermens n'a rien ferme,
Et les chetives qui s'i fïent
352 En pleurent aprés mainte lerme.

L'amant
XLV

– Celuy n'a pas courage d'omme
Qui quiert son plaisir en reprouche,
Et n'est pas digne c'on le nomme
356 Ne que air ou terre luy atouche.
Loyal cueur et voir disant bouche
Sont le chatel d'omme parfait,
Et qui si legier sa foy couche,
360 Son honneur pour aultry deffait.

L'Amant

– Ha ! Ma dame ! A Dieu ne plaise
que je prétende à aucun droit
si ce n'est de vous montrer mon désarroi
et de solliciter votre grâce.
Si je risque de porter atteinte à l'honneur,
que Dieu et Fortune me terrassent
et m'interdisent l'accès
à la moindre joie en ce monde.

La Dame

– Vous et tous les autres qui jurez de cette façon,
qui vous condamnez et lancez des malédictions sur vous,
vous ne croyez pas que vos serments durent plus longtemps
que les quelques secondes qu'il faut pour les prononcer ;
vous croyez plutôt que Dieu et les saints s'en moquent,
car rien n'est sérieux dans ce type de serments,
et les malheureuses qui s'y fient
en versent ensuite bien des larmes.

L'Amant

– Celui qui cherche son plaisir dans l'opprobre
n'a pas le cœur digne d'un homme ;
il ne mérite ni le commerce de ses semblables,
ni même tout contact avec l'air ou la terre.
Un cœur loyal et une bouche qui dit la vérité
sont la marque de l'homme accompli,
et celui qui engage sa foi aussi à la légère
compromet son honneur en poursuivant autrui.

La dame
XLVI

- Villain cueur et bouche courtoise
Ne sont mie bien d'une sorte,
Maiz Faintise tost les acoise
364 Qui par malice les assorte.
La mesnie Faulx Semblant porte
Son honneur en sa langue fainte,
Maiz honneur est en leur cueur morte
368 Sans estre plouree ne plainte.

L'amant
XLVII

- Qui pense mal, bien ne luy viengne !
Dieu doint a chacun sa deserte !
Maiz, pour Dieu mercy, vous souviengne
372 De la douleur que j'ay soufferte,
Car de ma mort ne de ma perte
N'a pas vostre doulceur envie ;
Et se vo grace m'est ouverte,
376 Vous estes garant de ma vie.

La dame
XLVIII

- Legier cueur et plaisant folie, [fol. 97r]
Qui est meilleur tant plus est briefve,
Vous font ceste mirencolie ;
380 Maiz c'est ung mal dont l'en relieve.
Faites a vo pensee triefve,
Car de plus beaux gieux on se lasse.
Je ne vous ayde ne ne griefve :
384 Qui ne m'en croirra, je m'en passe.

La Dame

– Cœur vilain et bouche courtoise
ne sont pas de la même espèce ;
Faintise pourtant a tôt fait de calmer leur différend,
elle qui par sa perfidie forge leur alliance.
Les suivants de Faux Semblant mettent
leur honneur dans leur faux langage,
mais honneur est mort en leur cœur
sans qu'ils en aient versé une larme, émis une plainte.

L'Amant

– Si quelqu'un ne pense pas bien, que le bien lui échappe !
Que Dieu donne à chacun selon son mérite !
Mais, par la grâce de Dieu, souvenez-vous
de la douleur dont j'ai souffert,
car je sais que votre indulgence
ne voudrait ni ma mort ni ma ruine.
Et si votre bienveillance m'est accordée,
vous êtes la garante de ma vie.

La Dame

– Votre cœur volage et votre folie,
d'autant plus agréable qu'elle est passagère,
vous causent cette mélancolie :
Mais c'est une maladie dont on guérit.
Faites trêve à vos rêveries :
on se lasse même des plus beaux jeux.
Je ne vous accable, ni ne viens à votre aide.
Que l'on me croie ou non, je m'en lave les mains.

L'amant
XLIX
– Qui a faucon, oysel, ou chien
Qui le suit, ayme, craint et doubte,
Il le tient chier et garde bien
388 Et ne le chasse ne deboute.
Et je, qui ay m'entente toute
En vous, sans faintise et sans change,
Suis rebouté plus bas qu'en soubte
392 Et mains prisié que ung tout estrange.

La dame
L
– Se je faiz bonne chiere a tous
Par honneur et de franc courage,
Je ne le veul pas faire a vous
396 Pour eschiver vostre domage,
Car Amours est si petit sage
Et de crëance si legiere
Qu'el prent tost a son avantage
400 Chose qui ne luy sert de guere.

L'amant
LI
– Se pour amour et fëaulté
Je pers l'acueul qu'estranges ont,
Donc me vauldroit ma loyaulté
404 Mains qu'a ceux qui viennent et vont
Et qui de riens vostres ne sont.
Et sembleroit en vous perie
Courtoisie, qui vous semont
408 Qu'amours soit par amours merie.

L'Amant

– Celui qui possède faucon, oiseau ou chien
qui le suit, l'aime, le craint et le respecte,
il le chérit et en prend soin,
plutôt que de le chasser ou de le rejeter.
Et moi, qui me consacre complètement
à vous sans fausseté ni inconstance,
je suis relégué au plus bas de l'échelle
et moins estimé qu'un inconnu.

La Dame

– Même si je fais bon accueil à tout le monde,
en toute civilité et d'un cœur honnête,
je ne veux pas agir de même avec vous,
afin d'écarter votre peine :
C'est qu'Amour a si peu de sagesse,
il est si crédule,
qu'il tourne vite à son avantage
ce qui en fait ne l'avancera pas beaucoup.

L'Amant

– Si mon amour et ma fidélité
me font perdre l'accueil dont bénéficient des inconnus,
cela veut dire que de ma loyauté je tire moins d'avantage
que ceux qui vont et viennent autour de vous
et qui ne vous sont pas dévoués.
On dirait que chez vous Courtoisie a péri :
C'est elle qui vous exhorte
à récompenser l'amour par l'amour.

La dame
LII

– Courtoisie est si alïee [fol. 97v]
D'Onneur, qui l'ayme et la tient chiere,
Qu'el ne veult estre en rien lïee,
412 Ne pour avoir ne pour prïere,
Maiz depart de sa bonne chiere
Ou il luy plaist et bon luy semble.
Guerredon, contrainte, et renchiere,
416 Et elles, ne vont point ensemble.

L'amant
LIII

– Je ne quier point de guerredon,
Car le desservir m'est trop hault ;
Je demande grace en pur don,
420 Puis que mort ou mercy me fault.
Donner le bien ou il deffault
Est courtoysie raisonnable,
Maiz aux siens encore plus vault
424 Qu'estre aux estranges amïable.

La dame
LIV

– Ne sçay que vous apelés 'bien'
(Mal enprunte bien aultry non !),
Maiz il est trop large du sien
428 Qui pert par donner son renon.
On ne doibt faire otroy, si non
Quant la requeste est advenant,
Car se l'onneur ne retenon,
432 Trop petit est le remenant.

La Dame

– Courtoisie trouve une si bonne alliée
en Honneur, qui l'aime et qui la chérit,
qu'elle ne veut point être contrainte,
ni par un don ni par des prières.
Elle préfère montrer bonne figure
là où elle le veut, où bon lui semble.
La récompense, la contrainte et la surenchère
ne vont pas de pair avec Courtoisie et Honneur.

L'Amant

– Je ne cherche aucune récompense,
car je suis loin d'en mériter une.
Je demande votre bienveillance en don pur et simple,
puisque la mort et la grâce me sont interdites[1].
C'est un acte de courtoisie convenable
que de donner un bien là où il fait défaut,
mais mieux vaut encore montrer son amitié
aux siens qu'à des inconnus.

La Dame

– Je ne comprends pas ce que vous appelez 'bien'
(Le mal, dit-on, emprunte volontiers le nom d'autrui !),
mais celle qui, par ses dons, perd sa réputation
se montre d'une largesse excessive.
On ne doit consentir une telle libéralité
que lorsque la demande est convenable,
car si nous ne gardons pas notre honneur,
il ne nous reste pas grand-chose.

---

[1] *420* : Le sens du verbe *falloir* est ici ambigu du point de vue syntaxique : s'agit-il d'un manque (« la mort et la grâce me manquent »), un verbe au singulier pouvant avoir un sujet pluriel, ou de la nécessité (« il me faut soit la mort, soit la grâce ») ? Nous avons choisi le premier car il est plus logique dans un contexte où l'amant demande une solution entre les deux extrêmes que représentent pour lui *mort* et *mercy*.

L'amant
LV

— Onc homme mortel ne nasqui,
Ou pourroit naistre, soubz les cieulx,
Et n'est aultre, fors vous, a qui
436 Vostre honneur touche plus ou mieulx
Qu'a moy, qui n'actens jeune et vieulx
Le mien fors par vostre service.
Et n'ay cueur, scens, bouche në yeulx
440 Qui soit donné a aultre office.

La dame
LVI

— D'assés grant charge se chevist [fol. 98r]
Qui son honneur garde et maintient ;
Maiz a dangier travaille et vit
444 Qui en aultry main l'entretient.
Cil a qui l'onneur appartient
Ne se doibt a aultry actendre,
Car tant mains du sien en retient
448 Qui trop veult a l'autry entendre.

L'amant
LVII

— Vos yeulx ont si empris leur marche
En mon cueur que, quoy qu'il adviengne,
Se j'ay honneur ou je le serche,
452 Il convient que de vous me viengne.
Fortune a voulu que je tiengne
Ma vie en vostre mercy close,
Si est bien droit qu'il me souviengne
456 De vostre honneur sus toute chose.

L'Amant

– Aucun mortel ne vint au monde,
ni ne verra jamais le jour,
il n'est aucun être vivant, sauf vous,
qui se soucie davantage de votre honneur
que moi-même : Moi qui, jeune comme vieux,
ne pense approcher de l'honneur qu'en vous servant.
Mon cœur, mon esprit, ma bouche et mes yeux
ne se vouent qu'à cette seule tâche.

La Dame

– Celui qui préserve et maintient son propre honneur
s'acquitte d'une charge considérable ;
Mais qui le confie aux mains d'un autre
compromet ses efforts et risque sa vie.
Celui qui possède l'honneur
ne doit pas s'en remettre à un autre :
Qui est trop attentif aux affaires d'autrui
s'occupe bien mal des siennes.

L'Amant

– Vos yeux ont poursuivi leur avance
si loin dans mon cœur que, quoi qu'il arrive,
que j'aie déjà l'honneur ou que je le cherche encore,
il faut que vous en soyez la source.
Fortune a voulu que mon existence
soit bornée par votre bonne grâce :
Il est donc légitime que je pense
avant toute chose à votre honneur.

La dame
LVIII

– A vostre honneur seul entendés
Pour vostre temps mieulx employer :
Du mien a moy vous actendés
460 Sans prendre painne a foloyer.
Bon fait refraindre a supployer
Ung cueur folement deceü,
Car rompre vault pis que ployer
464 Et esbranlé mieulx que cheü.

L'amant
LIX

– Pensés, ma dame, que depuis
Qu'Amours mon cueur vous delivra,
Il ne pourroit—ne je ne puis—
468 Estre aultre, tant comme il vivra.
Tout quite et franc le vous livra :
Ce don ne se peust abolir.
J'actens ce qui s'en ensivra ;
472 Je n'y puis mectre ne tolir.

La dame
LX

– Je ne tieng mie pour donné [fol. 98v]
Ce que on offre s'on ne le prent,
Car le don est abandonné
476 Se le donneur ne le reprent.
Trop a de cueurs qui entreprent
D'en donner a qui les refuse,
Maiz il est sage qui enprent
480 A soy retraire qu'il ne muse.

La Dame

– Veillez sur votre honneur seul,
pour faire un meilleur emploi de votre temps.
Quant au mien, remettez-vous-en à moi
sans vous torturer jusqu'à la folie.
On fait bien de s'abstenir d'encourager
un homme dont le cœur s'est éperdument abusé.
Plier vaut mieux que rompre ;
ébranler, que détruire.

L'Amant

– Pensez bien, ma dame, que,
depuis qu'Amour vous confia mon cœur,
il ne pourrait—ni moi non plus—
agir autrement, tant qu'il continuera à vivre.
Il vous le livra entièrement.
Ce don ne peut être ni repris ni effacé.
J'attends ce qui en résultera :
Je n'y peux rien ajouter ni retrancher.

La Dame

– Je ne considère point qu'une chose offerte
est donnée si on ne l'accepte pas,
car si celui qui en a fait l'offre ne le reprend pas,
le don est perdu.
Il a trop de cœurs, celui qui se met en tête
d'en donner à qui les lui refuse :
en revanche, celui qui accepte de se retirer
sans perdre son temps fait preuve de sagesse.

L'amant
LXI

– Il ne doibt pas cuider muser
Qui sert dame de si hault pris.
Se jë y doybs mon temps user,
Au mains n'en puis je estre repris
De cueur failly ne de mespris
Quant envers vous faiz telle queste,
Par qui Amours a entrepris
De tant de bons cueurs la conqueste.

La dame
LXII

– Se mon conseil voulés ouÿr,
Querés ailleurs plus belle et gente
Qui d'amours se veulle esjouÿr
Et mieulx sortisse a vostre entente.
Trop loing de confort se tourmente
qui apart soy pour deulx se trouble,
Et celuy pert le gieu d'actente
Qui ne sceit faire son point double.

L'amant
LXIII

– Le conseil que vous me donnés
Se peust mieulx dire qu'esploitier.
Du non croirre me pardonnés,
Car j'ay cueur tel et si entier
Qu'il ne se pourroit affaictier
A chose ou Loyaulté n'acorde ;
N'aultre conseil ne m'a mestier
Fors pitié et misericorde.

L'Amant

– Qui sert une dame d'une si grande valeur
ne doit pas s'imaginer qu'il perd son temps.
Dussé-je y consacrer mes jours,
on ne peut pas du moins me reprocher
un cœur lâche ou un manquement,
dès lors que je fais cette requête
par laquelle Amour a entrepris
la conquête de tant de braves cœurs.

La Dame

– Si vous voulez bien écouter mon conseil,
cherchez ailleurs femme plus belle et plus gracieuse
qui désire se livrer aux joies de l'amour
et qui corresponde mieux à vos attentes.
Celui qui, dans son for intérieur, souffre pour deux
se tourmente sans espoir de consolation.
Et l'homme qui ne sait pas doubler la mise
perd au jeu d'attente.

L'Amant

– Ce conseil que vous me donnez
est plus facile à formuler qu'à mettre en œuvre.
Excusez-moi si je ne le suis pas :
J'ai le cœur si entier et d'une nature telle
qu'il ne pourrait se disposer
à faire chose à laquelle Loyauté ne consent pas.
Aucun autre conseil ne peut m'être utile
sauf la pitié et la compassion.

La dame
LXIV

– Sage est qui folie enconmence
Quant departir s'en sceit et veult ;
Maiz il a faulte de scïence
508 Qui la veult conduire et ne peust.
Qui par conseil ne se desmeust,
Desespoir se met de sa suite ;
Et tout le bien qu'il en requeult,
512 C'est de mourir en la poursuite.

L'amant
LXV

– Je poursuivray tant que pourray
Et que vie me durera,
Et lors qu'en loyaulté mourray,
516 Celle mort ne me grevera ;
Maiz quant vo durté me fera
Mourir loyal et douloureux,
Encore mains grief me sera
520 Que de vivre faulx amoureux.

La dame
LXVI

– De rien a moy ne vous prenés.
Je ne vous suis aspre ne dure,
Et n'est droit que vous me tenés
524 Envers vous ne doulce ne sure.
Qui se quiert le mal, si l'endure !
Aultre confort donner n'y sçay
Ne de l'aprendre n'ay je cure :
528 Qui en veult en face l'essay.

[fol. 99r]

La Dame

– Celui qui se livre à ses folles passions
peut s'appeler sage dès lors qu'il sait (et qu'il veut) s'y soustraire.
Mais celui qui veut les maîtriser sans le pouvoir
manque totalement de savoir.
Si, après mûre réflexion, il ne s'en écarte pas,
Désespoir se joint à sa compagnie.
Et le seul bien qu'il en retirera
sera de mourir en la poursuite.

L'Amant

– Je poursuivrai tant que je pourrai
et que ma vie durera :
le jour où je mourrai, étant resté fidèle,
pareille mort ne me pèsera pas.
Et si votre rigueur me fait
mourir en homme fidèle mais affligé,
j'en serai moins accablé
que de vivre en amant déloyal.

La Dame

– Vous n'avez rien à me reprocher.
Je ne suis ni sévère ni dure avec vous,
et il est injuste que vous jugiez douce ou aigre
mon attitude envers vous.
Qui cherche à se faire du mal, qu'il le supporte !
Je ne sais donner d'autre consolation
et je ne me soucie pas d'en apprendre davantage.
Qui le veut, en fasse l'expérience.

L'amant
LXVII
– Une foys le fault essayer
A tous les bons en son endroit
Et le debvoir d'Amours payer,
532 Qui sus frans cueurs a prise et droit,
Car Franc Vouloir maintient et croit
Que c'est durté et mesprison
Tenir ung hault cueur si estroit
536 Qu'il n'ait que ung seul corps pour prison.

La dame
LXVIII
– J'en oy tant de cas merveilleux [fol. 99v]
Qu'il me doibt assés souvenir
Que l'entrer en est perilleux
540 Et encor plus le revenir.
A tart en peust bien advenir :
Pour ce n'ay vouloir de serchier
Ung mal plaisant au mieulx venir,
544 Dont l'essay cousteroit si chier.

L'amant
LXIX
– Vous n'avés cause de doubter
Ne souspechon qui vous esmeuve
A m'esloingnier ne rebouter,
548 Car vostre bonté voit et treuve
Que j'ay fait l'essay et la preuve
Par quoy ma loyaulté appert.
La longue actente et forte espreuve
552 Ne se peust celer : il y pert.

L'Amant

– Toute personne de valeur, une fois au moins,
doit pour sa part se mettre à l'épreuve,
et payer le tribut d'Amour,
lui qui de plein droit exerce son emprise sur les cœurs sincères,
car Franc Vouloir soutient (il y croit !)
que c'est montrer trop de rigueur, voire commettre une erreur,
que de garder un cœur noble si étroitement
qu'il n'a qu'un seul corps pour prison.

La Dame

– J'entends parler de tant de cas extraordinaires
qu'il me faut surtout me souvenir
qu'il est risqué d'entrer dans ce chemin
et plus risqué encore d'en revenir.
Le bien peut tarder à se produire.
Voilà pourquoi je n'ai aucun désir de chercher
ce qui serait dans le meilleur des cas un mal agréable,
mais qu'il coûterait finalement si cher d'essayer.

L'Amant

– Vous n'avez aucune raison de craindre
ni la moindre matière à soupçon qui vous incite
à m'éloigner ou à me rejeter,
car votre noblesse d'âme a pu voir et constater
que je me suis mis à l'essai, que j'ai fait mes preuves,
grâce à quoi ma loyauté se manifeste.
La longue attente et la dure épreuve
ne peuvent rester ignorées : elles sont là.

La dame
LXX

– Il se peust loyal appeler –
Et ce non luy duit et affiert –
Qui sceit desservir et celler
556 Et garder le bien, s'i l'aquiert.
Qui encor poursuit et requiert
N'a pas loyaulté esprouvee,
Car tel pourchasse grace et quiert
560 Qui la pert puis qu'il l'a trouvee.

L'amant
LXXI

– Se ma loyaulté s'esvertue
D'amer ce qui ne m'aimme mie,
Et tant cheris ce qui me tue
564 Et m'est amoureuse ennemie,
Quant Pitié, qui est endormie,
Mectroit en mes maulx fin et terme,
Si gracïeux confort d'amie
568 Feroit ma loyaulté plus ferme.

La dame
LXXII

– Ung douloureux pense tousdiz [fol. 100r]
Des plus joyeulx le droit revers,
Et le penser d'ung maladiz
572 Est entre les sains tout divers.
Assés est il de cueurs travers
Qu'avoir bien fait tost enpirer
Et loyaulté mectre a l'envers,
576 Dont ilz souloyent souspirer.

La Dame

– Un homme a le droit de s'appeler 'loyal,'
et ce titre lui convient parfaitement,
si, ayant obtenu un bien, il sait se vouer à son service,
le cacher et le garder.
Mais celui qui en est encore à poursuivre et à requérir
n'a pas fait preuve de loyauté,
car il y en a qui recherchent le don de grâce
mais le perdent dès lors qu'ils le trouvent.

L'Amant

– Même si, dans ma loyauté, je m'évertue
à aimer ce qui ne m'aime pas,
et je chéris celle qui me tue
et qui est pour moi une ennemie inspiratrice de l'amour,
dès l'instant que Pitié, en ce moment endormie,
mettrait fin à mes souffrances,
une si aimable consolation de mon amie
rendrait ma loyauté encore plus solide.

La Dame

– Un homme tourmenté pense toujours
l'exact contraire de ceux qui sont joyeux,
et la réflexion d'un malade
diffère totalement de celle des gens sains.
Il y a beaucoup de cœurs dépravés
qui se dégradent dès qu'ils obtiennent un bien,
et qui mettent alors au plus bas cette même loyauté
qui leur faisait pousser de fréquents soupirs.

L'amant
LXXIII

— De tous soit celuy deguerpis,
D'onneur desgradé et deffait,
Qui descongnoit et tourne en pis
580 Le don de grace et le bienfait
De sa dame, qui l'a reffait
Et ramené de mort a vie.
Qui se soulle de ce meffait
584 A plus d'unne mort deservie.

La dame
LXXIV

— Sus tieulx meffaiz n'a court ne juge
A qui on puisse recourir :
L'un les mauldit, l'autre les juge,
588 Maiz je n'en ay veu nul mourir.
On les laisse leurs cours courir
Et commenchier pis de rechief,
Et tristes dames encourir,
592 D'aultry couppe, painne et meschief.

L'amant
LXXV

— Conbien que on ne ardë ou ne pende
Celuy qui en tel crime enchiet,
Je suis certain, quoy qu'il actende,
596 Qu'en la fin il luy en meschiet
Et que honneur et bien luy dechiet,
Car Faulseté est si mauldicte
Que jamés hault honneur ne chiet
600 Dessus celluy ou elle habite.

L'Amant

– Qu'il soit abandonné de tout le monde,
qu'il soit dépouillé de tout honneur,
celui qui méconnaît et salit
le don de grâce et le bienfait
de sa dame, elle qui l'a transformé
et qui l'a fait passer de mort à vie !
Qui se laisse souiller par ce crime,
plus d'une fois il a mérité la mort.

La Dame

– Pour de tels crimes il n'existe aucune cour, aucun juge,
auxquels on puisse avoir recours :
Celui-ci les condamne, celui-là juge,
mais je n'en ai jamais vu un seul mourir.
On les laisse suivre leur cours,
recommencer de plus belle,
et on laisse ces pauvres dames s'exposer
aux tourments et à l'infortune, par la faute d'autrui.

L'Amant

– Même si on ne condamne pas l'homme qui succombe à un tel
[crime
à être brûlé vif ou pendu,
je suis certain que, quel qu'en soit le délai,
à la fin il en sera puni
et que tout honneur, tout bien lui feront défaut,
car Fausseté est à tel point exécrée
que jamais le prix d'honneur ne sera conféré
à celui en qui elle réside.

La dame
LXXVI

– De ce n'ont mie grant peür [fol. 100v]
Ceux qui dïent et qui maintiennent
Que loyaulté n'est pas eür
604 A ceux qui longuement la tiennent.
Les cueurs s'en vont et puis reviennent,
Car ilz les ont bien reclamés
Et si bien apris qu'ilz retiennent
608 A changier des qu'ilz sont amés.

L'amant
LXXVII

– Quant on a son cueur bien assis
En bonne et loyalle partie,
On doibt estre entier et rassis
612 A tousjours maiz, sans departie.
Si tost qu'amours est mypartie,
Tout le hault plaisir en est hors ;
Si ne sera par moy partie
616 Tant que l'ame me bate eu corps.

La dame
LXXVIII

– D'amer bien ce que amer debvez
Ne pourrïés vous pas mesprendre ;
Maiz, s'en debvoir vous decepvez
620 Par legierement entreprendre,
Vous mesmes vous debvés reprendre
Et avoir a Rayson recours
Plus tost qu'en Fol Espoir actendre
624 Ung tresdesesperé secours.

La Dame

– Voilà bien une chose dont ils n'ont guère peur,
ces gens qui disent et maintiennent
que la loyauté ne porte pas bonheur
à ceux qui la cultivent longtemps.
Leurs cœurs s'envolent et puis reviennent,
car ils les ont si bien apprivoisés
et dressés qu'ils se remettent
à changer aussitôt qu'ils sont aimés.

L'Amant

– Lorsqu'on a soigneusement placé son cœur
en celle qui est bonne et loyale,
on doit être sincère et stable
à tout jamais, sans chercher ailleurs.
Dès l'instant que l'amour se désunit,
le plus sublime plaisir le quitte ;
je ne donnerai donc jamais cet amour en partage
tant que mon âme vivra dans mon corps.

La Dame

– En aimant ce que vous devez aimer,
Vous ne sauriez commettre d'erreur ;
mais si vous vous trompez sur votre devoir
pour entreprendre à la légère,
vous devez vous-même vous reprendre
et avoir recours à Raison,
plutôt que d'espérer de Fol Espoir
un secours des plus désespérés.

L'amant
LXXIX

– Raison, Conseil, Advis et Scens
Sont soubz l'arrest d'Amours seellés.
A tel arrest je me consens,
Car nulz d'eulx ne s'est rebellés.
Ilz sont par my Desir meslés
Et si fort enlachés, helas !,
Que ja n'en seray desmeslés
Se Pitié n'en brise les lacz.

La dame
LXXX

– Qui n'a a soy mesme amitié   [fol. 101r]
De toute amour est deffiés ;
Et se de vous n'avés pitié,
D'aultry pitié ne vous fiés.
Maiz soyés tout certifiés
Que je suis telle que je fus :
D'avoir mieulx ne vous affiés
Et prenés en gré le reffus.

L'amant
LXXXI

– J'ay mon esperance fermee
Qu'en tel dame ne doibt faillir
Pitié, maiz elle est enfermee
Et laisse Dangier m'assaillir,
Dont je mourray, certes, martir
Pour bien amer, ou el sauldra.
Lors sa demeure et tart saillir
Et mon bien souffrir me vauldra.

L'Amant

– Raison, Conseil, Avis et Sens
ont été placés sous scellés dans un arrêt d'Amour.
Je donne mon consentement à cet arrêt,
car aucun d'entre eux ne s'est montré rebelle.
Ils ont partie liée avec Désir
et lui sont si inextricablement enlacés, hélas !,
que je n'en serai jamais libéré
si Pitié ne brise ces liens.

La Dame

– A qui n'éprouve pas d'affection pour lui-même
tout amour est interdit.
Et si vous n'avez pas pitié de vous,
ne comptez pas sur la pitié d'un autre.
Vous pouvez en revanche être sûr
que je suis telle que j'ai toujours été ;
ne présumez pas que vous en aurez davantage,
et résignez-vous au refus.

L'Amant

– Je suis, dans mon espérance, fermement convaincu
que Pitié ne doit pas faire défaut
chez une telle dame, mais elle est enfermée
et laisse à Danger le soin de m'attaquer.
Moi, en vrai martyr, j'en mourrai
pour avoir su aimer fidèlement, ou Pitié s'échappera.
Alors, son retard, son apparition différée,
ainsi que mon exemplaire patience me donneront gain de cause.

La dame
LXXXII

– Ostés vous hors de ce propos
Car, tant plus vous vous y tendrés,
Mains aurés et joye et reppos
Et jamés a bout n'en vendrés.
Quant a Espoir vous actendrés,
Vous en trouverés abetiz,
Et en la fin vous aprendrés
Qu'Esperance paist les chetifz.

L'amant
LXXXIII

– Vous dirés ce que vous vouldrés –
Et du pouair avés assés –
Maiz ja Espoir ne me touldrés,
Par qui j'ay tant de maulx passés.
Et quant Nature a entassés
Des biens en vous a tel effors,
El ne les a pas amassés
Pour en mectre Pitié dehors.

La dame
LXXXIV

– Pitié doibt estre raisonnable   [fol. 101v]
Et a nul desavantageuse,
Aux besoingneux tresprofitable
Et aux piteux non domageuse.
Se dame est a aultry piteuse
Pour estre a soy mesmes crüele,
Sa pitié devient despiteuse
Et son amour hayne mortelle.

La Dame

– Cessez ce discours
car, plus vous vous y enfermez,
moins vous aurez de joie et de repos,
et vous n'en arriverez jamais au bout.
Si vous comptez sur Espoir,
vous vous en trouverez stupide,
et en fin de compte vous comprendrez
qu'Espérance nourrit les malheureux.

L'Amant

– Vous direz ce que vous voulez –
vous en avez bien le pouvoir –
mais vous ne m'enlèverez jamais Espoir,
grâce à qui j'ai supporté tant de malheurs,
car, quand Nature vous a pourvue
d'un si grand nombre de biens,
elle ne les a pas amassés
pour en éliminer Pitié.

La Dame

– Pitié doit être raisonnable
sans travailler au désavantage de quiconque,
bénéfique à ceux qui sont dans le besoin
sans porter préjudice aux misérables.
Si une dame traite quelqu'un avec pitié
et, ce faisant, est cruelle envers elle-même,
sa pitié devient impitoyable[1]
et son amour se transforme en haine mortelle.

---

[1] *671* : L'utilisation de l'adjectif *despiteus* fonctionne ici comme un calembour : à côté du sens primaire « méprisant, insolant », on peut comprendre *despiteus*, « impitoyable, sans pitié », définition qui se met à l'appui du paradoxe évoqué par la dame. Nous avons choisi de le traduire selon cette deuxième définition.

L'amant
LXXXV

– Conforter les desconfortés
N'est pas crüaulté, ains est los ;
Maiz vous, qui si dur cueur portés
676 En si beau corps, se dire l'os,
Gaigniés le blasme et le deslos
De crüaulté, qui mal y siet,
Se Pitié qui depart les los
680 En vostre hault cueur ne se assiet.

La dame
LXXXVI

– On me dit que je suis amee :
Se bien croirre je le vouloye,
Me doibt il tenir pour blasmee
684 S'a son vouloir je ne souploye ?
Se de tieulx confors me mesloye,
Ce seroit pitié sans maniere ;
Et se depuis je m'en douloye
688 Ce en est la soulde derreniere.

L'amant
LXXXVII

– Ha !, cueur plus dur que le noir marbre,
En qui Mercy ne peust entrer,
Plus fort a ployer que ung gros arbre,
692 Que vous vault tel rigour moustrer ?
Vous plaist il mieulx me veoir oultrer,
Mort devant vous pour vostre esbat,
Que pour ung confort demoustrer,
696 Respiter la Mort qui m'abat ?

L'Amant

– Consoler les désespérés
n'est pas une cruauté, mais plutôt une source de gloire.
Quant à vous, qui avez un cœur si dur
dans un si beau corps, si j'ose le dire,
vous y gagnerez non seulement des reproches mais une réputation
de cruauté, ce qui vous convient mal,
si Pitié, qui répartit les lots,
ne s'établit pas dans votre cœur hautain.

La Dame

– On me dit que je suis aimée :
même si je voulais bien le croire,
doit-il me considérer digne de reproche
si je ne me plie pas à sa volonté ?
Si je me lançais dans de telles consolations,
ce serait pitié démesurée ;
et si par la suite j'en souffrais,
ce serait mon ultime récompense.

L'Amant

– Ah ! Cœur plus dur que le marbre noir,
chez qui Mercy n'a aucune entrée,
plus difficile à fléchir qu'un arbre massif,
à quoi bon manifester une telle rigueur ?
Préférez-vous me voir terrassé
devant vous, mort, pour votre amusement,
plutôt que de me donner quelque réconfort,
afin de différer la Mort qui m'abat ?

La dame
LXXXVIII
— De vos maulx garir vous pourrés, [fol. 102r]
Car des miens ne vous requerray ;
Ne par mon plaisir ne mourrés,
700 Ne pour vous garir ne gerray.
M'onnour pour aultry ne herray,
Crïent, pleurent, rïent ou chantent ;
Maiz, se je puis, je pourverray
704 Que vous në aultres ne s'en vantent.

L'amant
LXXXIX
— Je ne suis mie bon chanteur —
Aussy me duit mieulx le plourer —
Maiz je ne fus onques vanteur :
708 J'ayme plus tout coy demourer.
Nul ne se doibt enamourer
S'il n'a cueur de celer l'emprise,
Car vanteur n'est a honnourer
712 Puis que sa langue le desprise.

La dame
XC
— Male Bouche tient bien grant court :
Chacun a mal dire estudie.
Faulx amoureux au temps qui court
716 Servent tous de goulïardie.
Le plus secret veult bien c'on die
Qu'il est d'aucunes mescreüs,
Et pour rien que homme a femme die
720 Il ne doibt plus estre creüs.

La Dame
– Vous aurez bien l'occasion de vous remettre de vos maux
car je ne vous importunerai avec les miens.
Ce ne sera pas pour mon bon plaisir que vous mourrez,
mais je ne me rendrai pas malade pour vous guérir.
Je ne mépriserai pas mon honneur pour quiconque,
qu'il crie, pleure, rie ou chante ;
Mais, si je le peux, je veillerai plutôt
à ce que ni vous ni un autre ne puissent s'en vanter.

L'Amant
– Je ne suis pas un bon chanteur –
les pleurs me conviennent mieux –
mais je ne me suis jamais vanté :
je préfère me réfugier dans le silence.
Personne ne doit tomber amoureux
s'il n'a pas l'intention de cacher son entreprise,
car on ne doit pas honorer un vantard
dès lors que sa langue le dévalorise.

La Dame
– Male Bouche règne sur une cour nombreuse :
tout le monde s'évertue à médire.
Les faux amoureux à cette époque-ci
sont tous prodigues de paroles éhontées.
Le plus discret veut bien qu'on dise de lui
qu'il est soupçonné d'aimer certaines femmes ;
bref, quoi qu'un homme dise à une femme,
il ne mérite pas qu'on le croie davantage.

L'amant
XCI

— De ungs et d'aultres est et sera.
La terre n'est pas toute onnye :
Des bons le bien se moustrera
724 Et des maulvaiz la villennie.
Est ce droit, s'aucuns ont honnye
Leur langue en mesdit eshonté,
Que Reffus en esconmenie
728 Les bons avecques leur bonté ?

La dame
XCII

— Quant meschans meschant parler usent, [fol. 102v]
Ce meschief seroit pardonnés ;
Maiz ceux qui mieulx faire deüssent
732 Et que Noblesse a ordonnés
D'estre bien condicïonnés
Sont les plus avant en la fangue,
Et ont leurs cueurs habandonnés
736 A courte foy et longue langue.

L'amant
XCIII

— Or congnois je bien orendroit
Que pour bien faire on est honnis,
Puis que Pitié, Justice et Droit
740 Sont de cueurs de dames banis.
Fault il doncq faire tous onnys
Les humbles servans et les faulx,
Et que les bons soyent pugnis
744 Pour le pechié des desloyaulx ?

L'Amant

– Des uns et des autres, il en est et sera toujours ainsi.
La terre n'est pas complètement uniforme :
L'excellence des vertueux se manifestera,
et de même l'infamie des méchants.
Admettons que certains hommes aient déshonoré
leur langue par une médisance honteuse :
est-il de ce fait juste que Refus excommunie
les vertueux et leur noblesse d'esprit ?

La Dame

– Que les misérables tiennent un discours méprisable,
c'est là une infraction qui serait pardonnée.
Mais ce sont ceux qui devraient le mieux se comporter,
c'est-à-dire ceux que Noblesse a investis
de toutes les bonnes qualités,
qui sont le plus profondément enfoncés dans la boue,
et ils ont livré leur cœur
à brève fidélité et long discours.

L'Amant

– Je reconnais bien là
qu'on est couvert d'opprobre pour avoir bien agi,
dès lors que Pitié, Justice et Droit
sont bannis des cœurs des dames.
Faut-il donc traiter de manière identique
les humbles servants et les hypocrites,
et punir les hommes vertueux
des fautes des déloyaux ?

La dame
XCIV

− Je n'ay le pouair de grever
Ne de pugnir aultre ne vous,
Maiz pour les maulvaiz eschiver
748 Il se fait bon garder de tous.
Faulx Semblant fait l'umble et le doulx
Pour baillier dames en aguet,
Et pour ce chacune de nous
752 Y doibt bien l'escoute et le guet.

L'amant
XCV

− Puis que de grace ung tout seul mot
De vostre rigoureux cueur n'ist,
J'appelle devant Dieu qui m'ot
756 De la durté qui me honnist ;
Et me plain qu'Il ne parfournist
Pitié, qu'en vous Il oublïa,
Ou que ma vie ne fenist
760 Que si tost mis en oubli a.

La dame
XCVI

− Mon cueur ne moy ne vous feïsmes   [fol. 103r]
Onc rien dont plaindre vous doyés.
Rien ne vous nuist fors vous meïsmes :
764 De vous mesmes juges soyés.
Une foys pour toutes croyés
Que vous demourrés escondit.
De tant redire m'ennoyés,
768 Car je vous en ay assés dit. »

La Dame

– Je n'ai le pouvoir ni de vous accabler
ni de vous punir, vous pas plus qu'un autre,
mais afin d'échapper aux malveillants
mieux vaut se garder de tous.
Faux Semblant joue l'humble et le doux
pour attraper les dames avec ses ruses ;
voilà pourquoi nous devons toutes
être attentives et faire le guet.

L'Amant

– Puisqu'il n'y a aucune parole bienveillante
qui sorte de votre cœur endurci,
je fais appel à Dieu qui m'écoute
contre cette rigueur qui me détruit.
Je me plains tantôt qu'Il n'ait fait aucune provision
de pitié, car Il oublia de vous en munir,
tantôt qu'Il ne mette pas un terme à ma vie,
cette vie qu'Il a si vite oubliée.

La Dame

– Ni mon cœur ni moi ne vous avons rien fait
qui vous donne matière à vous plaindre.
La seule chose qui vous nuise, c'est vous :
soyez juge de vous-même.
Une fois pour toutes, essayez de comprendre
que vous serez à tout jamais refusé.
Vous m'ennuyez à me faire ainsi répéter,
car je crois que je vous en ai déjà assez dit. »

L'acteur
XCVII

Adonc le dolent se leva
Et part de la feste pleurant.
A poy que son cueur ne creva
772 Comme a homme qui va mourant,
Et dist, « Mort, vieng a moy courant
Ains que mon scens se descongnoisse,
Et m'abrege le demourant
776 De ma vie plainne d'engoisse. »

L'acteur
XCVIII

Depuis je ne sceus qu'il devint
Ne quel part il se transporta ;
Maiz a sa dame n'en souvint
780 Qui aux dances se depporta.
Et depuis on me rapporta
Qu'il avoit ses cheveux desroups,
Et que tant se desconforta
784 Qu'il en estoit mort de courrous.

L'acteur
XCIX

Si vous pry, amoureux, fuyés
Ces vanteurs et ces mesdisans,
Et comme infames les huyés,
788 Car ilz sont a vos faiz nuysans.
Pour non les faire voir disans,
Reffus a ses chasteaux bastis,
Car ilz ont trop mis puis dix ans
792 Le paÿs d'Amours a pastis.

L'Auteur

Alors le douloureux se leva
et quitta la fête en pleurant.
Il s'en fallait de peu que son cœur ne crève
comme c'est le cas d'un homme qui se meurt.
« Mort, viens vite à moi, dit-il,
avant que mon esprit ne s'égare,
et abrège ce qui me reste
de ma vie, si pleine d'angoisse. »

L'Auteur

Après, je ne sus ni ce qu'il devint
ni où il s'enfuit.
Mais sa dame, qui s'amusait à danser,
n'en garda pas le souvenir.
Par la suite, on me raconta
qu'il s'était arraché les cheveux,
et qu'il était si abattu
qu'il finit par mourir de chagrin.

L'Auteur

Je vous en prie donc, vous les amoureux, fuyez
ces vantards et ces médisants,
et décriez-les, ces infâmes,
car ils nuisent à vos affaires.
Refus a construit ses châteaux
afin que leurs discours ne se confondent pas avec la vérité,
car depuis dix ans le pays d'Amour
leur paie un lourd tribut.

L'acteur
C

Et vous, dames et demoyselles, [fol. 103v]
En qui honneur naist et s'assemble,
Ne soyés mie si crüelles,
796 Chacune ne toutes ensemble.
Que ja nulle de vous ressemble
Celle que me oyés nommer cy,
C'on peust appeler, se me semble,
800 La belle dame sans mercy !

L'Auteur

Quant à vous, dames et demoiselles,
en qui l'honneur naît et s'accumule,
ne soyez point aussi cruelles,
chacune séparément, ni toutes ensemble.
Qu'aucune de vous ne ressemble
à celle que vous m'entendez dénommer ici :
car on peut l'appeler, il me semble,
La Belle Dame sans Mercy.

COPPIE DE LA REQUESTE FAICTE ET BAILLEE AUX DAMES CONTRE MAISTRE ALAIN

(Copie de la requête composée contre Maître Alain
et donnée aux dames)

COPPIE DES LETTRES ENVOYEES PAR LES DAMES A MAISTRE ALAIN

(Copie de la lettre envoyée par les dames à Maître Alain)

Édition critique, Traduction et Notes par
David F. HULT

Coppie de la requeste faicte et baillee aux dames contre Maistre Alain

[fol. 103v] Supplient humblement vos loyaulx serviteurs, les actendans de vostre doulce grace et poursuians la queste du don d'amoureuse mercy, comme ilz ayent donné leurs cueurs a penser, leurs corps a travaillier, leur bouche a requerir, leur vouloir a desirer, leur temps a pourchasser le riche don de Pitié que Dangier, Reffus et Crainte ont enbuchié et retrait en la gaste Forest de Longue Actente, et ne leur soit demouré compaignie ne conduit qui ne les ait laissés en la poursuite, fors seulement Espoir, qui encores demeure tout desriere lassé et travaillié du long chemin et de la tresennuyeuse queste ; et que en ung pas qui se nomme Dure Requeste ont esté pluseurs foys destroussés de joye et desers de liesse par les brigans et souldoyers de Reffus. Et neantmains entretiennent tousjours leur queste pour y mectre la vie et le cueur qui leur est demouré, maiz que Espoir ne les laisse au besoing ; et encores auroyent actente de vostre secours et que Bel Acueil et Doulx Actrait les remeissent sus, se ne fust qu'il est venu a leur congnoissance que aucuns ont escript en vers rimés certainnes nouvelletés ou ilz n'ont gueres pensé. Et peust estre que Envye, Rebutement de Amours, ou Faulte de Cueur, qui les a fait demourer recreus [fol. 104r] en chemin et laisser la queste qu'ilz avoyent enconmencee avecques nous, les a fait ainsy parler et rescripre ; et tant ont fait, comme l'en dit, pour destourner la joye a quoy ilz ont failly, que leurs escrips sont venus en vos mains et, pour l'actrait d'acunes paroles doulces qui sont dedens, vous ont amusees a lire leur livre que on appelle *La belle dame sans mercy*, ouquel, soubz ung langaige affaictié, sont enclos les conmencemens et ouvertures de mectre rimeur en la court amoureuse, et rompre la queste des humbles servans, et a vous tollir l'eureux non de Pitié, qui

Copie de la requête composée contre Maître Alain et donnée aux dames

Vos serviteurs fidèles, qui attendent votre faveur et vont à la recherche du don de grâce amoureuse, s'inclinent devant vous en toute humilité, ayant voué leur cœur à réfléchir au don puissant de Pitié, leur corps à s'y efforcer, leur bouche à le solliciter, leur volonté à le désirer, et leur temps à en maintenir la poursuite—Pitié, que Danger, Refus et Crainte ont prise en embuscade et amenée dans la Forêt dévastée de Longue Attente. Il ne reste aucun membre de leur compagnie ou de leur escorte qui ne les ait abandonnés au cours de leur poursuite, à la seule exception d'Espoir, qui s'y tient encore, loin derrière, fatigué et miné par le long chemin et par l'extrême difficulté de la quête. Par ailleurs, ils ont été plusieurs fois dévalisés, dépouillés de leur joie et de toute allégresse par les brigands et les mercenaires de Refus, à un passage qui s'appelle Dure Requête. Néanmoins ils continuent assidûment leur quête avec l'intention d'y consacrer ce qui leur reste de vie et de courage, pourvu qu'Espoir ne leur fasse défaut ; en effet, ils attendraient encore votre secours ainsi que l'appui de Bel Accueil et de Doux Attrait, s'ils n'avaient pris connaissance du fait que quelques personnes ont mis par écrit, en vers rimés, certains propos originaux mais inconsidérés. Il est possible qu'Envie, Rebutement d'Amour, ou Faute de Cœur, qui les ont fait renoncer au chemin et abandonner la quête qu'ils avaient commencée avec nous, les aient également fait parler et, par la suite, écrire de cette façon ; ils ont fait tellement d'efforts, à ce qu'on dit, pour écarter la joie à laquelle ils ont failli, que leurs écrits ont fini par passer entre vos mains et, grâce au charme de quelques paroles douces qui s'y trouvent, vous vous êtes plu à lire leur livre, qui s'appelle *La belle dame sans mercy*, dans lequel, sous couverture d'un langage agréable, sont insérées des propositions aptes à lancer et à faire répandre des bruits tumultueux dans la cour amoureuse, à contrecarrer la quête des humbles serviteurs, et à vous retirer le renom favorable qui, vous venant de Pitié, est la plus évidente, voire est le parement et la richesse de vos aultres vertus. Et en advendra domage et esloingnement aux humbles servans, et amendrissement de vostre pouair, se par vous n'y est pourveu. Qu'il vous plaise de vostre grace destourner vos yeulx de lire si desraisonnables escriptures et n'y donner foy ne audience, maiz les faire rompre et quasser partout ou trouver se pourront. Et des faiseurs ordonnés telle pugnicion que ce soit exemple aux aultres et que vos humbles servans puissent leur queste parfaire a vostre honneur et a leur joye ; et mostrés par oeuvre que en vous a mercy et pitié. Et ilz prieront Amours qu'il vous doint tousjours tant de liesse que aux aultres en puissiés repartir.

Coppie des lettres envoyees par les dames a Maistre Alain

Honnouré frere, nous nous recommandons a vous et vous faisons savoir que n'a gueres a esté baillié aux dames certainne requeste qui grandement touche vostre honneur et le desavanchement du tres gracieux loz et bonne grace que vous avés tousjours acquis vers elles. Et pour ce que nous vous cuydons tel que bien vous sarés excuser et desfendre de ceste charge quant vous en serés adverty, nous vous en envoyons le double, esperans que vous mectrés painne a vous geter hors de ce blasme a vostre honneur et a l'esjouyssement de ceulx qui plus voulentiers verroyent croystre vostre loz que [fol. 104v] amendrir. Et comme escript vous a esté par aultres lectres de vos amis, journee est assignee au premier jour de apvril a vous et a vos parties adverses, auquel jour vous penssons veoir se vous n'estes mort ou prins, dont Dieu vous gart, laquelle chose vous doubteriés mains que de demourer en ceste charge. Honnouré frere, Nostre Sire vous doint autant de joye comme nous vouldrions pour nous et brief retourner, car se vous estiés par de ça, tel parle contre vous qui se tayroit. Escript a Yssodun, le derrenier jour de jenvier.

Les vostres, Katherine, Marie, et Jehenne la toute vostre.

la plus précieuse, de vos autres vertus. Il en résultera la perte et l'éloignement des humbles serviteurs, ainsi que l'amoindrissement de votre pouvoir, si vous ne prenez pas la situation en main. Qu'il vous plaise donc, par votre bienveillance, de détourner vos yeux de la lecture d'un écrit si extravagant, de ne point lui prêter foi, de ne point l'écouter, et en revanche de le faire supprimer et détruire partout où il se trouvera. Qu'il vous plaise également d'ordonner la punition des auteurs pour l'exemple et afin de permettre à vos humbles serviteurs d'accomplir leur quête, tout à votre honneur et à leur joie, et de démontrer par vos actions que la compassion et la pitié résident en vous. Quant à eux, ils vont prier Amour de vous donner à tout jamais autant d'allégresse que vous puissiez distribuer aux autres.

Copie de la lettre envoyée par les dames à Maître Alain

Frère distingué, nous nous recommandons à vous et nous vous prévenons qu'on a fait parvenir aux dames, il n'y a pas longtemps, une certaine réclamation qui attente fortement à votre honneur, au préjudice de la gloire très généreuse et de la protection bienveillante dont vous avez toujours bénéficié auprès d'elles. Puisque nous vous croyons capable de vous justifier et de vous défendre de cette accusation dès que vous en aurez été averti, nous vous en envoyons une copie, dans l'espoir que vous tenterez de vous disculper de ce reproche qui fait obstacle à votre honneur et à la réjouissance de ceux qui aimeraient mieux voir votre gloire s'accroître que s'amoindrir. Par ailleurs, comme une autre lettre de vos amis vous l'a indiqué, vous êtes convoqué avec vos adversaires pour le premier jour d'avril ; nous nous attendons à vous voir ce jour-là si vous n'avez pas été tué ou fait prisonnier, Dieu vous en préserve ! Ce serait tout de même moins à craindre que de rester sous le coup de cette accusation. Frère distingué, que Notre Seigneur vous accorde autant de joie que nous désirons pour nous-mêmes, et qu'il vous permette de revenir sous peu, car, si vous étiez ici, ceux qui médisent de vous se tairaient. Ecrit à Issoudun, le dernier jour de janvier.

Vôtres, Katherine, Marie, et Jeanne, toute à vous.

ALAIN CHARTIER

L'EXCUSACION DE MAISTRE ALLAIN

(Les Excuses de Maître Alain)

Édition critique, Traduction et Notes par
David F. Hult

S'ensuit l'Excusacion de Maistre Allain

I

Mes dames et mes demoyselles,
Se Dieu vous doint joye prochainne,
Escoutés les dures nouvelles
Que je ouÿ le jour de l'estraine ;
Et entendés ce qui me maine,
Car je n'ay fors a vous recours ;
Et me donnés par grace plaine
Conseil, confort, ayde et secours.

II

Ce jour me vint en sommeillant, [fol. 105r]
Atendant le solail levant,
Moictié dormant, moitié veillant,
Environ l'aube ou poy avant,
Qu'Amours s'aparut au devant
De mon lit a l'arc tout tendu,
Et me dist, « Desloyal servant,
Ton louyer te sera rendu.

III

Je t'ay long temps tenu des miens
A l'eure que bien me servoyes,
Et te gardoye des grans biens
Trop plus que tu n'en deservoyes ;
Et quant ta loyaulté debvoyes
Vers moy garder en tous endroiz,
Tu faiz et escrips et envoyes
Nouveaulx livres contre mes droiz.

Les Excuses de Maître Alain

Mesdames et mesdemoiselles,
– que Dieu vous apporte bientôt la joie ! –
écoutez les nouvelles consternantes
que j'ai entendues le Jour de l'An,
et considérez bien ce qui m'amène ici,
car je n'ai plus personne vers qui me tourner, sauf vous ;
accordez-moi, dans votre haute bienveillance,
conseils, consolation, aide et secours.

J'étais ce jour-là somnolent,
attendant le lever du soleil,
mi-endormi, mi-éveillé,
à l'aube ou juste avant,
lorsqu'Amour apparut
devant mon lit, son arc bandé,
et me dit, « Serviteur déloyal,
ta récompense va t'être donnée.

Longtemps je t'ai tenu pour l'un de mes fidèles :
Alors, tu me servais bien,
et je te réservais quantité de bienfaits,
bien plus que tu n'en méritais.
Or, tandis que tu devais, en toute chose,
rester loyal envers moi,
voilà que tu composes, écris et fais circuler
de nouveaux livres contraires à mes lois.

IV

Es tu fol, hors du scens ou yvre,
Qui veulx contre moy guerre prendre,
Qui as fait le maleureux livre
28 Dont chacun te debvroit reprendre,
Pour enseignier et pour apprendre
Les dames a getter au loing
Pitié la debonnaire et tendre,
32 De qui tout le monde a besoing ?

V

Se tu as ta mirencolie
Prise de non amer jamés,
Doibvent acheter ta folie
36 Les aultres qui n'en peuent mes ?
Laisse faire aultry et te taiz !
Que de deul ait le cueur noircy
Qui ja croirra, comme tu faiz,
40 Que onques dame fust sans mercy !

VI

Tu mourras de ce pechié quite ;   [fol. 105v]
Et se briefment ne t'en desdiz,
Preschier te feray comme herite
44 Et bruler ton livre et tes diz.
En la loy d'Amours sont mauldiz,
Et chacun m'en fait les clamours.
Le lire est a tous interdiz
48 De par l'inquisiteur d'Amours.

Es-tu fou, es-tu ivre, ou as-tu perdu la tête,
toi qui veux faire la guerre contre moi,
toi qui as rédigé ce livre fâcheux
dont tout le monde devrait te faire reproche,
parce qu'il enseigne aux dames,
et les encourage, à exiler au loin
la noble et douce Pitié,
dont tout le monde a besoin ?

Si ta mélancolie vient du fait
que tu as renoncé à l'amour,
les autres qui n'y sont pour rien,
doivent-ils payer le prix de ta folie ?
Laisse faire les autres et tais-toi !
Que celui qui croit avec toi
qu'une dame ait jamais pu manquer de pitié
en ait le cœur noirci de douleur !

Tu dois t'acquitter de ce péché avant de mourir :
Si tu ne le renies pas à l'instant,
je te ferai excommunier comme hérétique
et je ferai brûler ton livre avec tes poèmes.
Ces derniers sont maudits, selon la loi d'Amour,
et tout le monde vient s'en plaindre auprès de moi.
La lecture en est à tous interdite
par l'inquisiteur d'Amour.

VII

Tu veulx mon pouair abolir
Et que honneur et bonté s'esface,
Quant tu quiers des dames tollir
Pitié, mercy, doulceur et grace.
Cuydes tu donques que Dieu face
Entre les hommes sur la terre
Si beau corps et si doulce face
Pour leur porter rigour et guerre ?

VIII

Nenny non ! Il n'y pensa onques,
Car ja faictes ne les eüst
Plus plaisans que choses quieuxconques
Que sur terre faire peüst,
Se Il ne veïst bien et sceüst
Qu'elles doybvent l'eür porter
Qui par droit les hommes deüst
Resjouÿr et reconforter.

IX

Ne seroit ce pas grant domage
Que Dieu, qui soustient homme en vie,
Eust faicte si parfaicte ymage
Par droicte exellence assouvye
Que la pensee fust ravie
Des hommes par force de plaire ?
Se Dieu leur portoit telle envye
Qu'Il leur donnast pour adversaire ?

C'est vouloir annuler mon pouvoir
et faire disparaître honneur et bonté
que de chercher à enlever aux dames
la pitié, la compassion, la douceur et la bienveillance.
Crois-tu donc que Dieu ait placé
si beau corps et si douce figure
sur la terre, parmi les hommes,
pour se montrer sévère et leur faire la guerre ?

Point du tout ! Il n'en a jamais eu la moindre idée,
car Il ne les aurait jamais faites
plus charmantes que tout ce
qu'Il a décidé de créer sur la terre
s'Il n'avait pas sagement prévu et décidé
qu'elles doivent apporter ce bonheur
qui devrait à juste titre
réjouir et réconforter les hommes.

Ne serait-il pas bien dommage
que Dieu, qui soutient l'homme dans son existence,
ait créé une image si parfaite,
d'une irréprochable excellence,
pour déposséder les hommes de leur esprit
à force de plaire ?
Peut-on imaginer que Dieu les envie tellement
qu'Il la leur ait donnée comme adversaire ?

X

Cuydes tu faire basilliques, [fol. 106r]
Qui occïent les gens des yeulx,
Ces doulx visaiges angeliques
76 Qui semblent estre faiz es cieulx ?
Ilz ne furent pas fourmés tieulx
Pour desdaignier et non chaloir,
Maiz pour croistre de bien en mieulx
80 Ceux qui ont desir de valoir.

XI

Doulceur, courtoysie, amitié
Sont les vertus de noble dame,
Et le droyt logeis de Pitié
84 Est eu cueur d'unne noble femme.
S'il falloit par ton livre infame
Pitié d'entre dames banir,
Autant vauldroit qu'il ne fust ame
88 Et que le monde deust fenir.

XII

Puis que Nature s'entremist
D'entaillier si digne figure,
Il est a croyrre qu'elle y mist
92 De ses biens a comble mesure.
Dangier y est soubz couverture,
Maiz Nature la tresbenigne,
Pour adoulchir celle pointure,
96 Y mist Pitié pour medicine.

Veux-tu faire croire que ces doux visages angéliques,
qui semblent avoir été créés au ciel,
sont des basilics[1],
qui tuent les gens en les fixant des yeux ?
Ce n'était pas pour afficher dédain et indifférence
qu'ils furent ainsi formés,
mais plutôt pour perfectionner
ceux qui veulent acquérir du mérite.

Douceur, courtoisie et amitié
sont les vertus d'une noble dame,
et la vraie demeure de Pitié
se trouve au cœur d'une noble femme.
Si ton livre infâme faisait en sorte
qu'il fallait bannir Pitié de la compagnie des dames,
autant vaudrait que le genre humain disparût
et que le monde touchât à sa fin.

Dès lors que Nature s'est occupée
de sculpter une aussi digne figure,
il faut croire qu'elle y a mis
la pleine mesure de ses trésors.
Danger s'y tient sans doute caché,
mais Nature, d'une bonté extrême,
a ajouté Pitié comme remède,
pour adoucir les effets de son atteinte.

---

[1] 73 : basilic : *reptile qui avait la réputation de pouvoir tuer par son seul regard.*

XIII

Pour garder honneur et chierté,
Raison y mist Honte et Dangier,
Et voulut Desdaing et Fierté
100 Du tout des dames estrangier ;
Maiz Pitié y peust chalengier
Tout son droyt car, quant el fauldroit,
El feroit la bonté changier,
104 Puis que nully mieulx n'en vauldroit.

XIV

Tu veulx, par ton oultrecuidance [fol. 106v]
Et les faulx vers que tu as faiz,
Tollir aux dames leur puissance,
108 Toutes vertus et tous biens faiz,
Quant ainssy leur pitié deffaiz,
Par qui maint loyal cueur s'amende ;
Si veul chastïer tes mesfaiz
112 Ou que tu m'en gaiges l'amende. »

XV

Quant je euz ces paroles ouÿ
Et je vy la flesche en la corde,
Tout le sang au cuer me fouÿ.
116 Onc n'euxs tel paour dont me recorde,
Si dis : « Pour Dieu misericorde,
Escoutés moy excuser, sire. »
Il respondy : « Je le t'acorde.
120 Or dy ce que tu vouldras dire. »

C'est pour maintenir honneur et valeur
que Raison y a placé Honte et Danger,
mais elle a voulu éloigner Dédain et Fierté
de toutes les dames ;
Pitié peut à bon droit réclamer
son dû car, si elle échouait,
elle ferait vaciller la bonté,
puisque plus personne n'y gagnerait.

Dans ton outrecuidance,
et par les vers trompeurs que tu as composés,
tu prétends enlever aux dames leur pouvoir,
toutes leurs vertus, tous leurs bienfaits,
en leur enlevant ainsi cette pitié,
qui fait progresser plus d'un cœur loyal.
Je veux donc te punir de tes méfaits
si tu ne t'engages pas à me payer une amende. »

Lorsque j'entendis ces paroles
et que je vis la flèche déjà encochée,
mon sang se glaça dans mon cœur.
Je ne me souviens pas d'avoir jamais eu aussi peur
et je dis : « Par la miséricorde divine,
mon seigneur, laissez-moi m'expliquer. »
Il répondit : « Je te l'accorde.
Dis-moi maintenant ce que tu as à dire. »

XVI

– Ha, sire, ne me mescreés,
Ne les dames semblabement,
Se vous ne lisiés et veés
Tout le livret premierement.
Je suis aux dames ligement,
Car tel poy quë onc j'euz de bien,
D'onneur et de bon sentement,
Vient d'elles et d'elles le tien.

XVII

De leur bonté vient et habonde
Eur en joye et confort en deul.
C'est l'exemple des biens du monde,
Ayse de cueur et deduit de eul.
C'est le rabaiz de tout orgueul
Et le patron pour les bons plaire,
Sans le quel franc cueur n'a nul veul
De rien bien dire ne bien faire.

XVIII

Par elles et pour elles sommes : [fol. 107r]
C'est la source de nostre joye ;
C'est l'espargne des vaillans hommes ;
C'est d'onneur la droite monjoye ;
C'est le penser qui plus resjoye ;
C'est le chief des mondains plaisirs ;
C'est ce qui d'espoir nous pourvoye ;
Et le comble de nos desirs.

« Ah ! Seigneur, ne doutez pas de moi,
et les dames non plus,
avant d'avoir d'abord lu et bien regardé
le petit livre tout entier.
Je suis l'obligé de ces dames,
car le peu de bien, le peu d'honneur,
le peu de bons sentiments dont j'ai jamais joui,
provient d'elles et c'est d'elles que je le tiens.

Leur bonté prodigue en abondance
le bonheur dans la joie et la consolation dans la tristesse.
C'est l'exemple même des bienfaits du monde,
du contentement du cœur et du plaisir des yeux.
Tout orgueil s'en trouve diminué
car c'est le modèle de tout ce qui peut plaire aux hommes vertueux,
sans lequel un cœur généreux n'aurait aucun désir
ni de bien parler ni de bien faire.

Notre existence vient d'elles, c'est pour elles que nous vivons.
Voilà la source de notre joie ;
Voilà le trésor des hommes de valeur ;
Voilà le véritable comble de la vertu ;
Voilà la pensée qui réjouit au plus haut point ;
Voilà le principal des plaisirs de ce monde ;
Voilà ce qui nous dote d'espoir ;
Bref, c'est là le comble de nos désirs.

XIX

Leur serviteur veul demourer
Et en leur service mourray,
Et ne les puis trop honnourer
N'aultrement ja ne le vourray ;
Ains, tant qu'en vie demourray,
A garder l'onneur qui les touche
Employeray ou je pourray
Corps, cueur, scens, langue, plume et bouche.

XX

Pitié en cueur de dame siet
Ainsy qu'en l'or le dÿamant,
Maiz sa vertu pas ne se assiet
Tousjours au plaisir de l'amant ;
Ains fault deffermer ung fermant
Dont Crainte tient Pitié enclose
Et, en ce fermeur desfermant,
Souffrir sa douleur une pose.

XXI

Pitié se tient close et couverte
Et ne veult forces ne contraintes,
Ne ja sa porte n'est ouverte
Fors par soupirs et longues plaintes.
Actendre y fault des heures maintes,
Maiz l'actente bien se recoeuvre,
Car toutes doulours sont estaintes
Aussy tost que la porte se oeuvre.

Je veux rester leur serviteur
et j'ai l'intention de mourir à leur service ;
je ne saurais leur faire trop d'honneur
et ma volonté ne sera jamais autre.
Au contraire, tant que je resterai en vie,
je consacrerai, là où je le pourrai,
à tout ce qui touche à leur honneur,
mon corps, mon cœur, mon esprit, ma langue, ma plume et ma
                                                [bouche.

La Pitié repose dans le cœur d'une dame
comme un diamant serti dans l'or,
mais sa force ne s'exerce pas toujours
au gré de l'amant ;
au contraire, il faut ouvrir le fermoir
par lequel Crainte tient Pitié séquestrée,
et, en défaisant ce fermoir,
supporter sa douleur un certain temps.

Pitié reste cloîtrée et dissimulée,
elle n'accepte ni force ni contrainte ;
sa porte ne peut être ouverte
que par des soupirs et de longues plaintes.
Il faut y passer d'innombrables heures,
mais l'attente est pleinement récompensée,
car toutes souffrances disparaissent
aussitôt que la porte s'ouvre.

XXII

S'el ne gardoit sa seignourie, [fol. 107v]
Chacun luy feroit l'ennuyeux ;
Et sa bonté seroit perie,
172 Car elle auroit trop d'envïeux.
Pour ce son tresor gracïeux
Ne oeuvre pas a toutes requestes,
Neant plus que ung jouyau precïeux
176 Que on ne doibt monstrer que aux grans festes.

XXIII

Se j'osoye dire ou songier
Que onques dame fust despiteuse,
Je seroye faulx mensongier
180 Et ma parolle injurïeuse.
Jamés de dame gracïeuse
N'ait il ne mercy ne respit,
Qui dit de voix presumpcïeuse
184 Qu'en dame ait orgueul ne despit.

XXIV

Comme la rose tourne en lermes
Au fourneau sa force et valeur,
Ainsy rent Pitié aux enfermes,
188 Par feu d'amoureuse chaleur,
Plours qui garissent la douleur
Par leur vertu puissant et digne ;
Mais au cueur gist la pitié leur
192 Plus parfont que l'or en la mine.

Si elle ne maintenait pas sa domination,
chacun ferait l'importun avec elle ;
sa bonté serait donc tarie,
car elle aurait trop d'envieux autour d'elle.
Voilà pourquoi elle n'ouvre pas
son doux trésor à tous ceux qui le demandent,
pas plus qu'on ne ferait d'un joyau précieux
qu'on ne doit montrer qu'aux jours de grande fête.

Si j'osais dire ou même imaginer
qu'une femme ait jamais pu être impitoyable,
je serais menteur et hypocrite,
et mon discours serait injuste.
Que celui qui déclare d'un ton présomptueux
qu'il y a chez les femmes orgueil ou mépris
n'obtienne jamais ni miséricorde ni répit
d'une dame bienveillante.

De même qu'en pleine canicule la rose,
ayant perdu sa force et sa vigueur, répand des larmes,
Pitié donne aux malades,
accablés par le feu d'une chaleur amoureuse,
des pleurs qui guérissent la douleur
par leur vertu puissante et digne ;
mais dans le cœur réside leur pitié,
plus profond que de l'or dans une mine.

XXV

Mon livret, qui poy vault et monte,
A nesune aultre fin ne tent
Si non a recorder le compte
D'ung triste amoureux mal content
Qui prie et plaint que trop actent,
Et comme Reffus le reboute.
Et qui aultre chose y entent,
Il y voit trop ou n'y voyt goute.

XXVI

Quant ung amant est si astraint, [fol. 108r]
Comme en reverie mortelle,
Que force de mal le contraint
D'appeler sa dame crüelle,
Doibt on penser qu'elle soit telle ?
Nennil, car le grief mal d'amer
Y met fievre continüelle
Qui fait sembler le doulx amer.

XXVII

Puis que son mal luy a fait dire,
Et aprés luy pour temps passer
J'ay voulu ses plaintes escripre
Sans ung seul mot en trespasser,
S'en doibt tout le monde amasser
Contre moy, a tort et en vain,
Pour le chetif livre casser
Dont je ne suis que l'escripvain ?

Mon petit livre, qui a aussi peu d'importance que de valeur,
ne s'assigne d'autre but
que d'enregistrer le récit
d'un amoureux triste et mécontent
qui prie et se plaint d'attendre trop longtemps
puisque Refus le rejette.
Si quelqu'un y comprend autre chose,
soit il y voit trop, soit il n'y voit rien.

Quand un amant, comme dans une mortelle rêverie,
est tellement accablé
que la violence de sa maladie l'oblige
à appeler sa dame cruelle,
faut-il croire qu'elle soit telle ?
Non, car le pesant mal d'amour
cause une fièvre constante
qui fait paraître amère la douceur.

Puisque c'est son mal qui lui a fait dire cela,
et que moi, à sa suite, j'ai voulu
par passe-temps transcrire ses plaintes,
sans omettre une seule parole,
faut-il que tout le monde s'unisse
contre moi, à tort et sans raison,
afin de supprimer ce piètre livre
dont je ne suis que le copiste ?

XXVIII

S'aucuns me veullent accuser
D'avoir ou failly ou mespris,
Devant vous m'en veul excuser,
Que j'ay pieça pour juge pris ;
Et, combien que j'ay poy apris,
S'ilz en ont rien dit ou escript
Pour quoy je puisse estre repris,
Je leur respondray par escript. »

XXIX

Quant Amours ot ouÿ mon cas
Et vit qu'a bonne fin tendy,
Il remist la flesche eu carcas
Et l'arc amoureux destendy,
Et tel responce me rendy :
« Puis qu'a ma court tu te reclames,
J'en suis content et tant t'en dy
Que je remet la cause aux dames. »

XXX

Lors m'esveillay subit et court, [fol. 108v]
Et plus en tour moy rien ne vy.
Pource me rens a vostre court,
Mes dames, et la foy plevy
D'obeïr a droit sans envy,
Ainsy qu'Amours l'a commandé ;
Maiz se je n'ay mal deservy,
Ayés moy pour recommandé.

Si certaines personnes veulent m'accuser
d'avoir commis une erreur ou d'avoir mal agi,
je souhaite m'en excuser devant vous,
vous que j'ai autrefois pris pour juge ;
et, malgré le peu d'expérience que j'en ai,
s'ils ont dit ou écrit la moindre chose
qui puisse me valoir des reproches,
je leur répondrai par écrit. »

Quand Amour eut entendu mon affaire
et vu que mes intentions étaient bonnes,
il replaça la flèche dans son carquois,
il débanda l'arc amoureux,
et il me fit cette réponse :
« Puisque tu fais appel devant ma cour,
j'en suis satisfait et je déclare
que je remets la cause entre les mains des dames. »

Alors je me réveillai subitement
et je ne vis plus personne autour de moi.
C'est pour cela que je me rends à votre cour,
mes dames, et que je m'engage sur ma foi
à strictement obéir, et de bonne grâce,
ainsi qu'Amour l'a commandé.
Mais si je n'ai pas mérité de punition,
je me recommande à vous.

Vostre humble serviteur, Alain,
Qui Beaulté prist pieça a l'ain
Du trait d'ungs tresdoulx rïans yeulx,
244　Dont i languist, actendant mieulx.

Votre humble serviteur, Alain,
hameçonné jadis par Beauté,
d'un regard lancé par des yeux doux et riants,
ce qui le fait languir, dans l'attente d'un meilleur sort.

BAUDET HERENC

ACCUSATION CONTRE LA BELLE DAME SANS MERCY

(LE PARLEMENT D'AMOUR)[1]

Édition critique, Traduction et Notes par
David F. HULT

---

[1] Ce poème fut imprimé pour la première fois dans *Le Jardin de Plaisance* (1501) et identifié de la manière suivante : « Comment le parlement damours fut tenu au iardin de plaisance contre la belle dame sans mercy. » Du Chesne, dernier éditeur de ce poème, qu'il a inclus dans *Les Oeuvres de Maistre Alain Chartier* (1617), le dote également du titre *Le Parlement d'Amour*, désignation suivie par Piaget dans son étude du texte. Les manuscrits l'identifient diversement, mais aucun ne donne ce titre. Les titres les plus fréquents sont *Accusacion[s] contre la belle dame sans mercy* et *Le jugement de la belle dame sans mercy*. Nous avons choisi de lui restituer le titre que lui donne Qa, l'un des deux mss qui désignent également le nom de l'auteur. L'incipit de Pn, l'autre ms. qui mentionne un nom d'auteur, est : *Traittie fait par Baudart Hereng corespondant a la belle dame sans mercy*. Puisque la littérature critique a toujours fait référence à l'édition Du Chesne, pourtant, nous maintenons *Le Parlement d'Amour* en sous-titre. *L'Accusation* nous a été transmis par 18 mss. du XVe et du début du XVIe siècle : Pb, Pc, Pd, Pe, Pf, Pg, Pj, Pk, Pn, Po, Qa, Qf, Qh, Qj, Qk, Ql, Qm, et Qs, dont deux (Qj et Qs) sont aujourd'hui indisponibles ou perdus. Pc est très lacunaire (il lui manque les strophes IV, X, XXIII, XXVI, XXXI, XXXIII, XXXVII, XLI, XLV, L, LIII, et LXI), mais nous avons comblé les lacunes à l'aide de Pn, qui est complet et qui contient une version excellente de ce poème. A part Pn, nous avons utilisé Qa, Pb et Pj pour contrôler Pc et pour donner des variantes significatives.

Accusation contre la belle dame sans mercy faicte par maistre Baudet

I

Le jour que l'an se renouvelle, [fol. 108v]
Amours me fist conmandement
De faire ballade nouvelle,
4 Et m'ordonna expressement
Que j'en estrenasse humblement
Celle a qui je suis serf rendu,
De laquelle j'ay longuement
8 La doulce mercy attendu.

II

Quant ainsy je me vy contraint [fol. 109r]
D'Amours a la ballade faire,
De soucy me trouvay astraint,
12 Pour ce que doubtoye forfaire
Les biens d'Amours dont j'ay affaire ;
Car onques n'apris le mestier
De rimer en aucun affaire
16 Qui pour ce me fust bien mestier.

III

Maiz pour obeïr a Amour,
Papier, plume et enque alay prendre,
Et la ballade sans demour
20 Je conmenchay, cuydant conprendre
De la belle ou n'a que reprendre
Les beaultés, l'onneur, et le scens,
Dont je fis follie d'enprendre
24 Si haulte oeuvre, a ce que je sens.

Le Parlement d'Amour

Accusation contre la Belle Dame sans Mercy, par Maître Baudet

Le jour où l'année se renouvelle[1],
Amour me commanda
de composer une nouvelle ballade[2]
et m'ordonna expressément
de la donner humblement en étrennes
à celle à qui j'ai voué mon service,
cette dame qui m'a fait longuement attendre
le tendre don de pitié.

Me voyant ainsi contraint
par Amour de composer cette ballade,
je fus saisi d'angoisse,
tant je craignais de mal exprimer
les bienfaits d'Amour qui m'ont été confiés :
en effet, jamais mon entraînement
au métier de poète ne m'avait appris
ce qui m'aurait été alors bien utile.

Mais pour obéir à Amour,
j'allai prendre papier, plume et encre,
et commençai sans tarder
à écrire la ballade, croyant y inclure
tout ce qui touche à la beauté, à la vertu, et à l'esprit
de la belle à qui on ne peut faire aucun reproche :
ce fut, me semble-t-il, folie de ma part
d'entreprendre une œuvre aussi sublime.

---

[1] *1* : C'était l'usage à la cour de France pendant le Moyen Age, et jusqu'au milieu du XVIe siècle, de compter le Nouvel An à partir du jour de Pâques, entre le 22 mars et le 25 avril, et donc au moment du renouveau printanier.

[2] *3* : Sur l'identification de cette ballade, voir la note au v. 593.

IV

Car se toutes langues en une
Estoient pour ses biens compter,
Elle fauldroit, chose est commune,
28   D'iceulx proprement raconter :
Tant bien l'ont vollu aprester
Dieu et Nature a leur volloir
Qu'on n'y sauroit mettre n'oster
32   Pour elle faire mieulx valloir.

V

Et pour ce faire ne savoye
Ceste ballade a mon plaisir,
Car pas le sentement n'avoye,
36   Dont mon cueur avoit desplaisir.
Pour quoy il me couvint gesir
Par desconfort sus une couche
Ou, mal gré moy, je prins loysir
40   De clorre mes yeulx et ma bouche.

VI

Et par sommeil fus asservis
De dormir une longue espace ;
Et en dormant m'estoit advis
44   Que je vëoye l'oultrepasse
De tous les vergiers c'on conpasse
En l'air, sus une vive roche
De luysans pierres de toppasse,
48   Ou Amours tenoit l'arc en coche.

Si toutes les langues étaient réunies
pour dresser la liste de ses perfections,
cette langue ne réussirait pas, on le sait bien,
à les dire convenablement :
Dieu et Nature, de leur propre gré,
ont voulu si remarquablement la parer
qu'on ne saurait ni ajouter ni enlever quoi que ce soit
pour la rendre meilleure.

Et c'est pourquoi je n'arrivai pas
à faire une ballade à mon gré,
car l'émotion n'y était pas,
ce qui me contrariait fort.
Voilà pourquoi, de désespoir,
il fallut m'étendre sur un lit
où, malgré moi, je me détendis,
fermant les yeux et la bouche.

Le sommeil s'empara de moi
et m'obligea à dormir un long moment ;
En plein sommeil il me sembla
voir le plus splendide
de tous les vergers imaginables
dans l'air, sur un rocher étincelant
fait de topazes brillantes,
où Amour tenait une flèche encochée dans son arc.

VII

Du vergier m'aprochay si pres [fol. 109v]
Que je vys toutes ses beaultés :
Clos estoit d'arbres de cyprés
52 Et de rosiers par my plantés ;
La porte estoit de tous costés
Faicte de liz et de muguet,
Et sus ycelle estoit montés
56 Dangier pour y fayre le guet ;

VIII

Pavé estoit de rommarins,
Entre les quieulx tousdiz chantoyent
Chardonnerelles et tarins ;
60 Et es quatre corniers estoyent
Cleres fontainnes qui sourdoyent
Par telle superfluïté
Que tout le jardin arrousoyent
64 Pour le maintenir en beaulté.

IX

Et eu milieu, une audictoire
Je y vys, de verte marjolainne,
Ou de maintes flours vys l'ystoire
68 Faicte de Paris et de Helainne,
Et de Vergy la Chastelainne,
Qui servirent Amours jadiz
Sans avoir reprouche villainne
72 En fait, n'en pensee, n'en diz.

Je m'approchai du verger, suffisamment près
pour voir toutes ses beautés.
La clôture était formée de cyprès
et de rosiers plantés entre eux.
Le portail était entièrement composé
de lis et de muguet,
et tout en haut Danger était monté
pour faire le guet.

Le verger était planté de romarins,
parmi lesquels chantaient sans arrêt
chardonnerets et tarins ;
et aux quatre coins se trouvaient
des fontaines d'eau claire qui jaillissaient
avec une telle abondance
qu'elles arrosaient tout le jardin
pour en maintenir la splendeur.

Et au milieu je vis une salle d'audience[1]
faite de marjolaine verte,
où, formées par une profusion de fleurs,
je vis les histoires en images de Pâris, d'Hélène,
et de la Châtelaine de Vergy[2],
qui jadis firent le service d'Amour,
sans mériter reproche de vilenie,
ni en action, ni en pensée, ni en parole.

---

[1] *65 : auditoire : « Le lieu où l'on plaide dans les petites Justices »* (Dict. de l'Ac. Fr., 1694).

[2] *68* : Pâris et Hélène, amants qui ont causé la guerre de Troie ; *69* : La Châtelaine de Vergy (dans certains mss., La Châtelaine du Verger), héroïne d'un conte du XIIIe siècle très connu qui meurt tragiquement lorsque son amour est révélé. Une mise en prose, appelée *La Châtelaine du Verger*, en a été faite au XVe siècle.

X

    Le siege ou Amours je viz estre
    Estoit de flouries genettes
    Tendu a destre, et a senestre
76   De geroflees vÿollettes,
    Couvert de tapis de flourettes
    Et de lavende losengiés,
    Ou roussignolz et alloëttes
80   S'estoient pour chanter logiés.

XI

    Et au dehors escript avoit
    De soussies en ung gason
    Qu'Amours son parlement debvoit
84   Tenir en ce lieu, pour raison
    Faire de ceux qui desraison
    Avoyent fait en son service :
    Car luy qui n'a conparaison
88   Ne peust souffrir en son serf vice.

XII

    Il avoit douse presidens :   [fol. 110r]
    Le premier, c'estoit Franc Vouloir ;
    Et Espoir, qui tant est prudens
92   Que rien ne met a non chaloir
    Pour les amans faire valoir,
    Estoit le procureur des cas
    Des quieulx on se vouloit douloir ;
96   Et Desir fu li avocas.

Le siège où je vis trôner Amour
était garni, comme de tapisseries,
à droite, de genêts fleuris,
et à gauche, de giroflées violettes,
et il était recouvert d'un tapis de fleurettes,
avec des fleurs de lavande en losanges,
où des rossignols et des alouettes
s'étaient installés pour chanter.

Et, à l'extérieur, au moyen de soucis
parsemés sur le gazon,
il était écrit qu'Amour devait tenir son parlement
en ce lieu, pour exercer son droit
sur ceux qui avaient commis des fautes
tandis qu'ils étaient à son service :
Amour, qui n'a pas son pareil,
ne peut souffrir de manquements chez ses serviteurs[1].

Douze juges y présidaient,
dont le premier était Franc Vouloir.
Espoir, qui est suffisamment prudent
pour ne rien négliger
de ce qui fait valoir les amants,
était le procureur pour les cas
dont le tribunal fut saisi ;
enfin, Désir était l'avocat chargé du réquisitoire.

---

[1] *49-88* : Le thème du paradis d'Amour où se décident des questions de comportement amoureux, dont la mise en récit comporte souvent des descriptions très élaborées, a une longue histoire. Dans la tradition française, les représentants les plus illustres, qui remontent aux XIIe et XIIIe siècles, sont le *Traité de l'Amour courtois* d'André le Chapelain et les poèmes que Ch. Oulmont a rassemblés sous le nom des *Débats du Clerc et du Chevalier* (notamment le *Fablel dou Dieu d'Amors*).

XIII

    A ce parlement vy venir
    Amés et amees sans nombre
    Qui alerent vers Souvenir,
100 Le grant greffier d'Amours, soubz umbre
    D'eulx presenter, car dur encombre
    Peussent avoir pour deffault faire.
    Et aprés se mistrent en l'ombre
104 Des rosiers pour plaisant affaire.

XIV

    Doulx Penser, l'uyssier, conmanda
    Qu'en ce lieu fust faicte scillence,
    Et puis le greffier luy manda
108 Qu'il appellast en audïence
    Celle qui, oultre la deffence
    D'Amours, avoit cueur endurcy,
    C'on appella en ma presence
112 *La belle dame sans mercy.*

XV

    Aussy tost qu'appellee fu,
    Seullete devant Amours vint,
    Coulouree comme le fu
116 Pour la honte qui luy advint ;
    Et de fait perdre luy couvint
    Toute maniere et contenance
    En plourant lermes plus de vingt,
120 Tant avoit d'Amours grant doubtance.

Je vis venir à ce parlement
d'innombrables hommes et femmes aimés,
qui s'approchèrent de Souvenir,
le greffier principal d'Amour, profitant d'un prétexte
pour se présenter, car ils auraient pu recevoir
de rudes traitements si on les croyait absents.
Puis ils se mirent à l'ombre
des rosiers pour se divertir.

Doux Penser, l'huissier, commanda
qu'en ce lieu le silence soit établi,
et ensuite le greffier lui demanda
d'appeler en audience
celle qui, agissant contre les ordres d'Amour,
avait gardé un cœur endurci :
on l'appela en ma présence
'La belle dame sans mercy.'

Aussitôt qu'on l'eut appelée,
elle se présenta, seule et humble, devant Amour,
le visage rouge comme le feu
à cause de la honte qui s'empara d'elle :
en fait, elle finit par perdre
tout son maintien, tout son sang-froid,
en laissant couler plus de vingt larmes,
tant elle avait peur d'Amour.

XVI

Lors furent les prerogatives [fol. 110v]
D'Amours par Desir proposees
Et ses haultes vertus actives
124 Par plaisans raisons exposees,
Qui tellement sont conposees
Qu'amer font ung cueur sans contraire
Quant Amours les a disposees
128 A plaisant regart en luy trayre.

XVII

Car par sa puissance nobille
Doulx Regard traict ou bon luy semble,
Tant est son arc fort et abille,
132 Lequel a aultre ne ressemble :
Par son traire deux cueurs assemble
En ung seul amoureux penser,
Et les fait demourer ensemble
136 Pour leur temps en joye passer.

XVIII

Quant Desir, l'avocat parfait,
Avec qui Espoir fu adjoint,
Ot d'Amours conclut tout le fait,
140 Il repliqua de point en point
Les cas proposés mal appoint
Pour la dame dessus nommee
A la quelle il ne donna point
144 En amours bonne renommee.

Alors les prérogatives d'Amour
furent énoncées par Désir,
et, dans un discours plein d'agréments,
furent exposées ses parfaites et efficaces vertus,
qui sont conçues de telle manière
qu'elles obligent un cœur à aimer sans arrière-pensée
dès qu'Amour les a disposées
à lui lancer un regard plaisant.

Car, de sa puissance hautaine,
Doux Regard tire où bon lui semble,
tant son arc est puissant et précis,
et unique en son genre :
en tirant de cet arc, il réunit deux cœurs
en une seule pensée amoureuse,
et il les fait demeurer ensemble
pour qu'ils passent leur temps dans la joie.

Quand Désir, l'avocat parfait,
dont l'associé était Espoir,
eut conclu sa description des procédés d'Amour,
il reprit point par point
l'exposition inexacte des circonstances[1]
concernant la dame nommée ci-dessus,
à qui il n'attribua point
une bonne réputation en amour.

※ Belle Dame a fait du mal, selon Amour.

---

[1] *140* : Il s'agit sans doute du poème initial d'Alain Chartier, auquel Désir se réfère constamment pendant son réquisitoire comme à "l'exposition … des circonstances" qui mèneront au décès de l'amant.

XIX

Et dit : « Amoureux Dieu haultain,
Il vous plust une foys conmectre
Ung vostre serviteur certain
148 A luy humblement entremectre
De sa pensee et son cueur mectre
En ceste fame que vous vees,
Auquel vous feïstes promectre
152 D'estre loyal servant trouvés.

XX

Il a sa promesse tenue, [fol. 111r]
Comme bon serviteur doibt faire,
Et loyaulté entretenue,
156 Doubtant vostre grace forfaire.
Et ceste dame a le deffaire
S'est efforcee tellement
Que la mort par son dur affaire
160 L'a desconfit mortellement.

XXI

Et les causes je vous veul dire :
Quant premierement fu requise
De l'amant ou n'avoit point d'ire,
164 Elle luy respondy que acquise
Avoit folle pensee et quise
La guerre pour son cueur grever ;
Si pensast que par luy conquise
168 Fust paix pour tieulx maulx eschiver.

ACCUSATION CONTRE LA BELLE DAME SANS MERCY

Et il dit : « Noble Dieu amoureux,
un jour il vous plut de désigner
un de vos serviteurs fidèles
pour entreprendre humblement
de consacrer son esprit et son cœur
à cette femme que vous voyez ;
vous lui avez fait promettre
de se conduire en serviteur loyal.

Il a tenu sa promesse,
comme un bon serviteur doit le faire,
et il est resté loyal,
craignant de trahir votre bonne grâce.
Cette dame, de son côté,
a fait tellement d'efforts pour lui nuire
qu'à la suite de ses mauvais traitements,
la mort l'a abattu de manière décisive.

Je vais vous expliquer les tenants et aboutissants de cette affaire :
quand au début elle fut courtisée
par l'amant, qui alors n'était nullement en proie à l'angoisse,
elle lui répondit que ses intentions
étaient pure folie et qu'il avait entrepris
une guerre pour accabler son propre cœur ;
qu'il pensât donc à rechercher la paix
afin d'éviter de tels tourments[1].

---

[1] *164-68* : référence aux première paroles de la Dame ; voir la *Belle Dame*, vv. 221-24.

XXII

C'estoit dit contre vostre loy,
Hault et puissant Dieu Amoureux,
Car vous estes de tel alloy
Et en vos faiz tant vertüeux
Que celuy qui est curïeux
De choisir dame pour amer
Penser luy donnés Gracïeux
Pour grace aquerir sans amer.

XXIII

Car sy tost que vous avés trait
Regard en cuer de vray amant,
Doulx Penser aussy s'y retrait,
Comme le fer vers l'aÿmant,
Qui ne le laisse point dormant.
Car toutes nuys en penssant veille
Comment puist faire le command
De celle pour qui se traveille,

XXIV

Qui doibt estre, selon nature,
Doulce, courtoyse, et amÿable,
Et contre la griefve pointure
D'Envye la desraysonnable
Avoir Pitié, l'incomparable
Et tresdoulce phisicïenne,
Pour garir son servant fëable
De sa doulleur cotidïenne.

C'était contraire à votre loi,
noble et puissant Dieu amoureux,
car vous êtes d'une telle disposition
et vous agissez de manière si vertueuse
qu'à celui qui s'applique
à choisir une dame à aimer
vous accordez Penser Gracieux,
afin qu'il acquière la grâce sans amertume.

Car aussitôt que vous avez transpercé
le cœur d'un amant par un regard,
<u>Doux Penser y est attiré également,</u>
comme le fer par l'aimant,
et ne le laisse point dormir :
chaque nuit il veille en pensant
aux moyens d'exécuter les ordres
de celle pour qui il se tourmente.

Elle, elle doit être naturellement
<u>tendre, courtoise et aimable,</u> → Elle n'a jamais eu un de ces qualités
et, pour soulager la douloureuse blessure
d'Envie, la perverse,
elle doit recourir à <u>Pitié,</u> cet incomparable
et très doux médecin,
afin de guérir son serviteur fidèle
de son tourment quotidien.

XXV

Pour souldre ce qu'elle disoit [fol. 111v]
Que l'amant pensast de querir
Paix pour son cueur qui languyssoit
196 Quant l'amant venoit requerir
Confort pour mercy aquerir :
Elle estoit fiere et despiteuse,
Pour quoy ne pouait conquerir
200 Paix, la tresbonne et gracïeuse.

XXVI

Expressement vous commandés
Que nulle dame ne soit fiere,
Et au sourplus vous deffendés
204 Qu'en elles desdaing ne se fiere,
Car pas n'est chose qui affiere
A une dame, d'estre telle
Que son servant de refus fiere
208 Et que au cuer ait plaie mortelle. »

XXVII

Apprés Desir luy repliqua,
Sur ce qu'elle avoit dit qu'en deul
Demourer l'amant s'appliqua
212 Pour ce qu'encontre ung regart d'eul
Sa paix ne gardoit a son veul,
Et que les yeulx a elle estoyent
Acompaigniés de Bel Acueul
216 Pour regarder ou ilz vouloyent :

On peut réfuter la dame,
lorsqu'elle déclara que l'amant devait chercher
à apaiser son cœur langoureux[1],
lorsque celui-ci était venu demander
de la consolation pour obtenir sa grâce :
en fait, la hauteur et le mépris de cette dame
firent que l'amant ne pouvait atteindre
la paix, bienveillante et pleine de charmes.

Vous ordonnez expressément
qu'aucune dame ne soit hautaine,
et en outre vous interdisez
au dédain de s'installer en elles,
car il ne convient pas
à une dame d'agir de telle sorte
qu'elle oppose un refus à son serviteur
et lui inflige une plaie mortelle au cœur. »

Ensuite Désir lui répliqua,
à propos de sa déclaration
que l'amant s'était appliqué à sombrer dans la douleur
puisque pour un simple regard
il renonçait de son plein gré à sa tranquillité,
et que ses propres yeux étaient
accompagnés par Bel Accueil,
afin de regarder où ils voulaient[2] :

---

[1] *195* : *Belle Dame*, v. 224.
[2] *210-16* : *Belle Dame*, vv. 233-40.

XXVIII

« On sceit bien que les yeulx sont faiz
Pour a leur plaisir regarder,
Maiz de faulx regars contreffaiz,
Qu'aulcuns font, se doibt on garder,
Qui semblant monstrent d'amender
Les griefs douleurs que aux amans donnent,
Et ilz font leur bien retarder
Pour la traÿson qu'ilz adonnent.

XXIX

Se le cueur n'est aux yeulx d'accort,
Regart du tout l'amant abuse,
Et par leur desloyal descort
En tristesse jour et nuyt muse,
Pensant qu'en douleur son temps use.
Et ceste femme en tel party
Mist l'amant par la faulse ruse
Du regart qui d'elle party.

XXX

Encores pour grever plus fort
Le bon et loyal serviteur,
Quant vers elle queroit confort
Pour alegier sa grant douleur,
Elle disoit que grant cuydeur
Estoit de trop plaisir avoir
En chose de poy de valeur,
Et qu'il se vouloit decepvoir.

ACCUSATION CONTRE LA BELLE DAME SANS MERCY

« On sait bien que les yeux sont faits
pour regarder à leur plaisir,
mais il faut se méfier des faux regards trompeurs
que donnent certains,
qui font semblant de calmer
les graves douleurs qu'ils infligent aux amants,
mais retardent en réalité leurs bienfaits
en raison de la trahison dont ils usent.

Si le cœur ne s'accorde pas aux yeux,
le regard trompe tout à fait l'amant,
et grâce à ce perfide désaccord
celui-ci reste rêveur et triste, jour et nuit,
pensant qu'il passe sa vie en tourment.
Or cette femme mit l'amant
En pareil état par la ruse hypocrite
du regard qu'elle jeta.

Pour faire encore plus mal
à ce bon serviteur loyal,
quand il chercha consolation auprès d'elle
pour alléger son immense douleur,
elle lui dit qu'il était bien outrecuidant   hautaine...
de penser trouver un si grand bonheur
dans une chose qui valait si peu,
et qu'il se faisait volontiers des illusions[1].

---

[1] *237-40 : Belle Dame,* vv. 253-55.

XXXI

Se Cuidier en cuer d'amant n'a,
Il ne puet nulz maulx endurer.
Amours pour ce point ordonna
Cuidier en l'amant pour durer,
Car se fel Dangier ennivrer
Devoit ung amoureux lëal
Pour cuidier mercy recouvrer,
Il portera en gré le mal.

XXXII

Et ce n'est pas dont poy de chose
De cuyder mercy conquerir,
Qui est en cueur de dame enclose,
Que on va pour long temps requerir.
Pour quoy a icelle acquerir
Il ne peust avoir decepvance,
Car a la loyaulment querir
L'amant acquiert paix et plaisance.

XXXIII

Mais trouvé a tout le revers
l'amant dont je fay mencïon,
Par affaitiés samblans divers
Engendrez de decepcïon ;
Car, pour quelque admiracïon
Que fust faite de ceste dame,
Ne pot avoir pour guerison
De mercy une seulle dragme.

Si Cuider n'a pas sa place dans le cœur d'un amant[1],
celui-ci ne peut résister au moindre mal.
C'est à cet effet qu'Amour
désigna Cuider à l'amant, pour qu'il supporte son sort ;
car, même si Danger le cruel
trouble l'esprit d'un amoureux loyal
parce qu'il s'imagine trouver pitié,
il supportera le mal avec plaisir.

Ce n'est donc pas peu de chose
que de penser atteindre la pitié
qui est logée dans le cœur d'une dame,
et que l'on recherche pendant longtemps.
Voilà pourquoi, lorsqu'on cherche cette grâce,
on ne peut user d'artifice,
car, si l'amant la recherche en toute loyauté,
il acquiert paix et jouissance.

Mais il a trouvé tout le contraire,
cet amant dont je vous parle,
victime de diverses apparences soignées,
engendrées par le désir de tromper ;
car quel que fût l'enthousiasme
qu'il montra pour cette dame,
il ne put recevoir pour sa guérison
la moindre mesure de compassion.

---

[1] *241* : Ici nous apercevons une dimension intéressante, car positive, attribuée à la qualité Cuidier, qui désigne normalement, comme dans le texte de Chartier auquel ils se réfère, Présomption. Car ici, il s'agit d'une certaine force intérieure qui ne cède pas aux déceptions passagères mais qui tout de même reste dans les limites des convenances, mélange d'ambition modérée, d'espoir et de persévérance. Dans notre corpus, ce n'est qu'ici pourtant que l'on interprète Cuidier *in bono*.

XXXIV

Et affin que plus agravés
Fust, elle luy disoit que 'telle
Maladie que vous avés
268 Ne pourrïés trouver mortelle.
Au fort, s'elle estoit si crüelle
Qu'il faulsist qu'aucuns en mourussent,
Mieulx en vault de telle cordelle
272 L'un lïer que les deulx le fussent.'

XXXV

C'estoit moult orrible parole
Dicte de bouche feminine,
Qui doibt estre, selon l'escole
276 D'Amours, humble, doulce et benigne
Envers tout ce que masculine
Bouche veult requerir de bien ;
Car dame ne doibt par nul signe
280 Martirer le serviteur sien.

XXXVI

S'amant n'avoit aultre martire   [fol. 112v]
Que les maulx que luy fait Dangier,
Au pourchas d'Envye qui tire
284 A luy en Tristresse logier,
S'est ce assés mal pour de legier
Mourir, sans ce que sa maistresse,
En elle servant, abregier
288 Fache sa vie par rudesse.

ACCUSATION CONTRE LA BELLE DAME SANS MERCY

Et afin de l'accabler davantage,
elle lui disait : 'la maladie
que vous avez n'est pas telle
que vous la trouviez mortelle.
Somme toute, si elle était cruelle
au point d'entraîner certains à la mort,
mieux vaut qu'une seule personne
en soit victime que deux.'[1]

C'était là une remarque horrible
dans la bouche d'une femme ;
celle-ci doit être, selon l'école d'Amour,
humble, tendre et bienveillante
envers tout ce que le discours d'un homme
veut demander en bien ;
car une dame ne doit dire aucune parole
qui risque de martyriser l'homme qui la sert.

Même si l'amant n'avait d'autre martyre à subir
que les maux que lui inflige Danger,
sur les instances d'Envie, qui persiste
à le faire vivre en Tristesse,
ce serait assez de tourment pour qu'il en meure
rapidement, sans que sa maîtresse,
ne pensant qu'à elle,
abrège encore plus sa vie par sa dureté.

---

[1] *266-72* : citation approximative de *Belle Dame,* vv. 265-66 et 271-72.

XXXVII

Et ceste femme rigoreuse
Martiroit fort l'amant lëal
Quant, comme fiere et trescrüeuse,
Voulloit que seul portast tout mal.
Pas n'estoit fait de cuer fëal
Puis qu'Amours, par sa grant bonté,
Voeult que deux cuers soient egal
En pensee et en voullenté.

XXXVIII

Pour ce l'amoureux, sans amer,
A tousdis eu son cueur entier,
Onques ne le voult entamer
Pour aultre maistresse accointier.
Et ceste femme en maint quartier
A son faulx acueul departy
Par Malice, qui convoitier
La fist d'amer plus d'ung party.

XXXIX

Et pour plus donner de mesaise
A l'amant qui la requeroit,
Elle luy dist que d'Amours aise,
Espoir, ne desir ne queroit,
Et que ja d'elle il n'aquerroit
Tant que perdue eust sa franchise,
Pour ce qu'elle trop sourqueroit
Vouloir maistrisier a sa guyse.

En effet, cette femme pleine de rigueur
tourmentait excessivement l'amant loyal
lorsque, hautaine et très cruelle,
elle tenait à ce que lui seul supporte tout le mal.
Ce n'était pas là l'acte d'un cœur fidèle,
puisque Amour, dans son immense bienveillance,
veut que deux cœurs soient égaux
en pensée et en volonté.

C'est pourquoi l'amoureux, sans amertume,
a toujours gardé son cœur entier ;
Il ne voulut jamais l'entamer
en se liant avec une autre maîtresse.
Par contre, cette femme a dispersé
son accueil trompeur en plusieurs lieux
à cause de Malice, qui lui fit convoiter
l'amour de plus d'un parti.

Et pour donner encore plus de chagrin
à l'amant qui lui faisait la cour,
elle lui dit qu'elle ne cherchait d'Amour
ni la douceur, ni les accès d'espoir et de désir,
et qu'il ne les trouverait pas auprès d'elle
de telle sorte qu'elle perde sa liberté,
car elle était inflexible
dans son désir de rester maîtresse à sa guise[1].

---

[1] *307-12* : voir *Belle Dame*, vv. 281-88.

XL

Je dys qu'Aise, Espoir, et Desir
Doibvent estre en dames logiés
Pour faire a leurs servans plaisir,
316 Maiz Desdaing les a deslogiés
Hors de ceste dame et changiés
A Reffus, Despit, et Rigour,
Par les quieulx l'amant fu plungiés
320 Ou puis de mortelle doulour.

XLI

Quant au point qu'elle dist que ja
Son cuer ne seroit asservis,
L'amoureux riens n'y callenga,
324 Sy non de grace estre assouvis,
Pour ce qu'il avoit bien l'advis
Qu'elle a d'Amours la seignourie
D'estre maistresse a son devis
328 Et qu'en franchise l'a nourrie.

XLII

Maiz la merveilleuse nature [fol. 113r]
De ceste femme fu conduite
Au rebours de la nourreture
332 D'Amours, par qui doibt estre duite,
Car incessanment s'est deduite
A faire decepvans actraiz,
Par les quieulx Plaisance seduite
336 S'est de l'amant et a mort traiz.

Je déclare qu'Aise, Espoir et Désir
doivent être hébergés chez les dames,
afin qu'elles fassent plaisir à leurs serviteurs,
mais Dédain les a chassés
loin de cette dame et transformés
en Refus, Dépit, et Rigueur,
qui ont plongé l'amant
dans le puits de mortelle douleur.

En ce qui concerne sa déclaration que
son cœur ne serait jamais asservi,
l'amant n'y fit point de démenti,
sinon qu'il exprima le désir d'être comblé de grâce,
puisqu'il comprenait bien
qu'Amour lui avait accordé le pouvoir
d'être maîtresse à son gré,
lui qui l'avait élevée en liberté.

Mais le caractère étonnant
de cette femme l'amena
à se comporter à l'inverse de ce que lui apprit Amour,
par qui elle doit être guidée :
elle s'est amusée sans cesse
à étaler ses charmes trompeurs,
au moyen desquels Plaisance
a séduit l'amant, lui donnant la mort.

XLIII

Car contre l'amant maintenoit
Que, pour plaisans bourdes confire,
En belles parolles tenoit
340 L'escolle pour la desconfire.
A elle pouoit bien suffire
De luy faire eu feu de desir
Son loyal cueur ardoir et frire,
344 Sans luy dire tel desplaisir,

XLIV

Actendu qu'il ne dist parole
Qui ne fust confite en honneur.
Et quant par lettres ou par rolle
348 A elle moustroit sa douleur,
Loyaulté, par sa grant doulceur,
Veritablement l'escripvoit,
Pour quoy onques ne fu bourdeur
352 Vers elle, que si bien servoit.

XLV

Mais ouvriere estoit de baillier
Plaisans bourdes en paiement
A l'amant, qu'elle fist bailler
356 Aprez sa mercy durement.
Car Regard son conssentement
Mist que d'elle il auroit confort,
Puis se repenty faulsement
360 Pour le tenir en desconfort.

Car, s'opposant à l'amant, elle soutenait
qu'en élaborant des propos au charme mensonger
il faisait métier de beau parleur
pour la vaincre[1].
Il aurait été bien suffisant
de faire embraser et brûler
son cœur loyal au feu de désir
sans lui dire de telles méchancetés,

étant donné qu'il ne dit aucune parole
qui ne fût conçue dans un but honorable.
Et quand par une lettre sous pli ou en rouleau
il lui montrait son tourment,
c'était Loyauté qui, de son immense tendresse,
l'avait réellement écrite :
il ne fut donc jamais menteur
envers cette dame, qu'il servait si bien.

Mais elle s'évertuait à donner,
en récompense, de charmants mensonges
à l'amant, moyennant quoi elle lui fit désirer
avidement sa compassion.
Car Regard l'assura d'abord
qu'elle le consolerait,
avant de se reprendre traîtreusement
pour le maintenir dans la désolation.

---

[1] *338-40* : voir *Belle Dame,* vv. 299-301.

XLVI

Et pour pluseurs aultres meschiefz
Qu'elle luy fist en son service,
Comme de luy dire 'entechiés
364 Sont pluseurs cueurs de villain vice,
Qui est mal duysant et propice
Avec une courtoise bouche,
Maiz Faintise, par son malice,
368 Les assortist ensemble et couche.'

XLVII

Ces durs mos font bien a reprendre [fol. 113v]
Devant vous, Amours, qui feïstes
Le vray cueur de l'amant enprendre
372 De l'amer, auquel promeïstes
Moult de biens et en luy meïstes
Lëaulté, scens, crainte et honneur ;
Et pour luy garder conmeïstes
376 Espoir, vostre bon procureur.

XLVIII

Et son cueur, de noblesse plain,
Qui loyaulment vous a servy,
A de elle esté nommé villain,
380 Faintif, a malice asservy,
Qui grace avoit bien deservy
Par plaintes, pleurs et longue actente,
Tant avoit son cueur assouvy
384 De loyaulté et bonne entente.

Je l'accuse de plusieurs autres malheurs
qu'elle lui infligea en son service,
comme lorsqu'elle lui dit : 'plusieurs cœurs
sont souillés d'un vice vilain,
qui n'est ni convenable ni propice
à une bouche courtoise,
mais Faintise, par sa perfidie,
les associe et les unit.'[1]

Ces mots durs méritent bien d'être blâmés
devant vous, Amour, vous qui avez fait
que le cœur sincère de l'amant entreprit
de l'aimer ; vous lui avez promis
de multiples bienfaits et lui avez inspiré
loyauté, intelligence, crainte et honneur ;
et vous avez désigné, pour le protéger,
Espoir, votre procureur bienveillant.

Et son cœur plein de noblesse,
qui vous a servi loyalement,
a été appelé par elle vilain,
fourbe et dominé par la malice,
ce cœur qui avait bel et bien mérité la grâce
par ses plaintes et pleurs, par une longue attente,
tant il était rempli
de loyauté et de bonnes intentions.

---

[1] *363-68* : Citation approximative de *Belle Dame*, vv. 361-64.

XLIX

Maiz elle mesme estoit villainne,
Et vint d'ung maulvaiz estomac
Quant de sa bouche d'orgueul plainne
Fist yessir de reffus tel dac
Qu'abatu se trouva eu lac
De la mort ly amans prudens.
Et on dist qu'il ne peust du sac
Yessir fors ce qui est dedens.

L

Et son sac estoit toudis plains
De rudes parlers rigoreux
Pour contredire les griefs plains
De son vray servant languoureux,
Disant que merancolïeux
Estoit par la plaisance folle
De son legier cuer amoureux,
Du quel mal nul cuer ne s'affolle.

LI

L'amant n'avoit pas cueur legier
Ne garny de folle plaisance,
Qu'en son vivant ne voult changier
Ceste dame ou fut sa fiance,
Qui, par sa tresgrant decepvance,
Luy moustra semblant d'amour lie,
Puis luy fist avoir acointance
A mortelle melencolie.

C'est plutôt elle qui était vilaine,
et c'est une exécrable bile
qui fit sortir de sa bouche pleine d'orgueil
un refus qui frappa comme une dague,
tant et si bien que l'amant plein de réserve
se trouva abattu dans la fosse de la mort.
Comme on dit : 'Il ne peut sortir du sac
que ce qui est dedans.'[1]

Et le sac de cette dame était toujours plein
de discours durs et implacables
faits pour résister aux plaintes douloureuses
de son serviteur sincère et langoureux,
lorsqu'elle lui dit que sa mélancolie
venait des désirs insensés
de son cœur trop facilement épris –
maladie, selon elle, qui ne terrasse aucun cœur[2].

Or, le cœur de l'amant n'était ni volage
ni habité par des désirs insensés,
car de toute sa vie il ne voulut être inconstant
envers cette dame en qui il avait confiance ;
celle-ci, dans sa très grande fourberie,
lui fit montre d'un amour joyeux,
mais ensuite lui fit éprouver
une mélancolie mortelle.

---

[1] *391-92* : Expression proverbiale qui signifie « on ne peut espérer qu'injures ou saletés de la part d'un malappris ».

[2] *397-400* : voir *Belle Dame*, vv. 377-80.

LII

Et pour luy doulanment desplaire [fol. 114r]
Disoit qu'a tous, si non a luy,
Vouloit joyeusement complaire,
412 Affin de l'eschiver d'ennuy,
Pour ce qu'Amours est au jour d'uy
Petit sage et croyt de legier,
Et qu'il prent bien souvent d'aultruy
416 Chose dont poy se peust ayder.

LIII

Avoir ne pouoit deshonneur
De faire a l'amant bonne chiere
Comme aux aultres, puis qu'en honneur
420 L'amoit ; mais la faulse sorciere,
Honte, sy la tenoit trop fiere
Contre l'amant qui, pour tel pris
Q'un aultre en avoit, sans renchiere,
424 Debvoit d'elle avoir grace et pris.

LIV

Car Amours, que poy sage appelle,
Veult que les bons ayent ses biens,
Et jamés il ne les rappelle,
428 Tant est sage ; et contre les siens
Vraiz serviteurs cotidïens
Ne veult croyrre aucun faulx rapport ;
Et aussy ne prent d'aultry riens,
432 Car tous biens on treuve a son port.

Et, pour l'affliger cruellement,
elle disait qu'elle voulait être aimable et gaie
envers tout le monde, sauf lui,
afin de le préserver de tout tourment,
puisque, selon elle, Amour de nos jours
est bien peu sage, et trop crédule,
et très souvent il enlève une chose à autrui
dont il ne peut guère se servir[1].

Elle ne pouvait être déshonorée
en faisant un bon accueil à l'amant,
comme elle le faisait aux autres, puisqu'il l'aimait
honorablement ; mais la félonne sorcière,
Honte, la rendait orgueilleuse
envers l'amant qui, pour le même prix
qu'un autre, sans qu'il y ait surenchère,
devait recevoir d'elle grâce et estime.

Car Amour, qu'elle appelle peu sage,
veut que les hommes de valeur reçoivent ses bienfaits,
et il ne les reprend jamais,
telle est sa sagesse ; de même, il ne veut croire
aucun faux témoignage qui soit défavorable
à ses vrais et fidèles serviteurs.
Par ailleurs, il ne prend pas les biens d'autrui,
car c'est chez lui qu'on les trouve tous.

---

[1] *410-16* : voir *Belle Dame*, vv. 393-400.

LV

    Dont ceste femme ou fierté maint
    Doibt on par droyt folle nommer,
    Qui maintient qu'en Amours remaint
436 Poy de scens, qui tant renommer
    On doibt pour ce qu'il fait amer ;
    Et se bien Amours congnoyssoit,
    Jamés ne l'oseroit blasmer,
440 Maiz ne cuyde pas qu'Amours soit.

LVI

    Car losengier crüel et fort,
    Doulx a mentir et aspre en oeuvre,
    L'appelle et se venge a effort
444 De tous ceux qui cuydent quë oeuvre
    Pour eulx son secret et desqueuvre.
    Et ces mos tesmoingnent assés
    Que son cueur est plus dur que quieuvre
448 Et en fol vouloir enchassés.

LVII

    Amours est en luy tout parfait,   [fol. 114v]
    Atrempé, doulx et voir disant,
    Qui pour parole ne pour fait
452 N'est aux vraix amoureux nuysant ;
    Maiz de ce qu'il est deduysant,
    A son servant il en depart
    De france voulenté plaisant
456 Et se tient tousdiz de sa part.

On doit donc appeler 'folle'
cette femme où habite la fierté, et à juste titre,
car elle maintient qu'Amour
(que l'on doit tant célébrer parce qu'il fait aimer)
a peu de discernement ;
si elle connaissait bien Amour,
elle n'oserait jamais le blâmer,
mais elle ne croit même pas qu'Amour existe.

Elle le qualifie de cruel menteur,
doux en tromperies et sévère en actes,
ajoutant qu'il se venge abondamment
de tous ceux qui croient qu'il leur ouvre
et leur dévoile ses secrets[1].
Et ces paroles prouvent suffisamment
qu'elle a un cœur d'airain
enchâssé dans une volonté déraisonnable.

Modéré, tendre et franc, Amour
a atteint la perfection en lui-même,
et il ne nuit jamais aux amoureux sincères,
ni en parole, ni en acte ;
au contraire, puisqu'il est de bonne humeur,
il partage tout avec son serviteur,
de bon cœur et aimablement,
et il se tient toujours de son côté.

---

[1] *441-45* : voir *Belle Dame,* vv. 313-20. La syntaxe du vers 443 est ambiguë (le sujet du verbe 'se venge,' est-il la dame ou Amour ?), mais la référence explicite à la *Belle Dame* confirme que c'est bien Amour : La rupture syntaxique cache la structure suivante : 'Elle l'appelle un menteur ... et [elle prétend qu']il se venge ..."

LVIII

Et s'elle eust Amours congneü,
Quant l'amant faisoit sa prïere,
Et le grant bien de luy sceü,
460 Monstree ne se fust si fiere ;
Maiz comme la lune lumiere
Ne peust que du solail avoir,
Femme n'est de grace aumosniere
464 Se d'Amours ne congnoit le voir.

LIX

Et pour tant ceste femme cy
Ne doibt estre dame nommee,
Car pas n'a son cueur enrichy
468 D'Umble Doulceur, la renommee ;
Et par cë elle est mal clamee
Quant 'dame,' on l'appelle, 'en amours,'
Maiz doibt estre 'femme' sonnee
472 'Crüelle et plainne de faulx tours.'

LX

Encore ceste fiere femme,
Plaine de malice et rudesse,
Et qui doibt estre dicte infemme,
476 A l'amant ou estoit largesse
Disoit que c'est grande sagesse
De soy retrayre a bien amer,
Affin qu'en passant sa jonesse
480 On ne muse a vivre en amer.

ACCUSATION CONTRE LA BELLE DAME SANS MERCY

Et si, lorsque l'amant lui faisait la cour,
elle avait connu Amour
et avait appris son excellence,
elle ne se serait pas montrée aussi orgueilleuse.
Mais, de même que la lune ne peut recevoir
de lumière que du soleil,
une femme ne peut dispenser de grâce
si elle ne connaît pas la vérité d'Amour.

Et c'est pourquoi la femme que voici
ne doit pas être appelée 'dame,'
car elle n'a pas enrichi son cœur
d'Humble Douceur, qui a bonne renommée.
Par conséquent on lui donne un nom inexact
lorsqu'on l'appelle une 'dame en amour' ;
elle doit plutôt être proclamée 'femme
cruelle et habile en mauvais tours.'

En outre, cette femme hautaine,
remplie de malice et de dureté,
et qui mérite qu'on l'appelle ignoble,
disait à cet amant généreux
que c'est un acte de grande sagesse
que de renoncer à aimer sincèrement,
afin de ne pas perdre sa jeunesse
en rêvassant à ce qu'elle considère comme une vie amère[1].

---

[1] *477-80* : voir *Belle Dame*, vv. 479-80.

LXI

La muse dont n'entendoit notte
Le fist jusques en fin muser :
Et plus musoit, tant plus en sotte
484 Penssee estoit pour soy user ;
Car lui, qui ne savoit ruser,
Ne visoit qu'a lëalle emprinse,
Et ceste femme a l'abuser
488 Avoit sa voullenté comprinse.

LXII

Car Faulx Semblant, le cabuseur, [fol. 115r]
Fist la muse desordonnee,
Et par Bel Acueul, l'abuseur,
492 Fut lors au vray amant donnee,
Et tellement fu ordonnee
Que tant plus y musoit et mains
Estoit Mercy abandonnee
496 A le recepvoir en ses mains.

LXIII

Et en oultre a l'amant comptoit,
Pour plus multiplïer ses deulx,
Qu'en long desconfort conmetoit
500 Son cueur, qui apart soy pour deulx
Se travaille ; et que l'amoureux
Le gieu d'actente perdre doibt
S'il ne se monstre scïenteux
504 De son double point faire adroyt.

ACCUSATION CONTRE LA BELLE DAME SANS MERCY

Mais cet état de rêverie, auquel il n'entendait rien,
l'obligea à se perdre jusqu'au bout dans ses réflexions :
Plus il pensait, plus il se laissait envahir
par de sottes pensées menant à sa ruine.
Lui, qui ne savait pas ruser,
n'eut qu'une intention : agir loyalement.
Mais cette femme s'était emparée
de sa volonté avec ses leurres.

Car Faux Semblant, cet escroc,
faussa sa rêverie,
et grâce à Bel Accueil, le trompeur,
elle fut infligée à l'amant sincère,
et aménagée de telle sorte que,
plus il perdait son temps en pensant à sa dame,
moins Mercy avait la possibilité
de le recevoir dans ses bras.

En outre, la dame racontait à l'amant,
afin d'augmenter encore plus ses tourments,
que celui qui, dans son for intérieur,
se démène pour deux, voue son cœur
à une durable désolation ; et que l'amoureux
doit perdre au jeu d'attente
s'il ne montre pas suffisamment d'habileté
pour doubler sa mise au moment stratégique[1].

---

[1] *499-504* : voir *Belle Dame*, vv. 493-96.

LXIV

Jamés n'eust fait adroyt son point
L'amant ; car ceste femme adés
Le faisoit jouer mal appoint,
Pour ce qu'elle changeit les dés.
Aussy, Amours, vous conmandés
Qu'en vous servant deulx cueurs s'ajoingnent
Tout ung, car point vous n'entendés
Qu'en double voulenté se joingnent.

LXV

Et elle faisoit a tous tours
Son point double, et c'estoit par l'art
De ses malicïeux atours,
Soy gardant de gecter hasart.
Et l'amant, qu'elle fist musart,
Loyaulment de bons dez jouoyt,
Sans les changier tempre ne tart,
Et son point en rien ne müoyt.

LXVI

Et puis dit que tous amoureux [fol. 115v]
Sont goulïars au temps qui court
Et que le plus segret d'yceulx
Veult bien que l'en die a la court
Qu'aucune foys a tenu court ;
Dont, pour rien que homme die a femme,
A verité dire forcourt
Et ne doibt plus estre creu d'ame.

Jamais l'amant n'aurait pu jouer le jeu
aussi habilement, car cette femme le faisait toujours jouer
en manipulant les règles,
puisqu'elle utilisait des dés pipés.
C'est vous-même, Amour, qui ordonnez
que deux cœurs s'unissent en un
lorsqu'ils vous servent, car vous n'avez point l'intention
qu'ils s'associent en gardant deux volontés.

Elle, pourtant, doublait sa mise
à chaque tour, et c'était grâce à l'artifice
de ses charmes malfaisants,
car elle veillait bien à jeter hasard[1].
Mais l'amant, qu'elle faisait marcher,
jouait loyalement avec des dés non pipés,
sans jamais tricher,
et lui ne marquait jamais de point.

Puis elle déclara que tous les amoureux
sont au temps présent des débauchés,
et que même le plus discret de ceux-ci
veut bien que l'on dise à la cour
qu'il a parfois été prétendant ;
par conséquent, quoi qu'un homme dise à une femme,
il s'écarte de la vérité
et ne mérite pas que quiconque le croie[2].

---

[1] *516* : *Hasard* se rapporte à un jeu de dés où, selon Knudson, 'le joueur gagne si son premier coup amène 3, 4, 5, 6, ou bien 15, 16, 17, 18, qui sont tous appelés « hasard ». Si un de ces chiffres arrive, non à son premier, mais à son second coup, il perd.' (*Romania*, LXIII, p. 252). *Jeter hasard* signifie que l'on réussit à faire ce coup et donc que l'on gagne. On remarque la répétition du mot *double* dans ce passage, qui, à part le contexte du jeu, suggère la fourberie, la duplicité et l'inconstance en amour.

[2] *521-28* : voir *Belle Dame*, vv. 715-20.

LXVII

Dieu a fait avecques Nature
L'omme discret et noble et sage,
Qui sur toute aultre crëature
532 Est le plus parfait, ce bien sçay je,
Du quel le feminin ymage
Est yssu par sa grant noblesse,
Pour quoy femme luy doybt hommage
536 Et garder que s'onneur ne blesse.

LXVIII

Et ceste femme tresdespite
Le voult du tout deshonnourer ;
C'est rayson c'on ne la respite
540 A pugnir, pour mieulx honnourer
Non d'omme, que vituperer
Veult et publiquement jugier
De tout son vivant demourer
544 Ung goulïart et mensongier.

LXIX

Et aussy quant Amours el nomme
Crüel losengier et flateur,
Et que le vray amoureux homme
548 Qui estoit son franc serviteur
A, par son regard bareteur,
Fait decepvablement meurdrir,
Lequel onques ne fu vanteur
552 Pour d'elle le non amendrir.

Or Dieu, secondé par Nature, a créé l'homme
discret, noble et sage,
plus parfait que toutes les autres créatures,
j'en suis bien certain ;
c'est à partir de lui que l'image de la femme
a été formée dans sa noble excellence ;
voilà pourquoi la femme doit lui rendre hommage
et se garder de blesser son honneur.

Mais cette femme très arrogante
voulut le déshonorer du tout au tout ;
il est donc bien juste que l'on ne diffère pas
sa punition, afin de glorifier la réputation
de l'homme qu'elle veut couvrir d'opprobre
et condamner publiquement,
afin que son nom soit à jamais confondu
avec ceux de 'débauché' et 'menteur' :

et ce d'autant plus qu'elle qualifie Amour
de cruel menteur et de flatteur[1],
et qu'elle a perfidement tué,
par son regard trompeur,
cet amoureux fidèle,
qui était son serviteur sincère,
et qui ne se vantait jamais,
de crainte qu'elle ne perdît son renom.

---

[1] *546* : « Crüel losengier » est une citation de la *Belle Dame*, v. 313, mais le mot « flateur » ne s'y trouve pas. Les autres mss. mettent à sa place *menteur*, qui reprend l'idée du v. 314, « doulx au mentir », mais *flateur* peut se référer au v. 318 de la même strophe, « par une entree de chierté ».

LXX

Pour quoy, Amours, conclurre veul [fol. 116r]
Avec Espoir, vo procureur,
Que ceste femme soit en deul
556 Enclose, et par paine et douleur
Gardee a tresgriefve langueur,
Et qu'avoeuc ce soit desgradee
De non de dame, qui d'onneur
560 Doibt estre nourrie et gardee.

LXXI

Car si beau non ne luy affiert,
Veues les causes que j'ay dictes,
Et que de sa langue a tort fiert
564 D'Amours les vertus et merites.
Et se faire veult contredittes
Sus ce, nous le voulons prouver
A suffisance, sans redictes,
568 Pour le fait d'Amours esprouver. »

LXXII

Lors Franc Vouloir, le president,
Dit a la dame : « Ouÿ avés
Tout ce que Desir le prudent
572 A dit contre vous. Pourveés
Que vos salvacïons trouvés :
Le cas requiert pugnicïon,
Et, se excuser ne vous savés,
576 Jugier faut la correctïon. »

Voilà pourquoi, Amour, je veux proposer en conclusion,
de concert avec Espoir, votre procureur,
que cette femme soit enfermée
dans la douleur et, par peines et tourments[1],
plongée dans une accablante langueur ;
et qu'elle soit en outre dégradée
du titre de dame, car une dame
doit être élevée et maintenue dans l'honneur.

Or un si beau titre ne lui convient pas,
vu les causes que j'ai évoquées
et le fait que de sa langue elle a attaqué à tort
les vertus et les bienfaits d'Amour.
Si pourtant elle veut faire des objections
là-dessus, nous voulons bien les examiner
dans toute leur ampleur, sans qu'il y ait des répétitions inutiles,
afin de justifier les actions d'Amour. »

Alors, Franc Vouloir, le président,
dit à la dame : « Vous avez entendu
tout ce que Désir, l'avisé,
a dit contre vous. Apprêtez-vous
à trouver les moyens de vous disculper :
le cas exige une punition et,
si vous n'arrivez pas à vous défendre,
un châtiment vous sera imposé. »

---

[1] *555-56* : On pourrait également interpréter Deul, Paine et Douleur comme des abstractions personnifiées. Pourtant, puisque les trois ne sont guère développés comme des figurants actifs dans le récit, nous les comprenons comme des noms communs. Voir à ce sujet la note au v. 302 de la *Dame loyale*.

LXXIII

Et celle conseil demanda,
Pour respondre a ce que on disoit.
Adonc Franc Vouloir conmanda
580 Qu'elle eust conseil, maiz nul n'osoit
Estre pour elle ; et s'excusoit
Ung chacun pour ce que d'Amours
Et de l'amant trop mesdisoit,
584 Dont Espoir faisoit ses clamours.

LXXIV

Quant la dame ouÿ l'apparanse [fol. 116v]
Que conseil n'auroit, clerc ne lay,
Estat demanda, pour absense
588 De conseil, pour avoir delay.
On luy ottroya. Puis m'alay
Esveillier, et puis a parfaire
La ballade me transportay
592 Pour mon debvoir vers Amours faire.

LXXV

Et quant faicte fu la ballade,
Mon chemin prins a aler veoir
Sus toutes aultres la plus sade
596 En beaulté, honneur, et savoir ;
Et luy supplïay moult que avoir
Voulsist ma ballade en sa grace,
Moy pardonnant se bien debvoir
600 Ne faysoye a louer sa face.

Celle-ci réclama les conseils d'un avocat
pour répondre aux accusations.
Franc Vouloir ordonna qu'on
lui prête secours mais nul n'osait
se mettre de son côté ; et tout un chacun
se dérobait parce qu'elle
avait trop médit d'Amour et de l'amant,
ce contre quoi Espoir portait plainte.

Ayant entendu que selon toute vraisemblance
elle ne trouverait aucun défenseur, ni clerc ni laïc,
la dame demanda un sursis,
pour défaut d'avocat.
On le lui accorda. Sur ce,
je me réveillai, et m'appliquai
à parachever la ballade,
afin de m'acquitter de mon devoir envers Amour.

Puis, quand la ballade fut terminée[1],
je me mis en chemin pour aller voir
celle qui sur toutes autres se distingue
par la beauté, la vertu et la sagesse ;
je la suppliai de bien vouloir
prendre en grâce ma ballade,
et de me pardonner si je n'avais pas
complètement réussi à faire l'éloge de ses traits.

---

[1] *593* : Piaget affirme à tort que Baudet Herenc parle ici de son poème (« Baudet Herenc composa le poème du *Parlement d'amour* – qu'il appelle improprement une « ballade » »). La ballade qu'Amour a commandée au narrateur au début du poème (vv. 17-20), spécifiquement pour la louange de sa dame (vv. 20-28, 597-600), n'est complétée que dans les derniers vers du poème et ensuite elle lui est présentée. Mais il est évident que la ballade n'est pas à confondre avec le récit que nous venons de lire, car ce n'est qu'après la présentation du poème à sa dame que le narrateur lui raconte le songe (vv. 601-2) : de toute évidence, celui-ci n'était pas contenu dans le poème qu'il venait de lui offrir.

LXXVI

Apprés je luy fis vray recort
Du songe qu'avoye songié,
Requerant que son cueur d'acort
Ne fust que je eusse tel congié,
Ne mon soulas en deul changié,
Comme l'amant qui droit mena
Son cueur, qui de mort fu chargié
Par celle ou point de mercy n'a.

Explicit

Après, je lui fis le récit fidèle
du songe que j'avais eu,
et lui demandai que son cœur
ne consentît ni à ce que je sois congédié,
ni à ce que ma joie soit transformée en douleur,
comme ce fut le cas pour l'amant
qui garda un cœur fidèle
mais qui fut accablé de mort
par la dame en qui manque la pitié.

Explicit

ANONYME

LA DAME LOYALE EN AMOUR[1]

Édition critique par
Joan E. MCRAE

Traduction et Notes par
Joan E. MCRAE et David F. HULT

---

[1] *La Dame Loyale en Amour* nous a été transmis dans treize manuscrits : Pb, Pc, Pd, Pg, Pk, Pn, Pq, Qa, Qf, Qh, Qj, Qk et Ql, dont l'un, Qj, est aujourd'hui perdu. Nous utilisons les mss. suivants pour corriger Pc et nous en donnons les variantes significatives : Qa, Pb, Pd, Pg, Pk, Pn et Pq (qui a servi de base pour Piaget).

S'ensuit la dame lealle en amours

I

Se triste penser me fust joye, [fol. 117r]
Et plains et plours me fussent ris,
Et mercy pour reffus j'avoye,
4   Ne vouldroye aultre paradis.
Maiz il m'est tout aultrement pris,
Quant de ma tresdoulce maistresse
Ne puis avoir n'estre servis
8   Fors de reffus qui trop me blesse.

II

Et puis que je ne puis trouver
Envers elle aucune allegance,
Je sçay qu'i me fault retourner
12   Vers celluy le quel a puissance
De ses servans mectre a plaisance,
C'est le treshaultain Dieu d'Amours,
Affin que par benivolence
16   J'aye confort de mes doulours.

III

Si me submés en sa mercy
Pour aquerir joye prochainne ;
De ses biens doybs estre enrichy,
20   Puis que fail a remede humainne.
Il peust bien alegier ma painne,
Comme droicturier enseigneur,
Et de toute joye mondainne
24   Treshaultain et puissant seigneur.

La Dame loyale en Amour

Si tristes pensées étaient pour moi joyeuses
et mes cris et mes pleurs, des sourires,
et si on m'accueillait de bonne grâce plutôt qu'avec refus,
je ne choisirais aucun autre paradis.
Mais il en va tout autrement,
dès lors que de ma gracieuse maîtresse
je ne reçois rien
sauf des rebuffades, ce qui me blesse profondément.

Puisque je ne trouve
auprès d'elle aucun soulagement,
je sais qu'il me faut revenir
vers celui qui a la puissance
de faire plaisir à ses serviteurs,
je veux dire le souverain Dieu d'Amour,
afin de recevoir par sa bonté
consolation de mes souffrances.

Je m'en remets à sa miséricorde
pour bientôt retrouver le bonheur ;
il me faut m'enrichir de ses bienfaits,
car les remèdes humains me font défaut.
Il peut soulager mes douleurs,
lui qui est le maître le plus équitable
et le seigneur suprême, qui dispose
de toute joie en ce monde.

IV

Ce fu ens eu moys de septembre [fol. 117v]
Que tresdollent me complenoye ;
Incontinent je m'en remenbre,
28 A poy soubstenir me pouoye,
Car en ce point esté avoye
Troys jours sans boyre et sans mengier,
Que nulle chose ne faysoye
32 Fors le Dieu d'Amours invoquier.

V

Moy estant en ce dur martire,
Ung jour bien matin m'esveillay,
Desirant appaisier mon ire,
36 Ma doullour et mon grant esmay.
Pour ce prestement m'en alay
Aux champs atout mon esprevier,
Et deulx espaignolz y menay,
40 Comme il appartient en gibier.

VI

Ainsy les champs trachant aloye,
Alöes de gibier querant ;
Si en trouvay une en ma voye
44 Que mon oysel fu convoitant.
Trop estoyt forte, a mon semblant,
Et si voloit de si rade elle
Que par son bien voller fist tant
48 Que mon oysel failly a elle.

Ce fut au mois de septembre
que je déplorais ainsi ma douleur.
Tout me vient immédiatement à l'esprit :
j'arrivais à peine à me soutenir,
car j'avais passé trois jours dans cet état,
sans boire ni manger,
ni faire la moindre chose
sauf invoquer le Dieu d'Amour.

Souffrant ainsi ce dur martyre,
je me réveillai un jour très tôt le matin,
désireux d'apaiser mon affliction,
ma souffrance et mon désarroi.
Pour cette raison, je partis promptement
dans les champs avec mon épervier,
et menai également deux épagneuls,
comme il convient pour aller à la chasse.

Je me lançai ainsi parmi les champs,
cherchant des traces de jeunes alouettes[1],
et j'en trouvai une sur mon chemin
que mon oiseau prit en chasse.
Elle était très vigoureuse, me semblait-il,
et volait à tire-d'aile,
si bien qu'à cause de son vol rapide
mon oiseau la manqua.

---

[1] *42* : *Le Mesnagier de Paris*, III, ii, 26 (p. 508) : « L'aloe de gibier c'est l'aloe de cest an qui a courte queue sans blancheur ... la vielle aloe ... n'est pas de gibier, ne n'y doit on point voler es mois d'aoust et septembre, mais en septembre quant elle mue, la queue lui chiet, et est de gibier pour ce quell'est foible. » [DFH]

VII

Quant mon esprevier ot failly,
L'essor conmencha a pourprendre,
La challeur et le vent cueully
Si hault que ne le sceus comprendre,
Et sembloit qu'il voulsist contendre
A moy eslongier durement.
Si conmença sa voye apprendre
En sus de moy trop mallement.

VIII

Plus de deulx lieues le sievy [fol. 118r]
Courant a tire de cheval,
Maiz onques ne le consievy.
Lors me trouvay en ung grant val
Qui bien resembloit lieu ou mal
Deüst souvent estre excercé :
Couvert y ot de noir cendal
Maint sarcus de corps trespassé.

IX

Ceste vallee me dura
Plus d'unne demi lieue grant.
Assés de painne y endura
Mon cheval ; pour ce fus je en grant
D'estre oultre ce lieu desplaisant
Ou nulle verdure n'avoit,
Ains sembloit lieu obbeïssant
A deul, qui bien le regardoit.

Après cet échec,
mon épervier commença à prendre son essor,
tourbillonnant dans l'air chaud et le vent
à une hauteur telle que je le perdis de vue.
J'avais l'impression qu'il souhaitait faire tous ses efforts
pour s'éloigner le plus possible de moi.
C'est ainsi qu'il prit son envol
au-dessus de moi de manière bien fâcheuse.

Sur plus de deux lieues je le suivis
à bride abattue
sans pouvoir l'attraper.
Je me trouvai alors dans une vallée immense
qui semblait bien être un lieu où
souvent furent jetés de mauvais sorts ;
il y avait là quantité de cercueils couverts de soie noire,
où reposaient des cadavres.

Traverser cette vallée me prit
plus d'une bonne demi-lieue.
Mon cheval en éprouva beaucoup de peine,
et voilà pourquoi j'eus grande envie
de sortir de ce lieu désagréable
où il n'y avait point de végétation.
Ce lieu, à y regarder de près,
avait plutôt l'air soumis à l'affliction[1].

---

[1] 72 : C'est ici un cas limite : S'agit-il de la personnification Deul (Douleur) ou d'un nom abstrait ? Nous avons choisi la dernière des deux possibilités, mais la première est fort possible. Voir la note au v. 302. [DFH]

X

Tant plus tenoye ce chemin,
Tant plus me sembloit ennuyeuse
La voye, et quant vint vers la fin,
76　Je ouÿ une voix trespiteuse,
Par semblant triste et douloureuse,
Comme se fust corps rendant l'ame ;
Maiz ne fut pas trop oultrageuse
80　Car bien resembloit voix de dame.

XI

Ce non obstant, je chevauchoye,
Tousjours au Dieu mon souvenir
Qui les amoureux cueurs mestroye.
84　Si perceuz devant moy venir,
Tout pas pour pas, a beau loysir,
Une dame plainne de plours :
Trop bien sembloit en desplaisir,
88　Qui bien regardoit ses atours.

XII

Tantost que la vy, j'arrestay,　　　　　　　[fol. 118v]
Pour vëoir la maniere d'elle.
Ung petit mon cheval tiray
92　Et, en ce faisant, ouÿ qu'elle
Nommoit Malle Bouche rebelle,
Et se plaingnoit trop durement
D'aulcune oultrageuse querelle
96　Dont on l'accusoit faulsement.

Plus je suivais ce chemin,
plus je le trouvais pénible ;
puis, étant presque arrivé au bout,
j'entendis une voix très plaintive,
qui me parut triste et accablée de douleur,
comme si elle provenait d'un mourant ;
mais elle n'était pas trop insupportable à entendre,
car elle semblait bien être une voix de femme.

Je continuai néanmoins ma chevauchée,
gardant constamment à l'esprit ce Dieu
qui gouverne les cœurs amoureux.
Je vis alors s'approcher de moi,
à pas mesurés, sans se hâter,
une dame qui versait de chaudes larmes.
Elle avait l'air totalement abattue,
à en juger d'après son apparence.

Aussitôt que je la vis, je m'arrêtai
pour mieux observer son comportement.
Je fis avancer un peu mon cheval et,
ce faisant, je l'entendis
traiter Male Bouche de rebelle
et se plaindre très vivement
de quelque pénible procès[1]
où elle était, à tort, l'accusée.

---

[1] 95 : Cette "oultrageuse querelle" fait référence au poème précédent, *L'Accusation contre la Belle Dame sans Mercy*, où l'on accuse cette dernière du meurtre de son amant et de la trahison d'Amour.

XIII

Tellement venoit gemissant
Et pleurant pour son dur affaire,
Que onques ne me fu regardant
100 Si fu par devant mon vÿaire.
Et tantost se cuyda retrayre,
Si me hastay du salüer
Et elle, comme debonnaire,
104 M'en sceut bien autant presenter,

XIV

Dont trop grant pitié me tendy
De ce que tant fust esplouree.
Pour ce du cheval descendy,
108 Et le laissay resne avalee
En requerant d'umble pensee
Que tant contraingnist son voulloir,
Qu'elle me deïst la riens nee
112 Qui plus faisoit son cueur douloir.

XV

« Hellas ! » dit elle, « Mon doulx sire,
Ce vous peust moult poy profiter.
Vous ne m'en pouez estre mire,
116 Ne vous chaille d'en enquester,
Car de sa doullour reciter
Enpire on assés, se me semble.
Joye et doullour au vray compter
120 Ne peuent remanoir ensemble.

Elle gémissait et pleurait
à cause de cette sombre affaire,
à tel point qu'elle ne m'aperçut point
avant de se trouver face à face avec moi.
Et comme elle fit aussitôt mine de se détourner,
je me hâtai de la saluer.
Elle, en femme bien élevée,
sut bien en faire de même.

La pitié que je sentis pour elle me raidit,
à cause de ses pleurs abondants.
Je descendis donc de mon cheval
dont je lâchai la bride,
et je la priai en toute humilité
de prendre sur elle
pour me dire qui
troublait si péniblement son cœur.

« Hélas, dit elle, mon doux seigneur,
à quoi bon !
Vous ne sauriez point être mon médecin.
N'ayez même pas l'idée de m'interroger là-dessus,
car à raconter sa douleur
on se mine davantage, me semble-t-il.
A dire vrai, la joie et la souffrance
ne peuvent cohabiter.

XVI

Car se ma doullour ramentoy, [fol. 119r]
Tant plus me croistra ma tristresse,
Conbien que je n'ay que bien poy
124 De joye. Maiz trop plus se blesse
Cil qui deulx foys chëoir se laisse
Que cil qui chiet tant seullement
Une foys ; dont est ce simplesse
128 De chëoir tout a essïent. »

XVII

« Ma dame, il est bien verité :
Ce que vous dictes vous congnois,
Maiz on prent bien joyeuseté
132 Par bon conseil aucune foys.
On ne doibt pas en tous endroys
Croirre le veul de son courage,
Car aussy nous remonstre drois
136 Que folleur n'est pas vassellage. »

XVIII

Lors dit elle : « Bien vous veul dire
Partie de ma desplaisance,
Combien qu'en France ou en l'Empire
140 On a bien de moy congnoyssance :
On m'a mis sus par ignorance
Ung crime, dont j'ay si grant deul
Que je ne puis prendre plaisance,
144 Ains suis de mourir en escueul. »

Car si je rappelle à ma mémoire cette souffrance,
ma tristesse n'en sera que plus profonde,
bien que, d'ores et déjà, il ne me reste guère
de joie. Mais celui qui tombe à deux reprises
se fait bien plus de mal
que celui qui ne tombe
qu'une fois ; par conséquent, c'est pure bêtise
que de tomber en toute connaissance de cause.

– Ma dame, c'est tout à fait vrai,
et je reconnais la justesse de ce que vous dites,
mais on peut bien se réjouir,
de temps à autre, d'un bon conseil.
On ne doit pas dans toute situation
suivre le penchant de son cœur,
car on nous enseigne également, et avec juste raison,
que folie n'est pas prouesse. »

Elle dit alors : « Je veux bien vous raconter
une partie de mon malheur,
bien que mon histoire soit bien connue
en France ainsi que dans l'Empire :
Par pure ignorance, on m'a accusée
d'un crime, ce qui m'a causé un tel chagrin
que je n'arrive pas à trouver le moindre agrément ;
au contraire, je me précipite vers la mort. »

XIX

Ainsy que la dame parloit,
Moy cuydant dire sa pensee,
Une clarté aönda droyt
Sus nous, qui tant fu esmeree
Et d'estranges rayz dÿapree
Qu'elle sembloit, tant estoit necte,
De fine flambe figuree,
Plus clere qu'estoille ou comecte,

XX

Dont nous eusmes si grant frëour   [fol. 119v]
Que tous pasmés cheusmes a terre,
Car sa clarté, par sa vigour,
Nous sceut en poy d'eure conquerre.
Rien n'eust vallu effray de guerre :
Sans deffence nous couvint rendre
Et le vray Dieux d'Amours requerre
Pour la sienne mercy actendre.

XXI

Si comme estïons en tel transe,
Une tresdoulce voix ouÿs
Qui nous dit : « N'ayés pas doubtance,
Car nous sommes a vous transmis
Du tresamoureux paradis,
Comme messagiers invisibles,
Affin que soyés advertis
Des doullours qui vous sont nuysibles. »

La Dame loyale en amour

Pendant que la dame parlait,
souhaitant partager avec moi ses pensées,
un éclat de lumière nous enveloppa entièrement
cette lumière était d'une si grande pureté,
et en même temps diaprée de rayons si bizarres
que l'on aurait dit, tant elle était vive,
que c'était une pure flamme,
plus brillante qu'étoile ou comète.

Nous en fûmes à tel point effrayés
que nous tombâmes par terre évanouis,
car la puissance de sa clarté
nous terrassa en un clin d'œil.
Sonner l'alarme aurait été inutile :
il fallut nous rendre sans résistance,
et implorer le Dieu d'Amour
en attendant qu'il nous fasse grâce.

Pendant que nous étions dans cet état de transe,
j'entendis une très douce voix
qui nous dit : « N'ayez pas peur,
car nous avons été envoyés auprès de vous
depuis le paradis d'amour,
en messagers invisibles,
afin que vous soyez prémunis
contre les souffrances qui vous nuisent. »

XXII

Et puis fu a la dame dit :
« Le Dieu Amoureux treshaultain,
Dont nul loyal cueur ne mesdit,
Veult estre adverty et certain
De ton fait, car nul cas villain
Ne peust inpugny demourer,
Maiz sommierement et de plain
Veult droit pour chacun ordener.

XXIII

Pour ce, veult devant sa personne
Ta cause estre determinee,
Pour vëoir s'elle est faulse ou bonne. »
Puis me dist : « La chose ordonnee
Est par Amour et disposee
Que tu compaignes ceste dame ;
Son veul et plaisir s'i agree,
Affin que de ce fait soit fame. »

XXIV

Apprés ces mos fusmes ravis   [fol. 120r]
Et en l'air bien hault eslevés,
Et nos corps materïaulx vifs
Angeliquement ordonnés,
Apprés inpalpables müés,
Et de puis, par especïal,
Nos menbres sembloyent formés
De matiere de fin cristal.

Ensuite une voix dit à la dame :
« Le très souverain Dieu d'Amour,
dont nul cœur loyal n'ose médire,
veut être pleinement informé
de tes actes, car aucun cas discourtois
ne peut rester impuni.
Mais il veut de manière claire et concise
rendre justice à chacun.

Pour cette raison il veut que ta cause
soit exposée en sa présence,
afin qu'il puisse déterminer si elle est juste ou non. »
Puis une voix me dit : « Il est ordonné
par Amour et décidé que
tu accompagneras cette dame.
Sa volonté et son bon plaisir s'y accordent,
afin que cette affaire soit rendue publique. »

A ces mots nous fûmes transportés
et élevés très haut dans le ciel,
où nos corps mortels et vivants
furent recomposés comme ceux des anges,
et devinrent quasi impalpables,
et par la suite, plus particulièrement,
nos membres étaient devenus, selon toute apparence,
semblables à du pur cristal.

XXV

En ce point fusmes, se me semble,
Portés devers sollail levant,
Moy et elle tousjours ensemble.
Lors entrasmes incontinant
En ung ciel a merveilles grant
De parfaicte rouge couleur,
Ou j'appercheus, a mon semblant,
Hommes et femmes en douleur.

XXVI

Lors me dist mon intelligence :
En ce point sont les orguelleux,
Qui n'ont point eu en reverence
Les treshaultains faiz amoureux,
Et qui ont esté curïeux
D'amer presumptüeuseté,
Dont par leur semblant desdaigneux
Ont loyaux amans despité.

XXVII

De cestuy en ung aultre vinsmes,
Qui de fin vert fu coulouré,
Ou pluseurs personnes veïsmes,
Chacun d'estrange vert paré
Et tressouvent renouvellé.
Bien sembloyent gens miserables
Et c'estoyent ly condanpné
Qui furent en amours müables.

A ce moment-là, me semble-t-il,
nous fûmes emportés vers le soleil levant,
la dame et moi toujours ensemble.
Puis nous entrâmes aussitôt
dans un ciel, d'un rouge des plus purs,
qui surprenait par son immensité,
et où j'aperçus, me semblait-il,
des hommes et des femmes souffrants.

Mon esprit me dit alors :
C'est ici que se trouvent les orgueilleux
qui n'ont pas révéré
les très hauts faits d'amour
et qui se sont appliqués
à aimer avec suffisance,
moyennant quoi ils ont méprisé,
par leur conduite dédaigneuse, les amoureux loyaux[1].

Nous passâmes ensuite de ce ciel en un autre,
celui-ci coloré tout en vert,
où nous vîmes plusieurs personnes,
chacune habillée d'un vert bizarre
au ton sans cesse changeant.
Ils semblaient être bien misérables :
C'étaient ceux qui avaient été condamnés
pour leur inconstance en amour.

---

[1] *201-208* : Le motif d'une bande de personnes orgueilleuses en amour n'est pas sans rappeler celui des femmes vouées à une punition éternelle pour leur orgueil, que l'on retrouve dans le *Lai du Trot* et *Le Traité de l'Amour courtois* d'André le Chapelain. Pour d'autres exemples de ce thème répandu, voir André le Chapelain, *Le Traité*, éd. Cl. Buridant, pp. 225-27. [DFH]

XXVIII

Oultre ce ciel, ung en trouvasmes [fol. 120v]
De bleu et de blanc imparty ;
Tout en travers le trespassames.
220 De cestuy envis me party,
Car maint amye et maint amy
Y recepvoyent tant de joye ;
De ce fus je tant adverty
224 Que partir je ne m'en pouoye.

XXIX

Et me dist cil qui me portoit :
« Ce sont les amoureux loyaulx
En qui Humilité manoit
228 Et non mie les desloyaulx.
Gardés vous d'estre en amours faulx,
Se bon conseil croyrre voulés,
Et ne plegniés pas les travaulx
232 Dont tel gloire aquerre poués. »

XXX

Dessus cestuy ciel ot fondé
Ung ciel comprenant grant espere,
Car tout avoit avironné
236 Les aultres, et fu de matere
La plus resplendissant et clere
Que je vys onques en ma vie.
Nul aultre a luy ne se compere,
240 Tant fu ceste clarté polie.

Au-delà de ce ciel, nous en trouvâmes un autre,
moitié bleu, moitié blanc,
que nous traversâmes de part en part.
Ce fut à contrecœur que je quittai ce lieu,
car plusieurs amants et amantes
y baignaient dans la joie ;
je l'avais admiré avec une telle attention
que je ne pouvais pas m'en éloigner.

Celui qui m'emportait me dit alors :
« Ce sont les amoureux loyaux
en qui résidait Humilité,
et non pas les infidèles.
Evitez à tout prix la fausseté en amour,
si vous voulez suivre un bon conseil,
et ne regrettez pas les peines
par lesquelles vous pouvez atteindre une telle gloire. »[1]

Au-dessus de ce ciel il y en avait
un autre qui consistait en une vaste sphère,
car il enveloppait entièrement
les autres ; il était composé de la matière
la plus éclatante et la plus brillante
que j'aie jamais vue de ma vie.
Nul autre ne peut se comparer à lui,
tant sa clarté était resplendissante.

---

[1] *196-224* : Les couleurs des trois cieux, rouge pour les amants orgueilleux, vert pour les amants inconstants, et bleu et blanc pour les amants fidèles, correspondent bien à la symbolique des couleurs à la fin du Moyen Age telle que M. Pastoureau la décrit (*Figures et couleurs*, Paris, 1986). Certes, toutes les couleurs ont une association positive et négative, mais blanc et bleu sont au sommet de l'échelle des valeurs hiérarchique que l'on trouve dans les traités de blasons. Dans les sources utilisées par Pastoureau, rouge est associé avec « orgueil, cruauté, colère » et vert avec « désordre, folie, amour infidèle, avarice » (voir les pp. 35-49). [DFH]

XXXI

    La avoit ung trosne compris
    De tres exellente haulteur
    Sus lequel Amours fut assis
244 Comme souverain empereur ;
    Maiz tant fut de clere couleur
    Avironné et d'ardans rays,
    Qu'il n'est si vif ymagineur
248 Qui de sa fourme eust veu les trais.

XXXII

    Dessoubz avoit a tous costés   [fol. 121r]
    Judicïaires sieges grans,
    De fines pierres äournés,
252 Entretailliés de dÿamans
    Et d'escharboucles reluysans
    Qu'a poy regarder les pouoye,
    Sus les quieulx estoyent sëans
256 Pluseurs gens que bien congnoissoye :

XXXIII

    Premier y vis Honneur sëoir,
    Loyaulté, Verité, Celler,
    Souvenir, Doulx Regart, Espoir,
260 Pitié, Mercy et Doulx Penser,
    Bel Aqueul, Gracïeux Parler,
    Franc Vouloir, Desir et Largesse,
    Qui ne fait pas a oublïer,
264 Car c'est de donner la maistresse.

Là se trouvait un trône
d'une hauteur considérable,
sur lequel était assis Amour,
en sa qualité d'empereur souverain ;
mais ce dernier était entouré d'une couleur si vive
et de rayons si éclatants,
qu'aucun portraitiste, aussi doué fût-il,
n'aurait pu distinguer les traits de son visage.

Au-dessous de lui, de tous côtés,
il y avait des sièges élevés pour les juges,
ornés de pierres précieuses,
incrustés de diamants
et d'escarboucles étincelantes,
à tel point que j'arrivais à peine à les regarder ;
sur ces sièges étaient assis
plusieurs personnages que je connaissais bien :

J'y vis d'abord siéger Honneur,
puis Loyauté, Vérité, Celler,
Souvenir, Doux Regard, Espoir,
Pitié, Mercy, et Doux Penser,
Bel Accueil, et Gracieux Parler,
Franc Vouloir, Désir et Largesse :
il ne faut pas oublier cette dernière,
car c'est la maîtresse des dons.

XXXIV

Et eu my lieu du ciel plus grant,
Plus que nulle riens par dessubz,
Y avoit une estoille errant,
Laquelle on appeloit Venus,
Qui ses rays avoit estendus
Par dessus tous ceulx de la court
Tant doulcement qu'a dire plus
On pourroit bien faillir tant court.

XXXV

La fut la dame jus posee
Et moy ; puis ouÿs prestement
Que scillence fu imposee.
Et lors amesureement
Amours parla moult doulcement,
Disant : « C'est nostre voulenté
De faire loyal jugement
En nostre royal magesté,

XXXVI

Pour une cause enconmencee [fol. 121v]
Entre Espoir, nostre procureur,
Qui fu par Desir prononcee,
En cas de crisme ou deshonneur
De ceste dame, pour l'erreur
Oster, que nostre court n'enpire.
Espoir et Desir, sans faveur,
Dictes ce que vous voullés dire. »

Et au milieu du ciel le plus vaste,
plus vaste que toute autre chose par-dessus,
il y avait une étoile errante
qu'on appelait Vénus,
qui avait couvert de ses rayons
tous les membres de la Cour
avec tant de délicatesse que si l'on essayait d'en dire davantage,
on risquerait de manquer tout court à la tâche.

C'est là que la dame fut déposée,
et moi après ; puis j'entendis aussitôt
qu'on imposait le silence.
Alors, d'une manière mesurée,
Amour parla très doucement,
disant : « C'est notre intention
de rendre un jugement honnête,
selon notre royale dignité,

concernant un procès engagé
par Espoir, notre procureur,
de concert avec Désir, qui en fit le réquisitoire[1],
alléguant un crime ou un manquement à la vertu,
de la part de cette dame ; et ce afin de dissiper
toute erreur risquant de nuire à la réputation de notre cour.
Espoir et Désir, en toute impartialité,
dites ce que vous avez à dire. »

---

[1] *283* : Le procès interrompu à la fin de *L'Accusation contre la Belle Dame sans Mercy* reprend ici avec les mêmes personnages, Espoir, servant de procureur, et Désir, d'avocat faisant le réquisitoire. Dans ce qui suit, nous voyons la récapitulation de leur cause.

XXXVII

Lors est Desir avant passés
Et dist : « Amoureux Dieu haultain,
La Court est advertie assés
Pour quoy d'elle je me complain ;
Je dy que par son cueur villain,
Et par son regart plain de vice,
Elle a ung amoureux certain
Meurdry, estant en son service.

XXXVIII

Comme aultrefoys j'ay proposé,
Je tens qu'elle soit comdampnee,
Pour avoir vostre edit faulsé,
D'estre entierement desgradee
De non de dame estre appelee,
Et getee en chartre de deul,
Et par plains et plours gouvernee ;
A ce contems comme je seul. »

XXXIX

Tantost Amours araisonna
Ceste dame et luy dist sans ire :
« Sachiés quel lieu sa raison a :
Il vous couvient response eslire ;
Fort content a vostre martire.
Se excuser ne vous en savés,
Vous pourrés bien avoir du pire
S'aucune coulpe en cë avés. »

Alors Désir s'avança
et dit : « Souverain Dieu d'Amour,
la Cour est suffisamment au fait
de la nature de ma plainte contre elle.
Je déclare que, à l'aide de son cœur ignoble
et de son regard plein de malice,
elle a mis à mort un fidèle amant,
alors qu'il était à son service.

Comme je l'ai autrefois proposé,
j'exige que, pour avoir enfreint votre loi,
elle soit condamnée
à perdre à tout jamais
le droit d'être appelée dame,
et à être jetée dans la prison de souffrance[1],
hantée par des plaintes et des pleurs ;
je me bats pour cette sentence, comme j'en ai l'habitude. »[2]

Amour s'adressa alors
à cette dame et lui dit sans colère :
« Jugez quel est le poids de son argument :
Il vous faut fournir une réponse,
car il soutient avec acharnement votre martyre.
Si vous ne parvenez pas à vous disculper
vous risquez de recevoir une sentence pire encore,
au cas où la moindre culpabilité de votre part serait établie. »

---

[1] *302* : Comme au v. 72, on peut se demander si Deul n'est pas ici une personnification. Nous ne le croyons pas car, à la différence de Refus (*Cruelle Femme*, v. 403), Deul ne figure point ailleurs dans nos poèmes comme actant à plein titre. Voir également la note au v. 394 de la *Cruelle Femme*. [DFH]

[2] *297-304* : Cette strophe reprend la conclusion déjà articulée dans la strophe LXX de *L'Accusation*, au point de répéter les termes du poème antérieur : « desgradee de non de dame ».

XL

Adonc la dame simplement, [fol. 122r]
A deulx genoulx, toute esplourree,
Dist : « Amours, vous savés comment
Je suys cy venue esseullee,
De conseil nue et esgaree ;
Plaise vous a moy ordonner
Aucun conseil, s'i vous agree,
Pour ma bonne cause moustrer.

XLI

– Quel conseil voulés vous avoir ? »
Celle dist : « Je veul Verité
Et Loyaulté, qui sceit de voir
Mon courage et ma voulenté. »
Lors dist Amours a Loyaulté
Et a Verité : « Levés sus
Par vostre debonnayreté,
Puis que ne veult fors vous sans plus. »

XLII

Verité descendy adonques,
Et Loyaulté, la demoyselle ;
Deulx meilleurs ne crëa Dieu onques.
Puis vindrent parler a la belle,
Et celle, qui de paour chancelle,
Les a d'une part appellés,
Ou elle leur dist sa querelle ;
Puis sont arriere retournés.

Alors, se mettant humblement
à genoux, la dame toute en pleurs
répondit : « Amour, vous savez bien que
je me suis présentée devant vous toute seule,
sans défenseur et éperdue.
Veuillez assigner à quelqu'un
la tâche de me défendre, si cela vous convient,
et de plaider ma juste cause[1].

– Quel défendeur désirez-vous ? »
Elle répondit : « Je veux Vérité
et Loyauté, qui connaissent vraiment
mes sentiments et mes intentions. »
Amour dit alors à Loyauté
et à Vérité : « Levez-vous donc,
dans votre grande bonté,
puisqu'elle ne veut personne sauf vous. »

Vérité descendit alors de son siège,
ainsi que Loyauté la demoiselle ;
Dieu n'en créa jamais de meilleures.
Elles vinrent parler à la belle dame
qui, tremblant de peur,
les attira à l'écart,
et elle leur raconta son histoire ;
puis elles s'en retournèrent.

---

[1] *320* : On avait accordé un sursis à La Belle Dame à la fin de *L'Accusation*, v. 589, puisqu'elle n'avait pas d'avocat pour monter sa défense.

XLIII

Verité premiere parla
Et dist : « Treshault et Puissant Sire,
Ceste dame requise m'a,
340 Ce que ne luy veul escondire,
Puis qu'elle m'a voulu eslire ;
Je requier que, se sur personne
De la court me couvient rien dire
344 Pour sa cause, on le me pardonne.

XLIV

Il est vray, a ce que je entens, [fol. 122v]
Que Desir met sus ceste dame,
Et Espoir, qui cy est presens,
348 Injure, villennie et blasme,
Pour luy oster sa bonne fame
Par leurs propos cy recytés,
Qu'elle soit reputee infame
352 Par faiz que je tiens proposés.

XLV

Or, ne voullons nous mie prendre
Contre la court conclusïons
Declinatores pour pretendre,
356 Par aucunes exepcïons,
De plaidier par dillacïons,
Car nous n'y querons accessores,
Maiz voullons par vives raisons
360 Proposer nos faiz peremptores.

Vérité parla d'abord,
disant : « Très honorable et puissant seigneur,
cette dame a réclamé mon assistance,
et je ne veux pas la lui refuser
puisqu'elle m'a choisie.
Et, s'il m'arrive de mettre en cause
qui que ce soit de cette Cour en plaidant pour elle,
je demande qu'on me le pardonne.

Il est vrai, à ce que je comprends,
que Désir et Espoir, ici-présents,
accusent cette dame
d'offense, de bassesse et de blasphème
afin de lui ôter sa bonne renommée,
selon le réquisitoire qu'ils viennent de rappeler,
de sorte qu'elle ait une réputation infâme,
mais en s'appuyant sur des faits que je considère comme hypo-
[thétiques.

Or, nous ne voulons point élever
contre la Cour des conclusions
déclinatoires[1], dans le but d'alléguer
quelque vice de procédure
et employer ainsi des procédés dilatoires ;
loin de chercher des arguments adventices,
nous voulons, par des discours convaincants,
faire l'exposé de faits péremptoires.

---

[1] *355* : Vérité montre ici son habileté en employant des termes techniques parlementaires (marqués par la terminaison latinisante *–ores*) , établissant ainsi son autorité devant la cour d'Amour pour mieux contrer l'argument de Désir. *declinatores :* « Exception déclinatoire est celle par laquelle le défendeur, avant que d'avoir défendu au fond, décline la juridiction du juge par devant lequel il est assigné » (Martial d'Auvergne, *Les Arrêts d'Amour*, éd. Rychner, Paris, 1951, p. 240).

XLVI

Et disons en nostre majeur
Que, selon droit, pouons prouver :
Tantost que dame a mis son cueur
364 A vous servir et honnourer,
Vous luy avés voullu donner
Franchise, tout a son vouloir,
Pour a son plaisir en user
368 Qui que s'en puist plaindre ou douloir,

XLVII

Si que se pluseurs amoureux
La requierent aucunement,
Elle peust choysir l'un d'iceux
372 Qui mieulx sera a son talent,
Selon vostre loy proprement,
Car pour la liberté qu'elle a,
Peust retenir tout plainement
376 Serviteur, tel qu'il luy plaira.

XLVIII

Maiz il y a une aultre loy [fol. 123r]
Faicte en faveur de Loyaulté :
Car puis que une dame a pour soy
380 Choisy servant a voulenté
Et de luy prins la fëaulté,
Se depuis aultres la requierent,
Elle, sans varïableté,
384 Doibt reffuser tout ce qu'ilz quierent.

Et nous avançons comme argument principal
une chose que nous pouvons prouver selon la loi :
Dès qu'une femme a décidé
de se mettre en votre service et de vous honorer,
vous avez accepté de lui accorder
Franchise, toute à sa volonté,
pour qu'elle s'en serve à sa guise,
quelles que soient les plaintes et les souffrances alors entraînées.

De la sorte, si plusieurs prétendants
lui font la cour de quelque manière,
elle peut choisir parmi eux celui
qui sera le plus à son goût,
observant ainsi votre propre loi ;
car grâce à cette liberté qu'elle possède
elle peut parfaitement retenir
comme serviteur celui qui lui plaira.

Mais il existe une autre loi
établie en faveur de Loyauté :
une fois qu'une dame s'est choisi
un serviteur qui lui plaît,
et qu'elle a accepté son vœu de loyauté,
si par la suite d'autres lui font la cour,
elle doit, sans jamais varier,
refuser toutes leurs demandes.

XLIX

Oultre, par le dessus dit droyt,
Quant aucune dame regarde,
Et aucun ce regart rechoyt
Aultrement qu'elle n'y prent garde,
Se par sa pensee musarde
Son cueur juge trop de legier,
Du vray jugement se retarde
Pour la coulpe du fol cuydier.

L

Or vous sçavés, Treshaultain Dieu,
Que ceste dame des long temps
A son cueur assis en ung lieu,
En acomplissans vos conmans,
Envers ung qui est son servans,
Qu'elle a tousjours loyal trouvé,
Auquel mercy fut octroyans,
Comme il avoit bien conquesté.

LI

Sur quoy ma bouche vous dira
Tout le fait au plus pré du droyt :
Nagueres elle se trouva
En ung lieu ou on se esbatoyt,
Et a son pouair se penoyt
Illeuc de chanter et danser,
Ainsy que faire le debvoit,
Sans nulle maulvestié penser.

Par ailleurs, selon la loi que je viens de citer,
supposons qu'une dame jette un regard,
et que quelqu'un, l'ayant aperçu,
le comprend autrement qu'elle ne l'avait voulu :
si, par sa pensée irréfléchie,
il interprète trop à la légère les sentiments de son cœur[1],
il ne fait que retarder l'arrêt véritable
par la faute de sa sotte présomption.

Or, vous savez, très honorable Dieu,
que depuis longtemps cette dame
a placé son cœur en un certain lieu,
observant ainsi vos commandements
à l'égard de celui qui est son serviteur[2],
et qu'elle a toujours trouvé loyal ;
elle lui a donc accordé sa grâce
puisqu'il l'avait bien méritée.

Et maintenant je vous dirai de ma propre bouche
toute l'affaire, en suivant de près la vérité.
Il n'y a pas longtemps, cette dame se trouva
dans un lieu où tout le monde s'amusait[3],
et elle faisait tous ses efforts
pour chanter et danser,
comme il lui incombait,
sans avoir la moindre pensée malveillante.

---

[1] *390* : Il est possible de comprendre « son cueur » comme sujet du verbe, s'appliquant donc aux facultés de l'amant, mais les autres références au cœur dans ce passage (vv. 363, 395) s'appliquent toutes à la dame. [DFH]

[2] *397* : Il n'avait jamais été question auparavant d'un autre amant à qui la Belle Dame aurait accordé sa grâce.

[3] *403-4* : Référence à la fête au début de *La Belle Dame sans Mercy*, vv. 64 et suivants. L'utilisation du mot 'Nagueres' au début du vers 403 fait écho au premier vers du poème d'Alain Chartier.

LII

Et fut la feste resjouÿe [fol. 123v]
De tout ce que dire on saroit,
Et tant joyeusement servie,
Que nulz amender n'y pourroit.
Maiz Fortune, qui pas ne doibt
Arrester ne dormir nul somme,
Y amena par son exploit
Ce jour, pour y muser, ung homme.

LIII

Tout aussy tost que l'eut choisy,
Assés percheut sa contenance,
Car tousjours avoit enfouÿ
Son visage dedens sa manche,
Et soubz umbre de decepvance,
S'esbatoit de simple maniere,
Faignant estre plain d'ygnorance,
Maiz soubz gros bec langue legiere.

LIV

A la foys aloit et venoit,
Parmy les gens en traversant.
Ainsy de pluseurs s'acointoit,
Or assis et puis en estant,
Son regart en travers portant,
Afublé de decepcïon,
Et sus aucuns entregetant
Maniere d'informacïon.

La fête était égayée
par tout ce que l'on saurait imaginer,
et le service y fut fait avec tant d'allégresse,
que l'on n'aurait pu l'améliorer.
Mais Fortune, qui n'arrive
ni à faire une pause ni à dormir tant soit peu,
amena expressément ce jour-là,
pour y flâner, un homme[1].

Aussitôt que la dame le remarqua,
elle perçut bien son état d'esprit,
car il avait toujours son visage
enfoui dans sa manche,
et, sous une façade trompeuse,
il se divertissait d'un air naïf,
feignant d'être plein d'ignorance,
mais, comme on dit, 'sous gros bec, langue légère.'[2]

Il passait et repassait souvent,
traversant la foule.
Il faisait ainsi la connaissance des uns et des autres,
tantôt assis, tantôt debout ;
il promenait son regard revêtu d'imposture
de long en large,
et le posait sur certains,
leur faisant croire ce qu'il voulait.

---

[1] *416* : Cet « homme » est, bien entendu, le narrateur de *La Belle Dame sans Mercy,* à identifier avec l'auteur, Alain Chartier. Là où notre ms. contient la leçon *luy muser* (avec *PkQa*), *PdPn* ont *y muser* et *Pq* a *lui nuisir*. Les combinaisons *–mu-* et *–nui-* étant souvent quasi identiques dans les mss. du XVe siècle, on comprend que l'un a pu être pris pour l'autre. Nous gardons le verbe *muser*, mais incorporons la leçon de *PdPn*, puisque *muser* est toujours intransitif. La leçon *nuisir* est non seulement possible, mais intrigante, car elle suggère une intention malveillante préalable de la part de Fortune.

[2] *424* : Expression proverbiale dont la signification est sans doute : 'Sous le masque d'un imbécile, une langue déliée.'

LV

Il avoit bel son voulloir faire,
Nulz de son fait ne se gardoit.
Bien savoit parler et bien tayre,
Les oreilles doubles avoit.
Son semblant bien appoint menoit,
Cy sa parolle, ailleurs s'entente,
Et celle qui poy y pensoit
Ne se gardoit pas de s'atente.

LVI

Si advint que par adventure [fol. 124r]
Desir, par ung ardant vouloir,
Avoit mis s'entente et sa cure,
Comme il en a bien le pouoir,
A ung gentil homme esmouvoir
De sa desordonnee flame,
Et tant fait, moyennant Espoir,
Que celle avoit choysy pour dame,

LVII

Combien qu'elle n'y eust pensee
Ne de luy rien ne luy chaloit :
En ung seul lieu estoit fermee
Qui son cuer hostage tenoit.
Et ainsy faire le debvoit,
Par droit, a mon entendement,
Puis que de Loyaulté vouloit
User, sans amer doublement.

Il n'avait aucune difficulté à accomplir son désir :
personne ne faisait attention à son manège.
Il savait l'art de parler et l'art de se taire :
il écoutait de toutes ses oreilles sans faire semblant.
Il se conduisait au dehors avec beaucoup d'adresse ;
il parlait d'une chose mais son esprit était ailleurs.
Et la dame, qui ne lui prêtait guère attention,
ne prenait pas garde à ses avances.

Puis il arriva par hasard
que Désir, motivé par une ardeur extrême,
s'était appliqué, et avait mis ses soins,
comme il en a bien le pouvoir,
à embraser un homme distingué[1]
de sa flamme chaotique ;
il fit tant et si bien, avec l'aide d'Espoir,
que cet homme choisit celle-ci pour dame,

alors qu'elle, elle n'y songeait pas
et ne se souciait point de lui :
elle s'était déjà fixée en un seul lieu
qui servait d'hébergement à son cœur.
Ainsi lui fallait-il agir,
et légitimement, me semble-t-il,
dès lors qu'elle voulait se prévaloir de Loyauté,
pour éviter toute duplicité en amour.

---

[1] 445 : Ce 'gentil homme' est l'amant de *La Belle Dame sans Mercy* qui entrera en dialogue avec elle. Nous voyons que Vérité propose ici une relecture du poème de Chartier et, notamment, de la dynamique derrière les actions des trois protagonistes.

LVIII

Par ainsy estoit sans partie
Cil de la dame enamouré ;
Vous l'aviés ailleurs partie
460 Et son fait par vous ordonné,
Des deulx pars promis et juré.
Ce n'estoit pas chose legiere
De si tost avoir discordé
464 Loyal amour, ferme et entiere.

LIX

Maiz nëant mains, ne laissoyt mie
Vers elle sa requeste a faire,
Pensif, plain de mirencollie,
468 Moult contendant a luy complaire,
Car tousjours prenoit son reppaire
En tous les lieux ou elle estoit,
Et si ne se voulloit retraire
472 De ce qui plus fort luy nuysoit.

LX

Enchoiz luy comptoit sa raison, [fol. 124v]
Dont elle estoit moult ennuyable,
Car elle estoit hors de saison,
476 Sans quelque tiltre raisonnable.
Pas ne luy sembloit recepvable,
Consideré ce que j'ay dit,
Et pour ce, sans parler müable,
480 Il n'ot d'elle fors l'escondit.

C'est ainsi que celui-ci se trouvait amoureux de la dame
sans être aimé en retour ;
Vous-même l'aviez engagée ailleurs,
déterminant par là un accord,
qui fut juré et promis des deux côtés.
Ce n'était pas chose insignifiante
que d'avoir si tôt semé la discorde
dans un amour loyal, solide et parfait.

Néanmoins, cet homme ne cessait
de la presser de ses faveurs,
d'un air pensif et plein de mélancolie,
s'efforçant sans relâche de lui plaire :
Il revenait toujours
dans tous les endroits où elle se trouvait,
et ne voulait donc pas s'écarter
de ce qui lui faisait le plus grand mal.

Bien au contraire, il s'entretenait avec elle,
ce qui la fâchait énormément,
car ce discours était déplacé,
sans aucun droit ni justification.
Il lui semblait inacceptable,
compte tenu de ce que je viens de dire,
et pour cette raison, sans la moindre équivoque,
il ne reçut d'elle que des refus.

LXI

Car pas n'estoit neccessité
Qu'elle luy donnast a entendre
Qu'a aultry eust habandonné
Mercy, a quoy vouloit pretendre.
Elle monstroit que condescendre
Ne se vouloit a sa prïere,
Pour eschiver et pour deffendre
De faulseté et sa maniere.

LXII

Aussy Loyaulté ne veult mie
Que dame ait mercy de chacun :
Mercy ne seroit que follie
Qui le mectroit tout en commun.
Mercy peust on bien avoir d'un
Et non plus, selon Loyaulté,
Combien qu'il en soit bien aucun
Qui ne sont pas de ce costé.

LXIII

Ainsy celuy recommenchoit
Par plus d'une foys sa requeste,
Et envers elle pronunchoit
Pluseurs foys pour fournir sa queste.
Maiz petite fu sa conqueste,
Rien a conquester n'y avoit.
Pour ce, se party de la feste,
Quant il perchut qu'il s'abusoit.

Il n'était pas nécessaire
qu'elle lui fasse comprendre
qu'elle avait déjà accordé à un autre
la grâce à laquelle lui-même prétendait.
Elle montrait tout simplement qu'elle
ne voulait pas consentir à sa demande,
afin d'esquiver ses démarches
et se défendre de toute fausseté.

Loyauté ne veut point
qu'une dame accorde à tout un chacun sa grâce :
cette grâce serait vide de sens
si on la répartissait entre tous.
On peut bien avoir pitié d'un seul,
mais pas plus, selon Loyauté,
bien qu'il y ait plusieurs personnes
qui ne sont pas de cet avis.

Ainsi cet amant lui renouvelait
plus d'une fois sa requête,
essayant à plusieurs reprises
d'argumenter afin d'atteindre son but.
Mais il ne fit qu'une piètre récolte,
car il ne restait plus rien à acquérir.
Voilà pourquoi il quitta la fête,
quand il se rendit compte qu'il se faisait des illusions.

LXIV

En ce point tant poursuÿ fu
Qu'il ne savoit tenir maniere,
Dont son fait fu aperceü
508 D'ung qui estoit muscé derriere
Une haye de verte osiere,
Dont je vous ay parlé devant,
Qui ouÿ reffus et prïere
512 Dont il ne se tint pas atant,

LXV

Car tout ala en escript mectre
Ce que ot veü et escouté,
Et tant par bouce que par lectre
516 Publiquement l'a raconté.
Et oultre, de sa voulenté,
Pour ce qu'elle l'autre escondy,
I l'a par son escript nommé
520 'La belle dame sans mercy'.

LXVI

Puis que dame a mercy donné
Une foys, il peust bien suffire,
Qui n'a cueur trop desraisonné
524 Et de tous les aultres le pire.
Depuis n'y chiet que l'escondire,
Car mieulx vault Loyaulté amer
Qu'estre condampné eu martire
528 Du vert ciel qui tant est amer.

Alors, il était si atteint
qu'il ne pouvait se maîtriser,
ce qui fait que son état fut aperçu
par un certain observateur caché derrière
une haie d'osier vert :
C'est celui dont je vous ai parlé tout à l'heure,
qui entendit et prière et refus ;
mais il n'en resta pas là :

Car il s'en alla mettre par écrit
tout ce qu'il avait vu et entendu,
et il répandit en public cette histoire,
tant par ses discours que par ses écrits.
En outre, délibérément,
puisque la dame avait éconduit son soupirant,
il mit comme titre à ce qu'il avait écrit,
'La Belle Dame sans Mercy'.

Du moment qu'une femme a accordé sa grâce
une première fois, cela suffit bien largement :
on doit le juger tel, à moins d'avoir perdu l'esprit
ou d'être pire que tout autre.
Après, il n'y a que le refus qui convienne,
car il est préférable d'embrasser Loyauté
plutôt que d'être condamné au martyre
du ciel vert, qui est si amer[1].

---

[1] *528* : Il s'agit du vert ciel mentionné aux vv. 209-16, réservé aux amoureux volages.

LXVII

Maiz il ressemble, bien le sçay,
Ceulx qui contrefont l'amoureux,
Qui livrent a chacune essay
Par Faulx Semblant, double et piteux.
Qui octroye mercy a ceux
Qui scevent jouer de ce tour,
Avoir convient plain deulx orcheux
De mercy pour sa folle amour.

LXVIII

Ce n'est pas amour, mes haÿne ; [fol. 125v]
Ce sont, ensuyant la Guynarde,
Rosiers poignans plus durs qu'espine,
Toutes y doybvent prendre garde.
C'est deul et pitié c'on ne larde
Ceux qui veullent ainsy avoir
Mercy a toutes. Quoy qu'il tarde,
Bien leur en pourra meschëoir.

LXIX

Du temps qu'il estoit amoureux,
Que tant regrette sa maistresse,
Estoit Mercy si trespiteux ?
Faisoit il lors tant de largesse ?
Mieulx vault c'on le treuve en rudesse,
Si se sache dame escondire,
Que par trop tenir de simplesse
On s'en puisse jengler ne rire.

Mais celui-ci, j'en suis bien convaincue,
ressemble à ceux qui feignent d'être amoureux,
qui mettent toutes les femmes à l'essai
avec l'aide de Faux Semblant, fourbe et piteux.
Si on accorde sa grâce à ceux
qui savent jouer ce jeu,
on mérite bien deux mesures
de pitié pour cet amour insensé.

Ce n'est pas de l'amour, mais plutôt de la haine.
Suivant les conseils de La Guignarde[1], ce sont
des rosiers qui pénètrent plus profondément qu'une haie d'épines,
et toutes les dames doivent s'en méfier.
Quel dommage, quelle pitié que l'on ne larde pas de coups
ceux qui veulent ainsi avoir la grâce
de toutes les dames. Tôt ou tard,
il est fort probable qu'ils sombreront dans le malheur.

A l'époque où il était amoureux,
cet homme qui se lamente sur sa bien-aimée,
Mercy était-elle si pitoyable ?
Se montrait-elle alors si généreuse[2] ?
Mieux vaut qu'on le traite de brutal,
et qu'une dame ait la sagesse de se refuser,
plutôt que de risquer, par sa naïveté,
d'être la cible de sourires ou de moqueries.

---

[1] *538* : Référence aux *Cent Ballades*, oeuvre attribuée à un cercle de nobles, dont Jean Le Sénéchal (1389). La dernière partie du recueil propose une suite de ballades dans lesquelles une dame, identifiée dans plusieurs réponses aux *Cent Ballades* par le nom "La Guignarde," c'est-à-dire "La Coquette," encourage le narrateur à chercher l'amour librement et auprès de plusieurs femmes, rejetant par là la Loyauté, autrement dit l'amour exclusif d'une seule femme. Ce passage est peut-être une citation d'une des réponses au recueil, attribuée au Bastard de Coucy : "puis font serement/Que la Guignarde n'ensuyront nullement ... Ainsi dist on, mais il n'en sera riens." (*Cent Ballades*, éd. G. Raynaud, p. 227). [DFH]

[2] *548* : Dans les dialectes du Nord, le pronom *il* peut désigner le féminin (voir

LXX

Fault il, se dame est amoureuse
D'ung qu'elle aura loyal trouvé,
Qu'elle ait voullenté tant crüeuse
556 De delaisser sa loyaulté
Pour ung de nouvel amusé ?
On la deveroit nommer folle
Se si tost avoit transmüé
560 Son cueur, pour ung poy de parolle.

LXXI

Si me semble c'on a grant tort
De l'avoir en ce point nommee ;
Il vauldroit autant que la mort
564 Fust a toutes habandonnee
Que ce que telle renommee
On leur portast communelment.
Au fort, mieulx vault tel, que trouvee
568 Y fust mercy trop follement.

LXXII

Se de ceste dame a mesdit   [fol. 126r]
Si a il fait de vous, Amours,
Assés et non mie petit,
572 Qui sont tresfaulx et maulvés tours.
Il a noncé es haultes cours
Qu'en toutes places mesdisans
Ont vos pouairs et vos honnours
576 Tout apaty depuis dix ans.

Si une dame est amoureuse
d'un homme qu'elle a trouvé loyal,
faut-il qu'elle éprouve le cruel désir
d'abandonner sa loyauté
en faveur d'un prétendant plus récent ?
On devrait bien l'appeler folle
si son cœur changeait si rapidement
au prix d'un peu d'éloquence.

Il me semble qu'on a commis une grave erreur
en la citant dans cette affaire ;
autant décréter la mort
pour toutes les femmes,
que de les souiller toutes,
collectivement, par une telle réputation.
En fin de compte, mieux vaudrait pareille mort
que d'accorder grâce trop inconsidérément.

Si cet homme a calomnié cette dame,
il en a fait autant à votre égard, Amour :
loin d'être inconséquents,
ce sont de sales et très perfides coups qu'il a joués.
Il a proclamé dans les plus hautes cours
que partout les médisants
ont, depuis dix ans, rançonné
votre puissance et mis à mal vos règles de conduite[1].

Marchello-Nizia, p. 222) et nous l'interprétons ainsi. Ou bien on peut se demander si l'auteur n'applique pas le masculin à *mercy*, car il utilise l'adjectif *trespiteux*, assuré par la rime, au v. 547.

[1] *573-76* : Référence à *Belle Dame*, vv. 785-92.

LXXIII

Estes vous donc si poy cremu
Que on se loge sus vostre garde ?
C'est de vous poy de bien tenu,
580 Maiz il ne prent pas a ce garde :
Quant Bien Celer vostre avantgarde
Vouldra bien conduire et mener,
Il fauldra forte arriere garde
584 Aux mesdisans pour l'encontrer.

LXXIV

Ce me semble grant nyceté
De tel parler mectre en avant ;
Ont jengleurs tant de poosté
588 Ne tant de force maintenant ?
Que sont devenus ly vaillant,
Qui gardoyent l'onneur des dames ?
Ou sont ceux qui ont conquis tant
592 Par loyaulté d'amours et d'armes ?

LXXV

Qu'est devenu Pallamedés,
Lancellot, Tristan et Gauvain ?
Qu'est devenu Dÿomedés ?
596 Que ne tiennent ilz cy la main ?
Fault il par ung parler villain
Aux dames perdre renommee,
Que les bons ont, et soir et main,
600 En maint lieu si tresbien gardee ?

Êtes-vous donc si peu redouté
qu'on s'installe ainsi sous votre nez ?
C'est vous porter peu d'estime,
mais il ne prend pas garde à un fait :
quand Bien Celer décidera
de se mettre en route et de mener votre avant-garde,
il faudra une arrière-garde puissante
aux médisants pour lui tenir tête.

Cela me paraît bien sot
que de publier de tels discours ;
les mauvaises langues ont-elles tant de pouvoir
et tant de vigueur de nos jours ?
Que sont devenus les vaillants
qui protégeaient la réputation des dames ?
Où sont ces hommes qui ont fait tant de conquêtes
grâce à leur loyauté en amour et leurs faits d'armes ?

Que sont devenus Palamède,
Lancelot, Tristan, et Gauvain ?
Qu'est devenu Diomède[1] ?
Pourquoi ne nous soutiennent-ils pas dans cet effort ?
Faut-il qu'un discours aussi ignoble
perde les dames de réputation,
cette réputation que partout, matin et soir, les hommes de bien
ont si jalousement protégée ?

---

[1] *593-95* : Bel exemple du topos *ubi sunt*, ici appliqué aux amants bien connus de la littérature romanesque en prose : Palamède, chevalier sarrasin qui tombe amoureux d'Yseut dans le *Tristan en prose* ; Lancelot, Tristan et Gauvain, personnages célèbres des romans arthuriens ; Diomède, chevalier grec qui, dans le *Roman de Troie*, reçoit l'amour de Briséida, infidèle à Troïlus. Faut-il voir une profonde ironie dans le fait que ces chevaliers, donnés comme exemples de la loyauté en amour, sont tous également connus pour leurs amours adultères ou volages (c'est la réputation de Gauvain) ?

LXXVI

Il se veult a vous excuser [fol. 126v]
Que ce n'est fors que l'escripvain,
Disant c'on ne le doibt blasmer
604 S'il est d'aultry fait recytain ;
Maiz sauf sa grace, il est certain
Que de son vouloir la nomma
'Sans mercy' ou coupplet derrain,
608 Dont pour cë acteur se fourma.

LXXVII

Ce point est contre luy tout cler :
Il ne peust dire le contraire.
Par son escript l'offre a prouver,
612 Qui en vouldra le procés faire.
Maiz de son fait me vouldray taire
Et retourner a la querelle,
Pour entendre par quel affaire
616 Desir de crisme nous appelle,

LXXVIII

Disant que ceste dame cy,
Faulsement et desloyaulment,
A cest vray amoureux meurdry
620 Par le regart d'abusement,
Et reffusé tant durement
Que la mort s'en est ensuÿe,
Conbien que ne savon nëant
624 S'il est trespassé ou en vie.

Il prétend vous avancer comme excuse
qu'il n'est rien d'autre que le copiste,
disant qu'on ne doit pas le blâmer
s'il a recueilli le récit d'un autre[1].
Mais, avec tous mes respects, il est certain
que, de son plein gré, il l'appela
'sans mercy' au dernier couplet,
moyennant quoi il prit le rôle d'auteur.

Sur ce point, il est de toute évidence coupable :
il ne peut le nier.
Il s'offre même à en donner les preuves par écrit
à qui voudra lui faire un procès sur ce point[2].
Mais je préfère me taire à son propos
pour retourner à notre cause,
et apprendre pour quelles raisons
Désir nous accuse d'un crime,

déclarant que cette dame-ci
a tué cet amant sincère
d'une manière perfide et déloyale,
avec un regard trompeur,
et qu'elle lui a opposé un refus tellement rigoureux
que la mort s'en est suivie,
bien que nous ne sachions point
s'il est décédé ou s'il vit toujours.

---

[1] *604* : Référence à l'*Excusacion de Maître Alain*, v. 216.
[2] *612* : Il est question de poursuivre en justice l'auteur de la *Belle Dame sans Mercy* dans les lettres en prose et dans l'*Excusacion*. Pour la mise en écrit de sa défense, voir *Excusacion*, v. 224.

LXXIX

A ce respons que ce regart
Luy sembloit jugeant son voulloir.
La dame dist que de sa part,
Ses yeulx ne fist onques mouvoir
Pour quoy il peüst perchevoir
Que le cueur d'elle fust content
Pour luy ne bien ne mal voulloir,
Et de ce fait a moy se actent.

LXXX

Quant Nature premier crëa   [fol. 127r]
Les yeulx eu sexe femenin,
Amoureux Regart leur donna
Humble, trescourtois, et begnin ;
Se par nature ilz sont enclin
A regarder d'amoureux traiz,
Y fault il supposer venin,
Disant qu'ilz sont faulx contrefaiz ?

LXXXI

S'aucun pour ses yeulx abusés,
Juge ce que son cueur desire,
Et dame n'aura de son lés
Pensee nulle qui y tire,
Ce fait Desir, qui le fait frire
Et nommer Doulx Regart meurdrier ;
Neantmains ne fait, bien l'ose dire,
Si non son naturel mestier.

LA DAME LOYALE EN AMOUR

Je réponds que ce regard,
il l'interpréta selon son propre désir.
La dame dit que, pour sa part,
elle ne promena jamais ses yeux
de telle sorte que celui-ci pût déceler
la moindre intention chez elle—que son cœur à elle
consentît à lui vouloir du bien ou du mal[1].
Concernant cette matière, elle s'en remet à moi.

Quand au début Nature créa
les yeux du sexe féminin,
elle leur donna Amoureux Regard,
qui est humble, courtois, et bienveillant ;
si les yeux ont naturellement tendance
à regarder avec une expression amoureuse,
faut-il supposer qu'ils sont empoisonnés
et dire qu'ils sont artificieux et trompeurs ?

Si quelqu'un, trompé par ses propres yeux,
finit par croire ce que son cœur désire,
et que la dame, de son côté,
n'éprouve rien de semblable,
il faut admettre que c'est Désir qui le fait brûler
et qui l'incite à accuser Doux Regard de meurtre ;
cependant, je dois bien l'ajouter,
Désir ne fait que suivre sa disposition innée.

---

[1] 632 : Résumé des arguments de la Belle Dame ; voir *Belle Dame*, vv. 249-56, 283-84.

LXXXII

Et pour soy excuser disoit
Que france voulloit demourer,
Maiz point croyrre ne la voulloit,
652 Ains se penoit de la prïer.
S'elle luy eust fait esperer
Mercy debvoir trouver en elle,
Faulce se fust faicte nommer
656 Et a cause tresbonne et belle.

LXXXIII

Aprés ce, Desir luy met sus
Que bien se congnoit en faulx dés
Et changier ceulx du mains au plus.
660 Ne sçay de qui est advoués,
Maiz s'il se fust bien infourmés
Des responces par elles dictes,
Nulz faulx tours il n'y eust trouvés,
664 Si non prïeres escondictes.

LXXXIV

Encor Desir a proposé [fol. 127v]
Parolle et oultrageuse et fiere,
Disant que tenu et amé
668 A plus d'ung party, sans renchiere.
Par ma foy, c'est layde maniere
De proposer contre une dame
Chose qui la sienne honneur fiere
672 De deshonneur et villain blasme !

LA DAME LOYALE EN AMOUR   225

Pour s'excuser, cette dame
disait qu'elle voulait rester libre[1],
mais il ne voulait point la croire ;
bien au contraire, il s'efforçait de la prier.
Si alors elle lui avait donné lieu d'espérer
qu'il trouverait de la grâce auprès d'elle,
elle aurait méritée l'épithète 'fausse,'
et à fort juste titre.

Ensuite, Désir l'accuse
de bien savoir tricher aux dés
et de se faire accorder le plus de points au jeu[2].
Je ne sais pas de qui il est avocat,
mais s'il s'était bien informé
des réponses qu'elle a données,
il n'y aurait trouvé ni ruse ni perfidie,
rien que des prières repoussées.

En outre, Désir fit une déclaration
aussi outrageante que hardie,
disant qu'elle avait accueilli et aimé
plus d'un partenaire sans faire la difficile[3].
Ma foi, on se conduit bien grossièrement
lorsqu'on lance contre une dame
une accusation qui salit sa réputation
à coup de reproches déshonorants et ignobles !

---

[1] *650* : Voir *Belle Dame*, v. 286.

[2] *659* : Référence à *L'Accusation*, v. 508. Comme A. Henry l'explique (*Jeu de Saint Nicolas*, pp. 249-51), 'du mains' est un terme technique du jeu de dés s'appliquant à des 'dés pipés de telle façon qu'ils sortaient presque toujours les chiffres les plus bas' (p. 251).

[3] *667-68* : En effet, dans *L'Accusation,* vv. 301-4, Désir déclare que la Belle Dame avait utilisé son accueil trompeur pour attirer plus d'un amant.

LXXXV

Elle est de ce pure innocent,
Amours, si vous en requiert droit,
Tesmoing Loyaulté si presente,
Qui d'enfance bien la congnoit.
On diroit bien pis qui vouldroit,
Maiz on voit advenir souvent
Que force de cuydier dechoit :
Petite pluye abat grant vent.

LXXXVI

On ne peust son honneur acroistre
A dire d'aultry villenie,
Ains soy amendrir et descroistre.
Car c'est une espesse d'envye,
En cueur de fol jengleur nourrie,
Qui ja nul bien ne pensera
Combien qu'il ne s'en tairoit mie.
Envis meurt qui apris ne l'a.

LXXXVII

Desir dist qu'il ne peust yssir
Du sac que ce qui est dedens ;
Pluseurs ont de ce beau taysir.
Maiz nul mesdisans n'est contens,
Ains cuydent acroystre leur sens
Et leur loz par losengerie,
Disans faulx parlers ou contens
Des dames ou de leur partie.

Elle en est entièrement innocente,
Amour, et elle vous en demande justice
sur le témoignage de Loyauté, ici présente,
qui la connaît depuis son enfance.
On peut toujours multiplier les injures
mais, il faut se rendre à l'évidence,
souvent les excès d'imagination trompent :
« petite pluie abat grand vent »[1].

Loin d'accroître sa réputation
à force de médire d'autrui,
on finit par la rabaisser et la déprécier.
Car c'est là une forme d'envie,
nourrie dans le cœur d'un jaseur insensé,
qui ne pensera jamais du bien
et qui pour autant ne saurait se taire.
Quel dommage de mourir avant d'avoir appris cette leçon ![2]

Désir lui-même a déclaré qu'il ne peut sortir
du sac que ce qui est dedans[3].
Plusieurs y voient une bonne raison de se taire.
Mais les médisants ne sont jamais satisfaits :
au contraire, ils croient déployer leur intelligence
et augmenter leur gloire par des éloges trompeurs,
lorsqu'ils profèrent des propos mensongers ou querelleurs
sur les dames ou leurs partisans.

---

[1] *680 :* « Petite pluie abat grant vent » : expression proverbiale signifiant qu'il suffit de peu de chose pour renverser la fortune.

[2] *688 :* Nous avons traduit l'expression proverbiale « Envis meurt qui apris ne l'a », qui se traduit littéralement : « Celui qui ne l'a pas appris meurt à contre-coeur ».

[3] *689-90 :* Citation de *L'Accusation,* vv. 391-2.

LXXXVIII

Que luy a Bel Acueul meffait [fol. 128r]
Qui ainsy l'appelle abuseur ?
On peust bien vëoir que ce fait
Luy procede d'aucun erreur.
Bel Acueul est le conditeur
De toute honneste conpaignie ;
Et puis qu'en luy a tant valleur
Raison n'est pas c'on en mesdie.

LXXXIX

Quant a ce qu'ilz ont proposé
Qu'elle a dit que pas n'estes sage,
Maiz de losengiers composé,
Et que mentir est vostre usage :
Cuydent ilz avoir avantage
A tel mauvaiz parler retraire
Pour porter aux dames domage
Dont l'entendement est contraire ?

XC

On prengne bien garde a la clause
Qui de ce point fait mencïon :
On pourra vëoir qu'ilz n'ont cause
D'y mectre varïacïon,
Car ce n'est son intencïon
Que de l'amour de ceux parler
Qui tantost, sans quelque raison,
Veullent estre amés sans amer.

Qu'est-ce que Bel Accueil lui a fait
pour mériter qu'on l'appelle trompeur[1] ?
On voit bien que cette accusation
résulte d'une erreur.
Bel Accueil est le fondateur
de toute compagnie honorable ;
et puisqu'il y a en lui tant de valeur,
il n'est pas juste que l'on dise du mal de lui.

Quant à leurs propos selon lesquels
elle aurait dit que, loin d'être sage,
vous tenez plutôt compagnie à de vains flatteurs,
et que vous avez l'habitude de mentir[2],
pensent-ils tirer avantage
de mensonges aussi laids
qui ont pour effet de nuire à toutes les dames,
elles qui en fait pensent tout le contraire ?

Que l'on examine attentivement la phrase
où il est fait mention de ce point :
On verra bien qu'ils n'ont aucune raison
de susciter des doutes là-dessus,
car elle n'avait d'autre intention
que de parler de l'amour de ceux
qui veulent, sans raison, être aimés sur-le-champ
et sans aimer en retour.

---

[1] *698* : Référence à *L'Accusation*, v. 491.
[2] *706-8* : Référence d'abord à *Belle Dame*, vv. 313-14, 397, puis à *L'Accusation*, vv. 413-16, 425, 441-2.

XCI

Ilz ont dist que tous amoureux
Elle a appellés goullïars,
Et que lez plus segret d'iceux,
Quel que part qu'ilz fussent espars,
Veullent tresbien qu'en toutes pars
Les gens dïent qu'ilz sont amés,
Et que nulz, soit large ou eschars,
Ne sera ja de moy famés.

XCII

Quant a ce point, c'est mal reprins [fol. 128v]
De luy imposer sus tieulx maulx,
Car elle n'y a nulz comprins
En ceste clause que les faulx,
Qui sont maulvés et desloyaulx,
Dont on ne peust trop de mal dire,
Mais des humbles et des loyaulx
Ne vouldroit elle pas mesdire.

XCIII

Ainsy ce qu'elle respondoit
A cest amoureux mal content
A nulle aultre fin ne tendoit
Si non appaisier son tourment,
Par quoy il percheust clerement
Qu'il perdroit a elle sa paine
Et qu'il peüst plus plainnement
Perchevoir sa requeste vaine.

LA DAME LOYALE EN AMOUR

Selon eux, elle aurait appelé
tous les amoureux des débauchés,
ajoutant que même les plus discrets d'entre eux,
où qu'ils se trouvent,
tiennent à ce que partout
les gens disent qu'ils sont aimés[1] ;
et qu'aucun (aurait-elle dit encore), qu'il soit généreux ou avare,
ne sera jamais loué par moi[2].

Sur ce point, je dois dire que c'est une critique mal venue
que de lui imputer paroles si injurieuses,
car elle ne voulait inclure
dans cette remarque que les gens faux,
ces perfides pleins de malice
dont on ne saurait dire assez de mal :
Elle n'avait aucunement l'intention
de blâmer les humbles et les loyaux.

Ainsi, ce qu'elle a dit
à cet amant malheureux
n'avait d'autre but
que d'apaiser son tourment,
afin qu'il comprenne clairement
qu'il perdrait son temps avec elle,
et qu'il s'aperçoive le plus nettement possible
de la vanité de ses prières.

---

[1] *722-26* : Référence à *L'Accusation*, vv. 521-25, passage qui, lui, renvoie à *Belle Dame*, vv. 715-20.

[2] *728* : Vérité reprend à son propre compte la remarque que fait Désir dans l'*Accusation*, v. 527 : « A verité dire forcourt ». Il n'y a pas de référence à (la) vérité dans la *Belle Dame*.

XCIV

Et pour la matiere conclurre,
Et nostre fait mectre en briefté
Et esclarchir la cause obscure,
748 Disons aussy que Loyaulté
Avoit receu la fëaulté
Et le serment de ceste dame,
Laquelle a bonne voulenté
752 De la servir tant qu'elle ait ame.

XCV

Pour quoy elle ne debvoit mie
Estre en plus d'ung lieu amoureuse,
N'a plus d'ung seul amant amye
756 Pour prïere, tant fust piteuse ;
Enchois debvoit estre soigneuse
De bien sa promesse garder
Et d'escondire curïeuse
760 Pour son bon renon amender.

XCVI

Et par ainsy n'est pas coupable   [fol. 129r]
Se pour ce l'amoureux est mort.
Desir en seroit plus dampnable,
764 Car desirer le fist a tort
Et le mist en mer loing de port
Par desirer sans congnoissance ;
Car trop desirer sans confort
768 Fait chëoir en desesperance.

Pour conclure cette affaire,
résumer notre argument,
et éclaircir la partie obscure de ce procès,
nous ajoutons que Loyauté
avait reçu la promesse de fidélité
et le serment de cette dame,
qui a la ferme intention de
la servir aussi longtemps qu'elle restera en vie.

Voilà pourquoi elle ne devait point
se trouver amoureuse de plus d'une personne,
ni devenir l'amie de plus d'un seul amant
malgré les prières les plus dignes de pitié.
Elle devait en revanche prendre soin
de bien tenir sa promesse,
et être attentive à se dérober,
afin de maintenir sa bonne réputation.

Par conséquent elle n'est pas coupable
du fait que cet amoureux en soit mort.
C'est plutôt Désir que l'on devrait condamner,
car c'est lui qui lui inspira à tort ce désir,
et l'envoya en pleine mer, loin du port,
lorsqu'il le fit désirer la dame sans pouvoir la fréquenter :
Car trop désirer sans consolation
fait sombrer dans le désespoir.

XCVII

Le tresardant voulloir Desir
Contendoit sa voullenté faire
Et ne pensoit qu'a son plaisir
Et a son desirier complaire ;
Ce pouoit plus l'amant deffaire
Que la dame, a ce que je sens,
Car il ne se pouoit retraire,
Tant luy fist Desir de tourmens.

XCVIII

Et ainssy Desir l'aveugla,
Par quoy Espoir tantost party,
Car sa raison trop mal regla,
Tant qu'en desespoir descendy.
Puis qu'Espoir s'en estoit fuÿ,
La Mort y voult calengier droyt,
Et cyl pas ne se deffendy
Car Desir son scens empeschoit.

XCIX

Et pour ce, puissant Dieu Haultain,
Qui de tout ce le vray sçavés
Et que vous en estes certain,
Je dy ainsy que vous debvés
Ses faiz savoir tous approuvés
Pour de ce la sentence rendre
Et jugier, se c'est vostre grés,
Car prestz sommes de droit actendre.

La détermination très ardente de Désir
se battait pour accomplir sa volonté,
et lui ne pensait qu'à satisfaire
son plaisir et son désir.
C'est cela qui risquait d'abattre l'amant,
bien plus que la dame, à mon avis,
car il ne pouvait pas renoncer,
tant Désir lui infligea de tourments.

C'est ainsi que Désir l'aveugla,
moyennant quoi Espoir le quitta,
car il finit par mal gouverner sa raison,
si bien qu'il plongea dans le désespoir.
Une fois qu'Espoir s'était enfui,
la Mort voulut revendiquer ses droits,
et l'amant ne s'en défendit guère,
car Désir asservait son esprit.

C'est pour cette raison, mon souverain et puissant Dieu,
vous qui savez la vérité sur toute cette affaire
avec la plus grande certitude,
que je déclare que vous devez
reconnaître tous ces faits comme prouvés
afin de formuler votre décision
et de rendre votre jugement, si tel est votre bon plaisir,
car nous sommes prêts à entendre l'arrêt.

C

Si conclüons que ceste dame [fol. 129v]
Soit de son honneur reparee
Et remise en sa bonne fame
796   Et Loyalle Dame appellee,
En revocant la renommee
C'om luy a porté jusques cy,
Car trop a esté surnommee
800   D'appeller 'Dame Sans Mercy.' »

CI

Lors reprist Desir la parolle
Aveuc Espoir le procureur,
Tout plainement, sans parabolle,
804   En disant : « Trespuissant Seigneur,
Vous sçavés que comme accuseur,
Nous avons proposés nos faiz,
Qui se preuvent sans nulle erreur
808   Par les livres qui en sont faiz.

CII

Et quant est au fait des infames
Qu'elle a fait contre proposer,
Aussy de toutes les diffames
812   Dont l'avés ouÿe excuser,
Sans aultre tesmoing deposer,
A vous nous nous en rapportons.
A ce ne peust nulz opposer :
816   Vous savés qui est faulx ou bons ».

Voici donc nos conclusions :
Que l'on rende à cette dame sa gloire
et sa bonne renommée,
et qu'on l'appelle désormais 'Dame Loyale,'   → elle mérite
révoquant par là la réputation   ce nom...
qu'on lui a faite jusqu'à présent,   selon
car on l'a chargée d'un surnom bien fâcheux
en l'appelant 'Dame sans merci.' »[1]

Désir reprit alors la parole,
assisté par Espoir le procureur,
disant en toute simplicité, sans langage figuré :
« Très puissant Seigneur,
vous savez que, en notre qualité de procureur général,
nous avons exposé notre version des faits
qui sont prouvés de façon incontestable
par les livres qui en ont été écrits.

Mais en ce qui concerne les infamies
qu'elle a fait dire en guise de réfutation,
ainsi que les propos diffamatoires
à l'aide desquels vous l'avez entendue s'excuser,
sans qu'elle appelle d'autre témoin à déposer,
nous nous en remettons à vous.
Personne ne peut s'opposer à cette solution :
Vous savez qui ment et qui dit vrai. »   — pourquoi le procès ?

---

[1] *800* : On voit l'importance du rôle de l'auteur dans l'affaire : c'est à cause de lui que la dame a reçu ce sobriquet et donc la mauvaise réputation, fait déjà rappelé au v. 520. Ce n'est sûrement pas un hasard si c'est également au v. 800 de la *Belle Dame*, dernier vers de ce poème fondateur, qu'Alain Chartier en donne le titre.

CIII

Tantost le Dieu d'Amours parla,
Et dist : « Nous savons tout de voir
Que ceste dame qui est la
820 A despieça fait son debvoir
De nos haultains biens recepvoir
Soubz le pouair de Loyaulté,
Pour quoy luy feïsmes avoir
824 No servant a sa voulenté.

CIV

Or avons nous bien entendu
Du tout ses excusacïons,
Et comme Desir contendu
828 Avoit par ses conclusïons ;
Et par ce, jugier en voullons
Par entre vous tous, nos subgés
Cy presens, affin que soyons
832 Tousjours droycturiers repputés. »

CV

Adonc se mistrent tous ensemble,
En conseil et lonc temps parlerent
A Amours, si comme il me semble,
836 Et pluseurs livres retournerent.
Puis incontinent appellerent
Les parties pour ouÿr droyt,
Et presentement ordenerent
840 Lequel la sentence rendroit.

[fol. 130r]

Le Dieu d'Amours prit aussitôt la parole,
disant : « Nous savons en vérité
que cette dame qui est là
s'acquitte, depuis un certain temps, de son devoir,
en recevant nos biens précieux
sous l'égide de Loyauté :
pour cette raison, nous lui avons donné
notre serviteur tout à son plaisir[1].

Or, nous avons bien entendu
toutes les justifications qu'elle a présentées,
et comment Désir les a contestées
en concluant son réquisitoire.
Les faits étant établis, nous voulons rendre un jugement
en vous consultant tous, vous nos sujets
ci-présents, afin de garder notre réputation
d'être équitable en toutes choses. »

Alors ils se réunirent tous ensemble
à huis clos et délibérèrent longtemps
avec Amour, d'après ce que j'ai cru comprendre ;
ils consultèrent plusieurs livres.
Puis ils appelèrent immédiatement
les deux parties pour leur faire entendre l'arrêt,
et désignèrent aussitôt
celui qui devait donner lecture de la décision.

---

[1] *824* : Reconnaissance de la part du Dieu d'Amour que l'amant secret mentionné pour la première fois à la strophe L a bel et bien existé.

CVI

Je croy que Gracïeux Parler
Fust ordonné d'icelle rendre ;
Si conmença a regarder
844 Toutes les fins, pour mieulx entendre
A quoy chacun voulloit pretendre.
Puis pronuncha moult doulcement,
En langage doulx a comprendre,
848 Ce que vous orrés en present :

CVII

« La court vous dist, par jugement
Et par arrest, que ceste dame
Va delivre tout plainnement
852 Des conclusïons et du blasme
Contre elle prises comme imfame,
Et veult qu'elle ait non pour tousjours,
Sans ce que nulz plus la diffame,
856 'La Dame Loyalle en Amours.'

CVIII

Et oultre, pour pluseurs meffaiz, [fol. 130v]
Dont la court vouldra poursuïr
Desir et Espoir, qu'ilx ont faiz
860 Aux serviteurs d'Amours sentir,
Et la mort de maint consentir,
On les adjourne sans delay
Par devant Amours pour servir
864 Le premier jour du moys de may. »

Je crois qu'on assigna à Gracieux Parler
la tâche de rendre le verdict.
Il commença donc par passer en revue
tous les tenants et aboutissants de l'affaire pour mieux saisir
les revendications de chaque partie.
Puis il prononça très courtoisement,
dans un langage facile à comprendre,
ce que vous allez entendre ici :

« La Cour vous déclare, en rendant
cet arrêt, que cette dame
est pleinement acquittée
des accusations et des reproches
qui lui ont été faits, lorsqu'on l'a traitée d'ignoble ;
la Cour ordonne également qu'elle soit dénommée
désormais 'la Dame Loyale en amours,'
et qu'elle ne soit plus jamais diffamée.

En outre, la Cour souhaite poursuivre
Désir et Espoir pour les nombreux délits
qu'ils ont commis
en portant préjudice aux serviteurs d'Amour,
ainsi qu'en consentant à la mort de plusieurs d'entre eux :
On les convoque sans tarder
à comparaître devant Amour
pour se mettre à son service le premier jour du mois de mai. »

CIX

Tantost que Parler Gracïeux
Oult ainsy sa raison finee,
Je me trouvay tantost tout seulx,
Lés mon cheval en la valee
Ou la dame avoye trouvee,
Cuidans comme tous esperdus
Que ce fust songe ou destinee
Des parlers que avoye entendus.

CX

Maiz nëantmains, consideray
Que ce fu quelque occasïon
Pour oster mon cueur hors d'esmay
Et de grief lamentacïon,
Tant que bonne informacïon
Eusse fait pour appercevoir
De ma dame l'intencïon,
Et moy garder de decepvoir.

CXI

Si supplie a tous ceux qui veullent
Ou service d'Amours entrer,
Que d'ardant desir ne s'aveuglent,
Car moult est dur a encontrer,
Si comme Verité monstrer
Le voult adonc pour ceste dame :
Le service fait bon doubter
Qui si tres dur mort et entame.

Explicit

Aussitôt que Gracieux Parler
eut terminé son discours,
je me retrouvai tout d'un coup seul,
à côté de mon cheval, dans la vallée
où j'avais rencontré la dame ;
encore tout étourdi, je crus
que ces discours que j'avais entendus
étaient un rêve ou un présage.

Néanmoins, je décidai
que c'était là l'occasion
de libérer mon cœur de ses soucis
et de ses pesantes plaintes,
en attendant le moment où je pourrais
mieux m'informer
des intentions de ma dame,
afin de me garder de toute illusion.

Je prie donc tous ceux
qui veulent entrer au service d'Amour
de ne pas se laisser aveugler par un désir ardent,
car il est très difficile d'y résister,
ainsi que Vérité voulut le démontrer
dans le cas de cette dame :
Il vaut mieux se méfier de tout service
qui vous déchire et vous transperce aussi profondément.

Explicit

ACHILLE CAULIER[1]

LA CRUELLE FEMME EN AMOUR

Édition critique par
Joan E. McRae

Traduction et Notes par
Joan E. McRae et David F. Hult

---

[1] Seize manuscrits nous ont transmis la *Cruelle Femme en Amour*: Pb, Pc, Pd, Pk, Pn, Po, Pq, Qc, Qf, Qh, Qj, Qk, Ql, Qn, Qq, et Qr, dont deux sont aujourd'hui perdus (Qj et Qn). Nous nous servons des mss. suivants pour corriger Pc et nous en donnons des variantes significatives: Pb, Pd, Pk, Pn, Pq, Qj et Ql. Nous nous servons de la transcription de Piaget (*Romania*, 31, 1902, pp. 322-49) pour les leçons de Qj, qui lui a servi de base pour son édition.

S'ensuit La cruelle femme en amours

I

Ne tout aydé, ne tout grevé, [fol. 131r]
Moitié en vie, moitié mort,
Ne tout cheü, ne tout levé,
4 Entre leesce et desconfort,
Plus triste que joyeulx, au fort,
Fus n'a gueres long temps pensis,
A tout mon cueur plain de discort
8 D'avoir ou tout mieulx ou tout pis.

II

En cest estat maulvaiz et bon,
Dont je ne me loe ne plains,
Froit que glache et chault com charbon,
12 De toutes müabletés plains,
De Crainte et de Desir contrains,
Chevauchoye apart moy seullet,
Ainsy mené, ne plus ne mains,
16 Comme ungs homs qui ne sceit qu'il fait.

III

Si vins, conme par avanture,
Dedens la plus belle forest
Que onques, je croy, crëast Nature.
20 Maiz je n'y fis pas long arrest,
Car joye a triste cueur desplaist,
Ce me fu lors bien apparant ;
Et pour approuver qu'ainsy est,
24 Pis me fu apprés que devant.

La Cruelle Femme en Amour

Ni tout à fait soutenu, ni tout à fait accablé[1],
moitié vivant et moitié mort,
ni au fond de l'abîme, ni au plus haut sommet,
entre allégresse et désolation,
somme toute, plus triste que joyeux,
j'étais, il y a peu, des plus pensifs,
mon cœur divisé, incapable de décider
s'il était au mieux ou au pire.

C'est dans cet état à la fois bon et mauvais,
dont je ne me plains ni ne me félicite,
aussi froid que glace et aussi brûlant que braise,
allant sans cesse d'un extrême à l'autre,
oppressé par Crainte ainsi que par Désir,
que je chevauchais à l'écart de tous, seul,
malmené, tout à fait pareil
à un homme qui ne sait plus ce qu'il fait.

J'arrivai alors comme par hasard
dans la plus belle forêt
que Nature ait jamais créée,
mais je ne m'y arrêtai pas longtemps,
car toute joie contrarie un cœur triste[2],
comme il me sembla alors évident ;
Pour prouver que c'est bien le cas,
il suffit de dire que je me sentais encore moins bien après
                                              [qu'avant.

---

[1] *1* : L'auteur, reprend-il ici le v. 383 de la *Belle Dame* : « Je ne vous ayde ne ne griefve » ?

[2] *21* : Echo du v. 154 de la *Belle Dame* : « joye triste cueur traveille ».

IV

Ce fu le premier jour de may, [fol. 131v]
Devant le solail descouchié,
Que seul estoye en tel esmay,
Main levé et fort courouchié.
Quant me vys illeuc adrechié
En ce lieu joyeulx et nouvel,
En ung aultre me suis muschié,
Umbreux et lointain de revel ;

V

Lequel estoit une vallee
Ou ne luysoit sollail ne lune,
Emprés ung flos d'eaue sallee
Gectans une fumee brune.
Ne sçay par ou m'y mist Fortune,
Car tant est le lieu solitaire
C'onques n'y vys voye commune :
Bien moustre qu'ame n'y reppaire.

VI

En ceste vallee diverse
N'avoit herbe, fleur, ne verdure ;
Nulle plaisance n'y converse.
En ce lieu tousjours yver dure :
Püanteur, horreur, et froidure
Y sont en may comme en jenvier,
Et n'est sayson doulce ne sure
Qui y puist valloir n'enpirier.

C'était le premier jour de mai[1],
juste avant le lever du soleil,
que je me trouvais là, seul et inquiet,
levé de bonne heure et à bout de nerfs.
Dès que j'aperçus que mes pas me portaient
vers ce lieu fabuleux et plein de joie,
je changeai de direction pour me cacher ailleurs,
dans l'obscurité et loin de toute gaieté ;

c'était une vallée
où ne brillaient ni le soleil ni la lune,
à côté d'un étang d'eau salée
qui dégageait une fumée brunâtre.
Je ne sais comment Fortune m'avait conduit là,
car cet endroit était tellement isolé
que je n'y vis aucun chemin frayé :
cela montre bien que personne n'y habite.

Dans cette vallée déplaisante,
il n'y avait ni herbe, ni fleur, ni verdure ;
rien d'agréable ne s'y rencontre.
Dans cet endroit l'hiver est perpétuel.
La puanteur, l'abjection, et le froid
y règnent en mai comme en janvier,
et aucune saison, qu'elle soit douce ou amère,
ne pourrait rendre cet endroit meilleur ou pire.

---

[1] 25 : On remarque que le premier mai est la date de comparution de Désir et Espoir devant le tribunal d'Amour précisée dans *Dame loyale*, v. 864. [DFH]

VII

En ce lieu fourny de tristesse
Me conmença a souvenir
De ma gracïeuse maistresse.
52 Ne sceus adonc que devenir,
Bien voulsisse vëoir venir
La Mort a moy, eu poing la darde,
Pour faire ma vie fenir,
56 Dont le demourant trop me tarde.

VIII

Quant pensoye a mes biens passés [fol. 132r]
Et a mes presentes doullours,
Tant estoye d'estre lassés
60 Que de mourir n'avoye paours.
En grant habondance de plours
M'eust on trouvé, baignant en lermes.
« Hellas ! » et müables coullours
64 Estoient mon cry et mes armes.

IX

En ce doulloureux pensement,
Puis plaisant et puis ennoyeux,
Fus en ce lieu si longuement
68 Que ne fus triste ne joyeux.
Ung oubly tel dedens moy eux
Que je ne sceus que je faisoye,
Et fus grant temps que je ne sceux
72 Se je parloye ou me taisoye.

Dans ce lieu saturé de tristesse,
je commençai à me souvenir
de ma gracieuse bien-aimée.
Là, je ne sus quoi devenir ;
j'aurais voulu voir s'approcher de moi la Mort,
la lance au poing,
pour mettre fin à ma vie,
dont le restant, me semble-t-il, dure trop.

Quand je pensais à mes bonheurs passés
et à mes souffrances actuelles,
je n'avais plus peur de mourir,
tant j'étais fatigué de mon existence.
On m'aurait retrouvé pleurant toutes les larmes de mon corps,
fondu en pleurs.
L'exclamation « Hélas ! » et mon teint changeant
étaient devenus mon cri de guerre et mon blason[1].

En proie à ces tristes pensées,
tour à tour agréables et affligeantes,
je restais si longtemps dans cet endroit
que je finis par ne plus sentir tristesse ou joie.
Je tombai dans une telle apathie
que je n'avais plus conscience de rien,
et pendant longtemps je ne savais même pas
si je parlais ou si je me taisais.

---

[1] *63-4* : Les signes extérieurs de la mélancolie sont ici comparés aux attributs du guerrier.

X

En ce fantasïeux estat
Ou m'avoit ma tristesse mis,
Fu long temps oublïeux et mat,
76 Sans memoire, sens, ou advis.
En cest estat, ou riens ne vys,
Me vint ymaginacïon,
De la quelle fus si ravis
80 Que je en entray en visïon,

XI

En laquelle me fu semblant
Qu'en ung grant pallaiz me trouvay,
Si diversement en emblant
84 Que je ne sçay par ou je entray.
Sa fourme en escript vous mectray
Au plus pres de ma remenbrance,
Et les choses que je encontray,
88 Qui sont de diverse ordenance.

XII

En ce lieu avoit grandes arches [fol. 132v]
Fondees sus pilliers divers ;
La pierre n'est pas de ces marches.
92 Les murs estoyent tous couvers
De ystoires, de ditz et de vers,
En grans ymages eslevés ;
De merveilles suis tous ouvers
96 Comment ilz furent achevés.

Je restais longtemps dans cet état d'égarement
auquel ma tristesse m'avait réduit,
l'esprit vidé et anéanti,
sans mémoire, sans conscience, sans raison.
Et dans cette vacuité, où je ne voyais rien,
je commençai à avoir des hallucinations
qui me ravirent à tel point
que j'entrai dans un rêve,

où il me semblait
que je me trouvais dans un grand palais,
de façon si bizarre et si mystérieuse
que je ne saurais dire par où j'y étais entré.
Je vais vous décrire ce palais par écrit,
autant que je puisse m'en souvenir,
ainsi que toutes les choses que j'y ai rencontrées,
et dont l'organisation est assez curieuse.

Il y avait là de grandes arches
bâties sur des piliers remarquables :
La pierre n'est pas de ce pays.
Les murs étaient tous couverts
de scènes, d'écrits et de poèmes,
représentés sur de grands tableaux.
Je suis franchement émerveillé
par la facture de ces ouvrages.

XIII

Toutes les choses advenues,
Presentes, celles advenir,
Qui peuent estre soubz les nues,
Au mains dont il peust souvenir,
Et maintes qui jamés venir
Ne pourroyent ne n'ont peü,
Pourroit on bien illeuc veïr,
Qui d'avis seroit pourveü.

XIV

Ce lieu n'estoit ront ne quarré,
Trïangle, ne d'aultre mesure.
De ymages estoit tout paré,
Les paroys et la couverture,
Et de matiere clere et dure
Et pollie comme cristal
Estoit pavés dessoubz l'aleure,
Pour quoy je y alloye plus mal.

XV

Par les boches des personnages
Qui estoyent cler et polly,
Choppoye par pluseurs usages,
Et mal gré moy souvent cheÿ
Pour ce qu'il fust si mal honny.
Ne peus mon regart arrester
Sus une chose, et rien ne vy
Dont proprement sceusse parler.

Tous les événement passés,
présents, et ceux à venir,
tout ce qui peut arriver dans ce monde
(au moins ce qui vaut la peine d'être rapporté)
et bien d'autres événements qui jamais ne pourraient advenir
ni ne l'ont jamais pu,
tout cela on pouvait le voir là,
à condition d'avoir l'esprit perspicace.

Ce lieu n'était ni rond ni carré,
ni triangulaire ni d'autre forme.
Tout, murs et plafond,
était orné d'images,
et les passages étaient pavés
d'une matière claire et dure,
polie comme du cristal :
voilà pourquoi j'avais tant de mal à marcher dessus.

En raison des aspérités que présentait ce dallage[1]
qui était clair et poli,
je trébuchai constamment
et, malgré mes efforts, je tombai à plusieurs reprises
à cause de cette surface si inégale.
Je ne pus fixer mon regard
sur quoi que ce soit, et je ne vis rien
dont je pourrais parler avec précision.

---

[1] *113* : Godefroy atteste le mot *parçon, parson, person* avec une forme plutôt rare, *personnage*, qui signifie « partage, distribution, arrangement ». Nous comprenons « les arrangements [des dalles qui constituent le revêtement du sol] », qui convient bien au contexte. Godefroy mentionne également une acception de *parçon* localisée à Liège : « travée, espace entre deux parties ». Dans notre texte, le mot *personnage* peut-il signifier des seuils surélevés séparant les pièces du palais ? Quant au mot *boche*, nous y voyons une forme picardisée de *boce, bosse*, c'est-à-dire « bosselure, saillie », d'où l'idée d'une inégalité du sol. [DFH]

XVI

Ces ystoires dont je vous dys [fol. 133r]
Sont de si subtille faicture
C'on les appercevoit tousdis,
124 Et aussy bien par nuyt obscure
Comme aultrement, quant le jour dure,
Et aux yeulx serrés comme ouvers ;
Et voyt on chacun sa figure
128 Transmüer en estat divers.

XVII

Ce lieu en pluseurs pars trachay
Ou ces choses sont amassees
Tant que vers la fin adressay
132 Ou je vys lectres compassees
De fin or en pierre enchassees,
Les quelles disoient ainsy :
« Ce lieu de diverses pensees
136 Firent Fantasie et Soussy. »

XVIII

Quant je eux ceste place veüe,
Ne sçay combien, poy ou planté,
Je fus ravis en une nue
140 Et hault enmy l'air transporté
Dedens la plus belle cyté
Que onques regardast crëature,
Ou furent tout li bien porté
144 De quoy pourroit finer Nature.

Ces images dont je vous parle
sont d'une exécution si subtile
qu'on pouvait les voir à tout moment,
aussi bien par nuit noire
que dans la clarté du jour,
qu'on ait les yeux ouverts ou fermés ;
Et on voyait chaque image changer de forme
dans une constante métamorphose.

Je parcourus de part en part ce lieu
où de telles images sont rassemblées,
tant et si bien que je finis par me retrouver au bout,
devant une inscription soigneusement tracée,
écrite en or pur et enchâssée dans une pierre.
Voici ce qu'elle disait :
« Fantaisie et Souci forgèrent ce lieu
de pensées extraordinaires. »

Après avoir vu cet endroit –
je ne sais combien de temps j'y passai –
je fus ravi dans un nuage
et transporté très haut dans l'air,
jusqu'à la plus belle ville
qu'un être vivant ait jamais vue,
et qui comportait les plus belles choses
que Nature ait pu mener à terme.

XIX

Les murs estoyent de cristal,
Dont la cité fu close au tour ;
Combles de gracïeux metal
Y avoit sur chacune tour.
Les rues cherchay plus d'ung tour
Pour mieulx vëoir choses nouvelles
Affin qu'en sceusse a mon retour
Rapporter plus vrayes nouvelles.

XX

Les rues estoyent pavees [fol. 133v]
De jaspre et de fin cassidoine,
Sans estre enfraintes ne cavees.
Plus cler y fait que cy a nonne ;
Rien que armonie n'y ressonne ;
La nuyt n'y peust donner esclipce.
Assés y a merveilleux throne
Pour en faire l'Apochalipce.

XXI

Au milieu de ceste cyté
Avoit ung grant pallaiz assis,
Fondé par grant subtillité
Sus cent pilliers gros et massis,
Faiz a chinq costés ou a six,
Rassemblés par belles archieres ;
Par dessus avoit maint chassis
Plains de pierres bonnes et chieres.

Les murs dont la ville était entourée
étaient faits de cristal ;
et une coupole de métal précieux
surmontait chacune des tours.
J'explorai les rues plus d'une fois
pour mieux observer de telles merveilles
afin de pouvoir raconter à mon retour
toute la vérité sur ces événements extraordinaires.

Les rues étaient pavées
de jaspe et de pure calcédoine[1],
sans que la surface en ait été creusée ni même percée.
Il y fait plus clair que chez nous à midi ;
seule une harmonie parfaite y résonne ;
la nuit ne peut rien éclipser.
Il y a suffisamment de trônes merveilleux
pour y figurer l'Apocalypse[2].

Au milieu de cette cité
s'élevait un palais énorme,
bâti avec une grande habileté
sur cent piliers gros et massifs,
chacun ayant cinq ou six faces,
le tout relié par de belles arcades.
Au faîte, il y avait de nombreux châssis
remplis de pierres précieuses.

---

[1] *154* : Voir *Apocalypse* 4:2, « Et qui sedebat similis erat aspectui lapidis iaspidis, et sardinis ».

[2] *160* : Voir *Apocalypse* 4:4, « Et in circuitu sedis sedilia viginti quattuor ; et super thronos viginti quattuor seniores sedentes, circumamicti vestimentis albis, et in capitibus eorum coronae aureae ».

XXII

Dessoubz ce pallaiz avoit fait
Amours ordonner ung vergier,
De tout delice si parfait
Comme pour ung dieu herbegier.
Nuyt et jour le gardoit Dangier.
La croyt li cyprés et li basmes.
Sans mercy n'y peust nul logier,
Car c'est li reffuges des dames.

XXIII

C'estoit ly Pallaiz de Justice
Ou se tenoit le parlement,
Parfait en ce qui est propice
Et partinent en jugement.
Quant j'eux veu le conmencement,
Je m'en alay dela vëoir
Ung aultre lieu fait proprement,
Que on nommoit le Pallaiz Espoir,

XXIV

Ou se logent les amoureux
Poursuyans l'amoureuse queste :
Qui y demeure, il est eureux.
Une place y a enprés ceste,
Que Beaulté fist a la requeste
D'Amours, ou demeure Desir,
Qui en ce lieu souvent s'arreste :
Il a de chauffer beau loysir.

Au pied du palais, Amour
avait fait aménager un verger
si plein de tous les délices
qu'il aurait pu servir de demeure à un dieu.
Danger le surveillait nuit et jour.
Le cyprès et le baume y poussent.
On ne peut y habiter sans avoir obtenu pitié,
car c'est le refuge des dames.

C'était le Palais de Justice
ou siégeait le parlement,
infaillible pour tout ce qui touche
à la justice et la concerne.
Après avoir vu ce premier endroit,
je continuai plus avant pour voir
un autre lieu fort bien bâti,
que l'on appelait le Palais d'Espoir,

où habitent les amoureux
poursuivant la quête amoureuse :
ceux qui y vivent sont heureux.
Il y a un autre endroit près de celui-ci
que Beauté fit construire à la demande
d'Amour : c'est là où demeure Désir,
qui s'y arrête souvent,
lui qui embrase les cœurs tout à son aise.

XXV

Quant illeuc je eus prins mon exemple
Et que plus n'y voulx demourer,
Je m'en alay droit vers le temple
196 Venus, la deesse äourrer.
Ce jour luy seult on celebrer
Sa plus haulte feste de l'an,
Et n'y ose nulx labourer
200 Sans encourre criminel ban.

XXVI

Ce jour y avoit grant apport
De pelerins et pellerines :
Tous y arrivoyent a port,
204 Seigneurs, dames, vallés, meschines.
Pour partir a ses medicines,
Lui mis ung vert chappel au col,
Et si luy fiz par piteux signes
208 Sacrefice d'ung roussignol.

XXVII

Quant faicte eulx ma pensee entiere,
Je suis hors du temple passés,
S'entray en une cymentiere
212 Ou estoyent les trespassés ;
Par les tombes congneux assés
Ceux qui gesoient en la terre,
Qui onques ne furent lassés
216 D'amer loyaulment sans meffaire.

Après avoir vu là ce à quoi j'aspirais,
je ne voulus plus m'attarder,
et m'en allai directement vers le temple
de Vénus, la déesse, pour l'adorer :
C'est ce jour-là, en effet, que l'on célèbre
sa plus grande fête de l'année.
Nul ne se risque à travailler ce jour-là
par peur d'être décrété criminel.

Ce jour-là il y avait une grande affluence
de pèlerins, hommes et femmes :
tous y trouvaient bon port,
seigneurs, dames, bacheliers, et jeunes filles.
Afin d'avoir ma part de ses guérisons,
je mis une guirlande verte autour du cou de la déesse[1],
et, avec des gestes pitoyables,
lui immolai un rossignol.

Quand j'eus fait tout ce que je méditais,
je sortis du temple
et entrai dans un cimetière
où étaient les morts ;
je vis inscrite sur les tombeaux
l'identité de ceux qui étaient enterrés là,
et qui ne se lassèrent jamais
d'aimer loyalement et sans faute.

---

[1] *206* : Piaget (*Romania*, 31, 1902, p. 317) signale la possibilité que l'auteur, Achille Caulier, faisait partie de l'association du "Chapel vert", dont les membres devaient porter un 'chapelet vert sur la teste ou au col durant la messe et le disner.'

XXVIII

Je congneus Hellaine et Paris, [fol. 134v]
Dido, Piramus, et Tisbee,
Lëander, Hero, qui perils
Furent tous deulx en mer sallee,
Et Philis qui fu affinee
Pour Demophon, et Achillés,
Penelope, la bien amee,
Aveuc son amy Ulixés.

XXIX

Apprés ce, m'en vins au pallaiz
Pour ouÿr les causes plaidier.
Quant vins au lieu, qui n'est pas laiz,
Vys hors d'une salle wydier
Ung gracïeux joenne escuyer
Vestu de noir et faisant deul :
De confort avoit bon mestier
Car il pleuroit de cueur et de eul.

XXX

Quant Amours et les presidens
Se furent en leurs lieux assis,
Ains c'on m'appellast la dedens,
Vys cest escuyer trespensisz
Mectre a genoulx et luy ouÿs
Devant Amours conter son cas,
Dont pluseurs furent esbahis,
Car ce sembloit ungs advocas.

Je reconnus Hélène et Pâris,
Didon, Pyrame, et Thisbé,
Léandre, Héro, qui périrent
tous les deux dans la mer salée,
et Phyllis qui se tua
pour Démophon, et Achille,
Pénélope, la bien-aimée,
avec son amant Ulysse[1].

Par la suite, je m'en revins au palais
pour entendre plaider les causes.
Etant arrivé dans ce lieu, qui n'est pas laid,
je vis sortir d'une salle
un jeune écuyer de belle allure,
habillé de noir et qui se lamentait :
il avait grand besoin de consolation,
car il pleurait à chaudes larmes de tout son cœur.

Quand Amour et les présidents de séance
eurent pris leurs places,
et avant qu'on ne m'invite à entrer,
je vis cet écuyer, très préoccupé,
se mettre à genoux, et je l'entendis
expliquer devant Amour sa situation,
ce qui étonna plusieurs membres de l'assistance,
car il avait tout l'air d'un avocat.

---

[1] *217-24* : Les histoires ovidiennes de Léandre et Héro, de Phyllis et Démophon, sont également citées par Achille Caulier dans *L'Hôpital d'Amour*, vv. 102-4 et 109-112. Pour plus de précisions, voir les notes à ces vers.

XXXI

Quant il ot de bouche parlé
Et bien moustré l'occasïon
Pour quoy il estoit la alé,
Il prist sa supplicacïon,
Ou estoit son intencïon,
Et la presenta au greffier,
Qui en fist la relacïon
Et la lisy tres voulentiers.

XXXII

Ainsy conmença sa clamour : [fol. 135r]
« A vostre Royal Majesté,
Trespuissant Roy et Dieu d'Amour,
Vray soubsteneur de Loyaulté,
Contre qui riens n'a poosté,
Victorïeux sus les plus fors,
Vray engendreur de humillité,
Et la source de mes confors,

XXXIII

Supplie humblement le dollant,
Triste et esgaré de leesse,
Jadis l'amy et bien veullant
Du povre amant plain de simplesse,
Traictié a mort par la rudesse
De sa maistresse sans mercy,
La quelle en deul et en tristesse,
L'a par son dur respons ocy,

Après avoir terminé son plaidoyer
et bien expliqué les circonstances
qui l'avaient amené en ce lieu,
il prit sa requête formelle
qui contenait ses revendications,
et la présenta au greffier,
qui en fit alors l'exposé,
de bon gré et à haute voix.

Sa réclamation commençait ainsi :
« C'est vous, votre Altesse Royale,
souverain tout-puissant et Dieu d'Amour,
défenseur véritable de Loyauté,
à qui rien ne peut résister,
victorieux contre les plus forts,
origine reconnue d'humilité
et source de mes consolations,

que vient humblement supplier cet homme affligé,
triste et privé de toute allégresse,
jadis l'ami et le soutien bienveillant
du pauvre amant plein de bonne foi,
qui fut mis à mort par la sévérité
de sa bien-aimée dépourvue de toute pitié,
elle qui l'a tué avec sa dure réponse,
en le jetant dans l'affliction et la tristesse :

XXXIV

Que, comme il eust esté espris
Par le premier esmouvement
Doulx Regart de luy rendre pris
A sa dame, et puis humblement
Luy eust requis que tenprement
Luy pleust adoulcir sa doulleur,
Et le voulsist tant seullement
Retenir pour son serviteur,

XXXV

La quelle luy ait reffusé
Mercy, par son fellon courage,
Et par son regart abusé
Dont il soit mort, qui est domage,
Et de puis soubx ung faint langage,
Par ung avocat contrefait,
Ait esté ce crüel oultrage
Contourné et jugié bien fait,

XXXVI

Dont pour elle restitüer [fol. 135v]
Et remectre en sa bonne fame
L'ayés voullu faire appeller
'En Amours la Loyalle Dame,'
Pour quoy est demouré le blasme
Sur le deffunt, que Dieu pardoint,
Pour, apprés le corps, pugnir l'ame,
A qui la desserte n'est point,

Que cet amant ait été entraîné,
par le premier mouvement
de Doux Regard[1], à se rendre prisonnier
de sa dame, et qu'ensuite il l'ait priée
humblement de bien vouloir
adoucir rapidement ses tourments,
et d'accepter du moins
de le retenir auprès d'elle comme serviteur ;

que celle-ci ait refusé
de lui accorder sa grâce, dans la perfidie de son cœur,
et que lui, dupé par son regard,
en soit mort, ce qui est un tort ;
que par la suite, à l'aide d'un faux avocat,
caché sous un discours trompeur,
cet affront cruel ait été mal interprété
et jugé légitime,

et que, pour restituer à cette femme
sa bonne réputation,
vous ayez voulu la faire appeler
'La Loyalle Dame en Amours'[2],
tout cela a fait que le blâme
a été rejeté sur le défunt, que Dieu lui pardonne,
moyennant quoi son âme sera punie, après son corps,
bien qu'il ne le mérite point ;

---

[1] *267* : Voir *Belle Dame*, vv. 225-32.
[2] *284* : Conclusion de la *Dame loyale en Amour*, poème donc qui précède celui-ci et auquel celui-ci fait réponse.

XXXVII

Il vous plaise que le procés,
Prouvé par cavillacïon,
Qui est jugé par aucuns faiz
Sceüs sans informacïon,
Soit remis en son actïon,
Pour ouÿr nos faiz peremptores
Et la vraye accusacïon
Des meffaiz, qui sont tous notores,

XXXVIII

Et que luy, Desir, et Espoir
Ayent en conseil Verité
Et Loyaulté, qui main et soir
Tint conpaignie au trespassé,
Pour apparoir la faulseté
Qui fu contre Espoir et Desir.
Et il vous en sara bon gré,
Car vous luy ferés grant plaisir. »

XXXIX

La supplicacïon ouÿe,
A dist Amours au supplïant
Que Verité se fit partye
Et Loyaulté contre l'amant,
Et que pour riens qui soit vivant
Ne seroit a nul jour deffait
Ne rappellé et fait nëant,
Ce que Verité aroit fait.

Qu'il vous plaise donc que ce procès,
plaidé à l'aide de chicane,
et jugé selon certains faits
acceptés sans investigation,
soit remis en cause,
afin de faire entendre nos faits péremptoires
et l'accusation véritable des délits,
qui sont tous bien connus ;

qu'il vous plaise également que cet écuyer, avec Désir et Espoir,
bénéficient du conseil de Vérité
ainsi que de Loyauté qui, du matin au soir,
tint compagnie au défunt,
afin d'exposer la fraude
qui fut commise envers Espoir et Désir.
Il vous en sera bien reconnaissant,
car vous lui ferez un grand plaisir. »[1]

Après avoir entendu cette prière,
Amour dit au plaignant
que Vérité et Loyauté avaient déjà plaidé
contre l'amant,
et que jamais, pour rien au monde,
tout ce que Vérité avait pu faire
ne serait remis en question,
ni démenti ni abrogé.

---

[1] *250-304* : La syntaxe de cette longue phrase (imitation d'une plaidoirie réel), comprenant la plainte du jeune écuyer rapporté par le greffier de la cour, qui s'étend sur les strophes XXXII-XXXVIII, est assez complexe : Les vers 250-264 constituent la salutation formelle ; les vers 265-284 rappellent les circonstances présumées, rapportées dans une suite de verbes au subjonctif (temps du passé) ; les vers 285-288 résument à l'indicatif le résultat du crime ; et les vers 289-304 formulent la demande du plaideur, de nouveau au subjonctif, mais cette fois au présent, puisqu'il s'agit d'un souhait, d'une pétition. Le noyau de la phrase se trouve au v. 257 (« Supplie ... le dollant ») ; l'objet direct est indiqué par le subordonnant « Que » du v. 265, qui est complété par la requête qui ne commence qu'au v. 289. [DFH]

XL

Celuy respont que Verité [fol. 136r]
Ne soustint onques la querelle
De celle ou n'a que crüaulté,
316 Et s'en rapporte bien a elle,
Car elle savoit la cautelle
Et la crüaulté que on fist faire,
De quoy Loyaulté ne se mesle
320 Car Faulseté est sa contraire.

XLI

Quant Amours entendy cela
Tantost appella Verité,
Qui tout luy dist, rien ne cella,
324 Comment trestout avoit esté :
« Moy, dist elle, ne Loyaulté
Ne savons riens de tout ce cy,
Se ce n'est ce qu'en a conté
328 Cest escuyer qui est droyt cy.

XLII

Celle qui se mist en mon non
Pour ceste cause soustenir
Ne fu aultre que Fictïon.
332 Poëtrie luy fist venir
En ma semblance devenir ;
Et se transmüa Faulceté
Pour la traÿson parfournir
336 En la semblance Loyaulté.

Celui-ci répondit que Vérité
n'avait jamais soutenu la cause
de celle qui n'est que cruauté ;
quant à lui, il s'en rapporte à Vérité,
car elle savait bien quelle ruse
et quelle cruauté avaient été mises en œuvre.
Loyauté, elle, ne s'en mêle point,
car Fausseté est son contraire.

Quand Amour entendit cela,
il appela tout de suite Vérité,
qui, sans rien lui cacher,
lui raconta tout ce qui s'était passé :
« Ni moi, dit-elle, ni Loyauté
ne savons rien de cette histoire,
sinon ce que cet écuyer
qui est devant nous en a raconté.

Celle qui se présenta sous mon nom
pour soutenir cette cause
n'était autre que Fiction.
Poésie la fit venir,
et lui donna mon apparence ;
et Fausseté se transforma
en prenant l'apparence de Loyauté,
pour parachever la perfidie.

XLIII

Non obstant que, qui veult voir dire,
Nulz ne vous pourroit abuser,
Je n'y vouldroye contredire,
Maiz on peust bien, par cabuser,
Vostre conseil faire muser
En tel cas, et le faire abus ;
Et quant par luy voullés user
Vous ne prenés garde au sourplus. »

XLIV

Amours luy dist, « Monstrés moy dont, [fol. 136v]
Vous que je tieng pour Verité,
Que ce fu Fictïon adont
Qui commist ceste faulceté.
– Vous savés, mon tres redoubté,
Comme, selon l'acteur premier,
La dame horrible sans pité
Se moustra plaine de dangier,

XLV

Non pas tant seullement au mort,
Maiz a tous, quant elle disoit :
'Choysisse qui vouldra.' Au fort,
France vers tous estre voulloit,
Et dist que telle demourroit
Sans soy dessaisir de son cueur,
Car ja ne s'en dessaisiroit
Pour en faire ung aultre seigneur.

A vrai dire, bien que personne
ne puisse vous tromper,
et moi-même je ne voudrais pas affirmer le contraire,
néanmoins on peut bien, à force de ruses,
jeter le trouble chez vos conseillers
sur un tel cas, et finir par les induire en erreur.
Quand vous vous appuyez sur eux,
vous ne vous méfiez pas du reste. »

Amour lui dit, « Démontrez-moi donc,
vous que je crois être Vérité,
que ce fut Fiction
qui commit cette fraude.
– Vous savez, mon seigneur révéré,
comment, selon le premier auteur[1],
cette dame horrible et sans pitié
ne fit que des rebuffades,

non pas seulement envers le défunt,
mais envers tout le monde, lorsqu'elle disait :
'Choisisse qui voudra.' En fin de compte,
elle souhaitait garder sa liberté vis-à-vis de tous,
et ajoutait qu'elle persisterait ainsi
à ne pas se dessaisir de son cœur,
car jamais elle ne consentirait à s'en dessaisir
pour qu'un autre en devienne le maître[2].

---

[1] *350* : référence, bien sûr, à Alain Chartier.
[2] *355-60* : Ce passage reprend *Belle Dame*, vv. 285-88, et *Dame loyale*, vv. 649-50.

XLVI

Et vous savés par le tiers livre
Comment en l'ombre de nous deulx
Fictïon dist tout au delivre
364 Qu'elle avoit ung aultre amoureux,
Et celle, atout son cueur crüeux,
A dist de sa bouche que non,
Dont ment Fictïon, c'est li neux
368 Par le quel j'aproeuve son non.

XLVII

Encores y a mainte clause
Pour l'amant contre elle aprouver.
– Il suffit, quant a ceste cause »,
372 Se dist Amours, qui fist lever
Son noble conseil pour trouver
Se le jugement vault effect.
« Ce n'est pas ore a esprouver,
376 Se dist Advis, il soit deffait ! »

XLVIII

Adonc fist Amours appeller   [fol. 141v]
La Belle Dame Sans Mercy
Et la sentence rappeller.
380 A poy qu'elle adonc ne s'ocy
Et si fist appeller aussy
Espoir et Desir sans sejour :
« Car s'ilz ont droit, com jë os cy,
384 Qu'ilz viennent servir a leur jour. »

Et vous savez par le troisième livre[1]
comment, en prenant notre apparence à toutes deux,
Fiction dit tout ouvertement
qu'elle avait un autre amoureux[2] ;
elle-même pourtant, avec son cœur si cruel,
a dit de sa propre bouche qu'il n'en était rien[3] :
C'est donc Fiction qui ment, et voilà le nœud de l'affaire,
grâce à quoi je prouve bien quel nom lui convient.

Il y a encore quantité de raisons
qui peuvent servir à justifier l'amant contre elle.
– Cela suffit en ce qui concerne cette cause ».
Ainsi parla Amour, qui fit rassembler
son noble conseil pour décider
si le jugement méritait d'être mis à effet.
« Ce jugement ne peut être à présent maintenu,
voilà ce que dit Avis, qu'il soit cassé ! »

Alors Amour fit appeler
La Belle Dame sans merci
pour annuler le verdict :
il s'en fallut de peu qu'elle ne se tue.
Et puis Amour fit mander également
Espoir et Désir sans délai :
« Car si leur argument l'emporte, comme je viens de l'entendre,
qu'ils soient présents au jour assigné. »

---

[1] *361* : Achille Caulier désigne la *Dame loyale en Amour* comme le troisième livre, reconnaissant par là la constitution d'un cycle dont le poème d'Alain Chartier serait le premier et l'*Accusation* (*Parlement d'Amour*) le deuxième. Il est à remarquer que selon Piaget, le copiste du ms. Diesbach (*Qj*) aurait désigné la *Dame loyale* par « ly second livre sur la belle dame » et la *Cruelle Femme* par « ly tier livre fait sur la belle damme ».

[2] *364* : voir *Dame loyale*, vv. 393-400.

[3] *365-66* : La dame ne se défend ni dans l'*Accusation* ni dans la *Dame loyale*. S'agit-il des quelques moments dans la *Belle Dame* où elle déclare qu'elle se méfie de tous les hommes, *i.e.*, vv. 286-88 et 747-48 ?

XLIX

Espoir et Desir sont venu
Eulx deulx au greffier presenter,
Et puis fu contre eulx maintenu
Ce cy par Gracïeux Parler :
« Il est vray que par desirer
Et esperer trop follement
Avés vos deulx fait definer
Ung amant douloureusement.

L

Par Desir prist il voulenté
D'estre amoureux, loing de confort,
Et par Fol Espoir inçansé,
Au quel il se fïa trop fort,
Luy vint le mortel desconfort ;
Car lors qu'il failly a s'enprise,
Perdy espoir, dont il fu mort ;
S'en soit l'amende a vos deulx prise.

LI

Pour ce, contre vos deulx conclus
Que vous soyés mis prisonnier
Dedens la prison de Reffus.
Advisés vous, il est mestier
Que vous vous sachiés deschargier.
– Nous respondons a l'abregié
Que on ne nous peust rien callengier
Car nous n'avons point delinquié. »

Espoir et Désir sont venus
tous les deux se présenter devant le greffier,
et puis Gracieux Parler prononça
le discours suivant contre eux :
« Il est vrai qu'en laissant l'amant
désirer et espérer outre mesure
vous avez tous deux mis un terme
à la vie de cet homme d'une manière malheureuse[1].

Grâce à Désir, il lui prit la volonté
d'être amoureux, loin de tout réconfort[2],
et puis, rendu insensé par Fol Espoir,
en qui il eut une confiance trop aveugle,
il lui advint une désolation mortelle ;
car dès qu'il échoua dans son projet,
il perdit espoir, et il en mourut.
Que l'amende soit donc imposée à vous deux.

C'est pourquoi je conclus contre vous deux,
ordonnant que vous soyez incarcérés
dans la prison de Refus.
Délibérez entre vous, car il est nécessaire
que vous vous défendiez de ces accusations.
– Nous répondons très brièvement
que l'on ne peut nous imputer le moindre crime,
puisque nous n'avons point manqué à nos charges. »

---

[1] *389-92* : voir *Dame loyale*, vv. 763-84.

[2] *394* : Il s'agit ici d'un cas délicat en ce qui concerne la question des personnifications : *confort* est-il ici un nom propre ou un nom commun ? Étant donné que *desir* et *fol espoir* désignent des personnages appelés devant le tribunal, et qu'il n'est aucunement question d'un personnage qui s'appelle *Confort* dans la procédure, comme c'était le cas pour Deul au v. 302 de la *Dame loyale*, nous l'avons interprété comme un nom commun. De même, *espoir* au v. 399 est sûrement un nom commun, qui se différencie du figurant dans le procès (qui devient, v. 395, *Fol Espoir*). [DFH]

LII

Verité respont pour eulx deulx, [fol. 142r]
Et dist qu'ilx n'ont en rien meffait.
Müer ne peust le pouair de eulx,
Li Dieu d'Amours les a parfait.
Se mal y avoit en leur fait,
La cause en seroit sus Amours,
Car tieulx qu'ilz sont, il les a fait,
Et si l'ont bien servy tousjours.

LIII

Amours, qui savoit de l'aval
Quel meffait y pouoit avoir,
Leur dist, « Puis qu'il n'y a nul mal,
Je vous remetz en vo pouoir.
Faictes tousjours vostre debvoir
Sans estre aux amans estrangiers,
Et maintenant, de bon vouloir,
Je vous metz hors de tous dangiers. »

LIV

Lors Verité et Loyaulté
Aveuc le dollent escuyer
Sont mis ensemble d'ung costé
Pour la matiere conmenchier.
Verité dist tout au premier :
« Amours, piecha avés sceü
Que chacun cueur jeune et entier
Vous doibt une foys son treü.

Vérité prend la parole pour les deux
et dit qu'ils n'ont commis aucun crime :
on ne peut modifier leur pouvoir,
car c'est le Dieu d'Amour qui les forma à la perfection.
S'il y avait du mal dans leurs actions,
il faudrait en attribuer la faute à Amour,
car il les a faits tels qu'ils sont
et ils l'ont toujours très bien servi.

Amour, qui savait bien en fin de compte
quel pouvait être le délit,
leur dit, « Puisqu'il n'y a pas eu de mal,
je vous rétablis dans vos fonctions.
Continuez à faire votre devoir
sans vous tenir à l'écart des amants,
et je vais à l'instant vous mettre volontiers à l'abri
de toutes ces attaques et revendications. »

Alors Vérité et Loyauté
rejoignirent l'écuyer affligé
d'un côté de la salle
pour exposer leur plainte.
La première, Vérité dit :
« Amour, vous savez depuis bien longtemps
que chaque cœur jeune et vertueux
doit vous payer une fois un tribut.

LV

Je le dis pour ung vray amant,
Qui pour sa jennesse acquiter,
Voult humblement, par cy devant,
A vous son deü presenter,
Et son cueur hostage livrer
Soubz le seel de Loyaulté,
Et a une dame donner,
Crüelle umbre de verité.

LVI

L'amant que Mort ainsy prins a, [fol. 142v]
Par vostre gré, se rendy prins
A celle qui poy le prisa,
Qui des crüelles a le pris ;
Car, sans vers elle avoir mespris,
Le reffusa en desprisant.
Maiz il luy rendy meilleur pris
Car il mouru en la prisant.

LVII

La crüaulté dont celle usa
Estoit dessoubz acueul enclose
Pour quoy l'amoureux abusa
Et Desir bien maintenir l'ose.
Car s'il eüst sceü la chose,
Conme elle apparust de ma bouche,
Encor vesquist, conme suppose,
L'amant qui mort en terre couche ;

Je le rappelle à cause d'un amant sincère
qui, afin de s'acquitter des droits de jeunesse,
voulut autrefois ici même, dans un geste d'humilité,
vous payer ce qu'il vous devait,
et vous livrer son cœur en otage
sous le sceau de Loyauté,
en l'offrant à une dame
dont la sincérité n'était qu'un masque cruel[1].

L'amant que la Mort a fini par saisir
se rendit prisonnier, avec votre accord,
de celle qui ne l'appréciait guère,
celle qui l'emporte sur toutes les femmes cruelles ;
car, sans qu'il ait mal agi envers elle,
elle refusa ses avances tout en le dénigrant.
Mais ce qu'il lui rendit fut encore plus précieux,
car il mourut en gardant toute son estime pour elle.

La cruauté dont elle fit preuve
était cachée sous un accueil favorable
à l'aide duquel elle trompa l'amoureux :
même Désir ose soutenir ce fait.
Car s'il avait connu la situation,
telle que je viens de l'exposer,
cet amant qui repose sous la terre, mort,
vivrait encore, je le crois bien ;

---

[1] *440* : Nous traduisons *verité* par « sincérité » pour évoquer la relation ambigüe entre une vérité objective réelle et une vérité de sentiments qui se traduit par des signes extérieurs. Il est à rappeler que c'est *Verité* personnifiée qui parle ici. Dans d'autres mss., il s'agit de la beauté qui trompe l'amant, ce qui donne une rime plus riche mais une idée plus banale.

LVIII

Le quel congnoissoit Bel Acqueul
Que celle tousjours luy faisoit
D'acointance de bouche et d'eul,
460 Maiz Faulx Semblant ne congnoissoit.
Faulx Acqueul l'appelle de droit ;
C'estoit le lacz pour l'amant prendre,
Qui nulle chose ne voulloit
464 Que sa seulle mercy actendre.

LIX

Je suis de tout bien informé
Par ung tresnotable escripvain,
Bien congneü et renommé,
468 Qui vit et ouÿ tout aplain
Comme l'amant, de doullour plain,
Prioit et estoit reffusé,
Dont on luy donne nom villain
472 Pour ce que tout a encusé.

LX

Fictïon, dedens son procés, [fol. 143r]
Dist que c'estoit ung decepveur
Faisant de ses yeulx entrejetz,
476 Et l'appelloit faulx informeur.
C'est trop parlé en la faveur
De celle ou n'a que crüaulté,
Car l'escripvain y fu meilleur
480 Que ce que nulz n'y eust esté.

Il connaissait bien le 'Bel Accueil'
qu'elle lui réservait toujours
par la fréquentation de sa bouche et de ses yeux,
mais il ne connaissait point Faux Semblant.
A juste titre, je l'appelle 'Faux Accueil'[1] :
c'était le piège utilisé pour capturer cet amant,
dont le seul désir
fut tout simplement d'aspirer à sa grâce.

Je suis bien informé de toute l'affaire
par un très illustre écrivain[2],
connu et célébré de toutes parts,
qui vit et entendit très clairement
l'amant, plein de souffrance,
prier et essuyer des refus.
Il en résulte que son nom est vilipendé,
parce qu'il a dénoncé toute l'affaire.

Durant le dernier procès,
Fiction déclara que c'était un trompeur
faisant de ses yeux des avances[3],
et elle l'appela faux témoin.
C'est trop plaider en faveur
de celle chez qui on ne trouve que cruauté,
car il valait mieux que l'écrivain y fût
qu'il n'y eût personne pour en témoigner.

---

[1] *457-461* : L'auteur joue consciemment avec deux personnifications devenues mythiques, tirées du *Roman de la Rose*. C'est pour cette raison que nous maintenons les majuscules malgré l'usage spécifique du v. 457, qui en ferait plutôt un nom commun.

[2] *466* : Il s'agit, bien sûr, d'Alain Chartier, qui a transcrit le dialogue entre l'amant et la Belle Dame. On remarque les rimes en *-ain* dans cette strophe, qui évoquent subtilement son nom.

[3] *475 :* voir *Dame loyale*, v. 431.

LXI

En tant que le fait revella
Qui, se Dieu plaist, sera pugnis,
Bien fist quant point ne le cela,
Car demouré fust inpugnis,
Et au mains ceux qui sont honnis
De tieulx meffaiz y prendront garde,
Car ilz craindront d'estre banis
Des biens qui sont en vostre garde.

LXII

Maiz certes, celuy qui tel blasme
Luy mist sus, savoit de certain
Qu'il estoit mort, Dieux en ait l'ame,
Car son engin fu si haultain,
Et son bon renon si certain,
Que s'il estoit encore en vie,
Je ne vys huy courage humain
Qui l'osast blasmer par envye.

LXIII

Tant le parfist Nature actif
En tout qu'en vault encore mieulx
De ce qu'il fu une foys vif.
Or est il de ce monde eschieulx,
Maiz, se Dieu plest, il est es cieux
Conme vray amoureux parfait.
Je m'en taiz et retourne aux lieux
Ou il est tesmoing de mon fait.

Dans la mesure où il a fait connaître ce crime
qui, plût à Dieu, sera puni,
il a bien fait de ne pas le cacher,
car le crime serait resté impuni ;
maintenant, pour le moins, ceux qui se rendent coupables
de tels délits se méfieront,
car ils auront peur de se voir refuser
les biens que vous avez en garde.

Mais je suis convaincue que celui qui l'accusa ainsi
savait pertinemment
qu'il était mort, Dieu ait son âme !,
car son talent était si impressionnant
et sa bonne réputation tellement établie
que, s'il vivait encore[1],
je ne connais aucun mortel assez envieux
pour oser le blâmer.

Nature l'avait créé si dynamique, si parfait
en tous points, qu'elle se trouve rehaussée
de lui avoir donné une fois vie.
Il est désormais exilé de ce monde
mais, plaise à Dieu, il est aux cieux,
comme amant parfait et véritable.
Mais je me tais à son propos et reviens aux moments
où son témoignage soutient notre cause.

---

[1] *494* : Allusion à la mort (réelle ou fictive ?) d'Alain Chartier.

LXIV

Il met que celuy qui mort gist
Tousjours se penoit de prisier
Celle qui durement luy dist :
'Se perchevoir vous fait Cuydier
Que poy de chose vaille chier,
Et qu'elle doybve plaire aussy,
Et vous voullés mesmes blechier,
Ce ne faiz je point, quant a my.'

LXV

Elle entendoit que on fait follie
Qui se met en vostre service.
La se fourme vostre ennemie,
Quant tant vo pouvoir appetiche,
Et si fait de grant vertu vice
Quant vous appelle Fol Cuydier :
Cest mot est a son prejudice,
Combien que nulz l'en sache aydier.

LXVI

Qui dist que Cuydier follement
L'ait occy, il fait a blasmer ;
Car se vous n'estes en present,
Fol Cuydier ne peust faire amer.
Nul que vous ne peust entamer
Les cueurs des honmes ou des femmes ;
Aux corps pouois tous droyz clamer
Jusques au partement des ames.

Il propose que celui qui est décédé
s'était toujours efforcée de tenir en grande estime
cette femme qui lui dit avec sécheresse :
'Si c'est Cuydier qui vous fait croire
que ce peu d'attention a quelque valeur
et en plus qu'elle peut causer plaisir,
libre à vous de vous blesser vous même,
mais, quant à moi, c'est une chose que je ne ferai point.'[1]

Elle voulait dire que c'est folie
de se mettre à votre service.
Elle se montre ainsi votre ennemie,
lorsqu'elle réduit à ce point votre pouvoir ;
en outre, elle change votre grande valeur en vice
en vous appelant Fol Cuydier :
Ce mot lâché lui est préjudiciable
quels que soient les efforts que l'on fasse pour la justifier.

Il faut en effet blâmer celui qui déclare
que c'est Cuydier qui a tué l'amant par un accès de folie ;
car, si vous n'êtes pas présent,
Fol Cuydier seul ne peut faire aimer.
Nul autre que vous ne peut transpercer
le cœur des hommes ou des femmes ;
vous pouvez revendiquer tous les droits sur leur corps
jusqu'au moment où l'âme s'en détache.

---

[1] *508-512* : citation approximative de la *Belle Dame*, vv. 253-56.

LXVII

Faire amer est vostre pouoir,
Le Cuydier est faire cuydier,
Esperer est le fait Espoir ;
Ainsy a chacun son mestier.
Quant ainsy est, il est mestier
Que ung amant feru de vo darde
Voyse a sa dame publïer
L'amour et le bien qu'il luy garde.

LXVIII

Pour ce cest amant s'aquita, [fol. 144r]
Qui estoit vaincu par prison,
D'amer ce qui le despita,
A tresgrant tort, car nous lison
Que onques ne pensa traÿson,
Maiz l'amoit de bouche et de cueur.
Sa mort fu approbacïon
Qu'il ne fu onques delinqueur.

LXIX

Non obstant, par melencolie
Luy dist, pour son orgueul sanchier,
Que vous estes plaisant folie
Qui le mectés en ce dangier ;
Et ailleurs, pour vo non changier
Qui est tant plaisant a ouÿr,
Vous nomme 'crüel losengier,
Aspre en fait et doulx en mentir.'

Le pouvoir de faire aimer vous appartient ;
celui de Cuydier est de faire présumer,
et espérer est le domaine d'Espoir :
Ainsi chacun a sa charge.
Dans ces conditions, il est nécessaire
qu'un amant blessé par votre flèche
aille révéler à sa dame
l'amour et l'estime qu'il a pour elle.

C'est de quoi cet amant s'est acquitté,
lui qui, pris au piège, était obligé
d'aimer celle qui l'avait traité avec mépris ;
mais elle le fit bien à tort, car nous lisons
qu'il n'eut jamais l'idée de la trahir—
au contraire, il l'aimait de bouche et de cœur.
Sa mort fournit la preuve
qu'il ne manqua jamais à ses devoirs.

Néanmoins, elle lui dit avec aigreur,
pour mettre terme à sa témérité,
que c'est vous, qu'elle appelle une charmante folie,
qui le mettez en péril.
Par ailleurs, afin d'altérer votre nom,
qui est tellement beau à entendre,
elle vous a traité de 'menteur cruel,
sévère dans vos actes et doux dans vos tromperies'[1] !

---

[1] *551-52* : Citation exacte de la *Belle Dame*, vv. 313-14, reprise également dans *L'Accusation*, vv. 449-50 et *La Dame loyale*, vv. 705-12.

LXX

Celuy qui l'en veult excuser
Preuve vostre ennemy fourmé,
Combien que pour foulz abuser
Y a ung aultre scens trouvé
Soubz ung faint langage äourné,
Contourné sus ung aultre sens ;
Nëant mains, vous bien infourmé,
Vous y verrés ce que je y scens.

LXXI

Quant l'amant tresloyal a droit
S'efforchoit de crïer mercy,
Par grant desdaing luy respondoit
Que on ne doibt rien donner sans sy,
Que honneur demeure ; et quant ainsy
Respondoit, ne pensoit nul bien,
Et l'amant a rien n'entendy
Qu'a son honneur sur toute rien.

LXXII

L'entendement d'elle estoit tel [fol. 137r]
Que nul n'amoit sans deshonneur,
Et banissoit de vostre hostel
Vostre fëal amy Honneur,
Qui est tresorier et donneur
Des biens pour qui maint amant veille,
Et qui est le droit semonneur,
Qui vray Desir premier esveille.

Cet avocat qui prétend lui trouver des excuses
se montre là-dessus votre ennemi juré,
tant et si bien que, pour tromper les imbéciles,
il a trouvé dans ses paroles une autre signification,
sous un langage fardé d'hypocrisie,
qui en modifie le sens primaire[1].
Néanmoins, une fois que vous serez bien informé,
vous verrez bien ce que j'entends par là.

Quand ce très loyal amant s'efforça, comme il convient,
de demander grâce,
elle lui répondit dédaigneusement
qu'on ne doit rien donner sans réserve,
afin de préserver sa vertu ; en répondant ainsi,
elle ne montrait aucune bienveillance,
et pourtant l'amant ne pensait
qu'à préserver sa vertu avant tout.

Quant à elle, elle était d'avis
que personne ne pouvait aimer sans déshonneur ;
elle banissait donc de votre logis
votre fidèle ami Honneur,
qui est trésorier et dispensateur
des bienfaits qui font rêver tant d'amants,
ainsi que le véritable instigateur
qui, tout en premier, réveille Désir.

---

[1] *555-558* : Voir *Dame loyale*, vv. 729-36. Dans ce dernier poème, l'avocat de la Belle Dame, Vérité (que l'on vient de démasquer comme Fiction), avait excusé les remarques de la dame en prétendant qu'elle ne visait que les amants déloyaux.

LXXIII

Fictïon fainte et Faulceté
Disoyent que ce qu'elle fist
Estoit pour garder loyaulté
Vers celuy que son amy dist.
Et onques ung mot sus ne mist
Que nulz qui vive ouÿst retraire,
Pour quoy ce propos adverist,
Maiz appreuve tout le contraire.

LXXIV

S'elle eust amé aultry que luy,
Sauf s'honneur, peüst tresbien dire
Bonnement : 'j'ay ailleurs choisy ;
Retrayés vostre cueur, beau sire,
Avant que vostre mal enpire.'
Maiz nennyl, elle n'amoit pas ;
Sa rigueur brassoit le martire,
Dont l'amant cheÿ en trespas.

LXXV

Encores pour mieulx approuver
Qu'elle n'amoit aultre ne luy,
Pour le povre amant reprouver
Et moustrer qu'il avoit failly,
Luy dist en faisant tout onny :
'Crïent, pleurent, rïent, ou chantent,
Car je pourverray, quant a my,
Que vous në aultres ne s'en vantent.'

Fiction perfide et Fausseté
prétendaient qu'elle avait agi ainsi
afin de rester loyale
envers celui qu'elle appelait son ami.
Mais elle ne prononça jamais un seul mot
qu'aucune créature ait entendu
par lequel cette déclaration ait pu se vérifier ;
ses actions prouvent tout le contraire.

Si elle en avait aimé un autre,
elle aurait très bien pu dire tout simplement,
sans porter atteinte à son honneur : 'J'en ai choisi un autre ;
retirez votre cœur, beau seigneur,
avant que votre douleur ne s'aggrave.'
Mais non, elle n'aimait personne d'autre :
sa cruauté préparait le martyre
qui entraîna le trépas de l'amant.

Je peux démontrer mieux encore
qu'elle n'aimait ni lui ni un autre :
car, afin de repousser cet amant misérable
et de lui faire voir qu'il avait échoué,
elle lui dit, affichant une indifférence totale :
'qu'ils crient, qu'ils pleurent, qu'ils rient ou chantent, [cela m'est égal],
car je veillerai, en ce qui me concerne,
à ce que ni vous ni un autre ne puisse s'en vanter.'[1]

---

[1] *598-600* : voir *Belle Dame,* vv. 702-4.

LXXVI

Ce n'estoit mie pour vanter
Qu'il s'estoit mis en ceste queste,
Maiz estoit pour soy crëanter
604 D'estre loyal, puis sa conqueste.
Pour neant donna mainte requeste
Que Loyaulté luy escripsy ;
Si me rapporte en toute enqueste
608 Que onques Pitié ne les lisy.

LXXVII

Sa loyaulté luy vallu mains
Que s'il eust esté desloyal,
Car, des qu'il fu entre ses mains,
612 Tousjours luy offroit bien pour mal,
Ja soit ce que on sceit de l'aval
Que mieulx luy vault que chacun die
Qu'il soit mort renonmé loyal
616 Que ce qu'il fust faulx et en vie.

LXXVIII

Mieulx vault mort vivre en ung bon non,
Tant que le monde peust durer,
Que vif mourir en mal renon.
620 Pour ce Passïence endurer
Fist a l'amant sans murmurer
Le dur coup de la mort obscure,
Que celle luy voult procurer
624 Avant son temps, mal gré Nature.

Ce n'était point pour se vanter
que l'amant avait entrepris cette quête,
mais plutôt pour se porter garant
de sa loyauté lorsqu'il aurait atteint son but.
Ce fut en vain qu'il présenta toutes les requêtes
que Loyauté composa pour lui ;
à toute interrogation, je soutiens
que Pitié n'en lut jamais un seul mot.

Sa loyauté lui valut moins
que s'il avait été déloyal,
car dès qu'il se fut placé entre ses mains,
il lui paya en gentillesses ses méchancetés ;
ceci dit, on le sait bien par expérience,
mieux vaut que l'on dise de lui
qu'il mourut en gardant son renom de loyauté
plutôt que d'avoir été déloyal et d'être bien en vie.

Mieulx vaut, mort, conserver une bonne réputation,
qui durera tant que le monde durera,
que mourir ayant vécu dans l'opprobre.
Voilà pourquoi Patience permit à l'amant
de supporter sans plainte
le dur coup de cette mort ignoble,
que la dame voulut lui infliger
avant son temps, et malgré Nature.

LXXIX

Ou est Nature a ce coup cy
Qu'el ne vient son droit pourchassier
De celle qui luy a ocy
628 Celuy qu'elle prisa si chier ?
Que n'ayde elle a faire trachier
Les articles faulsement faiz ?
Bien doibt venir celle lachier,
632 Affin qu'il soit en droit reffaiz.

LXXX

Tant le prisa a sa naissance [fol. 138r]
Que tout bel le determina
Et puis parfait en sa croyssance
636 Tant qu'en bonne fin l'afina.
Chacun l'ama tant qu'il fina,
Fors une femme, ce fu ceste,
Qui sa mort luy predestina
640 Pour son regart tout plain de feste.

LXXXI

Toute chose estoit son amye,
Tout ce l'amoit qui avoit scens,
Dont est elle a tout ennemie,
644 Nulle aultre chose je n'y scens.
Or, soit dont, Amours, vos assens,
Que l'ennemye a toute chose
Soit privee et luy soit exems
648 Bon renon ou tout heur reppose.

Qu'est devenue Nature dans tout ceci ?
Pourquoi ne vient-elle pas faire valoir ses droits
vis-à-vis de celle qui tua
cet homme qui lui était si cher ?
Pourquoi n'aide-t-elle pas à faire invalider
les plaintes qui furent abusivement déposées ?
Il faudrait bien que Nature vienne enchaîner cette dame,
afin que l'amant soit à juste titre réhabilité.

Elle l'estima tant à sa naissance
qu'elle le doua d'une très belle forme,
puis elle le perfectionna lors de sa croissance
si bien qu'il finit par devenir des plus parfaits.
Tous l'aimèrent tant qu'il vivait,
sauf une femme : c'est celle-ci,
qui le voua à la mort
au moyen de son regard si enjoué.

Toute créature lui portait amitié,
tout être sensible l'affectionnait ;
elle est, par conséquent, l'ennemie de tous,
je ne vois rien d'autre à ajouter.
Que votre consentement soit donc accordé, Amour,
à ce que l'ennemie de tout le monde
soit privée de son bon renom,
source de tout bonheur.

LXXXII

Puis que homme du monde n'amoit
Et hayoit l'amy de chacun,
Par ces deux offences veut droit
652 Que elle soit haÿe en commun,
N'ait amis eu monde naisun,
Maiz soit de tout amour privee.
Droit veult, soit aulcune ou aulcun,
656 Que on hee tout ce que tout hee.

LXXXIII

Encore fist pis ceste femme,
Qui par espreuve congnoissoit
Qu'il estoit triste jusqu'a l'ame,
660 Tant que pres se descongnoissoit :
Quant party fu, poy y pensoit,
Car aux danses revint errant ;
Apprés mal fait, s'esjouÿssoit,
664 Selon la guyse de tirant.

LXXXIV

Et puis que le tirant ressemble
Puis je bien 'tirande' appeller,   [fol. 138v]
Encore pis, car elle semble
668 Au vëoir doulce et sans amer,
De mercy briefve a entamer,
Plaine de chiere ouverte et grande,
Pour quoy la puis, sans sournonmer,
672 Appeller la Faulse Tirande.

Puisqu'elle n'aimait aucun homme au monde
et qu'elle haïssait l'ami de tous,
il est juste, en raison de ces deux crimes,
qu'elle soit haïe de tous,
qu'elle n'ait point d'ami au monde,
et qu'elle soit privée de tout amour.
La justice exige que l'on haïsse
toute personne, homme ou femme, qui hait tout.

Cette femme, qui de sa propre expérience
savait qu'il était triste jusqu'au fond de l'âme,
à tel point qu'il devenait presque méconnaissable,
fit pire encore :
Dès qu'il s'en alla, elle ne se préoccupa plus de lui,
car elle retourna tout de suite danser.
Après son méfait, elle se réjouissait,
à la manière d'un tyran.

Or, puisqu'elle ressemble au tyran
je peux à bon droit l'appeler 'tyrande' ;
mais on peut aller plus loin,
car puisqu'elle semble à l'extérieur douce et sans amertume,
prête à accorder sa grâce,
et qu'elle montre un accueil chaleureux et encourageant,
je peux même l'appeler, sans exagération,
'La Fausse Tyrande.'

LXXXV

On ne peust d'elle assés mesdire
Pour ce que seulle est sans mercy,
Car il n'est plus, qui veult voir dire,
De tel dame que ceste ycy ;
Des biens d'elles sont enricy
Tous ceulx qui vivent soubz les cieulx,
Et ceste aultre a celuy occy
Qui d'elle deüst valloir mieulx.

LXXXVI

Et semble que tel chose infame,
Selon ce que d'elle est escript,
Ne soit pas comme une aultre femme,
Maiz soit quelque maulvais esprit
Qui ymage de femme prist
Pour mectre a mort vraiz amoureux,
Dont cest amant en soit perist,
Qui tant fu sage et gracïeux.

LXXXVII

S'il n'est ainsy, si couvient y
Qu'elle soit de malle heure nee,
Et que Sathan luy ait sorty
Quelque malvaise destinee,
Car en mal est tant obstinee
Que bien ne peust dedens son corps ;
Rigueur fu en elle assignee
Des qu'elle eust scens, bien m'en recors ;

On ne peut assez médire de cette femme,
parce qu'elle est, seule parmi toutes, impitoyable :
à vrai dire, il n'y a point
de dame qui lui soit comparable.
Tous ceux qui vivent en ce monde
sont enrichis par les bienfaits des dames,
mais cette femme a tué l'homme
dont le mérite, grâce à elle, aurait dû augmenter.

Il semble bien qu'un être aussi ignoble,
à juger d'après ce qu'on a écrit à son sujet,
ne soit pas une femme comme les autres,
mais quelque esprit malfaisant
ayant emprunté l'apparence d'une femme
pour tuer les amoureux sincères,
et qu'ainsi soit mis à mort cet amant,
qui fut si sage et si aimable.

Si ce n'est pas le cas, c'est donc
qu'elle est née sous une mauvaise étoile,
et que Satan lui a jeté un sort,
lui réservant quelque destin funeste,
car le mal est en elle si profondément enraciné
que le bien ne peut entrer dans son corps ;
la dureté d'âme fut son lot
dès ses toutes premières pensées, cela me semble évident.

LXXXVIII

Non pas scens, maiz maulvés malice [fol. 139r]
Et art pour faire amans mourir :
C'est bien raison que on n'obeïsse
Son faulx pouair, qui fist perir
Le loyal, sans luy secourir,
Qui bien fu digne d'estre amé,
Se fait ne luy eust renchierir
Mercy, par faulte de pitié.

LXXXIX

Vray Dieu d'Amours, je te requier,
Oy tes subgés crïer justice !
Ilz ne te cessent d'invoquier.
Fay que de ta bouche juste ysse
Raison, qui ce meffait pugnisse.
Voy les leur bon frere plourer,
Qui leur sorte moult rapetiche,
Car ce leur fu ung grant pillier.

XC

Tant ne me grefve pas sa mort,
Puis qu'il estoit homme mortel,
Qu'il me desplaist quant me remort
De ce que luy, qui n'a son tel,
Ama femme qui ne soit el
Que mal. Hellas ! Pour quoy loga
Tant noble hoste en si rude hostel
Duquel la Mort le desloga ?

Pensées, que dis-je ! Dispositions malignes, plutôt,
et ruses pour faire mourir les amants :
Il est bien raisonnable de ne pas se laisser entraîner
par son pouvoir trompeur, qui fit périr cet être loyal
sans lui porter aucun secours.
Il méritait bien d'être aimé,
si seulement elle n'avait pas mis sa compassion hors de prix,
par manque de pitié.

Véritable Dieu d'Amour, je te supplie,
écoute tes sujets qui te demandent justice !
Ils ne cessent de t'invoquer.
Laisse sortir de ta bouche juste
la sentence qui punira ce délit.
Regarde-les qui pleurent leur bon frère,
dont ils ressentent l'absence au sein de leur groupe,
car il en était l'un des forts piliers.

Ce n'est pas tant du chagrin pour sa mort
(c'était, après tout, un mortel)
que je ressens que de l'affliction en me souvenant
que cet homme sans pareil
aima cette femme qui n'est rien d'autre
que le mal incarné ! Hélas ! Pourquoi un si noble hôte
logea-t-il dans une demeure si pénible,
dont la Mort le délogea ?

XCI

Puis qu'onques de pitié n'usa
Ou le dollent preist allegance,
Et que vray Desir abusa
724 Et fist mentir Doulce Esperance,
Rigueur doibt estre en sa nuysance,
Sans ce que Pitié la deffende :
A tel desserte, tel vengance ;
728 Et a tel meffait, telle amende.

XCII

En oultre, je dys au sourplus [fol. 139v]
Que celuy qui la chose escript,
Qui fu eu ciel, rapporta plus
732 De pluseurs choses qu'il ne vit.
Il le convient, des qu'il a dit
Que de vo bouche deposastes
Que a celle ou n'a fors escondit
736 Par avant aultre amy donnastes.

XCIII

– Certes, dist Amours, je tesmoings
Que oncques de ma bouche n'yssy,
Et si en prens pour mes tesmoings
740 Tous mes hommes qui sont ycy.
Celluy qui le rapporte ainsy,
Combien qu'il soit sage et discré,
En retint peu, ou trop ouÿ,
744 Car il ne fu pas verité.

Puisqu'elle n'agit jamais avec pitié,
grâce à quoi l'amant aurait pu trouver du soulagement,
et qu'elle trompa Désir sincère
et fit mentir Douce Espérance,
Rigueur doit participer au châtiment de cette femme,
sans que Pitié la défende.
Que la vengeance corresponde à la faute,
et la punition au délit.

En outre, j'ajouterai
que celui qui mit cette affaire par écrit
et qui fut transporté aux cieux en rapporta plus long
sur plusieurs faits que ce qu'il en vit :
C'est bien évident, surtout quand il dit
que vous-même, de votre propre bouche, vous avez déclaré
que vous avez donné auparavant un autre ami
à cette dame qui n'est que refus[1].

– Certes, dit Amour, j'atteste
que jamais de telles paroles ne sortirent de ma bouche,
et je prends à témoins
tous mes hommes ici présents.
Celui qui fit un tel rapport,
quoi qu'il soit sage et discret,
en retint peu ou bien entendit trop,
car il n'en fut jamais ainsi.

---

[1] *730-36* : Achille Caulier se réfère ici à l'auteur, anonyme, de la *Dame loyale*, dont le narrateur raconte son ravissement « en un ciel a merveilles grant » (v. 197) et, plus loin, rapporte cet aveu du Dieu d'Amours (vv. 818-24).

XCIV

– Si l'aproche en deux faiz premis
De crisme tout manifesté.
Premier, je diz qu'elle a conmis
Crisme de leze magesté,
Quant de sa bouche a arresté
Que pour pluseurs cas estes vice,
Si conclus que luy soit osté
Son nom, car mal luy est propice.

XCV

Or soit deboutee a tousjours
De vostre court et puis nommee
'La Crüelle Femme en Amours.'
Et puis enjoingt a Renommee
Que la voix soit par tout semee
Qu'elle est crüelle et sans mercy,
Quant de sa voix envenimee
A des bons le meilleur occy.

XCVI

Secondement, pour ceste mort [fol. 140r]
Qui est crisme venu d'orgueul,
Commis sans cause et a grant tort,
Contens qu'en la chartre de deul
Soit plungie, contre son veul,
Et noÿe ens eu puis de lermes,
Affin que de son faulx acqueul
Ne use jamés contre vos termes.

– Je l'accuse donc de deux actes que je vais exposer,
et qui constituent des crimes manifestes.
En premier lieu, je déclare qu'elle a commis
un crime de lèse-majesté
lorsque de sa propre bouche elle a décrété
que vous poussez souvent au méfait ;
par conséquent, je vous adjure de lui ôter
son nom, car il lui convient mal.

Qu'elle soit donc à tout jamais chassée
de votre cour et dénommée :
'la Cruelle Femme en Amour' ;
que par la suite Renommée reçoive l'ordre
de faire répandre partout la rumeur
qu'elle est cruelle et sans merci,
dès lors qu'elle a tué, grâce à ses paroles empoisonnées,
le meilleur de tous les bons.

En second lieu, pour ce meurtre
qui est un crime d'orgueil,
commis sans mobile et à grand tort,
je suis d'avis qu'elle soit jetée
dans la prison de tourment, contre son gré,
puis noyée dans le puits de larmes
afin qu'elle n'utilise plus jamais
son accueil trompeur pour contrecarrer vos règles.

XCVII

Et soit l'amant, a tort finé,
Qui des bons portoit le pennon,
Glorifié et ramené
Eu paradix de bon renon
Ou il vive en gloire et en non
Avec les loyaulx trespassés,
Et porte de loyal sournon
Pour les biens dont il ot assés.

XCVIII

Et s'il est mestier de prouver
Les faiz d'icelle au cueur plain d'ire,
Et aussy de tesmoings trouver
Pour les biens de l'amoureux dire,
J'ay preuvez tant qu'il peust suffire,
Tant d'estranges com de privés,
Tous prestz de faulx propos desdire
Dont l'amant fu de vous privés. »

XCIX

La dame adonques supplïa
Qu'elle ouÿst les tesmoings nommer.
Le Dieu d'Amours luy octrïa ;
Verité les fist appeller.
Quatre en y eut pour approuver
La vie de l'amant finé,
C'est a savoir : Honneur, Celler,
Largesse aveuc Humillité,

Que l'amant, passé trop tôt de vie à trépas,
qui portait le drapeau des hommes de bien,
soit glorifié et ramené
au paradis de bonne renommée ;
qu'il y vive dans l'honneur et l'estime
avec tous les loyaux amants décédés,
et qu'il porte le surnom de 'Loyal'
en récompense de ses grandes qualités.

Et s'il est nécessaire de prouver
les méfaits de cette dame au cœur enragé,
ou bien de trouver des témoins
pour attester la bonté de l'amant,
j'ai des preuves en quantité suffisante,
fournies par des étrangers autant que par des intimes,
tous prêts à démentir ces mensonges
par lesquels l'amant fut séparé de vous. »

A ce point, la dame demanda à entendre
les noms de ces témoins.
Le Dieu d'Amour y consentit,
et Vérité les fit appeler.
Il y en eut quatre pour attester
la conduite de l'amant décédé,
à savoir : Honneur, Celer,
Largesse et Humilité ;

C

Sans Verité et Loyaulté, [fol. 140v]
Et l'escuyer nommé dessus,
Pour ce qu'ilz se furent fourmé
Partie, n'en oÿ on nuls.
Et si en ot quatre au sourplus,
Certifïans l'enorme crisme :
Bel Acueul, Dangier, et Reffus,
Et Souvenir, qui est quatriesme.

CI

Ung livre grant comme ung messel
Qui de deulx chainnes d'or tenoit,
Fist on ouvrir, dedens le quel
Le Dieu d'Amours pourtraiz estoit ;
Verité en garde l'avoit.
C'estoit le livre de la foy
Sus le quel Amours sermentoit
Les huyt tesmoings par devant soy.

CII

Les premiers quatre deposerent
Par leurs sermens pour ce juré
Que onques l'amoureux ne trouverent
Envers la dame parjuré,
Et qu'ilx avoyent demouré
Avec luy depuis son venir,
Et l'avoit Honneur gouverné,
Se dist il, jusques au mourir.

Mais on n'entendit ni Vérité, ni Loyauté
ni l'écuyer mentionné ci-dessus,
étant donné qu'ils s'étaient constitués
partie civile dans l'affaire.
Et puis pour certifier l'énormité du crime,
il y en eut quatre autres :
Bel Accueil, Danger, Refus,
et Souvenir, qui fut le quatrième.

On fit ouvrir un livre aussi grand qu'un missel
qui était attaché par deux chaînes d'or,
dans lequel se trouvait
le portrait du Dieu d'Amour.
C'est Vérité qui conservait ce livre.
C'était le livre de la foi,
sur lequel Amours fit prêter serment
aux huit témoins qui étaient devant lui.

Les quatre premiers témoins attestèrent,
après avoir prêté serment,
qu'ils ne trouvèrent jamais
l'amoureux parjure envers la dame,
et qu'ils étaient restés
auprès de lui depuis sa première rencontre avec elle ;
Honneur l'avait eu en sa garde—c'est lui-même qui le dit—
jusqu'au moment de sa mort.

CIII

Apprés fist on les quatre ouÿr,
Les quieulx ceste dame accusoient ;
Devant moy les vy maintenir
820 Ce qui s'ensuit : premier, disoient
Dangier et Reffus qu'ilz n'avoient
Onques ceste dame laissie,
Et oultre plus, ilz maintenoient
824 Qu'en desdaing fu tousjours nourrie.

CIV

Puis Bel Acueul, l'umble et le doulx, [fol. 141r]
Dist que onc n'avoit a sa prïere
Fait meilleur chiere a ung que a tous :
828 C'est bien apparant qu'elle est fiere !
Et puis dist Souvenir arriere,
A qui bien de tout souvenoit,
Qu'a tort avoit gecté en biere
832 L'amant qui nul mal ne chassoit.

CV

Quant le Dieu d'Amours et sa court
Les eurent ouÿs, il me semble
Qu'ilz se leverent sus tout court
836 Et se retrairent tous ensemble
Au lieu ou le conseil s'assemble.
Ne sçay qu'ilz dirent, trop fus loing,
Maiz celle qui de päour tremble
840 Percheux en crainte et en grant soing.

Après on fit entendre les quatre
qui portaient accusation contre la dame ;
je les regardai soutenir devant moi
les arguments suivants : d'abord,
Danger et Refus disaient qu'ils
n'avaient jamais abandonné cette dame
et, en outre, ils soutenaient
que toute sa vie fut marquée par le dédain.

Puis Bel Accueil, humble et doux,
déclara que, malgré ses prières,
elle ne voulut jamais jeter son dévolu sur quelque amant que ce
[soit.
Il est bien évident qu'elle est orgueilleuse !
Puis Souvenir, à son tour,
qui se souvenait bien de tout,
maintint qu'elle avait injustement conduit l'amant
au cercueil, lui qui ne cherchait aucunement à mal agir.

Quand le Dieu d'Amour et sa cour
les eurent entendus, j'eus l'impression
qu'ils se levèrent brusquement
et se retirèrent tous ensemble
dans la pièce à part où le Conseil s'assemble.
Je ne sais ce qu'ils se dirent, j'étais trop loin,
mais celle qui tremblait de peur,
je compris bien qu'elle était en proie à la crainte et à l'inquiétude.

CVI

Quant ilz eurent deliberé,
En leur lieux les vys revenir.
Nulz n'y avoit rien differé.
Lors par adveu dist Souvenir :
« Dame, voullés vous bien tenir
Tout ce que Verité despose ?
Il fault le jugement fenir
Ou reprochier ce qu'il propose. »

CVII

Lors vys ceste dame lever,
Qui estoit plus morte que cendre ;
D'ire sembloit que deust crever.
Onc ne vys de ses yeulx descendre
Lerme : c'est bien pour condescendre
Aux tesmoings de sa crüaulté.
Ne se sceut ou daigna deffendre
Contre le propos Verité.

CVIII

Adonques Gracïeux Parler, [fol. 144v]
Par ung doulx langage äourné,
Luy dist : « N'est mestier de celer,
Dame, congnoissiés verité,
Et on aura de vous pité. »
Lors, par remors de conscïence,
Confessa ceste crüaulté
Comme Verité le recense.

Quand ils eurent délibéré,
je les vis revenir à leurs places.
Il n'y eut aucune dissension parmi eux.
Alors Souvenir fit sa déclaration :
« Dame, voulez-vous admettre
tout ce que Vérité dit dans sa déposition ?
Il faut conclure le jugement
ou bien récuser ce qu'il avance. »

Je vis alors se lever cette dame,
qui était pâle comme la mort ;
on aurait dit qu'elle allait exploser de dépit.
Je ne vis point couler une seule larme
de ses yeux : c'était bien là souscrire
aux témoignages de sa cruauté.
Soit elle ne sut, soit elle ne daigna se défendre
contre les propos de Vérité.

Alors, Gracieux Parler,
bien tendrement et en mots choisis,
lui dit : « Point besoin de dissimuler,
Madame : reconnaissez la vérité
et on aura pitié de vous. »
Alors, pleine de remords,
elle confessa son acte de cruauté
exactement comme Vérité l'avait exposé.

CIX

Et croy que se n'eust esté Honte,
Qui ung petit l'umilïa,
De la court tenist peu de compte.
Maiz Honte ung poy la mestrïa,
Car a moitié mercy crïa,
Disant : « Je me rapporte, au fort,
A ce que la court en dira.
Grace requier, pour Dieu confort ! »

CX

Apprés dist Amours au greffier
Que tous les procés allast querre,
Conme il fist, et les fist baillier
Au grant consceil pour affin traire
La cause et le procés parfaire.
Ce furent Scens, Raison, Advis,
Memoire, et Crainte de Mal Faire,
Qui mal consceillassent envis.

CXI

Les quatre sont docteurs es loys ;
Memoire vault ung coustumier.
Si estudïerent es droys,
Pour eulx meïsmes consceillier.
Quant fait eurent, au reppairier,
Raison vint dire au jugement
Qu'Amours debvoit trop bien jugier
La fin ou Verité content.

Je crois bien que sans Honte,
qui la rendit un peu humble,
elle n'aurait guère tenu compte de la Cour.
Mais Honte la maîtrisa quelque peu,
car elle implora la pitié à demi-mots,
disant : « Je me soumets en fin de compte
à la décision de la Cour.
Je demande votre indulgence, par la grâce de Dieu ! »

Ensuite, Amour dit au greffier
de rassembler toutes les pièces de l'instruction,
ce qu'il fit, et de les faire parvenir
au grand Conseil pour que l'on puisse
mettre fin à la cause et parachever le procès.
Le conseil fut composé de Sens, Raison, Avis,
Mémoire, et Crainte de Mal Faire,
qui auraient tous donné à contrecœur un conseil injuste.

Ces quatre-là sont docteurs en droit ;
Mémoire a la compétence d'un recueil des coutumes.
Ils examinèrent la jurisprudence
pour mieux s'informer.
Quand ils l'eurent fait, et qu'ils furent revenus,
Raison vint annoncer devant la Cour
qu'Amour devait juger rigoureusement
selon la conclusion que Vérité avait préconisée.

CXII

Quant Amours ouÿ leur rapport, [fol. 145r]
Jugier alla en tel maniere :
« Je veul que l'amant qui est mort
892 Soit suscités en ma lumiere,
Et ait sa place et sa chaiere
En paradis de bon renon,
Et comme ma chose plus chiere,
896 Il soit vif en gloire et en non.

CXIII

Et affin que chacun me criesme,
Contre toy, tresorrible femme,
Dist la court par ton premier crisme,
900 Qu'on ne t'appelle jamés dame
Et soyes repputee imfame,
Et de nous banie a tousjours,
Et enjoings qu'on te nomme et clame
904 'La Crüelle Femme en Amours.'

CXIV

Et pour l'autre crisme ou gist mors,
Te condampne a estre enchartree
En chartre de deul sans depport,
908 Et toy ileuc ainsy gectee
Soyes, naÿe et par oultree
Eu puis de lermes, je le veul,
Le quel puis plain de eaue salee
912 Est dedens la chartre de deul. »

Quand Amour entendit leur rapport,
il rendit le jugement suivant :
« J'ordonne que l'amant qui est mort
soit ressuscité dans la lumière de mon domaine ;
qu'il prenne place et occupe son propre trône
au paradis de bonne renommée,
et, comme ma plus chère créature,
qu'il vive dans la gloire de son renom.

Afin que tous me craignent,
la Cour a rendu son arrêt contre toi, femme abominable,
ordonnant, à la suite de ton premier crime,
que plus jamais on ne t'appelle dame,
et que tu sois réputée infâme,
et bannie à tout jamais de notre compagnie.
En outre, je prescris que l'on t'appelle publiquement
'La Cruelle Femme en Amour.'

Et en punition de l'autre crime, suite auquel il gît mort,
je te condamne à être incarcérée
sans délai dans la prison de douleur,
et, une fois jetée là,
d'être noyée et anéantie
dans le puits de larmes ; je l'ordonne ainsi.
Le puits en question, plein d'eau salée,
se trouve dans la prison de douleur. »

CXV

Quant le jugement fu rendu,
Desespoir est sailly avant,
Qui maint meschant honme a pendu,
Et la prist et mainne devant,
Puis la bouta en languissant
En la chartre ou n'a qu'amertume,
Et est la chartre en ung pendant
Du perilleux hostel Fortune.

CXVI

Doulx Penser, qui estoit huyssier [fol. 145v]
Et publïeur, lieve sa mache
Et va de par Amour crïer
Que nul, jamés, en quelque plache,
Ne pense, die, tense, ou fache
Rien qui soit contre la sentense,
Sur painne de perdre sa grace
Et courre en sa malivolense.

CXVII

Ce finé, ne me donne garde
Que seul me treuve en la vallee.
La teste sours par tout regarde ;
Je ne vys Amours n'assemblee,
Tout ainsy conme chose emblee.
Ne sceu que tout fu devenu,
La veue avoye si troublee,
Ne sceu qu'il me fust advenu.

Dès que le jugement fut rendu,
voilà que s'élance Désespoir,
qui a pendu beaucoup d'hommes infortunés ;
il la prit et la fit marcher devant lui,
puis il la poussa, abattue,
dans cette prison où il n'y a qu'amertume,
et qui se trouve sur une des pentes qui entourent
la périlleuse résidence de Fortune[1].

Doux Penser, qui était huissier
et crieur public, soulève sa massue
et va proclamer, au nom du dieu d'Amour,
que jamais personne ne doit publiquement
penser, dire, défendre ou faire
quoi que ce soit de contraire à cette sentence,
sous peine de perdre sa faveur
et d'encourir sa malveillance.

C'est seulement lorsque tout fut accompli que je m'aperçus
que j'étais seul dans la vallée.
La tête abasourdie, regardant de tous côtés,
je ne vis ni Amour ni son assemblée,
comme s'ils s'étaient soudain envolés.
Je n'appris rien de plus à leur sujet.
J'avais la vue si trouble
que je ne comprenais pas ce qui m'était arrivé.

---

[1] *920* : Voir la célèbre description de Fortune et de sa demeure, traduite en grande partie de l'*Anticlaudianus* d'Alain de Lille, dans le *Roman de la Rose,* éd. Lecoy, vv. 5891-6144, en particulier le passage suivant : « En haut ou chief de la montaigne/ou pendant, non pas en la plaigne,/menaçant tourjorz trebuichance,/preste de recevoir chaance,/descent la maison de Fortune ; ... L'une partie de la sale/va contremont, et l'autre avale,/si semble qu'el doie choair,/tant la puet l'en pendant voair » (éd. cit., vv. 6049-53, 6063-66). On se demande, par ailleurs, si la description suivante de Fortune chez Jean de Meun n'a pas fait penser à la Belle Dame : « D'une part se tient orgueillieuse/por sa grant beauté merveilleuse ;/d'autre tremble toute effraee,/tant se sent foible et esbaee » (*Rose,* éd. cit., vv. 6079-82). [DFH]

CXVIII

De la party, moy retournay ;
Saisy enque, plume, et papier.
A escripre suis, a Tournay,
940 Tout le fait, sans riens oublïer,
Pour la merveille publïer
A vous, mes dames redoubtees,
A qui je vieng pour Dieu prïer
944 Que telles ne soyés trouvees

CXIX

Comme celle crüelle femme,
Qui par son criminel meffait
Est par tout repputee imfame.
948 Aussy fist elle ung crüel fait
Quant, de tous bons, le plus parfait
En toutes choses, treseureux,
Qui nullement n'avoit meffait,
952 Fist mourir de mort, doulloureux.

CXX

A joye et a Amours deffaire [fol. 146r]
Ceste dame estoit tres eslite.
Jhesucrist garde d'ainsy faire
956 La belle en qui tout bien habite,
En qui de mort je me respite
Seullement quant je la regarde !
Si luy pry qu'elle se delicte
960 A m'esjouÿr, si n'aray garde.

Cy fine la cruelle fenme en amours que on dist
le procés de la belle dame sans mercy.

Je quittai ce lieu et m'en retournai chez moi ;
là je pris à la hâte encre, plume et papier,
et me voilà à Tournai, en train de transcrire
toute l'affaire, sans rien oublier,
afin de vous faire savoir cette chose extraordinaire,
à vous, dames redoutées,
à qui je viens prier au nom de Dieu
que l'on ne vous trouve pas

telles que cette cruelle femme
qui, à cause de sa criminelle malfaisance,
est partout considérée comme infâme :
elle a commis un acte cruel
lorsqu'elle a fait mourir d'une mort douloureuse
le plus parfait de tous,
celui qui excellait en toutes choses et qu'avait favorisé le sort,
et qui n'avait fait aucun mal.

Cette dame avait le talent pour faire disparaître la joie
et pour mettre Amour en déroute.
Que Jésus-Christ veille à ce que la belle,
dépositaire de toutes les perfections,
chez qui je trouve un répit à la mort
à simplement la regarder,
ne se conduise jamais ainsi[1].
Je lui prie de prendre plaisir
à me rendre heureux. Alors, je ne courrai aucun risque !

Ici se termine La Cruelle femme en amours,
que l'on appelle Le Procès de la belle dame sans merci

---

[1] Dans ce dernier huitain, l'auteur, Achille Caulier, met son nom en acrostiche : A-C-I-L-E-S. Voir également la note au v. 48 de l'*Hôpital d'Amour*

ACHILLE CAULIER

L'HÔPITAL D'AMOUR[1]

Édition critique, Traduction et Notes par
David F. HULT

---

[1] *L'Hôpital d'Amour* a laissé des traces dans 23 manuscrits qui ont survécu jusqu'au XXe siècle: Pa, Pb, Pc, Pd, Pf, Ph, Pl, Pm, Pn, Po, Pp, Pr, Qa, Qb, Qe, Qh, Qk, Qn, Qo, Qp Qq, Qr et Lib. Morgand no. 2832 (mentionné par Piaget, *Romania*, 34, 1905, p. 560). De ces manuscrits, trois sont actuellement indisponibles (Qn, Qp et Lib. Morgand), deux autres sont très lacunaires (Pr et Qb), et un sixième (Pa) représente une copie d'un des premiers imprimés des œuvres d'Alain Chartier. Nous nous servons des mss. suivants pour corriger Pc et nous en donnons des variantes significatives: Pb, Pd, Pf, Pl, Pm, Pn, Po, Pp et Qa.

S'ensuit l'Ospital d'Amours

I

Assés joyeux, sans l'estre trop, [fol. 146r]
En la conduite de Desir,
Le jour de l'an sourvins a cop
4   En assemblee de plaisir,
Ou je vis a mon beau loysir
Le tresor d'onneur desployer,
Comme en ung passé desplaisir
8   Et en lieu a temps employer.

II

Ce noble lieu estoit fourny [fol. 146v]
De tout, fors de mal et de deul.
L'assemblement estoit uny ;
12 Chacun y sembloit a son veul.
Je y fus plus lié que je ne seul,
Car je vys d'onneur la monjoye,
Qui est rabaiz de tout orgueul
16 Et mon tout ce que j'ay de joye.

III

Illeuc estoit le droit tresor
De dames et de demoyselles.
Riens n'y failloit de bout encor :
20 Tout estoit plain d'ommes et d'elles.
La vëoit on danses nouvelles,
Gracïeusetés sans vanter,
Si oyoit on, des dieux scet quelles,
24 La doulce noyse de chanter.

L'Hôpital d'Amour

Joyeux sans l'être outre mesure,
sous la conduite de Désir,
j'arrivai à l'improviste—c'était le jour de l'An—
au milieu d'une assemblée plaisante
où je vis, tout à mon aise,
apparaître le trésor de toute vertu,
comme si un chagrin d'autrefois s'était dissipé
dans ce lieu propice à passer le temps.

Tout, sauf le mal et la douleur,
avait été réuni en ce noble lieu.
L'harmonie régnait dans l'assemblée :
chacun semblait y être à sa guise,
et je m'y sentis plus content que d'habitude,
car je vis le comble de la perfection,
qui anéantit tout orgueil,
et qui comporte, en somme, tout ce qui m'est joie.

Il y avait là un véritable trésor
de dames et de demoiselles.
Il n'y manquait par ailleurs absolument rien :
Il y avait nombre d'hommes parmi elles.
On y voyait des danses nouvelles,
de discrets témoignages de grâce,
et on entendait aussi des murmures indistincts,
le doux chant des dames—Dieu sait lesquelles !

IV

La fus des dames bien vegnié.
Et comme se je le vausisse,
Me requirent par amictié
Que une chanson dire voulsisse,
De quoy voulentiers m'escondisse,
S'excusance y peust estre belle,
Maiz il couvint que je obeïsse,
Si en dys une telle quelle.

V

Et quant j'eus chanté, tout failly,
Et se tira chacun a part ;
Si me traÿs lors vers celluy
A qui j'estoye tout sans part.
Quant je fus venu celle part,
Je la salüay maintenant,
Et elle respont « Dieu vous gart »
Bien tost, sans faire grant semblant.

VI

Seul appart m'assis au pres d'elle, [fol. 147r]
Sans dire rien, car je craindy ;
Mais ma doullour aspre et crüelle,
Aprés craindre, me fist hardy.
Et lors en subit m'enhardy
Et luy dys en quel point je fus.
Sur quoy elle me respondy
En petit de mos grant reffus.

J'y fus bien accueilli par les dames
et, comme si j'en étais capable,
elles me prièrent par amitié
de bien vouloir chanter une chanson.
J'aurais volontiers décliné cette requête
si les convenances me l'avaient permis[1],
mais j'étais tenu d'obéir :
J'en ai donc chanté une au hasard.

Dès que ma chanson fut terminée, tout prit fin,
et les gens se dispersèrent.
Je m'approchai donc de celle
à qui j'appartenais entièrement.
Une fois arrivé près d'elle,
je la saluai tout de suite,
et elle me répondit aussitôt « Dieu vous garde ! »,
sans changer d'expression.

Dans un coin isolé, je m'assis auprès d'elle,
sans dire un mot, car j'avais peur.
Mais ma douleur sévère et cruelle,
après ce moment de crainte, me donna du courage.
Alors, je m'enhardis subitement
et lui fis part de mes états d'âme.
Sur ce, elle m'opposa
en quelques mots un immense refus[2].

---

[1] *30* : Exceptionnellement chez notre copiste, *peust* en une syllabe désigne ici l'imparfait du subjonctif et non pas l'indicatif.

[2] *48* : De même qu'Achille Caulier met son nom en acrostiche dans le dernier huitain de la *Cruelle femme*, ici le même acrostiche, A-C-I-L-E-S, s'étend sur le premier vers des six premiers huitains.

VII

Finablement tant la requis
Que de m'oÿr plus se lassa.
Grant paine y eus et poy conquis,
Car tousjours vers moy s'excusa.
Et tant en fin me reffusa
Que je n'y eulx plus d'esperance.
Ma parolle en vain s'i usa
Et m'en partis sans allegance.

VIII

Ainsy partis d'elle en pleurant,
En grant deul qui me conduysoit,
Quitant a Dieu le demourant
De ma vie, qui me ennuyoit.
La Mort mal gré moy me fuyoit
Et me laissoit d'elle delivre ;
Et ma voulenté la suyoit,
Qui mieulx amoit mourir que vivre.

IX

En ce seul voulloir de mourir
Passay je toute la nuytie :
Rien ne me pouoit secourir.
En pensant a ceste partie,
Entray en une fantasie
Et en ymaginacïon,
Ou je oublïay mirencolie
Et en entray en visïon.

A la fin, je lui fis tant de prières
qu'elle se fatigua de m'écouter davantage.
J'y pris beaucoup de peine mais je récoltai peu,
car elle ne cessait de s'esquiver.
Et en fin de compte elle me fit tant de rebuffades
que je n'eus plus le moindre espoir.
Mes discours furent employés en vain
et je la quittai sans obtenir de soulagement.

C'est ainsi que je m'éloignai d'elle, en pleurant,
sous le coup de cette douleur extrême,
et j'abandonnai à Dieu le reste
de ma vie, tant elle m'affligeait.
Malgré moi, la Mort me fuyait
et me laissait libre de son emprise ;
mais ma volonté, qui préférait mourir que vivre,
la poursuivait.

Je passai toute la nuit
en proie à un seul désir : mourir.
Rien ne pouvait m'être d'aucun secours.
Réfléchissant à cette séparation,
j'entrai dans un monde de chimères,
une véritable hallucination,
où j'oubliai ma mélancolie,
et où j'eus une vision.

X

Ceste fantasie nouvelle [fol. 147v]
Me faisoit songier en veillant,
Qui est chose desnaturelle.
76 Maiz ce m'avint, ce non obstant,
Et me fu en ce point semblant
Qu'en ung grant chemin me trouvoye
Qui estoit le plus desplaisant
80 Que jamés homme vivant voye.

XI

Ce chemin estoit espineux
Et plain de crolieres sans fin.
Onques si grant desplaisir n'eux :
84 Tant y enduray de hutin,
Yssir n'en peus tout le matin.
Jamais n'iray plus, je y renonce,
Car on appelle ce chemin
88 En françoys 'Trop Dure Responce.'

XII

En ce chemin ung poy avant,
En l'abisme d'une vallee,
Trouvay ung desert long et grant,
92 Comme une place desolee.
La terre y estoit desmellee
Toute de lermes et de plours :
De tous maulx y avoit meslee,
96 C'estoit monjoye de doullours.

L'HÔPITAL D'AMOUR

Sous l'influence de cette illusion extraordinaire,
je rêvais sans être endormi,
ce qui n'est pas naturel.
Quoi qu'il en soit, voici ce qui m'arriva :
je me retrouvai (du moins je le crus à cet instant-là)
au milieu d'un grand chemin
qui était le plus désagréable
que jamais mortel eût contemplé.

Le chemin était envahi par les ronces
et partout creusé de fondrières.
Je n'avais jamais eu expérience aussi désagréable :
J'y fus victime de désagréments si pénibles
que je ne pus en sortir de toute la matinée.
Je n'y retournerai plus, j'y renonce,
car on appelle ce chemin
en français 'Trop Dure Réponse.'

Sur le chemin, un peu plus loin,
au plus profond d'une vallée,
je trouvai un lieu désert long et large,
pareil à une place dépeuplée.
La terre y était complètement imprégnée
de larmes et de pleurs.
Tous les maux étaient mêlés les uns aux autres ;
c'était le comble de toutes les douleurs.

XIII

En ce desert lieu n'avoit arbre
Qui de gens pendus ne fust plains :
Hommes et femmes froys com marbre,
100 Qui s'i pendirent a leurs mains.
Une dame y vys que moult plains :
Ce fu Phylis, qui se pendy
Pour Demophon, qui vallu mains
104 De ce que sa foy luy menty.

XIV

Soubz ces arbres de desconfort [fol. 148r]
Avoit fleuves, puis, et fossés
Plains de gens noyés jusqu'au bort.
108 Entre les aultres trespassés
Y vys, dont j'eulx de deul assés,
Lëander et Hero s'amie,
Qui oncques ne furent lassés
112 D'estre loyal jour de leur vie.

Dans ce lieu désert il n'y avait pas un seul arbre
dont les branches ne fussent couvertes de pendus :
Hommes et femmes, froids comme du marbre,
s'y étaient pendus de leurs propres mains.
J'y vis une dame que je plaignis énormément :
c'était Phyllis, qui s'était pendue
pour Démophon, qui se discrédita
pour avoir manqué à sa foi vis-à-vis d'elle[1].

Sous ces arbres de désolation,
il y avait des fleuves, des puits et des fossés
remplis à ras-bord de gens noyés.
Parmi les autres défunts,
j'y vis (ce qui me causa beaucoup de douleur)
Léandre et son amie, Héro,
qui jamais un seul jour de leur vie
ne se lassèrent de rester loyaux[2].

---

[1] *102-4* : Pour illustrer les pendus, victimes de fausseté en amour, l'auteur choisit l'histoire de Phyllis et Démophon, transmise par Ovide dans les *Héroïdes* II et évoquée par Jean de Meun dans le *Roman de la Rose* (éd. Lecoy, vv. 13181-84). L'auteur anonyme d'un recueil de *Règles de la Seconde Rhétorique* résume ainsi : « Demophons fu un prince qui moult ama Philis, et en la fin la delessa pour une autre ; pour quoy Philis se pendi de duel que elle en ot quant elle le sot... Par Demophon est entendu fainte amour, comme par Narcisus est entendu amour desdaigneuse. Par Philis est entendu amour desesperé[e], comme par Equo est entendu l'amour soudainement séparée. » (éd. Langlois, p. 66)

[2] *109-12* : Histoire également transmise dans les *Héroïdes*, XVIII et XIX, incorporée dans l'*Ovide moralisé* (IV, vv. 3161-3586), et citée par Christine de Pizan (*Cent ballades*, III) et Machaut (*Voir dit*, éd. Imbs/Cerquiglini-Toulet, vv. 6329-34) pour illustrer le pouvoir de l'amour.

XV

La fontaine estoit la entour
Ou Narcysus son umbre ama.
Amours s'en venga de beau tour,
Quant de tel rage l'enflamma :
Ce fu pour ce qu'il reffusa
Equo, qui mercy luy crÿoit.
Trop fist pour luy a ce cop la
Quant dame estoit, et si prïoit.

XVI

D'aultre costé vys les espees
Esroullees de sang humain,
Dont les vies furent ostees
De ceulx qui de leur propre main
S'occystrent ; celle y vys je aplain
De quoy Piramus et Tybee
Moururent, de tristresse plain,
Par doulloureuse destinee.

Non loin de là se trouvait la fontaine
où Narcisse tomba amoureux de son reflet.
Amour usa d'un beau stratagème pour se venger de lui,
lorsqu'il l'embrasa de cette rage :
c'est parce qu'il rejeta
Echo, qui l'implorait de lui faire grâce.
Elle lui fit alors trop d'avances,
elle, une dame, qui pourtant le suppliait ![1]

Je vis d'un autre côté les épées
rougies de sang humain
qui avaient servi à ôter la vie
à ceux qui se suicidèrent
de leur propre main ; j'y observai de près
celle par laquelle Pyrame et Thisbé[2]
moururent, pleins de tristesse,
victimes d'un destin douloureux.

---

[1] *113-20* : L'histoire de Narcisse et d'Écho, l'un des plus célèbres de tous les contes ovidiens (*Métamorphoses*, III, 339-510), était surtout connue par la version qu'en donne Guillaume de Lorris dans son *Roman de la Rose* (éd. Lecoy, vv. 1436-1516) et par celle comprise dans l'*Ovide moralisé* (éd. de Boer, III, vv. 1525-1846).

[2] *126* : Autre récit ovidien (*Métamorphoses*, IV, 55-166), traduit à part au XIIe siècle, puis inséré dans l'*Ovide moralisé* (éd. de Boer, IV, vv. 229-1149), qui exerça une grande influence à travers le Moyen Âge.

XVII

D'aultre part avoit ung grant fu
Fait de gens ars en lieu de buche.
La cendre de Dido y fu,
Et maint aultre y firent embuche.
Qui se veult ardoir, la se muche :
En ce desert n'a frain ne bride ;
Doulleur y est qui les gens huche
Pour de eulx mesmes estre omicide.

XVIII

Ce desert estoit hors des termes [fol. 148v]
De droit et contraire a nature :
La ne pleut que pluye de lermes,
La ne peust vivre crëature.
Vent de soupirs y queurt et dure :
Zefirus en est forbanis.
La tonne et espart sans mesure
Hydeux tonnoirre de haulx cris.

XIX

Quant j'eus tout veu a mon pouoir,
Lors me dit mon intelligence
Que c'est ung lieu de desespoir
Ou ne queurt riens que pestillence.
La fine deul ou qu'il conmence,
Si pris voulenté d'y aller,
Quant Esperance et Pascïence
Se vindrent dedens moy bouter.

Ailleurs il y avait un grand feu
de gens brûlés en lieu de bûches.
Les cendres de Didon se trouvaient là[1],
et plusieurs autres y étaient ensevelis.
Qui désire s'immoler par le feu, c'est là qu'il se retire.
Dans ce désert, ni frein ni bride :
Douleur est là, qui, en hurlant,
pousse les gens à attenter à leur propre vie.

Ce désert était hors des limites
du droit ; tout y était contre nature.
Là, il ne pleut qu'une pluie de larmes ;
là, aucune créature ne peut vivre.
Le vent qui y souffle sans cesse est fait de soupirs :
Le zéphyr en est banni.
Là, on entend tonner et éclater sans fin
un hideux tonnerre fait de cris aigus.

Dès que j'eus vu tout ce que je pouvais voir,
mon esprit me confirma
que c'était là un lieu plein de désespoir
où rien ne circule sauf la misère.
Que la douleur se termine là, ou y commence,
peu importe ! Je me résolus à y aller,
lorsque Espérance et Patience
s'introduirent en moi.

---

[1] *131* : Référence au suicide tragique de Didon dans l'*Énéide*, l'une des histoires d'amour tragiques les mieux connues de la matière antique, emblème d'une passion inassouvie et sans bornes. Ovide fait référence à la mort de Didon dans les *Métamorphoses*, XIV, 78-81, et compose une lettre de Didon à Énée dans les *Héroïdes*, VII. Jean de Meun évoque Didon dans le même contexte que d'autres couples tragiques, notamment Phyllis et Démophon et Jason et Médée (*Roman de la Rose*, éd. Lecoy, vv. 13144-80), et l'auteur de l'*Ovide moralisé* raconte également son histoire (éd. de Boer, XIV, vv. 302-526), ajoutant des morceaux des *Héroïdes* à ce qu'il a trouvé dans les *Métamorphoses*.

XX

Invisiblement comme espris,
Ces deulx se bouterent en my,
Dont je fus a coup si espris
Que ce vil desert enhaÿ.
Tout aussy tost je fus ravy
Et enporté plus que le cours,
Jusque a ung saint lieu que j'ouÿ
Appeller l'Ospital d'Amours.

XXI

Fondé estoit cest hospital
Sus une roche de rubis,
Clos de murs par hault de cristal
Et par en bas de marbre bis.
Et en maniere de palis
Y avoit une haye espesse,
En quoy je sçay bien que je vis
De toutes fleurs l'outrelargesse.

XXII

Quant je fus mis devant la porte, [fol. 149r]
Tantost m'apparu Bel Acueul,
Qui les clefz de l'ospital porte,
Qui me fist gracïeux recueul ;
Et, en grant pitié de mon deul,
Me mena jusqu'a l'enfermiere,
Courtoysie, qui d'ung doulx veul
Me fist ce donc est coustumiere.

Invisiblement, comme des esprits,
toutes deux se glissèrent en moi,
de sorte que soudain je me ressaisis,
à tel point que je pris en haine cet ignoble désert.
Tout aussitôt, je fus enlevé
et transporté comme un éclair
en un saint lieu que j'entendis
appeler l'Hôpital d'Amour.

Cet hôpital avait pour fondation
un rocher de rubis ;
il était entouré de murs faits de cristal dans la partie haute,
et de marbre gris brun dans la partie basse.
En outre, en guise de palissade,
il y avait une haie épaisse,
dans laquelle je suis sûr d'avoir vu
des fleurs de toutes sortes à profusion.

Quand on me déposa devant la porte,
Bel Accueil se présenta aussitôt devant moi,
lui qui porte les clés de l'hôpital ;
il me reçut gracieusement.
Prenant pitié de ma douleur,
il m'amena à l'infirmière,
Courtoisie, qui, avec sa douce bienveillance,
me soigna comme elle en a l'habitude.

XXIII

Trayse hospitalieres y a,
Dont prïeuse est Dame Pitié,
Et Loyaulté apprés luy va,
180 Puis Simplesce, et puis Verité,
Congnoyssance et Humilité,
Richesse, Largesse, Maniere,
Jennesse, Leesse, Beaulté,
184 Et Courtoysie l'enfermiere.

XXIV

Les troys conseilliers sont Honneur,
Entendement et Souvenir ;
Doulx Parler est le procureur,
188 Pour leurs affaires soustenir.
Regart et Humble Maintenir
Servent Pitié matin et soir,
Et, pour les malades guerir,
192 Le droyt medecin est Espoir.

XXV

Le droyt office Courtoysie
Est des malades recepvoir :
Lors que ma maniere a choysie
196 Me dist, en moustrant son debvoir,
Que je luy feïsse savoir
Ma doullour (ce fu sa demande),
Pour me faire tel lit avoir
200 Que ma malladie demande.

Il y a treize hospitalières,
dont Dame Pitié est la supérieure ;
Loyauté vient après elle,
suivie par Simplesse, puis Vérité,
Connaissance et Humilité,
Richesse, Largesse, Manière,
Jeunesse, Léesse, Beauté,
et Courtoisie, l'infirmière.

Les trois conseillers sont Honneur,
Entendement et Souvenir ;
Doux Parler est le procureur,
chargé de défendre leurs intérêts.
Regard et Humble Maintenir
servent Pitié matin et soir,
et, pour guérir les malades,
Espoir est à juste titre le médecin.

La fonction propre de Courtoisie
est de recevoir les malades :
Après avoir observé mon comportement,
elle me pria, conformément à sa charge,
de lui décrire
ma douleur (c'était là sa demande),
afin de me donner le lit approprié
à ce qu'exige ma maladie.

XXVI

Lors, tant malade que Dieu scet, [fol. 149v]
Luy dis quel dollour je sentoye
Et comme des foys plus de sept,
204 Puis que premier amant estoye,
Mercy d'Amours requis avoye
A celle qui sien me vëoit,
En qui trouver je ne pouoye
208 Le remede quy y chëoit.

XXVII

Et luy dys conment au derrain
Reffus mon espoir abboly,
Et moustra cueur plus dur que arain
212 Quant ma doulleur ne m'amolly.
Mon cueur avoit et a o ly,
Qui n'a mes espoir de nul bien :
Onques depuis ne luy tolly,
216 Ne veul tollir, car il est sien.

XXVIII

Mon cueur est sien, elle le garde,
Maiz quant j'ay bien pensé, au fort,
Elle en fait bien petite garde,
220 Car, sans luy faire aucun confort,
L'a tout donné a desconfort
Et l'abandonne a tel dangier
Qu'il ne desire que la mort
224 Pour sa malladie allegier.

Alors, malade comme je l'étais (Dieu seul sait combien),
je lui décrivis la douleur que je ressentais,
en racontant comment, plus de sept fois
depuis le moment où j'étais devenu amant,
j'avais imploré celle qui voyait bien que je lui appartenais
de m'accorder la grâce d'Amour ;
je ne trouvais pourtant pas auprès d'elle
le remède qui convenait.

Je lui appris comment, en fin de compte,
Refus anéantit mon espoir :
elle montra un cœur plus dur que l'airain
lorsqu'elle ne consentit pas à calmer ma douleur.
Elle possédait mon cœur, elle l'a toujours auprès d'elle,
ce cœur qui n'espère plus aucun bien :
Je ne le lui ai jamais retiré depuis,
et je ne veux pas le faire, car il lui appartient.

Mon cœur lui appartient, elle le garde ;
Mais en fin de compte, tout bien réfléchi,
elle s'en occupe assez peu :
loin de lui donner la moindre consolation,
elle le livre au désespoir
et le rejette avec une telle hauteur
qu'il ne désire que la mort
pour soulager sa maladie.

XXIX

Quant Courtoysie a entendu
Le mal dont si fort me doulloye,
Elle n'a gueres actendu
228 Que vers la salle me convoye,
Par une gracïeuse voye
Ou a mainte flour precïeuse ;
Si vys illeuc com je passoye
232 L'ostel de Pitié la prïeuse.

XXX

Aprés venismes en la salle [fol. 150r]
Ou a des malades grant tas ;
Plus belle n'a jusqu'en Thesalle,
236 Quë elle est par tout, hault et bas,
Tendue de tresriches draps
Ouvrez d'amoureuses hystores
Ou faiz estoyent par compas
240 Tous les amans dont on list ores.

XXXI

Le pavement estoit semés
De toutes fleurs c'on peust penser,
Et estoyent encourtinés
244 Les lis de draps de Bien Celler :
Entendement les fist ouvrer,
Et sont faiz ces lis de reppos
Et les lincheux de Doulx Penser
248 Qu'Amours fist faire a ce propos.

Courtoisie, ayant bien saisi
le mal qui me causait tant de douleur,
n'hésita guère
à m'accompagner vers la salle,
en passant par un chemin ravissant
où il y avait une profusion de fleurs rares.
Là je vis en passant
la demeure de Pitié, la supérieure.

Ensuite nous entrâmes dans la salle,
où il y avait une foule de malades.
Il n'y a pas de plus belle salle jusqu'en Thessalie :
elle était entièrement recouverte, de haut en bas,
de tapisseries très somptueuses
brodées d'histoires d'amour
où l'on avait représenté avec précision
tous les amants dont on lit encore le récit.

Le dallage du sol était parsemé
de toutes les variétés de fleurs que l'on peut imaginer,
et les lits étaient parés
de tentures faites de Bien Celler ;
C'est Entendement qui les avait confectionnées.
Et les lits de repos avec leurs rideaux
furent faits de Doux Penser[1] :
Amour les conçut à cette intention.

---

[1] *244, 247* : Les personnifications Bien Celler et Doux Penser se rapportent ici à la matière de la literie et non pas aux fabricants.

XXXII

Au bout de celle salle estoit
La tresgracïeuse chappelle
En quoy le service on chantoit
Qui oultre beaulté estoit belle.
Pour deviser la fachon d'elle,
Me fauldroit ung long jour d'esté :
Elle est bien digne c'on l'appelle
La plus belle qui ait esté.

XXXIII

La dedens avoit ung autel
Äourné comme il le falloit :
Jamés homme ne verra tel.
Deulx ymages dessus avoit :
L'une estoit Venus qui tenoit
En sa main, dont j'ay bien memoire,
Ung brandon de feu qui estoit
Plus ardant que feu de tonnoire.

XXXIV

La dame avoit ung dÿadisme, [fol. 150v]
D'une estoille portant son non :
De sa clarté n'a pas la disme
Le solail qui a grant renon,
Car lëans n'a clarté si non
Celle qui s'espart de ses raiz ;
N'est auriflambe ne penon
Qui tant soit clere a cent foys pres.

Au fond de cette salle se trouvait
la chapelle pleine de toutes les grâces,
dans laquelle on chantait le service ;
elle était d'une beauté qui dépassait la beauté même.
Pour la décrire dans tous ses détails,
il me faudrait un long jour d'été ;
elle mérite bien d'être appelée
la plus belle qui ait jamais existé.

A l'intérieur il y avait un autel
orné comme il se doit :
jamais on n'en verra de comparable.
Il y avait sur l'autel deux sculptures :
L'une représentait Vénus, qui tenait
dans sa main, je m'en souviens bien,
un flambeau allumé qui était
plus brûlant que la foudre.

La dame avait un diadème,
orné d'une étoile où était inscrit son nom.
Le soleil, dans toute sa gloire,
n'a pas le dizième de sa clarté,
car en ce lieu, il n'y a d'autre clarté
que celle qui rayonne de l'étoile.
Aucune oriflamme, aucun étendard,
n'a le centième de son éclat.

XXXV

En son giron tenoit son filx,
Qui se deduysoit d'une darde
Dont les plus fors sont desconfis
Et conquis sans y prendre garde.
Nully en faveur ne regarde :
Grans et petis luy sont tout ung.
Nul n'a contre luy sauvegarde :
Son pouoir est par tout conmun.

XXXVI

De ceste chappelle autentique
Estoit chantre Dame Leesce,
Qui savoit tout l'art de musique :
C'estoit de chanter la deesse.
Conscïence estoit la prestresse
Qui celebroit ceste journee
L'office, la feste et la messe
De Piramus et de Tybee.

XXXVII

Quant je fus droyt devant le temple,
Ou Amours a fait maint miracle,
Je pris a Courtoysie exemple,
Car en vëant le tabernacle
M'aclinay tout bas vers l'oracle
Et baisay le planchier de plastre ;
Puis vins en ung aultre habitacle,
Tout fondé sus pilliers d'albastre.

Elle tenait dans son giron son fils,
qui s'amusait avec une flèche,
qui terrasse et vainc les plus forts
avant même qu'ils s'en aperçoivent.
Il ne favorise personne :
puissants et humbles sont pour lui identiques.
Nul ne trouve protection contre lui :
son pouvoir est partout le même.

Dans cette chapelle de haute renommée,
Dame Léesse était le chantre,
elle qui savait tout l'art de la musique :
c'était la déesse du chant.
Conscience était la prêtresse
qui célébrait ce jour-là
l'office, la fête et la messe
de Pyrame et de Thisbé.

Une fois arrivé devant ce temple
où Amour a fait tant de miracles,
je suivis l'exemple de Courtoisie :
En voyant le tabernacle,
je m'inclinai très bas vers l'oratoire
et je baisai le plancher de plâtre ;
puis je passai dans une autre demeure
bâtie sur des piliers d'albâtre.

XXXVIII

Illeuc trouvay ung beau lit fait [fol. 151r]
Ou Courtoysie me coucha,
Et quant elle ot de moy parfait,
300 Espoir le medecin hucha,
Qui tantost vers moy s'adrecha
Et senty mon poux droicte voye ;
Et puis sans faillir me noncha
304 Prestement quel doulleur j'avoye :

XXXIX

« Ton cueur bruist trestout en challeur,
Et es en fievre continue.
Maiz pour t'adoulchir ta doulleur,
308 Qui gaires ne se diminue,
Te donrray a ma revenue
Ung bevrage de tel rachine
Que, se ta doulleur ne s'en mue,
312 Jamés ne cray en medecine. »

XL

Lors se party et je remains.
Quant il ot fait, il retourna.
L'anpoulle tenoit en ses mains,
316 En quoy bevrage si bon a.
Grace en ait il ! Il m'en donna
Ung bon trait au pot sans verser,
Et depuis il le me nomma
320 Eaue de Gracïeux Penser.

Là je trouvai un beau lit déjà fait,
où Courtoisie me coucha.
Ayant accompli tout ce qui m'était nécessaire,
elle appela Espoir, le médecin,
qui vint aussitôt vers moi
et, sur-le-champ, me tâta le pouls,
avant de m'annoncer sans la moindre hésitation
de quelle douleur je souffrais :

« Ton cœur bat à tout rompre
et tu es en proie à une fièvre qui ne cesse.
Mais pour te soulager de cette douleur
qui ne diminue guère,
je te donnerai à mon retour
une boisson à base d'une plante dont les vertus sont telles
que, si ta douleur n'en est pas éradiquée,
je ne me fierai plus jamais à la médecine ».

Alors il partit et je restai là.
Puis, ayant fait le nécessaire, il revint.
Il tenait dans ses mains l'ampoule,
dans laquelle se trouve ce breuvage si salutaire.
Qu'il en soit béni ! Il m'en fit boire
un grand coup, directement au récipient, sans verser,
et ensuite il m'en donna le nom :
Eau de Gracieux Penser.

XLI

Je en fus ung poy mieulx disposé
Quant j'eus beu l'eaue precïeuse,
Si dormis. Quant fus reposé,
324 Vers moy vint Pitié la prïeuse,
Comme de mon mal ennuyeuse,
Et me conforta doulcement ;
Et, de sa voix delicïeuse,
328 Se dist en mon conmandement.

XLII

Quant j'ouÿs son doulx abandon, [fol. 151v]
Qui ma doulleur fist appaisier,
Je m'en hardy, car ung grant don
332 Luy requis pour mon cueur aesier.
Ce ne fu pas fleur de fraisier,
Car de tel fleur ne me challoit :
C'estoit sans plus ung franc baisier,
336 Qui a ma fievre moult valloit.

XLIII

Quant Pitié demander me ouÿ
Se ung tout seul franc baisier aroye,
Elle dist doulcement « Ouÿ,
340 Voulentiers voir, se je pouoye.
Combien que au fort, se je voulloye,
Vous en auriés malgré Dangier,
Maiz trop envys lui mefferoye,
344 Car Raison l'a fait jardignier.

L'HÔPITAL D'AMOUR

Je commençai à me remettre un peu,
après avoir bu cette eau précieuse ;
puis je m'endormis. Quand j'eus pris du repos,
Pitié la supérieure s'approcha de moi,
affligée par mon mal, semblait-il,
et elle me consola doucement.
De sa voix caressante
elle se déclara à ma disposition.

Quand j'entendis un si doux abandon,
qui apaisa ma douleur,
je m'enhardis au point de lui demander
un grand don pour mettre mon cœur à l'aise.
Ce ne fut point une fleur de fraisier,
car je ne me souciais point d'une telle fleur.
C'était un chaste baiser sans plus,
qui devait porter remède à ma fièvre.

Quand Pitié m'entendit demander
si je pouvais recevoir un chaste baiser, un seul,
elle dit doucement : « Oui,
bien sûr, très volontiers, si j'en avais le pouvoir.
Somme toute, s'il ne tenait qu'à moi,
vous l'obtiendriez malgré Danger,
mais j'aurais regret de lui faire tort,
car Raison l'a fait maître du jardin.

XLIV

Il vous donrroit tout le sourplus
Du jardin, rosiers et cyprés,
Avant que ung franc baisier sans plus :
C'est l'arbre qu'i plus garde pres.
Il n'est de rien donner sy pres
Que soussies, c'est sa devise.
Cela donne il par mos exprés
A tous ceux a qui se devise.

XLV

— Helas !, dis je, ma chiere dame,
Pour Dieu, que me faictes avoir
Ung seul franc baisier, par mon ame !
Je en donne trestout mon avoir.
Faictes Dangier mon mal savoir.
Dictes luy que je muyr aprés,
Et, par ma foy, vous dirés voir,
Car desja suis mort a poy pres. »

XLVI

Lors Pitié pleurant se party [fol. 152r]
De la chambre en quoy je gesoye.
Elle tenoit ja mon party,
Pour ce que verité disoye.
A Dangier ala droicte voye ;
Sa requeste n'y fu pas vaine,
Car elle ot ce que je voulloye,
Maiz ce fu a Dieu scet quel paine.

Il vous accorderait tout le reste
de ce qui se trouve au jardin, rosiers et cyprès,
plutôt qu'un seul et chaste baiser, sans plus :
C'est l'arbre qu'il surveille de plus près.
Il n'y a rien qu'il soit prêt à donner plus facilement
que des soucis, car c'est là sa devise :
Ceux-ci, il les donne expressément
à tous ceux avec qui il s'entretient.

– Hélas !, répondis-je, ma chère dame,
par Dieu, procurez-moi
un chaste baiser, un seul, par mon âme !
Je donnerai en échange tout ce que je possède.
Faites part à Danger de mon mal.
Dites-lui que je meurs dans la poursuite
et, ma foi, vous direz la vérité,
puisque je suis déjà mort, ou peu s'en faut. »

Alors Pitié, tout en pleurant, quitta
la chambre dans laquelle j'étais couché.
Elle s'était déjà rangée à ma cause,
parce que je disais la vérité.
Elle s'en alla directement trouver Danger ;
et la requête qu'elle lui fit ne fut pas vaine,
car elle obtint ce que je voulais,
mais avec Dieu sait quelle difficulté.

XLVII

Encores, s'il le consenty,
Ce fu par signes seullement,
Car onques mot ne respondy
Ou il accordast francement.
Aller m'y couvint prestement,
Tout si mallade que j'estoye.
Je y mouru pres soubdainement
Maiz a Espoir me soubstenoye.

XLVIII

Tant alasmes que nous venismes
Au jardin que Nature ouvra,
Ou dames sans numbre veïsmes.
Celle y trouvay qui me navra,
Qui par Pitié me recouvra,
Car de luy pris ung franc baisier
Qui de tout mal me delivra
Et me rendy sain et entier.

XLIX

Je l'en mercÿay doulcement,
Et me partis a son congié ;
Et, par le doulx atouchement
Du franc baisier dont j'ay touchié,
Je fus tellement alegié
Que a grant painne je ne savoye
Se j'avoye veu ou songié
Ce que a mes yeulx veü avoye.

Et cependant, même si Danger y consentit,
ce fut uniquement par signes,
car il ne prononça pas un seul mot
exprimant son accord clair et net.
Il fallut que j'y aille à l'instant,
tout malade que j'étais.
Je faillis y mourir aussitôt,
mais je m'appuyais sur Espoir.

Après avoir cheminé, nous arrivâmes
dans le jardin que Nature avait façonné,
où nous vîmes un grand nombre de dames.
J'y retrouvai celle qui m'avait blessé
et qui me rétablit par l'intermédiaire de Pitié[1] :
je pris d'elle un chaste baiser
qui me délivra de tout mal
et me rendit à la santé et à moi-même.

Je l'en remerciai tendrement,
et pris congé d'elle.
Grâce au si doux contact
du chaste baiser que j'ai reçu,
je fus tellement soulagé
que j'arrivai mal à distinguer
si c'était réalité ou rêve
que mes yeux avaient vu.

---

[1] *381* : S'agit-il nécessairement ici d'une personnification ? Nous suivons le contexte allégorique dans notre traduction, mais on pourrait également entendre « qui par pitié me rétablit ».

L

Quant ainsy me vys en bon point, [fol. 152v]
Je m'en alay par l'ospital
Pour aviser de point en point
396 Ses beaultés amont et aval ;
Si trouvay ung riche portal
Tout machonné de pierre entiere,
Qui est le chemin general
400 Par ou on entre eu chymentiere.

LI

En ce cymentiere gysoyent
Les vraiz et loyaulx amoureux.
Leurs eppytaphes devisoyent
404 Leurs noms. Je y recongneux entre eulx
Tristren, le chevalier tres preux,
Lequel mourust de desconfort,
Lancelot du Lac, et tous ceulx
408 Qui amerent jusqu'a la mort.

LII

Tant en y avoit que le compte
Seroit trop long a tout sommer.
Maint roy, maint duc, maint per, maint conte
412 Y vys que je ne sçay nommer,
Sy en vys de par de cha mer,
Chevaliers, clers, et escuyers ;
Et s'y vys, c'on doibt bien amer,
416 Le Seneschal des Haynuyers,

L'HÔPITAL D'AMOUR

Quand je me vis ainsi bien portant,
je parcourus l'hôpital
pour examiner sous toutes leurs coutures
les splendeurs qu'il renfermait ;
je trouvai un portail somptueux
bâti en gros blocs de pierre,
et qui est la principale voie d'accès
pour entrer dans le cimetière.

Dans ce cimetière furent enterrés
les vrais et loyaux amoureux.
Leurs épitaphes précisaient
leurs noms. Je reconnus parmi eux
Tristan, le très brave chevalier,
qui mourut de désespoir,
Lancelot du Lac, et tous ceux
qui aimèrent jusqu'à la mort.

Il y en avait tellement qu'il faudrait trop de temps
pour en raconter toutes les histoires.
J'y vis quantité de rois, de ducs, de pairs et de comtes
que je ne saurais nommer.
J'en vis qui vinrent de ce côté de la mer,
chevaliers, clercs et écuyers ;
je vis aussi quelqu'un bien digne d'amour :
le Sénéchal des Hainuyers,

LIII

Nommé Jehan de propre non,
Qui moult fu loyal en son temps.
De vaillance ot moult hault renon ;
420 A tout bien se fu consentans.
Son pareil ne fu puis cent ans.
Honneur fu en luy anoblie,
Et vallut mieulx, en tout, cent tans
424 Que renommee ne publie.

LIV

Assés pres, au bout d'ung sentier, [fol. 153r]
Gesoit le corps de tresparfait,
Sage et loyal Alain Chartier,
428 Qui en amours fist maint hault fait.
Par luy fut sceü le meffait
De celle qui l'amant occy,
Qu'il appella, quant il ot fait,
432 La Belle Dame sans Mercy.

LV

Entour sa tombe, en lectres d'or,
Estoit tout l'art de rethorique.
Emprés luy, vers ung aultre cor,
436 Soubz une tombe assés publique,
Gesoit l'amant tresautentique,
Qui mouru, sans le secours de ame,
Par le regart du basillique
440 Contre raison appellé dame.

Appelé Jean, de son nom propre ;
il fut très loyal en son temps.
Il était très renommé pour sa vaillance
et prenait toujours le parti du bien.
On n'a pas vu son pareil depuis cent ans.
Grâce à lui, l'honneur s'est ennobli
et en toute chose il valut cent fois plus
que sa réputation ne l'indique[1].

Non loin de là, au bout d'un sentier,
reposait le corps de cet homme si accompli,
si sage et si loyal, Alain Chartier,
auteur de nombreux hauts faits en amour.
C'est par lui que fut connu le crime
de celle qui tua son amant,
celle qu'il appela, son récit terminé,
La Belle Dame sans Mercy.

Autour de sa tombe, en lettres d'or,
tout l'art de la rhétorique était gravé.
A côté de lui, dans un autre coin,
sous une tombe bien visible,
était couché l'amant très illustre
qui mourut, sans le moindre secours,
par le regard de ce basilic
que, contre raison, on appelle 'dame'[2].

---

[1] *416-24* : Eloge, remarquable par sa longueur, de Jean de Werchin, sénéchal de Hainaut, un des représentants-type du chevalier/poète qui se manifesta sous le règne de Charles VI ; il fit partie de la Cour Amoureuse. Célébré également par Christine de Pizan, il participe à un échange de ballades sous forme de débat avec le jeune poète Gilbert de Lannoy et écrit vers 1404 le *Songe de la Barge*, œuvre qui, avec sa mise en scène à la cour du Dieu d'Amour, a pu servir de modèle pour les imitations oniriques de la *Belle Dame*. Il meurt à la bataille d'Azincourt en 1415.

[2] *425-40* : Le ms. Pl remplace les strophes LIV-LV par un autre texte, où il s'agit du tombeau de Jean de Meun. Voir le Dossier ci-dessous, pp. 526-27.

LVI

Apprés passay une poterne,
Ou je trouvay ung triste val.
Je cuyday que ce fust inferne,
Car c'est ung abisme de mal.
Il n'est homme a pié n'a cheval
Qui en issist jour de sa vie.
Illeuc rue on en general
Tous ceux qu'Amours exconmenie.

LVII

C'est en maniere de faulx atre :
On y gecte les corps maudis.
Je y en recongneus plus de quatre :
La sont espars, noirs et pourris,
Sus terre sans estre enfouÿs ;
Tous descouvers sont la gecté.
A pluye et a vent sont soubzmis
Par le pechié de faulseté.

LVIII

La vys je le corps de Jason [fol. 153v]
Pour ce qu'il fu faulx a Medee.
Emprés luy gisoit Demophon,
Et d'autre part le faulx Enee
Par qui Dido fu forsenee.
Et le desdaigneux Narchisus,
De qui Equo fu refusee,
Gesoit a la pluye tout nus.

Ensuite, passant par une poterne,
je découvris une triste vallée.
Je crus que c'était l'enfer,
car c'est un abîme de mal.
Nul homme, à pied ou à cheval,
ne peut en réchapper sa vie durant.
C'est là que l'on jette pêle-mêle
tous ceux qu'Amour excommunie.

C'est une sorte de cimetière factice :
on y jette les corps maudits.
J'en reconnus plus de quatre :
Ils sont là dispersés, noircis et pourris,
à même le sol, sans être inhumés.
Ils sont jetés là complètement à découvert.
Ils endurent la pluie et le vent
pour leur péché de duplicité.

J'aperçus là le corps de Jason,
qui s'y trouvait pour avoir trompé Médée.
Auprès de lui était étendu Démophon,
et d'un autre côté Énée le traître,
à cause de qui Didon sombra dans la folie.
De même, Narcisse le dédaigneux,
qui rejeta Écho,
était couché tout nu sous la pluie[1].

---

[1] *457-64* : Ovide raconte la fureur de Médée dans les *Métamorphoses*, VII, et inclut une lettre de Médée à Jason dans les *Héroïdes*, XII. Pour Démophon, voir plus haut, vv. 102-104 ; Pour Énée et Didon, vv. 131-32 ; Pour Narcisse et Écho, vv. 113-20. Les trois premières histoires étaient déjà associées, comme exemples de la tromperie en amour, dans le discours de la Vieille du *Roman de la Rose*, éd. Lecoy, vv. 13144-232

LIX

Entre ces faulx pecheurs gisoit
La dicte dame que l'en dit
Sans mercy, laquelle y estoit
468 Gectee comme par despit.
Elle avoit esté sans respit
Nouvellement noÿe en plours,
Et la nommoit on par escript
472 La Crüelle Femme en Amours.

LX

Avec Briseÿda couchoit,
Qui foy menty a Troÿlus,
Et tant, briefment, en y avoit
476 Qu'a grant paine en y porroit plus.
Quant je les eu assés veüs,
Tantost je me party de la ;
Et n'eulz gueres esté en sus
480 Quant mon desir renouvella.

Parmi ces perfides pécheurs se trouvait
ladite dame que l'on appelle
« Sans Mercy », et qu'on avait
jetée là comme par mépris.
Elle avait été condamnée tout dernièrement, sans appel,
à être noyée dans les pleurs,
et on la dénommait dans un écrit
'La Cruelle Femme en Amour'[1].

Elle était couchée avec Briséida,
qui brisa son serment envers Troilus[2] ;
Il y avait tant d'amants trompeurs, en somme,
qu'il aurait été très difficile d'en ajouter.
Après les avoir observés minutieusement,
je quittai ce lieu,
et à peine m'en étais-je éloignée
que mon désir se ranima.

---

[1] *469-72* : Achille Caulier résume ici la fin de son poème précédent, *La Cruelle Femme en amour*. Cette référence, avec la mention de la *Belle Dame* et le tombeau d'Alain Chartier, rattache explicitement l'*Hôpital d'Amour* au cycle.

[2] *473-4* : Référence à la célèbre histoire d'amour, dont les noms des protagonistes remontent à l'antiquité, mais qui ne reçoit son premier développement important que dans le *Roman de Troie* de Benoît de Sainte-Maure (XIIe siècle) et qui a été adaptée et traduite à plusieurs reprises durant le Moyen Age. Briséida, fille de Calchas, quitte Troilus, éperdument amoureux, pour se lier avec Diomède, chevalier dans le camp des Grecs. Rendu surtout illustre par les versions de Boccace et de Chaucer, ce récit a relativement peu intéressé le public français. En effet, Bianciotto fait remarquer (*Le Roman de Troyle*, v. I, pp. 40-41) que, malgré une riche tradition européenne, c'est ici une des seules références à Briséida dans la littérature française. Troilus, par contre, est cité comme « un combattant valeureux, plus souvent encore une victime illustre ; très rarement – et tard – un amoureux trahi » (ibid., p. 41). Il est à remarquer que Diomède occupe une place dans l'énumération des chevaliers loyaux en amour dans *La Dame loyale*, v. 595.

LXI

Desir, embrasé comme feu,
Qui sa feste reconmenchoit,
Me fist plus chault que onques ne fu,
484 Car en ardeur me conduisoit
Et me conmandoit et looit
Que je m'en ralasse au vergier
Ou la belle se deduisoit,
488 Qui me donna le franc baisier.

LXII

Tout aussy tost me transportay [fol. 154r]
Qu'il ot dit, dont ne fus pas sage ;
Dure nouvelle en rapportay,
492 Car guectes avoit au passage.
Maiz, non obstant ce, s'y passay je,
Me cuydant du tout resjouÿr ;
Maiz Dangier me fu dur message,
496 Car onques ne me voult ouÿr.

LXIII

Lors, comme au bois refuit le lievre,
A mon premier mal refuÿ,
Et renchey en ma chaude fievre.
500 Mon cueur en ardeur rebruÿ ;
Ardant desir me renvaÿ
Et je m'escrïay sur Pitié,
Maiz ce rescry poy m'esjouÿ,
504 Car je fus arriere alitié.

Désir, embrasé comme du feu,
et qui recommençait à se déchaîner,
me rendit plus ardent que jamais :
En effet, me menant avec ardeur,
Désir m'ordonnait et m'incitait même
à m'en retourner au verger
où se divertissait la belle dame
qui m'avait donné un chaste baiser.

Je me mis en route aussitôt
qu'il eut parlé, ce qui montra mon manque de sagesse :
Je finis par rapporter une douloureuse réponse,
car le passage était bien surveillé.
Néanmoins, je continuai dans ce sens,
croyant que j'allais goûter une joie complète.
Mais Danger fut un rude interlocuteur,
car jamais il ne voulut m'écouter.

Alors, comme le lièvre s'enfuit vers le bois,
je replongeai dans mon ancienne maladie,
et je fus de nouveau en proie à une grosse fièvre.
Mon cœur recommença à battre fiévreusement ;
un désir brûlant m'envahit de nouveau
et je me récriai envers Pitié.
Mais cette protestation me rapporta peu de joie,
car je finis par me retrouver au lit.

LXIV

Si m'en retournay tout honteux,
Plus fort mallade que onques maiz.
Desir maudis, par qui honte eulx,
Et fus en tel point que jamais
Ne cuydoye mieulx avoir mais.
Espoir me vint dire que sy :
« Croy moy, et en mes mains te metz,
Et je te osteray de soussy ».

LXV

Si tost com je l'ouÿ parler,
Je le regarday par despit,
Et durement l'en fis aller,
Disant : « Point ne veul ton respit.
Je suis mort, Desespoir l'a dit ».
Lors porté fus, ne sçay de qui,
A moictié mort, jusqu'a mon lit,
Ou grant temps malgré moy vesqui.

LXVI

Quant Courtoisie, l'enfermiere, [fol. 154v]
Sceut que tant fort mallade estoye,
Vers moy vint et fu la premiere ;
S'amena Pitié en sa voye,
Et deulx que plus veüs n'avoye.
L'un estoit nommé Souvenir,
Maiz de l'autre je ne savoye
Encore a son non revenir.

Ainsi, je m'en retournai couvert de honte,
plus gravement malade que jamais.
Je maudis Désir, responsable de cette honte,
et me trouvai dans un état tel
que jamais je ne crus pouvoir en guérir.
Espoir vint me dire le contraire :
« Crois-moi, et remets-toi entre mes mains :
je te libérerai de tout souci »

Dès que je l'entendis parler,
je le regardai avec mépris,
et le congédiai rudement,
disant : « Je ne veux point du sursis que tu m'offres.
Je suis mort, c'est Désespoir qui l'a dit ».
Alors je fus transporté, je ne sais par qui,
à moitié mort, jusqu'à mon lit,
où je survécus longuement malgré moi.

Lorsque Courtoisie, l'infirmière,
apprit que j'étais si profondément malade,
elle fut la première à s'approcher de moi ;
elle amena avec elle Pitié
et deux autres que je n'avais pas revus depuis longtemps.
L'un s'appelait Souvenir,
et l'autre, je n'arrivais pas
à me rappeler son nom.

LXVII

Maiz quant rëeus mon sentement,
Je le recongnus au parler :
On le nommoit Entendement,
532 Et se savoit de tout mesler.
En phisique estoit bacheller.
Premier vint a moy Souvenir,
Qui de tout savoit aparler,
536 Si non des choses advenir.

LXVIII

Tout premier conmença a dire :
« Beau sire, avés vous oublïé
Conment de Espoir, vostre bon mire,
540 Fustes doulcement bien vegnié,
Quant beustes, pour estre alegié,
L'Eaue de Gracïeux Penser ?
Conment l'avés vous desdaignié ?
544 Et si fist vostre mal cesser.

LXIX

Ce qu'il vous promist avery
Quant vous eustes le franc baisier ;
Si ne poués estre guery
548 S'il ne fait le mal appaisier.
Qui vous voit ainsy desgressier,
Il semble que tout soit perdu :
Ung homme fait poy a prisier
552 Qui pour ung seul coup est rendu ».

Mais une fois revenu à moi,
je le reconnus à son discours :
On l'appelait Entendement,
et il savait s'occuper de tout.
Il était diplômé en médecine.
Souvenir, le premier, s'approcha de moi,
lui qui pouvait parler de tout,
sauf des choses à venir.

Il commença par dire de prime abord :
« Beau sire, avez-vous oublié
comment Espoir, votre médecin,
vous accueillit si tendrement,
quand, pour votre soulagement, il vous fit boire
l'Eau de Gracieux Penser ?
Pourquoi l'avez-vous dédaigné ?
Après tout, il mit fin à votre maladie.

Il a tenu sa promesse envers vous
dès que vous avez eu le chaste baiser ;
Vous ne pouvez être guéri
que s'il appaise lui-même votre douleur.
Quand on vous voit dépérir ainsi,
on a l'impression que tout est perdu :
Un homme pourtant a peu de valeur
s'il s'avoue vaincu après un seul revers ».

LXX

Quant il ot fait son preschement, [fol. 155r]
Qui gueres ne me conforta,
Devers moy vint Entendement,
Qui de croirre Espoir m'enorta,
Et dist : « Quant Dangier t'aporta
Son reffus, il fist sa coustume.
Il fait ainsy, maiz grant tort a
Qui pour ce le mal y presume.

LXXI

Tu doybz penser, se tu scés rien,
Que se ne fust empeschement
Tu fusses venu aussy bien
Comme tu fis derrainement.
Tu doybz croyrre certainement
Que Malle Bouce et Jalousie
Se sont percheus aucunement,
Dont la chose en est ralongie.

LXXII

Il est ainsy, j'en suis prophete.
Il ne t'y fault point varïer,
Si te fault faire une rectraite
Se tu y veulx droit charïer.
Fay tant que Pitié voist prïer
A Dangier que dormant se tayse ;
Bien luy sara faire ottrïer
Sa voulenté, maiz qu'i luy plaise ».

Dès qu'il eut terminé son sermon,
qui ne me consola que fort peu,
Entendement vint vers moi.
Il m'exhorta à croire Espoir,
et dit : « Lorsque Danger t'opposa
son refus, il agissait selon son habitude.
Il est comme il est, mais on aurait tort
d'y voir un acte de méchanceté.

Tu dois comprendre, si tu as un brin de sagesse,
que s'il n'était intervenu quelque obstacle
tu serais arrivé à tes fins aussi facilement
que tu le fis auparavant.
Tu dois imaginer, sans le moindre doute,
que Male Bouche et Jalousie
s'en sont aperçus d'une façon ou d'une autre,
ce qui fait que la chose a été différée.

Voilà ce qui s'est passé, je le devine.
Il ne faut pas que tu changes d'avis ;
en revanche, il faut que tu fasses retraite
si tu veux agir avec rectitude et arriver à ton but.
Fais en sorte que Pitié s'en aille prier
Danger de rester endormi et de se taire.
Elle saura bien le faire consentir à ce qu'elle veut,
pourvu que ce soit selon son gré ».

LXXIII

Quant ce conseil en moy sentis,
Quoy que garir ne me pouoye,
Vint ce medecin tresgentilz,
580 Espoir, que voulentiers je oyoye,
Le quel me dist, se je vouoye
Au Dieu d'Amours mon sacrefice,
S'apprés ce fait ne m'en looye,
584 Il voulloit perdre son office.

LXXIV

Adonques chacun se party, [fol. 155v]
Si non Espoir, qui demoura.
Mon poux encore resenty,
588 Et dist : « Ton cueur pas ne mourra,
Tant que conseil croyrre vourra.
Je te pense a donner tel chose
Qui a ta doulleur plus vaurra
592 Que ta pensee ne suppose.

LXXV

Maiz il te fault garder d'esgrun,
Poy penser, querir compaignie
En pluseurs lieux, non pas en ung,
596 Tousjours mener joyeuse vie ;
Et se tu as mirencollie,
Liz quelque gracïeuse hystore,
Et aveuc, sur tout je te prie
600 Que tousjours m'ayes en memore.

Dès que je fus pénétré de ce conseil,
bien que je fusse incapable de me guérir,
ce médecin très gentil, Espoir,
que j'écoutais avec plaisir, m'apparut ;
Il me dit que si je consacrais
une offrande au Dieu d'Amour
et qu'après ce geste je ne m'en félicitais pas,
il serait prêt à abandonner son métier.

Sur ce, tout le monde partit,
sauf Espoir, qui resta là.
De nouveau, il tâta mon pouls
et dit : « Ton cœur ne succombera pas
aussi longtemps qu'il accordera foi à mon conseil.
Je songe à te donner quelque chose
qui soignera ta douleur mieux
que tu ne pourrais l'imaginer.

Mais il faut que tu te protèges contre l'amertume,
que tu réfléchisses le moins possible, que tu recherches
                              [la compagnie des autres,
non pas dans un seul endroit, mais dans plusieurs,
et que tu mènes sans cesse une vie de fête.
Et si tu as un accès de mélancolie,
lis quelque histoire charmante,
et en outre, je te prie surtout
de me garder toujours présent à la mémoire.

LXXVI

Ceulx qui m'ont par Entendement,
Comme toy, bien leur doibt suffire
Quant je leur faiz allegement.
Je suis prophete pour voir dire ;
Pour garir doulleur, je suis mire,
Voyre, s'elle n'est trop mortelle.
Maiz Amours, le souverain sire,
Est celuy qui la garist telle.

LXXVII

Se ton desir est tant ardant
Que je ne te puisse garir,
Fuy vers Amours, preng le a garant,
Et luy va mercy requerir :
S'i luy plaist, tu ne peulx perir,
Car tant fera vers ta mestresse
Que ce qu'elle fait renchierir
Fera venir a grant largesse ».

LXXVIII

Atant se teust Espoir, mon maistre.
Et lors je regarday celluy
Dont mon plaisir estoit a naistre :
C'estoit Amours. Pensant a luy,
Mes yeulx de lermes aveugly ;
J'estoye devot a oultranse,
Tant que bouce et cueur me failly,
Et fus adont mort jusqu'en transe.

[fol. 156r]

Ceux qui me reçoivent, comme toi, grâce à Entendement,
devraient bien se sentir satisfaits
lorsque je leur accorde un soulagement.
Je suis un prophète parce que je dis la vérité ;
lorsque je guéris la douleur, j'agis en médecin,
mais, à vrai dire, seulement si elle n'est pas trop mortelle.
C'est en revanche Amour, le souverain de tous,
qui la guérit lorsqu'elle est telle.

Si ton désir est si ardent
qu'il m'est impossible de te guérir,
adresse-toi à Amour, mets-toi sous sa protection,
et va lui demander grâce.
Si tel est son bon plaisir, tu ne mourras pas,
car il s'occupera si bien de ta bien aimée
qu'il lui fera accorder avec une grande largesse
ces dons qu'elle rend plus précieux en les gardant pour elle. »

Sur ce, Espoir, mon maître, se tut.
Alors je jetai un regard vers celui
qui devait faire naître mon bonheur :
c'était Amour. Rien qu'en pensant à lui,
je versai un torrent de larmes qui m'aveuglèrent.
Mon zèle était démesuré,
à tel point que la bouche et le cœur me firent défaut,
et, me sentant au bord du trépas, je m'évanouis.

LXXIX

Quant je fus a moy revenu,
Les mains joingny vers la chappelle,
En disant : « Amours tres cremu,
Par qui je bruis et estincelle,
A mon plus grant besoing t'appelle,
Et te prie que a ce coup cy
Garisses le mal que je celle,
Pour moy donner mort ou mercy.

LXXX

Si vrayement que je congnoy
Ta loy et y croy fermement,
Et si vrayement que je croy
Que jadiz ancïennement,
Par miracle tresevident,
Et par ta force merveilleuse,
Fina Ulixés franchement
De Peneloppe l'orguelleuse ;

LXXXI

Et comme tu vengas Equo
De Narchisus le renoyé,
Qui tant ne sceut nöer a no
Qu'a ton plaisir ne fust noyé,
Pour ce que trop fu desvoyé
Quant par son crüel pensement
Avoit ton pouoir guerroyé
Et enfraint ton conmandement ;

Quand je repris connaissance,
je tendis mes mains jointes vers la chapelle,
et je dis[1] : « Amour, toi qui es tant redouté
et qui me fais hurler et qui m'embrases,
je t'appelle en mon besoin extrême,
et te prie de me guérir, cette fois,
de la maladie qui reste tapie en moi :
que j'en meure ou que j'en réchappe !

De même que je reconnais
ta loi et que j'y crois fermement ;
et de même que je tiens pour vrai
qu'autrefois, dans les temps anciens,
grâce à un miracle des plus évidents
et à ta force merveilleuse,
Ulysse s'en sortit honorablement
avec la fière Pénélope[2] ;

De même que tu vengeas Echo
de Narcisse l'infidèle,
qui ne sut pas si bien nager
qu'il ne fût noyé selon ton bon plaisir
(c'est parce qu'il s'était trop égaré
quand, dans sa préoccupation cruelle,
il déclara la guerre contre ton pouvoir
et désobéit à ton autorité) ;

---

[1] *627 et suivants* : Le serment prêté au Dieu d'Amour, où les miracles et exploits d'Amour sont énumérés, fait penser aux serments de la littérature épique.

[2] *640* : Pénélope est mentionnée brièvement dans le *Roman de la Rose*, éd. Lecoy, vv. 8575, 8622, comme exemple de la fidélité (avec le récit plus développé de Lucrèce). La première lettre des *Héroïdes* est envoyée par Pénélope à Ulysse.

LXXXII

Et comme ce fu verité [fol. 156v]
Qu'a l'ymage Pymalïon
Donnas vie par ta pitié,
652 Et comme en nostre regïon
Fus pour Guillaume champïon
Contre le chastiau Jalousie,
Ou il eust la pocessïon
656 Du bouton et de la feullie ;

LXXXIII

Et si vray que tu condampnas
La crüelle femme a noyer
Et le crüel non luy donnas,
660 Veulles moy briefment envoyer
Ce que tu scés qui m'est mestier :
Donne aÿde a ce qui est tien ;
Ne me veulles pas renoyer,
664 Regarde mon piteux maintien ».

LXXXIV

En parfaisant mon oroison,
M'endormis tout soudainement.
Lors me vint en avisïon,
668 Dont j'eux grant esmerveillement,
Qu'Amours se leva prestement
Et aveuc une aspre clarté
S'apparu a moy proprement,
672 Dont je fus tout espouenté.

De même qu'il est vrai
que dans ta pitié tu donnas la vie
à la statue de Pygmalion,
et que dans notre région
tu jouas le rôle de champion pour Guillaume
contre le château de Jalousie,
où il s'empara
du bouton et du feuillage[1] ;

Et s'il est vrai que tu condamnas
la femme cruelle à se noyer[2]
et que tu lui donnas ce nom cruel,
je te prie de m'envoyer sous peu
ce dont, tu le sais bien, j'ai besoin :
Donne de l'aide à celui qui t'appartient ;
s'il te plaît, ne me rejette pas,
regarde mon état pitoyable. »

Ayant terminé ma prière,
je m'endormis aussitôt.
Voici ce qui m'arriva dans une vision,
et qui m'étonna beaucoup :
Amour se dressa subitement
et, nimbé d'une lumière très vive,
il apparut en personne devant moi,
ce qui me terrifia énormément.

---

[1] *652-56* : Il s'agit du *Roman de la Rose*, commencé par Guillaume de Lorris qui, en tant que narrateur-protagoniste, cherche à posséder la rose dans le jardin de Deduit. Jean de Meun continue le poème, laissé fragmentaire, et amène le protagoniste à son but après maintes rencontres avec des personnages allégoriques.

[2] *658* : Référence au jugement de la Belle Dame, annoncé par Amour à la fin de la *Cruelle Femme*, vv. 909-10.

LXXXV

En venant son filx m'apella
Et me dist : « Point ne t'esbahis ».
Asseur fus quant j'ouÿs cella,
676 Et voulentiers parler l'ouÿs.
A luy ouïr tant m'esjouÿs
Que onques puis ne fis malle chiere.
Lors conmença par grant advis
680 Sa raison en ceste maniere :

LXXXVI

« O nostre filx, qui ja soulloyes, [fol. 157r]
En ton premier conmencement,
Tandiz que nostre devenoyes,
684 Occupper ton entendement
A faire gracïeusement
Chansons, dictiés, plaisans et doulx,
Et tousjours a l'exalcement
688 De nostre pouoir et de nous,

LXXXVII

Qu'est devenu ce doulx usage ?
Conment te peus tu tant doulloir ?
Es tu en faulte de courage ?
692 As tu perdu ton bon voulloir ?
Ta joye est elle en non challoir ?
As tu laissié honneur pour honte ?
Ou est ton desir de valloir ?
696 Conment m'en renderas tu compte ?

L'HÔPITAL D'AMOUR

Venant vers moi, il m'appela son fils
et me dit : « N'aies pas peur ».
J'étais rassuré en entendant cela,
et je l'écoutai parler bien volontiers.
J'eus tant de joie à l'écouter
que jamais plus je ne montrai de déplaisir.
Puis c'est avec une sagesse extrême
qu'il commença son discours de la manière suivante :

« O notre fils, toi qui autrefois,
quand tu faisais tes débuts
et que tu devenais nôtre,
avais l'habitude de consacrer ton esprit
à composer avec grâce
chansons et poèmes doux et plaisants
(toujours, il faut le dire, à la gloire
de notre pouvoir et de nous-même),

Qu'est devenue cette belle pratique ?
Comment peux-tu t'affliger à ce point ?
Manques-tu de courage ?
As-tu perdu toute affection ?
Ta joie a-t-elle tourné à l'indifférence ?
As-tu abandonné l'honneur pour la honte ?
Où est ton désir de bien faire ?
Comment m'en rendras-tu compte ?

LXXXVIII

Que penses tu a devenir ?
Hellas ! Et qui te desconforte ?
N'as tu point de moy souvenir ?
Te semble ma puissance morte ?
Est ta cause de deul si forte
Que rien ne te peust secourir ?
Ne veulx tu que ame te conforte ?
704 Finablement, veulx tu mourir ?

LXXXIX

– Nennil, sire, s'il ne vous plest,
Car, quel que deul que je recorde,
Vous savés bien conment il m'est :
708 Plaisir ou deul, paix ou discorde,
Tout tient a vo misericorde.
Du lïen de mon desconfort
Ne peust nulz deslïer la corde,
712 Se ce n'estes vous, ou la Mort ».

[fol. 157v laissé blanc par le copiste]

XC

Lors dist Amours : « Tu te mesfaiz   [fol. 158r]
Encontre moy quant tu te plains,
Veüs les biens que je t'ay faiz.
716 Que n'y as tu prins exemple, ains
Que tu publïasses tes plains ? »
« Ha.a, sire ! Pour Dieu mercy,
Ce sont les deulz dont je suis plains
720 Qui m'ont le cueur taint et noircy.

L'HÔPITAL D'AMOUR

Que comptes-tu devenir ?
Hélas ! Qu'est-ce qui t'accable ?
Ne te souviens-tu point de moi ?
Ma puissance te semble-t-elle éteinte ?
La cause de ta douleur est-elle si forte
que rien ne peut te secourir ?
Ne veux-tu que quelqu'un te soulage ?
Somme toute, veux-tu mourir ?

– Pas du tout, maître, si telle n'est pas votre volonté,
car, malgré la douleur qui reste vive en moi,
vous savez bien ce qu'il en est :
Plaisir ou douleur, paix ou discorde,
tout dépend de votre indulgence.
Personne ne peut délier la corde
qui me lie à mon tourment,
si ce n'est vous, ou la Mort ».

Amour dit alors : « Tu commets une faute
à mon égard lorsque tu te plains,
vu les faveurs que je t'ai accordées.
Pourquoi ne les as-tu pas prises en considération
avant de répandre partout tes plaintes ?
– Ah, ah, maître ! Par la grâce de Dieu,
ce sont les douleurs dont je suis rempli
qui m'ont entaché et noirci le cœur.

XCI

Moy garir et vous honnourer
Est le desir de m'oroison.
Mon cueur ne veult pas ygnorer
Vostre pouoir, ne la foyson
Des plaisirs qu'a vostre acheson
Pitié et Espoir m'ont donné :
Espoir me donna la poyson
Dont mon plaisir fu foysonné,

XCII

Et Pitié pour moy procura
Tant que je en eus ung franc baisier,
Qui pour lors tout mon mal cura.
Maiz je resuis au point premier,
Car j'ay depuis trouvé Dangier,
Qui m'a, par response crüelle,
Plus rebouté que ung estrangier,
Dont j'ay doulleur toute nouvelle.

XCIII

Je pensay, quant tel le trouvay,
Qu'il se repentoit de bien faire ;
Et, par ce penser, approuvay
Qu'il me voulloit du tout desfaire,
Car bien m'ostoit sans le forfaire,
Si me poingnoit aprés ointure
Et me pugnissoit sans mesfaire,
Qui est ouvre contre droiture.

Le but de ma prière
est de guérir et de vous honorer.
Mon cœur est loin d'ignorer
votre pouvoir et la profusion
de plaisirs que m'ont donnée
Pitié et Espoir, à votre instigation :
Espoir me donna le breuvage
qui fit croître mon plaisir,

et Pitié s'occupa si bien de ma cause
que je finis par recevoir un chaste baiser,
qui, sur le moment, guérit tout mon mal.
Mais je me trouve de nouveau à mon point de départ,
car j'ai rencontré par la suite Danger,
qui, par sa réponse impitoyable,
m'a repoussé plus vivement qu'un inconnu,
renouvelant ainsi ma douleur.

Un tel refus me donna à penser
qu'il avait renoncé à toute bonne action ;
à la réflexion, je compris même
qu'il cherchait à me dépouiller de tout :
il me retirait un bien sans que j'aie commis de tort,
m'infligeant une blessure après avoir appliqué l'onguent,
et il me punissait sans que j'eusse fait la moindre faute,
ce qui est une action injuste.

XCIV

Maiz se ce deul blesce mon sens [fol. 158v]
Et j'ay, par ma mescongnoyssance,
Blasmé Espoir, je m'en repens ;
748 Et en offre cueur et puissance
A en faire la penitance.
Maiz je vous prie doulcement
Qu'apprés ma bonne repentance
752 Donnés mon cueur allegement.

XCV

Ostés moy la dure doulleur
Qui le corps me tue et martire
Jusqu'en l'abisme de mon cueur ;
756 Et mandés a Dangier, chier sire,
Qu'il me doint ce que je desire.
Pitié en fera l'embassade :
Envoyés luy de chaude tire
760 Ains que je soye plus mallade. »

XCVI

Amours dist lors : « Ains que plus dies,
Veul savoir se tu me saroyes
Raconter les griefs malladies,
764 Les veilles, les perdues voyes,
Que pieça diz que tu aroyes
Ains que d'Amours eusses le bout.
Or ne me mens pas toutesvoyes :
768 Dy moy s'il te souvient de tout.

Mais si cette douleur a entamé mon bon sens
et si j'ai eu la sottise
de blâmer Espoir, je m'en repens ;
j'offre mon cœur et tout ce qui m'est possible
en guise de pénitence.
Mais je vous prie gracieusement,
après ce repentir sincère,
de soulager mon cœur.

Libérez-moi de cette douleur aiguë
qui livre mon corps au supplice et au martyre,
jusqu'au plus profond de mon cœur ;
et ordonnez à Danger, cher maître,
de me donner ce que je désire.
Pitié servira d'émissaire :
demandez-lui de partir sur-le-champ
avant que mon mal n'empire. »

Amour répondit : « Avant que tu en dises davantage,
je veux savoir si tu saurais
me décrire les maladies graves,
les veilles, les déplacements inutiles,
que je t'ai dit naguère que tu devrais subir
avant de toucher au but de ton amour.
Quoi qu'il en soit, ne me mens pas :
dis-moi si tu te souviens de tout.

XCVII

– Par ma foy, il me souvient bien
Que me deistes aucun propos,
Maiz quel il fu, je n'en say rien,
772 Car j'ay eu si poy de reppos
Que onques depuis penser n'y pos.
Maiz se l'ouÿr me peust valloir,
Je vous supplie que aucuns mots
776 Vous en plaise a ramentevoir.

XCVIII

– Or sus ! Pour ton bien je le veul. [fol. 159r]
Il fu vray que au conmencement,
Que je te eus conquis a ton veul,
780 Je te prïay treshumblement
Et conmanday expressement
Que loyal fusses et segré,
Et parlasses honnestement
784 De chacun selon son degré.

XCIX

Apprés conmandemens pluseurs,
Te predestinay ta fortune,
Pour quoy tu sceus bien tes doulleurs.
788 Ce fis je affin que la rancune
De Dangier te fust plus conmune
Et te grevast mains a porter.
Et je voy par ton infortune
792 Que tu ne t'en sceis conforter.

– Ma foi, je me souviens bien
que vous m'avez fait un discours,
mais ce qu'il contenait, je n'en sais plus rien,
car j'ai eu si peu de repos
que je n'y ai point pensé depuis.
Mais s'il peut encore m'être utile de l'entendre
je vous prie de bien vouloir
m'en rappeler quelques mots.

– Debout donc ! Je le veux pour ton bien.
Il est vrai qu'au début,
lorsque je te conquis avec ton accord,
je te priai très humblement
et je t'ordonnai expressément
d'être loyal et discret,
et de parler de chacun
avec respect selon son rang.

Au terme d'une série de commandements,
je t'annonçai ton destin ;
tu appris par ce moyen les douleurs à venir.
J'ai agi ainsi afin que tu t'habitues davantage
à la rancune de Danger
et qu'elle te soit moins difficile à supporter.
Je vois en effet par ta détresse
que tu ne sais pas t'en consoler.

C

Ne te souvient il que je dis
Qu'au conmencement tu aroyes
Contre ung bien des maulx plus de dix ?
Aussy ont en toutes leurs voyes
Ceux que j'ay chaint de mes couroyes,
Dont nul par fort courre n'eschappe.
Aussy eschapper n'en pourroyes
Puis que tu t'es mis soubz ma trappe.

CI

Ne sçais tu pas bien par pluseurs
Que ung seul bien que je sçay donner
Reboute cent mille doullours ?
Qui veult dont justement compter,
Nul ne peust trop chier acheter
Mercy, qui est le plus grant bien :
Tel est que, qui en peust finer,
Il n'a jamés faulte de rien.

CII

Qui le veult payer a son droit, [fol. 159v]
Il n'en fault or n'argent tirer ;
Car qui pour argent le vendroit,
Je le feroye martirer.
Il se paye de desirer,
Et requerir par long espasse,
De craindre, et de continüer
En loyaulté qui oultre passe.

Ne te souviens-tu pas que je t'ai dit
qu'au début tu aurais
plus de dix malheurs pour un seul bien ?
C'est ce même chemin que suivent
tous ceux que j'ai enserrés dans mes liens,
et dont aucun n'échappe, même s'il court de toutes ses forces.
Tu ne pourrais pas non plus t'échapper,
dès que tu t'es introduit dans mon piège.

N'as tu pas appris de beaucoup d'autres
qu'un seul bien que je sais donner
élimine cent mille douleurs ?
Si on veut donc faire un juste compte,
il faut avouer que personne ne peut payer trop cher
la grâce, ce bien suprême,
et tel que si l'on peut l'atteindre,
on ne manquera jamais de rien.

Si on veut le payer à son juste prix,
il ne faut échanger ni or ni argent contre lui.
J'infligerais des supplices
à celui qui le vendrait pour de l'argent.
On le paye avec le désir
et les prières maintes fois répétées ;
on le paye également avec l'anxiété
et la loyauté constante, qui surpasse tout.

CIII

Les loyaulx en ont la doulleur,
Et les faulx en eschappent sain,
Car ilz n'y mectent rien du leur.
820 Maiz les bons n'ont pas mal en vain,
Car ilz en ont le bien haultain,
Le quel bien aux faulx rien ne monte,
Car quant ilz ont ce bien a main,
824 Ilz ont ce dont ilz ne font compte.

CIV

Le loyal qui grace dessert,
En suyant ma loyalle queste,
Je te diray de quoy il sert
828 De penser et rompre sa teste,
De faire en vain mainte requeste,
De perdre mainte longue voye,
De faire veille a mainte feste,
832 A grant deul et a poy de joye.

CV

Au chemin le fais je penser,
Ou loing derriere ou loing devant,
Et soy a celle deviser,
836 Qui est a Bruges ou a Gant.
La requiert il grace en pleurant
A celle qui ailleurs s'esjoye ;
Puis se respont en octroyant,
840 Et en pleurant se rit de joye.

Les gens loyaux en ressentent la douleur,
tandis que les trompeurs en échappent indemnes,
car ils n'y mettent rien qui leur tienne à cœur.
Mais ce n'est pas en vain que les vertueux en souffrent,
car ils reçoivent en échange le bien souverain ;
les trompeurs restent indifférents à ce bien
car, même quand ils l'ont à portée de main,
cette chose qu'ils possèdent, ils ne l'estiment guère.

L'homme loyal qui mérite la miséricorde[1],
en continuant cette poursuite loyale que j'ai instaurée,
je vais te dire à quoi il lui sert
de réfléchir, voire de se casser la tête,
de multiplier les prières en vain,
de s'égarer sur de longs chemins,
et de rester tard le soir à des fêtes innombrables,
avec une douleur aiguë et bien peu de joie.

Lorsqu'il chemine, je le fais méditer
à son passé et à son avenir,
et s'entretenir en lui-même avec celle
qui se trouve peut-être à Bruges ou à Gand.
Là, tout en pleurant, il demande grâce
à cette femme qui se divertit ailleurs ;
puis, cette grâce, il se l'accorde à lui-même,
et, tout en pleurant, il rit de joie.

---

[1] *825* : Ici s'insère un long récit, qui s'étend sur presque trois cents vers, où il s'agit de l'expérience d'un amant exemplaire, tourmenté par son amour mais incapable d'agir. Le Dieu d'Amour laisse imperceptiblement le récit en suspens au v. 1136, pour passer à l'éloge des dames et pour insister sur l'importance de la loyauté et de la persévérance de la part de tout amoureux.

CVI

Quant il a en ce point pensé [fol. 160r]
Une heure ou deulx, lors luy souvient
De quelque desplaisir passé,
844 Ou d'aultre homme qui va et vient
A l'ostel sa dame et couvient,
Se dist il, qu'il soit retenu :
Car ce qu'il fait mieulx luy advient,
848 S'en doibt estre le mieulx venu.

CVII

Quant il est ainsy enflamé,
Adonc se commence a mauldire,
Et dist qu'oncques ne fut amé.
852 Lors l'ahert une raige d'ire,
Et va commencier a mesdire
De moy et de ce que je puis,
Qui l'ay fait amer, et va dire
856 Qu'il n'ot bien ne joye oncquez puis.

CVIII

Lors emprent d'aller en exil,
Et dist que plus ne l'amera,
Et si l'aime ; si promet il
860 Que jamés veir ne la voudra.
Il ment : car, lors qu'il revendra,
Se ung jour devoit querir l'adresse,
Devant son hostel passera
864 Et ne tendra veu ne promesse.

Ainsi plongé dans ses pensées
une heure ou deux, il se souvient par la suite
de quelque chagrin passé[1],
ou des allées et venues d'un autre homme
à la demeure de sa dame, et il se dit :
'on va sûrement l'inviter à rester,
car ce qu'il fait lui plaît davantage,
et il doit par conséquent être mieux accueilli.'

Lorsqu'il est enflammé de la sorte,
il commence à se maudire,
disant qu'il n'a jamais été aimé.
Ensuite une colère folle s'empare de lui
et il va se lancer dans des calomnies
sur moi et sur mon pouvoir,
moi qui l'ai fait aimer ; et il est amené à dire
qu'il n'a jamais connu bien ni joie depuis.

Puis il décide de partir en exil,
et déclare qu'il ne l'aimera plus,
et pourtant il l'aime ; néanmoins il se promet
qu'il ne voudra plus jamais la voir.
C'est pur mensonge, car, une fois de retour,
si un jour il lui arrive de demander où elle habite,
il s'arrangera pour passer devant sa demeure
et ne tiendra donc ni vœu ni promesse.

---

[1] *843* : Ce « desplaisir passé » fait écho au « passé desplaisir » évoqué par le narrateur au v. 7.

CIX

Et s'il advient que a ce passer
Celle n'est a huys n'a fenestre,
Lors a plus sur plus a penser
868 Et tence a cyl qui le fist naistre ;
Car il dist que a l'uys ne daigne estre,
Pour ce qu'elle l'a veu de loing.
Ainsy se demainne ce maistre,
872 Pour nulle chose et sans besoing.

CX

Tantost qu'il sera descendu,
Sans dire ce qu'il a trouvé,
Et sans ce qu'il ait attendu
876 Qu'il soit vestu ne deshousé,
Rira passer. Et tout croté,
Peust estre a la traille verra
La vielle tordant son fillé,
880 Et sa dame veoir cuydera.

CXI

Ainsy sera trompé le fol, [fol. 160v]
Qui cuydera veir sa maistresse,
Et il verra le maigre col
884 De la vielle, ou n'a sain ne gresse.
Pour nëant perdra sa tristesse,
Et la vielle, quant le verra,
Le regardera par finesse.
888 Ainsy de rien s'esjouÿra.

Et si par hasard, au moment où il passe,
elle ne se trouve ni à sa porte ni à sa fenêtre,
alors toutes sortes de pensées lui passeront par la tête,
et il fera des reproches à celui qui le fit naître,
car il en aura conclu que si elle ne daigne se montrer sur le seuil
c'est parce qu'elle l'a vu venir de loin.
C'est ainsi que ce maître se demène,
pour un rien et fort inutilement.

Aussitôt qu'il sera descendu de cheval,
sans mentionner ce qu'il a découvert
et sans attendre
d'être déchaussé et rhabillé,
il repartira pour y passer de nouveau. Et, tout crotté,
il verra peut-être sous la treille
la duègne filant à sa quenouille,
et croira voir sa dame.

Ainsi le sot, qui croira voir sa maîtresse,
sera trompé,
car il verra plutôt le maigre cou
de la vieille, qui n'a que la peau sur les os.
Sa tristesse disparaîtra, mais sans justification,
et quand la vieille s'apercevra de sa présence,
elle lui jettera un regard plein de coquetterie.
Ainsi, il se réjouira d'un rien.

CXII

En ce point passera le temps,
Jusqu'a cen c'on clorra les huys.
Encores n'est il pas contens,
Car il y revendra depuis ;
Et sera aveuc ce si duis
Que l'uys congnoistra au fermer,
Si y vendra toutes les nuys
A ung certain treu escouter.

CXIII

L'oraille y mectra justement,
Pour escouter et nyent ouÿr ;
Et sa teste emplira de vent,
Qui luy fera les dens fremir
Et esmouvoir, si que dormir
Ne pourra troys ou quatre nuys.
Si s'en ira tout seul gemir
Et recorder tous ses ennuys.

CXIV

Quant il sera tresbien couchié,
Et endormir ne se pourra,
Tout mallade et tout courouchié
Se levera et vestira ;
Yra et puis retournera,
Et fera le Prestre Martin :
Il chantera et respondra,
Et ainsy vendra le matin.

Le temps passera de cette façon,
jusqu'au moment où on fermera les portes.
Mais il n'est toujours pas satisfait,
car il y retournera par la suite.
Ceci dit, il deviendra si habile
que, une fois la porte fermée, il la fréquentera,
et il y viendra chaque nuit
pour écouter à travers un certain trou.

Il y placera l'oreille avec précision,
pour écouter et ne rien entendre.
Sa tête sera remplie d'un bourdonnement
qui lui fera claquer des dents
et s'exciter, tant et si bien qu'il ne pourra guère
dormir trois ou quatre nuits de suite.
Il s'en ira donc tout seul, gémissant,
et ressassant tous ses malheurs dans son esprit.

Même une fois confortablement au lit,
il n'arrivera pas à s'endormir,
et tout anxieux et agité,
il se lèvera et s'habillera,
faisant les cent pas,
et jouant au Prêtre Martin[1] :
il chantera et se donnera la réplique,
jusqu'à ce qu'enfin le matin arrive.

---

[1] *910* : Figure proverbiale mentionnée dans plusieurs textes de cette époque (voir *Romania*, 30, 1901, p. 32) et qui toujours « chante et répond » à la fois, c'est à dire, qui se donne ses propres réponses.

CXV

Or est quite de descouchier, [fol. 161r]
Car il est levé davantage,
Et puis s'en va vers le moustier,
916 Sans penser a Dieu n'a ymage.
Il sceit l'eure que par usage
Sa dame doibt venir a messe,
Si l'atent de l'eul au passage,
920 Et puis s'en vient a grant leesse.

CXVI

Quant elle est en son siege assise,
Lors ganboye par devant elle.
Aller veult de nouvelle guise,
924 Tant que par bien aller chancelle.
La teste adonc luy estincelle,
Et puis regarde sa maistresse.
Ainsy va et vient en tour elle,
928 Tant c'on va conmenchier la messe.

CXVII

Et quant ce vient a l'introïcte,
Emprés elle va querir place,
Ou il s'encline a l'opposite,
932 Tant qu'il la voit enmy la face.
Nul povre a luy ne se pourchasse
Qui ne s'en tourne main fournie ;
Maiz, certes, quel semblant qu'il fache,
936 C'est amoureuse yppocrisie.

Alors, pas besoin de faire effort pour sortir du lit,
car il est d'ores et déjà levé.
Ensuite, il se dirige vers l'église
sans penser à Dieu ni aux images saintes.
Il sait l'heure à laquelle
sa dame a l'habitude d'aller à la messe,
et il la guette donc sur son chemin ;
puis il y va avec allégresse.

Lorsqu'elle a pris place,
il passe une première fois devant elle.
Voulant recommencer,
il s'empresse tant que la tête lui tourne
et qu'il voit des étincelles autour de lui ;
puis il regarde sa bien-aimée.
C'est ainsi qu'il tourne autour d'elle
jusqu'à ce que la messe commence.

Au moment de l'introït,
il vient auprès d'elle prendre une place
qui lui permette de s'agenouiller en face,
de manière à voir son visage en entier.
Aucun pauvre ne vient lui demander l'aumône
sans s'en retourner les mains pleines.
Mais bien sûr, malgré les apparences,
ce n'est là qu'une hypocrisie de l'amour.

CXVIII

Puis vient l'offrande, et celle y va
Baisier le doy ; et puis vecy
Nostre maistre, qui grant paour a
Que aultre ne la sieuve avant luy.
Puis baise le doy ou joingny
La bouce ou tant a de beaulté
Que bien vouldroit baisier ainsy,
Et le prestre eust le doy couppé.

CXIX

Et quant ce vient au celebrer, [fol. 161v]
Tousjours a l'eul sus sa deesse :
De Dieu ne se peust remenbrer,
Et s'en voyt deulx a une messe.
Il pense a l'un, et l'autre laisse.
Apprés fait tant qu'il a la paix,
Si la fait baisier sa maistresse,
Et, s'il ose, il la baise aprés.

Ensuite vient l'offrande, et la dame
va baiser le doigt du prêtre ; et puis vient aussitôt
notre maître, qui a grand'peur
qu'un autre ne se glisse entre elle et lui.
A lui de baiser le doigt que toucha
cette si belle bouche :
cette bouche, il voudrait bien ainsi la baiser
et qu'on coupât le doigt du prêtre !

Et au moment de la célébration,
il a toujours les yeux fixés sur sa déesse :
il ne se souvient pas de Dieu,
et pourtant il voit deux divinités à une seule messe.
Il pense à l'une et oublie l'autre.
Après il s'arrange pour avoir la paix[1]
et la fait baiser par sa bien-aimée ;
s'il l'ose, il la baise après elle.

---

[1] *950* : La paix est à l'origine une "tablette de bois, de métal ou d'ivoire, munie d'une anse ou d'un manche sur sa face postérieure, représentant la scène du crucifiement ou des sujets hagiographiques, destinée à recevoir le baiser de paix que les fidèles, suivant la tradition de l'Eglise primitive, devaient se donner entre eux pendant le sacrifice de la messe" (*Les Arrêts d'Amour,* éd. Rychner, p. 256). Cf. Rubin, p. 74. Voir pourtant Huguet, qui donne la définition de « patène » en citant Pasquier, « Combien qu'après l'elevation du *Corpus Domini*, on ait de tout temps et ancienneté accoustumé de leur apporter la platine (ce que nous appellons ordinairement la paix) pour la baiser ». Le côté érotique du baiser de paix semble être devenu un lieu commun dans les récits d'amour ; voir notamment la scène dans l'église de *Flamenca* (c. 1250), éd. Lavaud et Nelli, vv. 2447 et suivants ; *Le Livre du Voir Dit*, éd. Imbs/Cerquiglini-Toulet, vv. 2848-49 ; et, chez Alain Chartier, *Les Deux Fortunés d'Amour*, éd. Laidlaw, vv. 402-8. « Baiser la paix après la dame » devient le signe oblique d'une union érotique entre amant et dame, repris dans *L'Amant devenu Cordelier* et *Les Arrêts d'Amour.*

CXX

En faisant ces choses luy semble
Qu'il a de celler la scïence,
Et que si bien a chacun se emble
Que nul ne congnoist ce qu'il pense.
De tout scet fin des qu'il conmence :
C'est des secrés le plus habille,
Conme il cuyde, et l'experïence
De quanqu'il fait court par la ville.

CXXI

Lors quant elle sera partie,
De ses yeulx la convoyera
Jusque a ce qu'elle est eslongie,
Et que plus veir ne la pourra.
Et puis encliner s'en yra
Sus le lieu ou s'enclina celle,
Car pour certain luy semblera
Que le lieu vaille mieulx pour elle.

CXXII

S'elle a baisié pierre ou autel,
Si fera il ains qu'il s'avoye.
A tant s'en tourne vers l'ostel.
Soit court, soit long, il prent sa voye
Devant celle, affin qu'el le voye.
En passant, son salut luy fait,
Et ung doulx regart luy envoye.
S'elle respont, il est reffait.

Dans tous ces agissements, il se croit
un expert en dissimulation,
et capable de donner si bien le change
que personne ne sait ce qu'il pense.
Il prévoit tout dès que l'affaire commence :
c'est le plus doué de tous pour garder les secrets,
ou du moins c'est ce qu'il croit, car le bruit
de tout ce qu'il fait court par la ville.

Alors, quand elle sera partie,
il l'accompagnera des yeux
jusqu'à ce qu'elle soit si loin
qu'il ne puisse plus la voir.
Puis il ira s'agenouiller
à l'endroit où elle s'est agenouillée,
car il sera convaincu
que cet endroit vaut mieux à cause d'elle.

Si elle a baisé une pierre ou l'autel,
il fera de même avant de se mettre en route.
Ensuite il s'en retourne vers la demeure de la dame.
Qu'il soit court ou long, il prend le même chemin,
passant devant elle afin qu'elle le voie.
En la dépassant, il la salue
et lui envoie un doux regard.
Si elle lui répond, il reprend courage.

CXXIII

Disner s'en va, comme esjouÿ [fol. 162r]
De ce qu'il a ouÿ sa voix :
Pieça de tel bien ne jouÿ.
980 Appart luy, dist 'Joyeux m'en vois.
Riens qui me desplaise ne vois.'
Et quant je le sçay en ce point,
D'ung poy d'espoir je le pourvois ;
984 Et ainsy se remest appoint.

CXXIV

Par le plaisir de ce propos,
Ne se peust tenir qu'il ne chante,
En allant comme font ces folx.
988 A chacun fait chiere plaisante ;
D'estre loyal sa foy crëante,
Et pour ce salut fait tel feste,
Qu'il cuyde estre amé et s'en vante.
992 Maiz en ce propos poy s'arreste :

CXXV

Car, en retournant, d'avanture
Voyt ung aultre, frique et bruyant,
Qui salüe la crëature,
996 Qui est tant belle et si plaisant,
Et elle luy, en sourrïant,
Pour quelque vielle affinité ;
Dont il a deul tel et si grant
1000 Que ce luy est infinité.

Il s'en va dîner, tout transporté
d'avoir entendu sa voix :
il n'a pas joui d'un tel bien depuis belle lurette.
Il se dit en lui-même, 'Je m'en vais joyeux.
Je ne vois rien qui puisse me chagriner.'
Et moi, quand je m'aperçois qu'il est dans cet état
je le pourvois d'un peu d'espoir,
et c'est ainsi qu'il se retrouve en bonne forme.

Ému par le plaisir de cet entretien,
il ne peut s'empêcher de chanter,
en agissant comme font les fous.
Il affiche une mine plaisante pour tout un chacun ;
il s'engage à être loyal,
et fait une vraie fête de cette rencontre
parce qu'il se croit aimé, au point de s'en vanter.
Mais ce bel état d'esprit change vite :

Car, sur le chemin du retour, par hasard
il voit un autre homme, pimpant et empressé,
qui salue la créature,
elle qui est si belle et si plaisante,
et elle lui sourit à son tour,
en raison de quelque ancienne sympathie ;
il en ressent une douleur si vive
qu'elle lui semble sans bornes.

CXXVI

Lors se hait et mauldist sa vie,
Et tence a Fortune et a moy,
Et a honte de sa follie,
1004 Et me dist que je le dechoy,
Quant je luy faiz porter sa foy
A une qui aime chacun,
Et se rit a chacun que a soy,
1008 Et qui fait bel acueul conmun.

CXXVII

Ainsy s'en va vers le disner, [fol. 162v]
De nouvel desplaisir tout plain,
Et, pour contenance moustrer,
1012 S'assiet et va disner sans fain.
Quant il doybt boyre, il prent le pain,
Et comme s'il n'eust point de bouce,
Ses morseaux deschire a la main,
1016 Et puis sus son trencheur les couche.

CXXVIII

Et affin que son deul n'appaire,
Joue du coustel ou du pié.
Son trencheur sa doulleur compere,
1020 Car il en est tout detrenchié.
Et quant il est bien dehachié,
Et ne sceit plus parler ne taire,
Des gens se deppart sans congié
1024 Et s'en va en lieu solitaire.

Alors il se hait lui-même et maudit sa vie,
et il fait des reproches à Fortune ainsi qu'à moi ;
d'autre part, il a honte de sa folie,
et il m'accuse de l'avoir trahi,
moi qui l'ai fait s'engager
pour une femme qui aime tout le monde,
qui sourit à chacun comme à lui,
et qui fait un si bel accueil au premier venu.

C'est ainsi qu'il arrive au dîner,
rempli d'un chagrin tout nouveau,
et, pour maintenir les apparences,
il s'assied et s'apprête à manger sans avoir faim.
Quand vient le moment de boire, il prend du pain[1],
et, comme s'il n'avait pas de bouche,
il en déchire les morceaux à la main,
et les pose sur son assiette.

Afin que sa douleur ne paraisse pas,
il joue avec son couteau ou avec son pied.
Son assiette est la victime de sa douleur,
car elle finit par être entièrement coupée en morceaux[2].
Une fois qu'elle est pour ainsi dire hachée,
et que lui ne sait ni parler ni se taire,
il quitte les gens sans prendre congé
et s'en va dans un lieu solitaire.

---

[1] *1013* : Voir *Le Débat des deux Fortunés d'Amour*, éd. Laidlaw, vv. 843-44 [description du tourment d'un amoureux] : « Mengut sans fain ;/S'il quiert le boire, il va prendre le pain. »

[2] *1019* : Le *trencheur* était un morceau de pain qui servait d'assiette, d'où la destruction qu'il subit.

CXXIX

Quant il est tresbien esseullé,
Et de chacun assés loingtains,
Et est de larmes aveuglé,
1028 Lors fait ses regrés et ses plains,
S'escrie en hault, deteurt ses mains.
Mon non regnie, et puis l'invoque ;
Puis crye mercy a haulx claims,
1032 Et ce qu'il a mesdit revoque.

CXXX

Et quant il s'est tant demené
Qu'i ne sceit plus n'avant n'arriere,
Et qu'il a tant forment pleuré
1036 Que on feroit des lermes riviere,
Lors reprent nouvelle maniere,
Et tout coy en penser se arreste,
Sans soy mouvoir, neant que une pierre
1040 Et sans memoire, comme beste.

CXXXI

Lors ymagine fantasies, [fol. 163r]
Une heure ou deulx, sans soy mouvoir,
Puis sault hors de ces frenesies ;
1044 Et dist qu'il s'en veult aller veoir
Sa dame, et luy faire savoir
Sa voullenté a ce tour cy,
Car en deust il mort recepvoir,
1048 Si luy requerra il mercy.

Dès qu'il se retrouve tout seul,
et bien à l'écart de tout le monde,
aveuglé par ses larmes,
il exprime ses regrets et ses plaintes,
et pousse de grands cris, en se tordant les mains.
Il renie mon nom, et puis il l'invoque ;
ensuite, il crie grâce avec grandiloquence,
et se dédit de ses calomnies.

Quand il s'est agité à tel point
qu'il est dans un désarroi total,
et qu'il a pleuré si fort
que ses larmes pourraient former une rivière,
alors il change complètement d'attitude :
Tout silencieux, il s'arrête, perdu dans ses pensées,
aussi immobile qu'une pierre,
ayant perdu la mémoire, comme une bête.

Alors, pendant une heure ou deux, sans qu'il bouge,
lui traversent l'esprit les pensées les plus folles,
puis il émerge de ces délires
et déclare qu'il veut s'en aller voir
sa dame et lui faire savoir,
cette fois-ci, ce qu'il désire,
car, dût-il en mourir,
il va lui demander grâce.

CXXXII

Lors pense conment il dira
Quant il vendra a l'aprochier,
Et comme son propos sara
1052 En ung beau langage couchier.
Le penser ne couste pas chier,
Maiz la maistrise est en faisant :
Car lors qu'il debvra conmenchier,
1056 Ne sara quel bout va devant.

CXXXIII

Or luy semble qu'il est bien duys,
Et s'en va recordant ses mos.
Ains qu'il s'aperchoyve, est a l'uys.
1060 Sa dame treuve, et aussy tos
Qu'il la voit, pert tout son propos.
Son cueur pert scens, son corps pert force.
Devant tressue, et tremble au dos,
1064 Et pour neant de parler s'esforce.

CXXXIV

En ce point entre en la maison,
Souspris de honte et de päour.
Son salut fait hors de sayson :
1068 Pour 'doint bon vespre', 'doint bon jour'.
Il est en joye et en doullour ;
Il desire et est assouvy.
Il travaille en joyeux sejour,
1072 Et sans esloingier est ravy.

Alors il réfléchit à la façon dont il lui parlera
lorsqu'il sera en sa présence,
imaginant comment il saura habiller son discours
d'un beau langage.
La réflexion ne coûte pas cher,
mais le savoir-faire s'éprouve à l'acte :
Et lorsqu'il lui faudra se lancer,
il ne saura pas par où commencer.

Il se croit désormais très ferré,
et il s'en va en se récitant son discours.
Avant de s'en rendre compte, il se retrouve devant la porte.
Il trouve sa dame et, aussitôt
qu'il la voit, il oublie tout ce qu'il devait dire.
Son cœur perd l'entendement, son corps perd sa force.
Il transpire du visage et tremble du dos ;
c'est en vain qu'il s'efforce de parler.

Il entre dans cet état dans la demeure de la dame,
pénétré par la honte et la peur.
Il la salue mal à propos :
Au lieu de 'bonsoir,' il dit 'bonjour.'
Il ressent de la joie et de la douleur ;
Il désire et se trouve comblé.
Il souffre baignant dans la joie,
et sans changer de place, se trouve transporté ailleurs.

CXXXV

En ce point s'assiet au pres d'elle, [fol. 163v]
Et n'y a que eulx deulx en la place.
Or deust reveller, et il celle.
1076 Il sont seul a seul, face a face,
N'est nul qui destourbier leur fache.
De povreté doibt bien finer
Le povre, qui ne se pourchasse
1080 Quant il voit cil qui peust donner.

CXXXVI

Le povre triste diseteux
Voyt la financhiere de joye,
Et le meschant est si honteux
1084 Qu'il meurt de deul en la monjoye
De tous les biens dont cueur s'esjoye.
Devant son mire veult mourir.
De bien n'est pas digne qu'il joye
1088 Qui n'est hardy de requerir.

CXXXVII

Ainsy ce dollent se maintient
Sans dire ung seul mot de son fait,
Et puis je ne sçay qui sourvient
1092 De la maison, qui tout deffait.
Il a grant paine et n'a riens fait ;
Lors se repent qu'il n'a rien dit,
Car partir le fault tout de fait,
1096 Dont il hait son cueur et maudit.

C'est en cet état qu'il s'assied à côté d'elle,
et il n'y a qu'eux deux dans ces lieux.
C'est le moment de se déclarer, mais il se dérobe.
Ils sont seul à seul, face à face ;
il n'y a personne qui leur fasse le moindre obstacle.
Un indigent ne peut que mourir
de sa pauvreté, s'il ne sait pas demander
lorsqu'il voit celui qui peut donner.

Le pauvre, triste et dépourvu,
voit la comptable de la joie,
mais le malheureux se tient tellement sur la réserve
qu'il meurt de douleur au sommet
de tous les biens qui égaient le cœur.
Il veut mourir devant son médecin.
Qui n'a pas l'audace de demander
ne mérite pas de jouir d'un bien.

C'est ainsi que ce pauvre hère se conduit,
sans rien avouer de son état,
puis arrive quelqu'un, n'importe qui,
de la maison, qui fait tout s'écrouler.
Lui, il a beaucoup souffert et n'a rien fait ;
de n'avoir rien dit il se repent alors,
car il est maintenant forcé de s'en aller,
moyennant quoi il se déteste et se maudit.

CXXXVIII

Lors prent congié et se deppart,
Plus triste que quant il y vint.
Tant est dollent a son deppart
1100 Qu'il maudit des foys plus de vingt
La personne qui la sourvint ;
Car, s'il ne fust, il eust tout dist
Le mal qui onques luy advint
1104 Depuis qu'a Amours se rendist.

CXXXIX

Maintes foys y va en ce point, [fol. 164r]
Sans descouvrir ce qu'il endure :
Une aultre foys, s'il chiet a point,
1108 En sa pensee se murmure,
Et sa dame, par advanture,
Qui n'a pas froit quant il a chault,
Qui est pointe de tel pointure,
1112 Luy demande lors qui luy fault.

CXL

Et luy dist en ceste maniere :
'Vous me semblés tout desplaisant.
Que ne faictes vous bonne chiere ?
1116 Estes vous dont ainsy dolant
Que vous en moustrés le semblant ?
Pensés vous que vo desconfors
Soit si grant que vo bien veullant
1120 Ne vous en puist mectre dehors ?'

Il prend alors congé et s'en va,
plus triste qu'au moment d'arriver.
Il est tellement affligé en partant
qu'il maudit plus de vingt fois
la personne qui a fait irruption.
Car, se dit-il, sans cela, il aurait décrit
tout le mal qui lui est arrivé
depuis qu'il s'est mis au service d'Amour.

Il revient souvent chez sa dame dans cet état d'esprit,
sans lui révéler ce qu'il subit :
une autre fois, si l'occasion s'en présente,
perdu dans ses pensées, il se met à murmurer,
et sa dame, à tout hasard,
qui n'est pas insensible à ses démarches,
et qui a été atteinte d'une semblable blessure,
lui demande alors ce dont il a besoin,

et lui parle ainsi :
'Vous me paraissez très affligé.
Pourquoi ne vous réjouissez-vous pas ?
Etes-vous aussi souffrant
que votre visage semble l'indiquer ?
Croyez-vous que votre désespoir
soit si profond que quelqu'un qui vous veut du bien
ne puisse vous en faire sortir ?'

CXLI

Apprez ce, gaires ne demeure
Qu'il ne die, puis hault puis bas,
'Entre deulx vertes une meure.'
1124 En matiere entre pas pour pas,
Comme il appartient en tel cas,
Et comme chacun le sceit bien.
La maniere ne diray pas,
1128 Car le dire ne sert de rien.

CXLII

Maiz posé qu'il die a son aise
Tout quanque dire luy vouldra
Et que tout a sa dame plaise,
1132 Pour ce conforté ne sera,
Car elle le reffusera :
Pour l'esprouver luy fait ce mal,
Car en la fin luy semblera
1136 Que, s'il l'endure, il est loyal.

CXLIII

Et cil qui prie, il doibt savoir [fol. 164v]
Que tant plus est la chose chiere,
Tant plus doibt couster a l'avoir :
1140 La vallue y mest la renchiere,
Et dame, qui est financhiere
De tous les biens de mon pourpris,
Ne vault elle c'on la requiere
1144 Et que on l'achete au plus hault pris ?

Après cela, il ne tarde guère
à se dire, à voix haute puis à voix basse,
'Entre deux vertes, une mûre.'
La matière de son discours, il l'aborde petit à petit,
comme il convient dans une telle situation,
et comme tout le monde le sait bien :
Quant à sa manière, je ne la raconterai pas,
car il serait inutile de la décrire.

Mais supposant qu'il dise à son aise
tout ce qu'il veut lui dire,
et que tout, dans son discours, plaise à sa dame,
il ne sera pas consolé pour autant,
car elle lui opposera un refus :
Elle lui inflige ce mal afin de le mettre à l'essai,
parce qu'en fin de compte, elle estimera que,
s'il peut le supporter, c'est qu'il est loyal.

Qui prie doit savoir
que plus la chose est chère,
plus sa possession doit coûter :
sa valeur même impose la surenchère.
Or la dame, qui est comptable
de mon domaine et de tous ses biens,
ne vaut-il pas la peine de la rechercher
et de l'acheter au prix le plus élevé ?

CXLIV

Tout est fait pour homme servir,
Et homme est fait pour servir dame :
Il ne s'en peust desasservir ;
1148 Il est sien jusqu'au partir l'ame.
La dame est en la haulte game,
Car elle est maistresse du maistre :
Qui ne le croyt doibt estre infame,
1152 Et ne doibt plus en honneur estre.

CXLV

La dame est mieulx dame de tout
Que l'omme qui en est seigneur :
Conbien que pouoir d'omme est moult,
1156 S'est pouoir de dame gregneur,
Car homme laisse en sa faveur
Tout ce qui luy est ordonné,
Et donne tout pouoir et cueur
1160 A dame de sa voullenté.

CXLVI

Puis que si grant chose est de dame
Que plus grant ne peust devenir,
A paine sçay je, par mon ame,
1164 Se homme est digne d'y parvenir.
S'il ne debvoit ja advenir
A plus grant chose qu'estre sien,
Et deust il en ce point mourir,
1168 S'est il eureux sus toute rien.

L'HÔPITAL D'AMOUR

Tout dans le monde est fait pour servir l'homme,
et l'homme est fait pour servir la dame :
Il ne peut se dégager de ce service ;
il est à elle jusqu'à son dernier souffle.
La dame est à l'apogée,
car elle a asservi le maître :
quiconque pense autrement n'est qu'un infâme
et tout honneur lui sera refusé.

La dame exerce sa maîtrise sur toutes choses
mieux que l'homme, qui en est le seigneur.
Bien que le pouvoir de l'homme soit considérable,
celui de la dame est toutefois plus grand,
car l'homme laisse sous la protection de la dame
tout ce qui lui a été assigné,
et lui donne de bon gré
tout son pouvoir et tout son cœur.

Comme la dame est un être si noble
qu'elle ne pourrait s'élever davantage,
je me demande sincèrement, je le jure,
si l'homme est digne de parvenir à sa hauteur.
Même s'il ne devait parvenir à rien
qu'à lui être tout dévoué,
et dût-il mourir dans cet état,
il serait néanmoins la plus heureuse des créatures.

CXLVII

De grans seigneurs assés treuve on [fol. 165r]
De qui ne vient bien ne plaisance ;
Maiz dames sont d'aultre fachon,
1172 Car, aveuc toute leur puissance,
Vient d'elles la grant habondance
De tous les biens dont on s'esjoye ;
Et n'est honneur, bien, n'acroyssance
1176 Que leur haulte bonté n'envoye.

CXLVIII

Les hommes sont faiz pour servir,
Et elles, pour faire valloir.
N'est nul qui peüst deservir
1180 Leur mendre bien, a dire voir,
Et y meÿst force et avoir,
Et deust il mourir en servant :
Voulenté peust plus que pouoir
1184 En leur grant grace deservant.

CXLIX

Et puis que leurs biens sont si grans
Que on n'en peust pas ung deservir,
Des maintenant soyes souffrans
1188 Et sers tousjours sans desservir.
Le paiement vient en servir.
J'ay pitié de ta povre chiere ;
Pour tant, te veul desasservir,
1192 Et veul exaulchier ta prïere.

On rencontre bon nombre de seigneurs importants
qui ne procurent ni bienfait ni joie.
Mais il en va tout autrement des dames,
car leur puissance leur sert
à fournir en abondance
tous les bienfaits dont on se réjouit ;
Il n'y a ni honneur, ni bienfait, ni accroissement
qui ne soit produit par leur bonté extrême.

Les hommes sont faits pour servir,
et elles, pour les faire valoir.
Nul ne saurait mériter, à vrai dire,
le moindre de leurs bienfaits,
même s'il y consacrait force et richesse,
même s'il devait mourir en servant :
pour mériter leur noble grâce,
le désir l'emporte sur l'exercice de pouvoir.

Et puisque leurs bienfaits sont si importants
qu'on ne peut même pas mériter d'en obtenir un seul,
sois désormais patient
et sers-la toujours sans démériter.
La récompense vient à qui fait son service.
Ta mauvaise mine me fait pitié ;
c'est pourquoi je veux te libérer de ta servitude
et honorer ta prière.

CL

Si te conmande que tu voyes
Incontinent vers le vergier,
Et va si avant que tu voyes
1196 Celle dont vint le franc baisier.
Endormy trouveras Dangier. »
Tantost apprés ceste parolle,
Ainsy que pour tout abregier,
1200 Amours se tayst et puis s'en volle.

CLI

Ainsy s'en va, et je m'esveille, [fol. 165v]
Et me treuve sain et haitié :
Rien ne senty que la merveille
1204 De ce qu'ainsy fus allegié.
Je saulx sus et, a l'abregié,
Vers le vergier prins mon chemin,
Ou je trouvay Dangier couchié,
1208 Qui se dormoit lés ung sappin.

CLII

Ung poy avant trouvay la belle
Qui me navra et puis gary.
De mon estat luy dis nouvelle,
1212 Comme Dangier me fist marry
Quant le franc baisier m'enchiery.
Entierement luy dis mon fait ;
D'Amours luy parlay et aussy
1216 Du miracle qu'il avoit fait ;

L'HÔPITAL D'AMOUR

Je t'ordonne donc d'aller
tout de suite vers le verger,
et de continuer jusqu'à ce que tu voies
celle qui te donna le chaste baiser.
Tu trouveras Danger endormi. »
Immédiatement après ce discours,
comme pour couper court à l'affaire,
Amour se tait, puis s'envole.

Ainsi, il s'en va et je me réveille,
en pleine forme et de bonne humeur.
Je ne ressentais rien d'autre que l'émerveillement
de me trouver ainsi soulagé.
Je sautai du lit et aussitôt
je m'acheminai vers le verger,
où je trouvai Danger couché,
endormi à côté d'un sapin.

Un peu plus loin je trouvai la belle
qui m'avait blessé avant de me guérir.
Je lui décrivis ce que je ressentais,
comment Danger m'avait affligé
quand, faisant la surenchère, il me refusa le chaste baiser.
Je lui racontai ma situation dans les moindres détails,
lui parlant d'Amour
ainsi que du miracle qu'il avait fait,

CLIII

Et conment il m'avoit promis
Allegance de ma doulleur.
Et a ce propos luy requis
1220 Que point ne le feïst menteur.
A dont müa elle coulleur,
Et dist lors, pour me resjouÿr,
Qu'au voulloir de si grant seigneur
1224 Ne voulloit pas desobeïr.

CLIV

« Maiz je vous demande, dit elle,
Quel est le don que vous vouldrés :
La chose pourra estre telle
1228 Qu'a vostre requeste l'arés.
– Certes, dis je, vous le sarés.
C'est seullement ung franc baisier
Que vous meïsmes me donrés,
1232 Pour toute ma paine allegier ».

CLV

Ung poy pensa en sousrïant ; [fol. 166r]
Et moy, qui yere plain d'espoir,
En pris ung baisier tout prïant,
1236 Moictié force, moictié vouloir.
Et puis, pour tout me desdouloir,
A bras ouvers ung m'en donna,
Doulx a sentir et a vëoir,
1240 Qui toute ma joye acheva.

Et comment il m'avait promis
soulagement à ma souffrance.
A cette fin, je la priai
de ne pas faire de lui un menteur.
Son visage changea de couleur,
puis elle me dit, ce qui me mit en joie,
qu'elle ne voulait pas s'opposer
au désir d'un si noble seigneur.

« Mais je veux savoir, dit-elle,
quel est le don que vous désirez :
Il se pourrait fort bien
que vous obteniez ce que vous demandez.
– Certes, lui dis-je, vous le saurez.
Ce n'est qu'un chaste baiser
que vous-même pourrez me donner,
pour soulager toute ma peine. »

Elle réfléchit un peu en souriant,
et moi, qui étais plein d'espoir,
en suppliant je lui arrachai un baiser,
cédant à la force autant qu'à ma propre volonté.
Et puis, pour me consoler entièrement,
elle m'en accorda un à bras ouverts,
doux à sentir comme à voir,
qui finit de me combler de joie.

CLVI

Plus nous fusiesmes devisé,
S'Envye ne fust la entour ;
Malle Bouce est si desguisé.
1244 Si prins congié jusqu'au retour,
Et par alay faire mon tour
Vers la chappelle glorïeuse,
Ou je rendy grace a Amour
1248 De sa miracle gracïeuse.

CLVII

Et pour achever mon office,
Et pour le mieulx regracïer,
Luy fis ung devot sacrefice
1252 D'unne teurtre en feu de lorier ;
Et puis m'en retournay arrier
Vers les dames de l'ospital,
Que toutes allay merchïer
1256 De l'alegance de mon mal.

CLVIII

Mon medecin n'oublïay mye,
Espoir, qui tant de moy soigna,
Ne l'enfermiere Courtoysie,
1260 Ne Souvenir, qui m'enseigna,
N'Entendement, qui m'alega.
Puis tressailly soubdainement :
A coup bruit de gent m'esveilla,
1264 Et ne vys que moy seullement.

Nous nous serions entretenus plus longtemps
si Envie n'avait rôdé aux alentours.
Male Bouche s'y dissimule aussi.
Donc, je pris congé, attendant de pouvoir revenir,
et allai faire un tour
à la chapelle glorieuse,
où je rendis grâce à Amour
pour son miracle plein de grâces.

Pour m'acquitter de mon devoir,
et pour de mon mieux le remercier,
je lui fis le sacrifice solennel
d'une tourterelle immolée dans un feu de laurier ;
ensuite, je rebroussai chemin
vers les dames de l'hôpital,
que j'allai toutes remercier
pour avoir soulagé mon mal.

Je n'oubliai point mon médecin,
Espoir, qui me porta tant de soins,
ni l'infirmière, Courtoisie,
ni Souvenir, qui m'instruisit,
ni Entendement, qui m'apaisa.
Mais soudain je tressaillis :
brusquement un tapage confus me réveilla
et je ne vis plus rien que moi-même.

CLIX

Toutes foys fus je conforté [fol. 166v]
Par la visïon dessus dicte,
Si n'ay onques puis arresté
1268 Tant que la merveille ay escripte
Selon ma scïence petite,
Et mis en rime telle quelle,
Affin que celle s'i delite,
1272 Qu'i n'a eu monde telle qu'elle.

CLX

Si luy requier a jointes mains
Que le songe veulle averir ;
Et je ne requier plus ne mains,
1276 Ne plus hault ne veul advenir :
C'est mon plus grant bien a venir,
C'est tout le plus hault de mon veul,
C'est mon sollas, mon souvenir,
1280 Et la fin de ce que je veul.

Explicit l'Ospital d'Amours

Néanmoins je fus consolé
par le rêve que je viens de décrire,
et sans perdre un seul instant
j'ai transcrit cette extraordinaire aventure,
dans la mesure de mon médiocre talent,
la mettant en rime telle quelle,
afin que prenne plaisir à la lire
celle qui n'a pas sa pareille.

Je la prie donc, à mains jointes,
de bien vouloir réaliser le rêve.
Je ne demande ni plus ni moins,
et je ne prétends pas aller plus haut.
C'est le plus grand bienfait que je puisse atteindre,
c'est la limite à quoi j'aspire,
c'est ma consolation, mon souvenir,
et l'assouvissement de mon désir.

Explicit l'Hôpital d'Amour

ALAIN CHARTIER

LE DÉBAT DE RÉVEILLE MATIN[1]

Édition critique, Traduction et Notes par
David F. HULT

---

[1] Laidlaw a dénombré 37 mss. de ce poème, dont 34 l'associent avec la *Belle Dame*. Pour le détail, voir Laidlaw, pp. 305-6. Nous utilisons les mss. suivants pour corriger Pc et nous en donnons les variantes significatives : Nj, Qd (ms. de base de Laidlaw), Ph, et Pn.

S'ensuit le debat resveille matin

I

Apprés mynuyt, entre deulx sommes, [fol. 167r]
Lors qu'Amours les amans esveille,
En ce paÿs cy ou nous sommes,
4 Pensoye eu lit, ainsy c'on veille
Quant on a la puche en l'oreille ;
Si escoutay deulx amoureux
Dont l'un a l'autre se conseille
8 Du mal dont il est doullereux.

II

Deulx gisoient en une couche,
Dont l'un veilloit qui fort amoit ;
Maiz de long temps n'ouvroit sa bouce
12 En pensant que l'autre dormoit.
Puis ouÿs je qu'il le nommoit
Et huchoit pour mectre a raison,
Dont l'autre forment le blasmoit
16 Et disoit, « Il n'est pas saison ».

III

Disoit celluy qu'Amours tenoit
En celle pensee amoureuse
Que de dormir ne luy challoit
20 Ne de mener vie joyeuse :
« Maiz me semble chose honteuse
Que de dormir tant et si fort ;
Et de tant m'est elle ennuyeuse
24 Car il ne sert de rien qui dort ».

Le Débat de Réveille Matin

Minuit passé, mon sommeil interrompu,
au moment où Amour éveille les amants,
je réfléchissais dans mon lit, ici même,
dans notre pays, comme on veille
lorsqu'on a des inquiétudes[1] ;
j'écoutai donc deux amoureux
dont l'un demandait conseil à l'autre
de la maladie qui l'affligeait.

Ils étaient couchés dans un même lit,
mais l'un, qui aimait éperdument, restait éveillé ;
il n'ouvrit cependant pas la bouche pendant longtemps,
car il croyait l'autre endormi.
Puis je l'entendis prononcer son nom
Et l'appeler pour engager la conversation,
ce que l'autre lui reprocha amèrement
en disant, « Ce n'est pas le moment ».

Celui qu'Amour maintenait
dans cette amoureuse pensée
disait qu'il se passait aussi bien de dormir
que de faire la fête :
« Il me paraît tout de même vraiment honteux
de dormir ainsi, d'un sommeil si profond,
et je trouve cela d'autant plus désagréable
que celui qui dort ne sert à rien ».

---

[1] 5 : L'expression *avoir (ou metre) la puce en l'oreille* a dans le XVe siècle le sens général d'inquiétude ou de tourment, mais elle peut également avoir un sens spécifiquement érotique, comme nous le trouvons dans le *Tiers livre* de Rabelais. Dans *L'Amant Rendu Cordelier* (1440), par exemple, l'expression est utilisée deux fois : la première fois, appliquée à Danger (v. 348), toujours aux aguets pour chasser des prétendants, elle a le premier sens ; la deuxième fois, elle s'applique à l'amant « qui veille/Et qui a la puce en l'oreille » (vv. 732-33), et donc s'approche du second sens. Nous avons choisi de garder l'ambiguïté dans notre traduction car l'expression peut ici être comprise dans les deux sens.

IV

L'autre dist que dormir voulloit
Et qu'a dormir avoit apris,
Ne de devis ne luy challoit
28 Car de sommeil estoit espris :
« Frere, se vous avés empris
A veillier pour vostre loysir,
Les aultres n'y sont pas compris.
32 Face chacun a son plaisir.

V

– Ha dea, dit l'Amoureux, beau sire, [fol. 167v]
Tel voulsist dormir qui s'esveille ;
Tel pleure qui bien voulsist rire ;
36 Tel voulsist veillier qui sonmeille.
Non pour tant, Bonne Amour conseille –
Et bien souvent le dit on bien –
Que ung bon amy pour l'autre veille
40 Au gré d'aultry, non pas au sien.

VI

– Je veillasse tres voullentiers,
Dist l'autre, et pour vostre plaisance,
Se vous peussiés en dementiers
44 Dormir pour moy a suffisance.
Maiz remectés en oublïance
Jusqu'a demain toute aultre chose,
Et dorme qui aura puissance,
48 Car il languist qui ne reppose.

L'autre répondit qu'il voulait dormir
et qu'il était déjà bien avancé :
il ne se souciait point, lui, de causeries
car il succombait au sommeil :
« Frère, si vous avez entrepris
de veiller pour vous distraire,
les autres n'y sont pas tenus.
Que chacun fasse selon son gré. »

– Hé bien, dit l'amoureux, beau seigneur,
tel reste éveillé qui voudrait dormir ;
tel pleure qui rirait volontiers ;
tel s'endort qui voudrait veiller.
Néanmoins, Bon Amour nous conseille—
et on le répète bien souvent—
qu'un bon ami veille auprès de son compagnon,
non pour son propre plaisir, mais pour celui de l'autre.

– Je veillerais bien volontiers,
dit l'autre, et pour vous faire plaisir,
si vous pouviez entre-temps
dormir pour moi suffisamment.
Ceci dit, oubliez
toutes ces choses jusqu'à demain,
et dorme qui peut,
car on perd ses forces si on ne prend pas de repos.

VII

– Oublïer ! Las, il n'entre'oublie
Pas ainsy son mal, qui se deult.
Chacun dit bien, 'Oublie, oublie,'
52 Maiz il ne le fait pas qui veult.
Tel le voulsist qui ne le peust :
Penser luy fault, plaise ou non plaise,
Maiz ceux qui la doullour n'acueult
56 Si en parlent bien a leur ayse.

VIII

– Et quel bien ne quelle conqueste
Peust il donques venir a homme
De veillier et rompre sa teste
60 Et ne prendre reppos ne somme ?
Cela ne sert pas d'unne pomme
A ce de quoy on a besoing.
Dormés et puis aprés en somme
64 Faictes ce dont vous avés soing.

IX

– Le dire ne vous couste guiere, [fol. 168r]
Maiz il m'en va bien aultrement.
Bien dormir est chose legiere
68 A qui pense legierement.
Pour ce fait on fol jugement
Bien souvent, et a pou d'arrest,
Sus ceulx qui ont tel pensement
72 Quant on n'a essayé que ce est.

– Oublier ! Hélas ! Qui s'afflige
n'oublie pas ainsi son malheur.
Chacun a beau dire, 'Oublie, oublie,'
ceux qui le veulent n'y arrivent pas.
Un tel le voudrait bien qui ne peut pas.
Il lui faut penser, que cela lui plaise ou non,
mais ceux qui ne sont pas affectés par la souffrance
en parlent bien légèrement.

– Mais quel avantage, quel bénéfice
peut-on tirer de veiller,
de se casser la tête
et de ne point dormir ni prendre de repos ?
Tout cela ne sert nullement
à atteindre ce dont on a besoin.
Dormez et puis après seulement
faites ce qu'il vous incombe de faire.

– Il ne vous coûte rien d'en parler,
mais pour moi c'est tout différent.
Bien dormir est chose légère
à qui n'a que des pensées légères.
Voilà pourquoi on porte très souvent
un jugement insensé, sans même y réfléchir,
sur ceux qui ont ce genre de préoccupations
alors qu'on n'en a pas fait soi-même l'expérience.

X

– Est ce par jeu ou passe temps
Ou s'il vous en va en ce point ?
Je ne pourroye estre contens,
Quant a moy, de ne dormir point.
Qu'avez vous ? Quel mouche vous point,
Dont tant en vain vous travailliés ?
Au fort, ja n'yra mains appoint
Se je dors tant que vous veilliés.

XI

– Jouer ? Las, nenny. C'est a certes
Si au vif c'on ne pourroit mieulx,
Puis que tout y va, gaing ou pertes :
Il est assés de plus beaux gieux.
Maiz quant ung vray amy est tyeulx
Que vers son amy bien se porte
En toutes heures et tous lieux,
Il n'est rien qui tant reconforte.

XII

– Quel reconfort ne quel secours
Vous peust il venir de ma part,
Se vostre mal vous vient d'Amours,
Ou d'ung trait de plaisant regart,
Ou d'ung reffus, dont Dieu vous gart,
Car mieulx vauldroit tenir prison ?
Celle qui a gecté le dart
Porte aveuc soy la garison.

– Est-ce jeu ou passe-temps,
ou bien êtes-vous à ce point affecté ?
Je ne serais pas très content,
moi, de ne pas dormir du tout.
Qu'est-ce que vous avez ? Quelle mouche vous pique,
que ressassez-vous en vain ?
En fin de compte, ce ne sera pas plus mal
si je dors pendant que vous veillez.

– Un jeu ? Hélas, non ! Assurément,
l'affaire ne pourrait être plus grave,
car on y risque tout, gains ou pertes.
Il y a des jeux bien plus plaisants.
Mais quand un vrai ami est du genre
à se comporter avec bienveillance envers son ami
à toute heure et en tous lieux,
il n'y a rien qui console autant.

– Quelle consolation, quel secours
puis-je vous offrir
si votre mal vient d'Amour,
ou d'une flèche tirée par un plaisant regard,
ou d'un refus (que Dieu vous en garde,
car mieux vaudrait se constituer prisonnier) ?
Celle qui a tiré la flèche
porte avec elle la guérison.

XIII

    – La garison ne me peust pas,   [fol. 168v]
Amy, venir de vous ne d'ame,
Ne je ne puis passer ce pas
100 Se ce n'est par mercy de dame.
Maiz se a vous, com amy sans blasme,
Je dys ce qui m'estraint et charge,
En desgorgant la dure flame
104 J'en auray le cueur plus a large.

XIV

    – Donques puis que vous le voullés
Et que le dire vous profite,
Et la doulleur dont vous doullés
108 Amendrist d'estre plainte ou dicte,
Je vous requier que je m'aquite
Envers vous d'en ouÿr le compte ;
Et së a aultre le recite,
112 Je veul avoir reproche et honte.

XV

    – Par Dieu, frere, je vous diray,
Comme a homme en qui je me fie,
De ce dont plus grant desir ay,
116 Soit pour ma mort ou pour ma vie.
J'ay de long temps une servie,
A mon gré sage, bonne et belle,
Et en tous biens tresassouvye,
120 Maiz que pitié n'est point en elle.

– La guérison ne peut me venir,
mon ami, ni de vous ni de quiconque ;
je ne puis non plus sortir de ce mauvais pas
si ce n'est par la pitié d'une dame.
Mais si je vous parle de ce qui m'étreint
et m'oppresse le cœur, à vous, ami irréprochable,
le fait de simplement exprimer cette flamme si cruelle
soulagera mon cœur.

– Donc, puisque vous le voulez,
qu'il vous fera du bien d'en parler
et que la douleur dont vous souffrez
diminue lorsqu'elle est plainte ou avouée,
je vous en prie, laissez-moi m'acquitter
envers vous en écoutant votre récit ;
que je sois couvert de honte et d'opprobre
si je le raconte à un autre.

– Ma foi, mon frère, je vous raconterai,
en homme à qui je fais confiance,
ce dont j'ai le plus grand désir,
que mort ou vie m'en advienne.
Pendant longtemps j'ai servi une dame
sage, douce et belle, à mon avis,
et remplie de toutes les bonne qualités,
sauf qu'il n'y pas la moindre pitié en elle.

XVI

– Certes, puis que Nature a mis
En elle tant de biens en euvre,
Il ne peust estre, beaux amis,
Que soubz eulx pitié ne se treuve.
S'elle si tost ne se descueuvre,
Pour tant ne vous desconfortés,
Car il ne fault pas qui recueuvre ;
Ne vous, se bien vous y portés.

XVII

Porter ! Las, qui pourroyt jamés [fol. 169r]
Amer dame plus loyaument
Que j'ay fait elle et que je fais,
Dont j'ay souffert si longuement
Dure paine, ennuy et tourment
Qu'il semble que fus nez a tout
Et qu'il ne fust onc aultrement ;
Et si n'en puis trouver le bout.

XVIII

– Dya, compains, qui se veult soubzmectre
Dessoubz l'amoureuse maistrise,
Il se fault de son cueur demectre
Et n'estre plus en sa franchise.
Se vostre voullenté s'est mise
En dame ou il ait tel dangier,
Il fault qu'il en soit a sa guyse :
En vous n'est pas de le changier.

– Sans nul doute, puisque Nature a déposé
en elle tant de qualités,
il n'est pas possible, bel ami,
que pitié ne se trouve parmi elles.
Si elle ne la révèle pas de prime abord,
ne vous découragez pas pour autant,
car celui qui repart à l'assaut ne peut échouer ;
vous non plus, si vous vous y prenez comme il faut.

– S'y prendre ! Hélas, qui pourrait jamais
aimer une dame plus loyalement,
moi qui l'ai aimée et l'aime toujours ?
J'en ai souffert pendant si longtemps
de dures peines, des douleurs et des tourments
que j'ai l'impression que je suis né avec
et que jamais il n'en a été autrement ;
et je n'arrive même pas à en voir la fin.

– Allons, mon ami, celui qui veut se soumettre
à l'emprise de l'amour
doit renoncer à tout droit sur son cœur
et perdre sa liberté.
Si votre désir s'est fixé
sur une dame qui a un tel pouvoir,
il faut que tout soit à sa guise :
vous n'avez pas les moyens d'y rien changer.

XIX

– En moy n'est point, ny ne m'affiert,
Si non de prïer et de plaindre
Comme celluy qui mercy quiert
148 Et qu'Amours fait a ce contraindre.
Maiz, s'il est ainsy que par faindre
Pluseurs ont des biens, comme on dit,
Et loyaulx n'y peuent actaindre,
152 Je suis malheureux et maudit.

XX

– Qui bien a commenchié parface ;
Qui bien a choysy ne se meuve ;
Car a la fin, quoy c'on pourchace,
156 Qui dessert le bien, il le treuve.
Ung cueur loyal de fine espreuve
A plus de joye, quoy qu'il tarde,
Que n'ont ceux qui font dame neusve
160 De chacune qui les regarde.

XXI

– Ung bien de ceux qui loyaulx sont,   [fol. 169v]
Quant il leur peust d'Amours bien prendre,
Est si grant que les faulx n'en ont
164 Pas la cent mille part du mendre.
Maiz le grief mal que c'est d'actendre
En longue paine la deserte
Leur fait sembler c'on leur veult vendre
168 Ce qu'Amours donne alleurs en perte.

– Je n'en ai pas les moyens, et cela ne me conviendrait pas :
j'en suis réduit à prier et à me plaindre
en homme qui cherche de la compassion
et qui est réduit à cet état par Amour.
Mais, s'il est vrai que tant de personnes
bénéficient de leur duplicité, comme on le dit,
et que les gens loyaux n'ont aucun succès,
alors je suis infortuné et maudit.

– Qui a bien commencé, qu'il aille jusqu'au bout ;
Qui a bien visé, qu'il reste constant ;
Car à la fin, quel que soit l'objet de sa poursuite,
celui qui mérite un bienfait le trouve.
Un cœur loyal qui fait preuve d'excellence
a plus de joie, même si elle tarde à venir,
que ceux qui changent de dame
selon les regards qu'on leur lance.

– Un seul bienfait accordé aux fidèles amants,
quand Amour se montre bienveillant à leur égard,
est si grand que les fourbes
n'ont pas la cent millième part du moindre.
Mais le terrible malheur qui consiste à attendre
la récompense dans une souffrance continuelle
leur laisse croire qu'on veut leur faire payer
ce qu'Amour prodigue aux autres gratuitement.

XXII

- Je ne sçay se trop en enquiers,
Mais puis qu'en moy tant vous fiés,
Or me dictes, je vous requiers,
Quant il advient que vous prïés
La belle et mercy luy crÿés
A basse voix et jointes mains,
Pour chose que vous luy dÿés
Y trouvés vous ne plus ne mains ?

XXIII

- Certes, quant a ceste demande,
Croyés et le sachiés de voir
Que la doulceur d'elle est si grande,
Le beau parler et le savoir –
Soit d'esloingnier ou recepvoir –
Et sa response si courtoise,
Que plus luy pry sa grace avoir
Et mieulx sçay que ma doulleur poyse.

XXIV

- Il n'est point de dame en cest monde,
Se il advient quë on la requiere,
Qu'il ne faille qu'elle responde
En une ou en aultre maniere.
Dame n'est mie si legiere
Que pour son droit ne se deffende ;
Maiz combien qu'en durté soit fiere,
A la fin fault il qu'el se rende.

– Je ne sais si je pose trop de questions,
mais puisque vous me faites autant confiance,
dites-moi, je vous le demande,
quand il vous arrive de prier
la belle et de lui demander grâce
à voix basse et mains jointes,
quoi que vous lui disiez,
trouvez-vous chez elle une réaction quelconque ?

– Bien sûr ! Sur ce point
vous pouvez être sûr et certain
que si grande est sa douceur,
si grands son beau discours et son savoir-faire –
soit pour éloigner, soit pour accueillir –
et si courtoise sa réponse,
que plus j'implore sa grâce,
plus je sais que ma douleur a de la valeur.

– Il n'y a pas une seule dame au monde,
s'il arrive qu'on lui fasse la cour,
qui ne se sente obligée de répondre
d'une façon ou d'une autre.
Une dame n'est pas imprudente
au point de ne pas se défendre pour soutenir son droit.
Mais même si elle se montre d'une rigueur féroce,
il faut qu'à la fin elle se déclare.

XXV

— Pour plaindre ne pour souspirer, [fol. 170r]
Ne pour rien que je sache dire,
Aultre chose n'en puis tirer,
196 Ne d'otroyer ne d'escondire,
Fors sans plus qu'il me doibt suffire,
Sans y reclamer aultre droit,
S'elle veult mon bien et desire —
200 Et de chacun en son endroit.

XXVI

— C'est une chose bien sëant
A dame que de bien voulloir
Et ne estrë a nully vëant
204 Bel Acueul, s'il a bon voulloir.
Maiz s'ung loyal pour mieulx valloir
A une seulle s'abandonne,
Celle si doibt son mal doulloir
208 S'autrement ne le guerredonne.

XXVII

— Trembler, tressaillir, tressüer,
Triste de cueur, fieble de corps,
Cueur faillir et coulleur müer
212 M'a veu souvent et mes yeulx lors
Plourer ens et rire de hors
Pour estre aux joyeux ressemblant.
Et puis n'y treuve je rien fors
216 Courtois parler et doulx semblant.

– Que je me plaigne ou pousse des soupirs,
et quoi que je lui dise,
d'elle je ne peux tirer rien d'autre,
ni un accord, ni un refus –
rien, sauf que, sans implorer d'autres droits,
je dois, me dit-on, m'en contenter,
s'il est vrai qu'elle veut et désire ce qui est bien pour moi –
comme elle le fait par ailleurs pour tout un chacun.

– Il est tout à fait convenable
qu'une dame soit bienveillante
et qu'elle n'interdise à personne
Bel Accueil, pourvu qu'il soit bien intentionné.
Mais si un homme loyal, afin de monter en valeur,
se voue à une seule dame,
son mal doit la faire souffrir
même si elle ne lui donne d'autre récompense.

– Elle m'a souvent vu trembler, tressaillir et transpirer,
triste de cœur, faible de corps,
mon cœur défaillant, moi qui passais par toutes les couleurs,
cependant que mes yeux
pleuraient en moi et souriaient dehors,
afin de ressembler à ceux qui sont joyeux.
Mais en retour je ne reçois d'elle
que quelques mots courtois et un accueil bienveillant.

XXVIII

– Se le bon semblant vient du cueur
Naïf et non pas contrefait,
Ne creés, frere, pour nul feur,
220 Puis qu'elle congnoist vostre fait
Et, pour l'amer de cueur parfait,
Vous fait souffrir si dure paine ...
Se le mal d'amer vous meffait,
224 Croyés qu'elle n'en est pas saine.

XXIX

– Nully ne prent mirencolie   [fol. 170v]
De chose dont il ne luy chault.
Se j'ay du mal, c'est ma folie :
228 Il ne luy fait ne froit ne chault.
Maiz au fort, qui plus bee hault
si a plus fort a besoingnier ;
Par Messire Ode et par Machault
232 Se peust il assés tesmoingnier.

XXX

– Par le serment que vous devés
A Dieu et a vostre maistresse,
Est ce quanque vous y avés
236 D'esperance ne de promesse ?
Avés vous prisé ceste adresse
De l'amer tousjours sans rappel,
Et de renonchier a leësse
240 Pour demourer en ceste pel ?

– Si cet accueil bienveillant vient d'un cœur
sincère et non pas feint,
il ne faut croire, frère, à aucun prix,
puisqu'elle connaît votre état
et que, en raison de la passion d'un cœur parfait,
elle vous fait souffrir un tourment si dur...
Si la maladie d'amour vous tourmente,
n'allez pas croire qu'elle est exempte de ses effets.

– Personne ne devient mélancolique
à cause d'une chose qui ne lui importe pas.
Si moi, je souffre, c'est par ma propre folie :
Cela la laisse complètement indifférente.
Mais en fin de compte, qui vise plus haut
doit s'efforcer d'autant plus.
Grâce à mon seigneur Ode et à Machaut[1],
on en a suffisamment de preuves.

– Par le serment que vous avez juré
à Dieu et à votre maîtresse,
est-ce là tout ce qui vous reste
de votre espoir et de votre engagement ?
Avez-vous estimé à sa juste valeur cette voie :
l'aimer toujours et sans appel,
et renoncer à l'allégresse,
pour rester dans cette condition ?

---

[1] Il s'agit de deux poètes d'amour du XIVe siècle, Oton de Grandson (c. 1340-1397), poète et chevalier, dont les œuvres sont souvent associées avec celles d'Alain Chartier en manuscrit ; et Guillaume de Machaut (1300-1377), grand poète et musicien dont les *dits* ont sûrement influencé Chartier.

XXXI

– Or ainsy m'aist Dieu que je scens
Mon cueur si hors de mon bandon
Que, quoy que soit, folie ou scens,
244 Puis que je le donnay en don –
Et n'eusse jamés guerredon –
Il me convient en cest point vivre.
Se j'en meurs, Dieu le me pardon ;
248 Si seray de tous maulx delivre.

XXXII

– Mercy de dame est ung tresor
Pour enrichir amans sur terre,
Si n'en a pas chacun tres or
252 Qu'il a voulenté de l'aquerre ;
Maiz le fault a dangier conquerre
Et en souffrir doulleur amere,
Car pour prïer ne pour requerre
256 Nul n'a bien qui ne le conpere.

XXXIII

– Qui pourroit conparer plus chier [fol. 171r]
Que d'y mectre cueur et courage ?
Je n'ay mieulx pour en jeu couchier
260 Si bon plege ne tel hostage.
Maiz ma dame a trop l'avantage,
Dont la chose est pis departie,
Car elle tient mon cueur en gage
264 Et fault qu'el soit juge et partie.

– Dieu merci ! À présent je sens
mon cœur tellement hors de mon pouvoir
que, quoi qu'il en soit, folie ou sens,
depuis que je le lui ai cédé en don –
sans avoir jamais eu don en retour –
il me faut vivre dans cet état.
Si j'en meurs, que Dieu me pardonne ;
alors je serai libéré de tous mes maux.

– La pitié d'une dame est un trésor
fait pour enrichir les amants de ce monde,
et pourtant on ne la reçoit pas dès l'instant
que l'on a envie de l'obtenir ;
non, il faut que l'acquisition en soit périlleuse
et que l'on en souffre une douleur amère,
car, malgré les prières et les supplications,
nul ne reçoit de bienfait s'il ne le paie bien cher[1].

– Qui pourrait payer plus cher
que d'y consacrer son cœur et son âme ?
Je n'ai rien de plus précieux à miser au jeu,
aucune caution, aucun otage comparable.
Mais ma dame a un énorme avantage,
et le partage n'est pas équitable,
car elle détient mon cœur en gage
et il faut qu'elle soit juge et partie.

---

[1] *256* : Citation d'un vers très connu du *Roman de la Rose* de Guillaume de Lorris, éd. Lecoy, v. 2584 (« nus n'a bien s'il ne le compere »), qui fait partie des instructions que donne le Dieu d'Amour à l'amant.

XXXIV

— Aux amans est de bien servir
A la fin qu'en grace en deviennent,
Et aux dames de deservir
A ceux qui adroyt se maintiennent.
Puis que les biens des dames viennent,
A elles est deu le service ;
Et est raison quë elles tiennent
Sus leur servant droit et justice.

XXXV

— Je ne dis pas, Dieu m'en deffende,
Qu'il ne soit raison qu'elle juge
Sur moy tel paine et telle amende
Qu'il luy plaist, car pour cela fus je
Contraint de venir a reffuge
Vers elle qui ne s'en recorde ;
Maiz bien seroit en ung tel juge
Ung poy plus de misericorde.

XXXVI

— Puis que vous estes si avant,
Savés vous come il en yra ?
Vivés tousdiz en la servant,
Souffrés tant qu'il luy souffira ;
Et quant elle vous sentira
Humble, secret et bien amant,
Par Dieu, son cueur s'adoulcira.
El n'a pas cueur de dÿamant.

– Il convient aux amants de bien servir
afin d'accéder par là à la grâce,
et aux dames de récompenser
ceux qui se comportent comme il faut.
Puisque les bienfaits proviennent des dames,
le service leur est dû ;
il est par conséquent raisonnable qu'elles exercent
sur leurs serviteurs un droit en justice.

– Je ne dis pas, Dieu m'en défende !,
qu'il n'est pas raisonnable qu'elle m'impose
en jugement la peine ou l'amende
qu'il lui plaira, car c'est pour cela que je fus
obligé de chercher refuge
auprès d'elle, qui ne s'en souvient pas ;
mais il conviendrait bien à un tel juge
d'avoir un peu plus de miséricorde.

– Puisque vous en êtes arrivé là,
savez-vous quel en sera le résultat ?
Consacrez votre vie à la servir,
patientez jusqu'à ce qu'elle soit satisfaite ;
et quand elle sentira que vous êtes
humble, discret et bien amoureux,
ma foi !, son cœur s'adoucira.
Elle n'a pas un cœur de marbre.

XXXVII

– Hellas ! Je n'ay pouoir n'espasse [fol. 171v]
D'aller avant ne de retraire.
Je suis le poysson en la nasse
292 Qui entre ens et ne s'en peust traire.
Vivre en ce point m'est si contraire
Qu'il me fait cueur et corps faillir.
Maiz pour chose que puisse faire
296 N'en puis eschapper ne saillir.

XXXVIII

– En actendant sans soy lasser
Në aultre que vous accuser,
Vous convient il le temps passer :
300 Bien actendre n'est pas muser.
Trop grant actrait fait amuser
Souvent, et dechoit et aluche,
Maiz soubz ung courtois reffuser
304 Sont les biens d'amours en embuche.

XXXIX

– De long temps n'en ay sceu ouvrir,
Ne trouver maniere ne tour
De ceste embusche descouvrir,
308 Ou ma joye est en ung destour.
J'ay esté emprés et entour,
Maiz onc jusqu'a elle n'avins ;
Et quant je suis a mon retour
312 Je suis en l'estat que je vins.

– Hélas ! Je n'ai ni le pouvoir ni la liberté
d'aller plus avant ni de reculer.
Je suis comme le poisson dans la nasse
qui y entre et ne peut en sortir.
Vivre en cet état me désespère tellement
que mon cœur et mon corps défaillent.
Mais quoi que je tente
je ne peux ni m'échapper ni m'en sortir.

– Il vous faut en attendant
passer votre temps sans vous épuiser
et sans accuser d'autre que vous :
Bien attendre n'est pas une perte de temps.
Un accueil très favorable induit souvent
en erreur, il trompe et séduit ;
en revanche, sous un refus courtois,
on trouve cachés les bienfaits de l'amour.

– Depuis longtemps je n'ai pu les dénicher,
ni trouver une conduite ou une ruse
qui me permettent de découvrir la cachette
où ma joie se tient à l'écart.
J'ai été tout à côté et tout autour,
mais jamais je ne suis parvenu jusqu'à elle ;
et quand je reviens
je suis dans le même état qu'à mon départ.

XL

− Bel Acueul n'est mie haÿs
D'Amours, qui n'a cure d'orgueul,
Maiz le fait franc en son paÿs,
Si que nul si hardy sur l'eul
De clamer droit sus Bel Acueul,
Ne chalengier de ses biens, fors ce
Qu'il a donné de son bon veul
Sans faire contrainte ne force.

XLI

− Nully ne peust Amours forchier   [fol. 172r]
A donner les dons qui sont siens,
Ne je ne m'en veul efforchier
Qu'a requerir grace et plus riens.
Maiz tant qu'en loyaulté me tiens,
Peust sourvenir aultre servant
Et me reculler de ses biens
Que j'ay pourchassés par avant.

XLII

− Se aultre luy plaist et elle l'aime,
De tort plaindre ne vous pouez ;
Maiz s'elle pour amy vous claime,
Si l'en merchïés et loués.
Aultrement ne vous y joués,
Car il convient que les dons voysent
Aux saintz a qui ilz sont vouez :
Ceux qui n'en ont, si s'en rappaisent !

– Amour, qui ne se soucie pas d'orgueil,
ne hait point Bel Accueil,
mais au contraire il le rend libre en son domaine,
de sorte que personne n'est si audacieux
pour revendiquer son droit auprès de Bel Accueil
en risquant un œil, ni pour réclamer de ses bienfaits ;
on ne prend que ceux qu'il a donnés de son plein gré,
sans contrainte ni force.

– Personne ne peut forcer Amour
à donner les dons qui sont à lui,
et mon seul effort consiste
à demander grâce et rien de plus.
Mais tant que je maintiens ma loyauté,
un autre serviteur peut survenir
et me priver des biens
que j'avais auparavant sollicités.

– Si un autre lui plaît et si elle l'aime,
vous ne pouvez pas vous plaindre d'un tort ;
mais si elle vous appelle son ami,
vous devez l'en remercier et la louer.
Ne jouez pas le jeu autrement,
car il faut que les dons parviennent
aux saints à qui ils sont destinés :
Ceux qui n'en reçoivent pas, qu'ils se calment.

XLIII

– Las voyre ! Maiz comment prendra
En gré cueur qui longuement sert,
S'il voit ung aultre qui tendra
340 La joye du bien qu'il desert ?
S'en bien servant on le dessert,
Son service est mal advenant
Quant le temps et le louyer pert,
344 Et le rechoit ung sourvenant.

XLIV

– En amours n'a se plaisir non.
Tel y cuyde estre receü
Et plaire et avoir bon renon
348 Qui souvent en est deceü.
Et quant une dame a veü
Des gens d'ung et d'aultre degré,
Puis que le chois luy est deü,
352 Droit est qu'elle prenge a son gré.

XLV

– Or prie je a Dieu qu'il me doint [fol. 172v]
Selon ce que deservy ay
Et que ja Dieu ne me pardoint
356 S'onques vers elle varïay.
Maiz, puis que premier la prïay
Et qu'elle congnoist mon desir,
Je pry Dieu ou je me fïay
360 Qu'Il ne luy doint pas pis choysir ».

– Hélas, c'est vrai ! Mais comment un cœur
qui a longtemps servi peut-il s'y résigner,
s'il voit un autre obtenir
la joie du bien qu'il mérite ?
Si à son bon service on lui rend mauvais procédé,
alors son service est mal venu,
puisqu'il perd son temps et sa récompense
tandis qu'un nouveau venu la reçoit.

– En amour il n'y a rien que du plaisir.
Tel croit être reçu
et plaire et être renommé
qui est souvent abusé.
Et quand une dame a vu
des gens de plusieurs états,
puisque le choix lui revient,
il est juste qu'elle choisisse à son gré.

– A ce moment je prie Dieu qu'il me donne
ce que j'ai mérité,
et qu'Il ne me pardonne pas
si jamais je fus volage envers elle.
Mais, comme je la priai le premier
et puisqu'elle connaît mon désir,
je prie Dieu, en qui j'ai confiance,
qu'Il ne lui permette pas de choisir pis ».

XLVI

Ainsy l'aube du jour creva
Et les compaignons s'endormirent,
N'onques nul d'eulx ne s'esveilla
364 Tant que huyt heures lever les firent.
Si mis en escript ce qu'ilz dirent
Pour mieulx estre de leur butin,
Et l'ont nommé ceulx qui le virent
368 *Le Debat Resveille Matin.*

Cy fine resveille matin

Sur ce l'aube arriva
et les compagnons s'endormirent.
Aucun des deux ne se réveilla
avant que le coup de huit heures ne les fît lever.
Je mis donc par écrit ce qu'ils avaient dit
pour mieux m'associer à leur compagnie.
Et ceux qui ont vu cet écrit l'ont nommé
« Le Débat de Réveille Matin ».

Ici se termine Réveille Matin

DOSSIER

Copie des lettres des dames en rithme envoyees a Maistre Alain

La copie de la lectre envoyee aux dames par rithme contre ledict Maistre alain

La response des dames faicte a Maistre Allain

Établissement du texte, variantes et gloses par
David F. HULT

Le manuscrit Besançon 554 (Qa) contient avec les lettres en prose des dames et des hommes, qui représentent la première réponse à la *Belle Dame*, les mêmes lettres mises en vers. Il contient également une réponse à l'*Excusacion de Maistre Alain*, attribuée à ces mêmes dames, mais d'un caractère totalement différent : Là où la lettre en prose traite Alain d'ami et lui demande de se défendre contre les attaques des courtisans, la réponse des dames l'appelle « feu nostre ami » et le critique sévèrement. La versification de la réponse est la même que celle des autres poèmes, mais elle est composée de vers décasyllabiques.

La mise en vers de la lettre des dames suit immédiatement la lettre en prose dans Qa, qui est le seul manuscrit actuellement disponible à avoir transmis cette lettre. Elle se trouvait aussi dans le manuscrit Fribourg-Diesbach (Qj) dont Piaget a décrit le contenu mais qui a, à notre connaissance, disparu. Piaget a édité la mise en vers à partir de Qj avec les variantes de Qa (*Romania*,

30, 1901, pp. 28-30). Nous nous permettons de donner les variantes de Qj selon la transcription de Piaget et de nous en servir pour corriger notre manuscrit.

La mise en vers de la lettre des hommes suit immédiatement la lettre en prose dans Qa, qui est le seul manuscrit actuellement disponible à avoir transmis cette lettre. Cette lettre ne se trouvait pas dans Qj lorsque Piaget en a fait la description car, selon lui, il était incomplet des vingt-deux premiers feuillets ; de toute évidence, les feuillets perdus auraient contenu cette lettre avec les deux lettres en prose, ainsi que la *Belle Dame* (voir *Romania*, 34, 1905, p. 597). Nous éditons le texte là où il nous semble nécessaire. Le manuscrit étant abîmé à cet endroit, plusieurs parties sont difficilement lisibles. Nous mettons entre crochets soit les parties illisibles, soit les parties que nous avons complétées par conjecture.

La réponse des dames est actuellement disponible dans trois manuscrits, Pn, Qa et Qf, et elle se trouvait également dans Qj. Piaget a édité la réponse à partir de Pn, donnant les variantes de Qa et Qj (Piaget ne semble pas avoir connu Qf). Nous utilisons également comme texte de base Pn, qui est nettement meilleur que les autres. Nous nous permettons de citer certaines variantes de Qj selon la transcription de Piaget.

Copie des lettres des dames en rithme
envoyees a maistre Alain etc. [Qa, fol 64v]

I

Honnouré frere maistre Alain, [Qa, fol. 65r]
A vous nous nous recommandons,
Comme celles qui tout aplain[1]
4   Vostre honneur en bien demandons[2].
Pour tant au present vous mandons[3]
Qu'aucun sur vous ont fait enqueste
Et ont baillié[4], en lieu de dons,
8   Aux dames certaine requeste,

II

La quelle fort et au vif touche
Vostre tresgracïeux renom ;
Et tant par escript que par bouche
12 L'ont presenté, et se ce non[5],
Pour abatre le beau pennon[6]
D'onneur que long temps avés quis[7],
Et pour vous gecter du bon nom[8]
16 Que vers elles avés acquis.

---

[1] ouvertement
[2] nous recherchons avec bienveillance
[3] informons
[4] donné
[5] et [pour nulle autre raison] si ce n'est
[6] bannière
[7] cherché
[8] vous faire perdre la bonne réputation

III

    Mais car de certain nous sçavons
    Que moult prudent estes et saige,
    Fïablement[1] nous maintenons
20 Que de vous excuser l'usaige[2]
    Bien trouverés et beau langaige
    Pour deffendre vostre parti,
    Et sans mal passer ce passaige
24 Quant vous en serés adverti.

IV

    Si vous envoyons la copie   [Qa, fol. 65v]
    De celle supplicacïon,
    Affin que point n'y soit sopie[3]
28 Ne teue leur entencïon ;
    Ne selon leur relacïon
    Ne demourez pas comme infame,
    Mais par vraye excusacïon
32 Mectez vous hors de celly blasme.

---

[1] avec pleine confiance
[2] le moyen
[3] supprimée

V

Et ce sera pour vostre honneur,
Et pour ceulx aussi resjoÿr
Qui voulentiers vostre bon heur
36 Verroient, et mieulx a oÿr[1]
Ameroient et a veïr
Vostre loz[2] croistre qu'empirer,
Et qui vouldroient que venir
40 Puissiez a vostre desirer.

VI

Pensés doncques d'estre soubtil
En donnant responce affinee,
Car droit le premier jour d'avril
44 Journee est et heure assignee
Pour la cause estre examinee :
Lors par raisoinz judicïaires
Sera commencee ou finee
48 Entre vous et voz adversaires.

VII

Et la vous pensons a vëoir [Qa, fol. 66r]
Se vous n'estes ou pris ou mort,
Dont Dieu vous gart, ains[3] pourvëoir
52 Vous veuillie en bien, combien qu'au fort[4],
Se conscïence vous remort[5]
Et sçavés commë on vous charge[6],
Mieulx vouldriez encores la mort
56 Que demourer en celle charge[7].

---

[1] entendre
[2] réputation
[3] mais plutôt
[4] enfin
[5] tourmente
[6] accuse
[7] blâme

VIII

Honnoré frere, nous prïons
Nostre seigneur qu'il vous envoye
Au tant que pour nous desirons
60 De plaisir, solas, et de joye,
Et brief retourner de la voye
Ou ja long temps avez esté ;
Et vous prïons qu'on vous revoye
64 En personne en ce temps d'esté.

IX

Car se pardeça[1] vous estiés
Venu et appliquié[2] au port,
Et diligenment enquestiés[3],
68 Vous verriés que ceulx qu'ilz a tort
Contre vous ont fait leur report[4]
Et requestë en vostre absence,
Qu'en abatant tout leur effort
72 On leur imposeroit silence.

Escript le dernier de janvier [Qa, fol. 66v]
A Yssodun en ung vergier,
De par les vostres bien veullans[5],
76 Jane, Marie et Katherine,
Qui ont esté et sont veullans
A tenir amour enterine.

Cy finissent les lettres des dames par rithme envoyees a maistre Alain

---

[1] de ce côté-ci
[2] débarqué
[3] vous faisiez une enquête
[4] dénonciation
[5] amies

La copie de la lectre envoyee aux dames par rithme
contre ledict maistre Alain, en maniere de supplicacion, &c.
[Qa, fol. 68r]

I

    Humblement supplïent aux dames [Qa, fol. 68v]
    Voz humbles et loyaulx servans
    De pensee, de corps, et d'ames
4   Et leur doulce grace actendans,
    Qui les fais d'amours poursuivans
    Ont esté et sont jusqu'a cy,
    Pour estre en la fin recepvans
8   Le don d'amoureuse mercy,

II

    Comme ceulx qu'ilz[1] ont ordonné[2]
    Leurs cuers en pensant a veillier,
    Et leurs corps ont abandonné
12   Pour vous en servant traveillier,
    Leur temps a grace pourchasser,
    Et leur vouloir a desirer,
    Leurs bouches mis a supploier[3]
16   Et leur pensee a souspirer.

---

[1] qui
[2] disposé
[3] prier

III

Et de puis se sont embuchiez[1]
En la Forest de Longue Actente,
Ou retrait[2] se sont et musiez[3],
20 N'osant pour les biens de leur actente.
Mais, qui plus est, en celle sante[4]
Ne leur est demouré conduicte[5]
Qu'ilz[6] n'ayent laissié, com gent lente[7],
24 Le sentier et prise la fuite,

IV

Fors tant seulement Bon Espoir, [Qa, fol. 69r]
Qui pour leur maintenir confort[8]
Ne leur a fallu main[9] ne soir,
28 combien qu'il[10] ait souvent au fort[11]
Demouré derriere Confort :
Traveillé[12] par nostre requeste
Ou las[13] a esté par l'effort
32 De la tresamoureuse queste.

---

[1] réfugiés
[2] retirés
[3] cachés
[4] sentier
[5] escorte
[6] Qui
[7] sans force, molle
[8] consolation
[9] matin
[10] bien qu'il
[11] en fait
[12] malmené
[13] fatigué

V

Lors passant le perilleux pas
Qu'on nomme Tresdure Responce
Ont esté, dont ne leur plait pas,
36 Robé[1] sans deffy ne semonce[2],
Sans leur laissier de joye [un]e on[ce] ;
Mais ont esté comme confuz[3],
Dispers[4] par l'aguet et l'abscons[e][5]
40 Des faulx soudoyez de Reffuz.

VI

Neantmoins il ont entretenu
Leur queste mauvaise[6] et f[eron]t,
Comme loyaument maintenu
44 Mercy en actendent[7] ilz ont ;
Et tant que vie et corps aront
Diligence feront et soing
Que leur queste ne laisseront,
48 S'Espoir ne leur fault[8] au besoing.

---

[1] volé
[2] avertissement
[3] mis en déroute
[4] égarés
[5] dissimulation
[6] difficile
[7] en attendant
[8] manque

VII

Car encor ilz ont esperance [Qa, fol. 69v]
Que vostre doulx et piteux oel[1]
Encor leur donront allegance[2]
De leur desir ardant et vueil[3],
Se Doulx Actrait et Bel Acuel
Leurs faultes ayont tenues,
Se ne feust l'incredible dueil
Des nouvelles qu'ilz sont venuez.

VIII

Mais [il] est a leur cognoissance
Ung livre venu par escript,
[Ou] aucuns[4] motz de desplaisance
Ont dictié, baillié[5] et escript
Ou quel ont, comme par despit,
[Bla]smé Amours et offensé,
La quelle chose n'eussent dit
Se bien ilz y eussent pensé.

---

[1] yeux
[2] soulagement
[3] vain
[4] certaines personnes
[5] transmis

IX

[Mais] faire leur fait cest oultraige
Dangier [au] premier escondire[1],
[Qu'Envie et] Faulte de Couraige
68 Les ont fait retraire[2], et plains d'ire[3]
Et las en l'amoureuse tire[4],
Qu'avec nous souloient[5] aler :
C'est ce qui leur a fait escripre
72 Ainsi contre Amours et parler.

X

Et pour le fait en pis tourner [Qa, fol. 70r]
A grant malice ont contendu[6],
Car, pour aulx loyaulx destourner
76 Les biens qu'ilz n'ont pas actendu
Et la joye qu'ilz ont perdu,
Ilz ont, dont nous les prisons moins,
Le livre a lire deffendu
80 Fait venir jusques a voz mains,

---

[1] refus
[2] retirer
[3] mécontentement
[4] peine
[5] avaient l'habitude de
[6] se sont disputé

XI

En quoy, soubz l'ombre et soubz le loz[1]
De mensonges mal colorees[2]
Et d'aucuns doulx moz ens[3] [e]ncloz
84 Accusans[4] leurs nobles pensees,
A lire vous ont amusees[5]
Le livre de venin farsy
Qu'on nomme ja par les contrees
88 *La belle dame sans merc[y],*

XII

Ouquel a, qui bien y regarde,
Soubz ung doulx lang[aige] a[faictié][6]
Grave traison, s'on n'y me[t gar]de[7].
92 Car ilz ont vesti et traictié[8]
Ce desloyal livre et traictié
Pour mectre rumor[9] et rancune
En Amour, ou n'a qu'amistié,
96 Paix, concorde, et volenté commune ;

---

[1] sous couvert et sous la flatterie
[2] embellies
[3] dedans
[4] signalant
[5] vous ont fait perdre votre temps
[6] complaisant
[7] ne s'en méfie
[8] déguisé et manié
[9] dispute

XIII

Et aussi pour rompre la queste [Qa, fol. 70v]
Des servans qui font leur devoir
Et des bons tollir[1] la conqueste
100 Qu'ilz pour servir seulent avoir[2] ;
Et pour eulx desvïer le voir
De pitié, qui est la richesse
Onc les dames peuvent avoir
104 A ceulx ou leur vertus s'adresse.

XIV

[Pour c]e doubtons que grant dommaige
[N'avieg]ne aux humbles serviteurs
[...] li[vre] forgié par oultraige
108 [...] et a deshonneur
[Des] dames et de leur valeur
Leur manipole bien veü,
Se par vo pitié et doulceur
112 Aut[rem]ent n'y est pourveü.

XV

S[i] v[ous] requerons en priere grace
[....d]ames treshonnorables,
Qu[...r] vueilliez vostre face
116 A lire les desraisonnables
Escriptures et dommaigeables ;
Mais quant mises en vo presence
Seront, donner comme aggrëables[3]
120 N'y vueilliez ne foy n'audïance.

---

[1] enlever, écarter
[2] ont l'habitude d'atteindre
[3] consentantes

XVI

Ains le faictes rompre et casser [Qa, fol. 71r]
A chascun qui le trouvera
Et du livre de s'esfasser[1].
124 Et puis par droit on pourvoiera
Quel pugniciõn on fera
Des acteurs[2] par procés plus amples,
Tant qu'en la fin cogneu sera,
128 Qu'au mauvais[3] ilz donront exemple.

XVII

Par ainsi voz humbles servans
Porront lors leur queste parfai[r]e ;
En vostre grace deservans
132 Vouldront a vostre honneur [comp]la[ire]
Pour d'Amours la joyë a[ctrair]e.
Lors sera le fait esclarcy
Et demoustré par exemplair[e]
136 Qu'en vous a pitié et mercy.

---

[1] disparaître
[2] auteurs
[3] de sorte qu'au méchant

XVIII

Adont nous prïerons Amours,
Qui aux bons secourir ne cesse,
Qu'il vueille ouÿr[1] nostre [...]
140 Et vous donner si grant [richesse]
De joye, plaisir et lïesse[2],
Une chascune sans repentir
A son amy, comme maistresse,
144 Puist la lïesse departir[3].

*Cy finist la supplicacion faicte aux dames
contre maistre Alain, &c.*

---

[1] écouter
[2] allégresse
[3] partager

La réponse des dames faite à Maître Alain

La Responce des dames faicte a Maistre Allain [Pn, fol. 77r]

I

Puis qu'ainsy est, Allain, feu nostre ami,
Qu'en ton meffait chiet mercy et amende¹,
Et tu escrips que dame est sans mercy,
4 Par quoy Amours le jugement conmande²
Du tout a nous et le cas recommande,
Au tant vauldroit qu'Amours meismes jugast,
S'aultre conseil³ ta follie n'amende⁴,
8 Qu'on te pendeist ou que l'en te brullast.

II

Car quant tu as escript premierement
Que serviteur es et seras aux dames,
L'excuse aprez que metz premiere ment
12 Par tes escrips, esquelz⁵ tu nous diffames
Tant grandement⁶ que se fuissons infames⁷,
Sy que le sens pers, a ce qu'on t'oit⁸ dire.
Ne charge point ta frenesie aux femmes⁹,
16 Mais prens conseil et recours a ton mire¹⁰.

---

¹ par ton délit pitié et réparation sont périmées
² confie
³ délibération
⁴ corrige
⁵ dans lesquels
⁶ aussi démesurément
⁷ ignobles
⁸ entend
⁹ n'accuse pas les femmes du délire dont tu souffres
¹⁰ médecin

III

Tu tesmoingnes que telles et sy belles
Sommes que Dieu y a tout bien comprins,
Et puis escrips que nous sommes crüelles,
Dont[1] nous donnes villain blasme pour pris[2].
Et quant a ce que tu as tant apris
Que crüaulté metz sans divisïon
Aveucq tous buens en sy pou de pourpris[3],
Tu es ainsy comme l'escorpïon[4].

IV

Tu oingz[5], tu poins[6], tu flattes, tu offens,
Tu honnoures, tu fais bien, tu le casses,
Tu t'acuses et puis tu t'en deffens,
Tu dis le bien, tu l'escrips, tu l'effaces.
Mais se ton bien et notre honneur amasses[7],
N'eusses escript[8] en franchois ne en latin
Chose par quoy tellement pourchassasses[9]
Qu'on te nommast fils au Prestre Martin[10].

---

[1] moyennant quoi
[2] récompense
[3] espace
[4] scorpion
[5] enduis d'onguent
[6] piques
[7] avais aimé
[8] tu n'aurais pas écrit
[9] tu solliciterais
[10] voir *Hôpital*, note au v. 910

V

Se jeune estois, tu ferois a reprendre, [Pn, fol. 77v]
Mais vieulx deviens et nous savons bien toutes
Qu'on doit pugnir homme jeune et viel pendre.
36 Ce sauras tu s'a nostre court te boutes[1],
Car se t'atens a mercy et ne doubtes[2]
Toy submettrë a nostre jugement,
Tu en morras, puis que Pitié nous ostes,
40 Pour acomplir[3] sans plus ton dampnement[4].

VI

Se tu cuidez[5] en nous trouver secours
Sans corrigier ton faulx mensongier livre,
Tous tes cuidiers te seront a ce cours[6],
44 Et les amis qui te pourront poursuivre,
Ains que soyes de ton meffait delivre[7],
Se n'affermes plainement devant tous
Que menty as com hors du sens ou yvre[8],
48 Querant[9] pardon a chacune de nous.

---

[1] si tu t'introduis
[2] tu ne crains pas
[3] exécuter
[4] damnation
[5] Si tu penses
[6] tes croyances te tromperont là-dessus
[7] acquitté de ton délit
[8] *Citation de* L'Excusacion, *v.* 25
[9] priant

VII

Et puis aprés ce fait et advenu
Qu'esvertüé[1] l'on verra ton effort
Jusques ad ce que soyes devenu
Parfait lëal et requeras confort[2],
Tu trouveras, et le verras au fort,
Que Lëaulté, Doulceur, Bonté, Franchise,
Portent la clef du chastel ferme et fort
Ou Honneur a nostre pitié soubzmise.

VIII

Et ne croy point qu'on te tiengne a failly[3]
De corrigier ton deslëal ouvrage,
Car il eschiet[4], depuis qu'on a failly,
Changier conseil[5] et est fait[6] d'homme sage.
Rappelle[7] dont ton orgueil et oultraige,
Car tu vois bien, se tu scez qu'honneur monte[8],
Que le vray sens de ton double langaige
Nous donroit tost aultrement blasme et honte.

---

[1] réalisé
[2] tu demanderas de nouveau consolation
[3] lâche
[4] il est opportun
[5] conduite
[6] action
[7] démens
[8] ce que vaut l'honneur

IX

Honnie soit d'entre nous qui vouldra [Pn, fol. 78r]
De tel honte le grief meffait couvrir[1],
Ne que jamais du pechié t'assouldra[2]
68 Pour quelque mal qu'en ayes a souffrir,
S'on ne te voit a ce fairë offrir
Que l'en t'a dit, sans y espargnier rien[3],
Car nul ne puet a hault honneur venir
72 S'il n'a chier son honneur sur toute rien.

X

Tu dis[4] moult bien, quë on ne doit pas croire,
Pour cuidier toy et ton livre excuser,
Et que l'effort d'Amours t'a fait recroire[5]
76 De bien parler et de bon sens user.
Mais encores te voit on abuser
Comme heritë en ce quë as escript
Que, s'on te veult de mespris accuser,
80 Tu en veulz bien respondre par escript[6].

---

[1] cacher

[2] t'acquittera

[3] *69-70* : Si on ne te voit pas disposé à faire ce que l'on t'a prescrit sans rien y ménager

[4] Tu parles

[5] te résigner à

[6] *voir* Excusacion, *v. 224*

XI

Or escrips ce quë escripre vouldras,
Car en tout ce que tu savras escripre
Le jugement a raison[1] ne touldras[2]
84 De ton meffait que nostre loz[3] empire.
Pour ce choisy de ces deux le moins pire,
Sans pourchasser qui deffende ou debate :
Ou tu mouras, ou il t'en fault desdire,
88 Car point n'affiert[4] que femme t'en combatte.

XII

Et pour mettrë en ce conclusïon,
Veu quë a nous du tout te recommandes[5],
Toutes sommes de ceste oppinïon :
92 Sy t'en desdiz et humblement demandes
Grace et pardon, et ton faulx livre amendes[6].
En ce faisant tu respites[7] la mort ;
Ou aultrement gaigeras les amendes[8]
96 D'un herite qui en herese mort[9].

---

[1] de droit
[2] tu ne supprimeras pas
[3] réputation
[4] convient
[5] tu t'en remets
[6] corrige
[7] tu diffères
[8] tu t'engageras à payer les réparations
[9] meurt

XIII

Riens plus n'auras de nous, c'est somme toute. [Pn, fol. 78v]
Mais s'il t'appert qu'on te face injustice
Par trop vëoir ou par n'y vëoir goutte[1],
100 Comme dit as glosant ton mallefice,
Requiers[2] Amours qu'il t'en face justice,
Par devant lui appellant en cas tel,
Et nous ferons pour moustrer[3] ton mallice
104 Nos advocatz Dessarteaulx et Chastel[4].

Explicit

---

[1] *citation de* L'Excusacion, *v. 200*

[2] prie

[3] prouver

[4] *Il s'agit de Jean Chastel, poète, fils de Christine de Pizan ; Dessarteaulx reste inconnu*

ANONYME

LES ERREURS DU JUGEMENT DE LA *BELLE DAME SANS MERCY*[1]
(Extraits)

Établissement du texte par
Joan E. MCRAE
Gloses par
David F. HULT

---

[1] Ce poème, qui se veut une clôture définitive du procès de la Belle Dame, n'a survécu que dans trois manuscrits, Pb, Qh et Qt, ce qui suggère qu'il a peu circulé. En effet, l'un de ces trois manuscrits, Qt, ne l'associe même pas avec l'œuvre de Chartier, mais plutôt avec des imitations de la Belle Dame telles que *La Confession et le Testament de l'Amant trespassé de Deuil* et *L'Amant rendu Cordelier*. Nous utilisons Pb comme manuscrit de base, que nous corrigeons avec les deux autre manuscrits. Dans son édition de ce poème, Piaget avait utilisé Qt comme manuscrit de base (*Romania*, 33, 1904, pp. 183-99).

Cy commencent les erreurs du jugement de la belle dame sans mercy

I

Non pas pour la court corriger [Pb, fol. 90r]
Qui ne sauroit jamais faillir,
Mais pour son jugement changer
Et certains erreurs abolir
Qu'on a tousjours volu tollir
Contre une dame jusques cy
Nommee, pour son bruit[1] desmollir,
« La belle dame sans mercy, »

II

Ses heritiers si ont fait dire
Qu'elle fut moult notable femme,
Si belle qu'on pourroit eslire[2],
Passans toutes sans blasmer ame,
Jeune, gente[3], joyeuse dame,
Nourrie ou service d'Amours
Tant que savoit par cueur sa game[4]
Avecques les faintes et tours.

---

[1] réputation
[2] choisir
[3] noble
[4] jeu

III

    Or fut vray que ung jeune galand
    Tout fin, droit venant des escolles,
    Qui estoit amoureulx vollant[1]
20   Et ung bailleur de parabolles[2],
    La voult amuser[3] de parolles
    En taschant a la decevoir.
    En voyant ses approches folles,
24   Pour son honneur y voult pourvoir[4].

IV

    Et advint que lui remonstra   [Pb, fol. 90v]
    Qu'il n'avoit pas trouvé sa charge[5].
    Mais aux fievres plus en entra,
28   Cuidant[6], par ung desir volaige,
    La tourner a son avantaige,
    Pour en jouïr legierement ;
    En quoy il se monstra peu saige
32   Et faillit yla[7] lourdement.

---

[1] volage
[2] enjôleur
[3] occuper
[4] elle voulut s'en protéger
[5] mandat
[6] croyant
[7] là

V

Encores[1] ne fut pas content[2],
Ains[3], voyant qu'elle se enfuyoit,
L'aloit de plus fort incitant,
Et sa folie presumoit
Que veritablement le amoit,
Non obstant que[4] l'eust reculé ;
Et ainsi le feu allumoit
Dont il fut au derrenier brulé.

VI

Et pour ce qu'elle savoit bien
La fin ou le gallant tendoit,
Et que pour doulceur ne pour rien
Il ne amolissoit ne amendoit,
Ains[5] soubz ung fol espoir cuidoit[6]
Avoir des biens de plus en plus,
Lors luy dist que son temps perdoit
Au derrenier, que[7] n'en pouoit plus.

---

[1] Et cependant
[2] satisfait
[3] plutôt
[4] quoique
[5] Mais plutôt
[6] pensait
[7] car elle

VII

Et combien que[1] par ses langaiges [Pb, fol. 91r]
El n'eust l'amant vitupperé[2],
Ne fait aucuns excés ne oultraiges
52 Dont il fust gaires empiré,
Nëantmoins l'en[3] a conspiré
La blasmer de ce cas icy
Soubz ung proverbe coloré[4]
56 De belle dame sans mercy.

VIII

Or tout a prins en passïence
Sans ce que lui en ait chalu[5]
Ne që en ait requis vengence.
60 Mais cela n'y a riens valu,
Car, quant l'en lui a eu polu[6]
Son honneur sans cause et a tort,
Je ne sçay quelz gens ont volu
64 La chargier de crime de mort,

---

[1] bien que
[2] injurié
[3] l'on
[4] formule harmonieuse
[5] sans s'en préocupper
[6] souillé

IX

Disant qu'elle avoit amusé[1]
Cest amoureulx cy longuement,
Et puis au derrenier reffusé
68 Si tresmalgracïeusement
Que, du courroux et du tourment
Qui l'en prinst, mort s'en est ensuye,
Et par elle tant seullement[2],
72 De quoy de puis l'en l'a poursuye.

X

Et fut vray que la povre femme, [Pb, fol. 91v]
Au jour qu'on la fist adjourner[3],
Comparut pour tenir son terme[4]
76 Et ses deffences assigner.
Mais chacun la vint blasonner[5]
Pour sa doleur tousjours acroistre :
N'oncques de conseil peust finer[6]
80 Ne ame qui pour elle voult estre.

---

[1] retenu
[2] uniquement
[3] convoquer
[4] arriver dans le délai fixé
[5] railler
[6] se procurer

XI

Si eust la mains[1] maulx a passer[2]
Et une passïon grevaine[3] ;
Oultre, quant ne voult confesser
84   Le cas dont se sentoit bien saine[4],
L'en luy vint presenter la gehaine[5]
Dont elle se esmeut tellement
Que de fraieur, doleur et paine
88   Lors perdit son entendement[6].

XII

Et peut bien estre que a ceste heure
Confessa tout ce qu'on vouloit
Comme celle qui ja labeure[7]
92   A langueur[8] qui la traveilloit,
Car du monde ne luy challoit[9],
Ains[10] aymoit mieulx mourir que vivre
Et contre elle mesmes parloit
96   Pour estre de tous poins delivre[11].

---

[1] beaucoup de
[2] traverser
[3] très douloureuse souffrance
[4] innocente
[5] torture (pour extraire une confession)
[6] discernement
[7] déjà s'évertue
[8] dans l'indolence
[9] elle ne se souciait pas du monde
[10] au contraire
[11] entièrement libre

XIII

Et ja soit ce que de raison[1] [Pb, fol. 92r]
La confessïon ainsi faicte
Par contrainte et hors de saison[2]
100   Ne feust valable ne parfaicte[3],
Toutesfois l'en en a extraicte
Une sentence si piteuse
Qu'il n'y a femme qui n'en caquecte[4]
104   Et qui n'en soit trop doloreuse.

XIV

Par laquelle dure sentence
L'en a condempné ceste dame
A la nommer, par desplaisance,
108   En amour la Crüelle Femme ;
Puis, pour faire a la lignee blasme,
A souffrir mort comme murtriere,
Ville, deshonneste, et infame,
112   Pour sa pugnicïon derreniere.

XV

Or[5] maintenoient ses heritiers
Qu'il y avoit eu jugement,
Par dix ou .xj. poins entiers,
116   Erreur ou erreurs clerement,
En requerant consequemment
Qu'il fust de tous poins rescindé[6],
Au moins, en tout avenement,
120   Mis au nëant et amendé.

---

[1] bien que de droit
[2] mal à propos
[3] correcte
[4] bavarde
[5] à présent
[6] annulé

XVI

Le premier : car noblë estoit, [Pb, fol. 92v]
Et y a coustume notoire,
Gardee de tel temps qu'il n'estoit
124 Jamais memoire du contraire,
Que en amours l'en ne peut forfaire[1]
Le corps, posé[2] qu'en mal s'aplicque,
Par quoy l'en ne la devoit faire
128 Mourir ainsi de mort publicque.

XVII

Secondement, y avoit erreur,
Car envers l'amant s'aquicta
De le retraire[3] par doulceur
132 De la folie ou se bouta[4] ;
Mais oncques ne s'en depporta[5],
Ains se y mist[6] lors plus que jamais ;
Ainsi, se mal en emporta,
136 Ceste dame n'en pouoit mais.

---

[1] faire du mal à
[2] même en supposant
[3] retirer
[4] dans laquelle il s'était lancé
[5] il n'y renonça jamais
[6] plutôt il s'y engagea

XVIII

Tiercement : point ne le blessa,
Ne ne luy fist playe ou navreure[1],
Mais comme dit est, l'adressa
140 A son bien dont il n'avoit cure[2],
Ains vouloit mectre a l'aventure[3]
L'onneur et vie d'elle en reprouche,
Qui estoit prilleuse ouverture[4]
144 Pour toutes a qui le cas touche.

XIX

Nulle n'est tenue ne asservie [Pb, fol. 93r]
Des biens d'amours aucun saisir[5]
Se de long temps ne l'a servie
148 Ou qu'en luy s'i preigne plaisir,
Car aux dames est de choisir
Ou le reffus ou le donner.
Donc fault prendre le desplaisir
152 Quant il vient, sans en mot sonner.

---

[1] blessure
[2] dont il ne se souciait pas
[3] risquer
[4] une proposition dangereuse
[5] d'investir quiconque des bienfaits d'amour

XX

Ainsi së avoit reffusé
Cest amant, comme l'en veult dire,
Elle auroit de son droit usé
156 Sans grever aucun ne luy nuyre,
Ne la cause de l'escondire[1]
N'estoit pas assez souffisante
De luy brasser[2] ung tel martire
160 Et si terrible mort dolente.

XXI

Quarto : la court aroit erré[3]
Car touchant le cas principal
Elle adjoustoit foy au narré[4]
164 D'un tel quel livre ferïal[5],
Fait par ung escripvain fiscal[6],
Qui y avoit du sien bouté[7],
Et d'elle dit cent fois de mal
168 Plus que jamais n'avoit esté.

---

[1] du refus
[2] tramer
[3] fait erreur
[4] récit
[5] un livre plaisant sans importance
[6] vénal
[7] qui y avait introduit des choses de son invention

XXII

Quinto : car par la Decretalle [Pb, fol. 93v]
Des serviteurs aventureulx[1],
Et aussi par la Loy Finalle
172 Ou chapitre des douloureux,
Il est dit que nul amoureulx
D'une femme ne se doit plaindre
S'il n'a trois reffus rigoureulx
176 De distance d'un jour le moindre[2].

XXIII

Or, n'avoit cest amant parlé
Pas plus hault de deux fois a elle,
Ne esté que une fois recullé[3],
180 Dont sourt toute ceste querelle ;
Pour quoy a se plaindre d'icelle
Il ne faisoit a recevoir[4]
Ne ne vault la sentence itelle[5],
184 Car il y a erreur pour voir[6].

---

[1] intrépides
[2] avec un écart minimum d'un jour entre eux
[3] repoussé
[4] accueillir
[5] non plus
[6] en vérité

XXIV

Sexto : ne fut jamais oÿe[1]
Lëans[2] par conseil ne autrement,
Ains[3] de tous advocats fouÿe[4]
188 Par ce qu'ilz vëoient clerement
Qu'on l'avoit en contempnement
Et qu'elle y eust perdu sa paine,
Qui estoit bien fait vengement[5]
192 En icelle court souveraine.

XXV

Septimo : la confessïon [Pb, fol. 94r]
Qu'elle fist estoit nulle et vaine
Car ce fut par impressïon[6]
196 De paour d'estre mise en gehaine[7]
Dont n'eust sceu supporter la paine,
Car femme estoit delicative[8]
Et de complectïon mondaine[9],
200 Non subgecte a doleur passive[10].

---

[1] elle ne fut jamais écoutée
[2] là-dedans
[3] mais plutôt
[4] abandonnée
[5] une vengeance soigneusement tramée
[6] pression
[7] torture judiciaire
[8] délicate
[9] d'un tempérament attaché aux plaisirs du monde
[10] et non pas soumise à la douleur

XXVI

Mais posé qu'elle eust revellé[1]
Et congneu[2] le cas dessusdit,
Veu qu'elle avoit le sens meslé[3]
204 Et l'entendement interdit,
S'arrester l'en ne doit a son dit
N'a chose qui s'en est ensuye,
Car l'en ne scet lors que l'en dit
208 Quant la personne est esblouÿe.

XXVII

Octavo : quant l'en veult congnoistre[4]
De mort et paine capitale,
Tous les seigneurs y doivent estre ;
212 Mais plusieurs lors faisoient grant galle[5]
Et se pourmenoient en la salle
Quant le cas fut deliberé
Par quoy la sentence finalle
216 Si estoit nulle *ipso jure*.

---

[1] même en supposant qu'elle avait avoué
[2] reconnu
[3] brouillé
[4] prendre connaissance (d'une cause)
[5] faisaient la fête

XXVIII

Nono : cest amoureulx icy [Pb, fol. 94v]
Ne prinst[1] jamais la maladie
Du reffuz de grace et mercy
220 Fait de la dame, quoy qu'on dye,
Mais d'une entreprinse hardie
Ou ne peult advenir[2] jamais ;
Et si a l'en la charge[3] hourdie[4]
224 Sur elle qui n'en pouoit mais.

XXIX

Qu'i soit vray qu'i n'en mourut pas,
Il sera clerement prouvé,
Car de puis fist mains saulx[5] et pas,
228 Sain, en bon point, et non grevé ;
Aussi estoit tousjours levé
Et vescut bien ung moys aprés,
En quoy le grief est approuvé
232 De l'erreur sur ce point exprés.

XXX

Decimo : et le peremptoire,
Cest amant par son testament
Ne fist mencïon ne memoire
236 De l'en chargier[6] aucunement,
Mais pardonna entierement
A chacun, par quoy fut oultraige
D'en nayer si villainement
240 Ceste dame, dont est dommage.

---

[1] attrapa
[2] arriver
[3] accusation
[4] agencée
[5] sauts
[6] l'accuser en cette affaire

XXXI

Undecimo : y eust erreur [Pb, fol. 95r]
En ce que la court ne advisa[1]
A la beaulté d'elle et doulceur,
244   Ou que jeunesse ne excusa ;
Et que Pitié si ne brisa
La rigueur de Ferocité,
Dont la court aigrement[2] usa
248   Sans avoir l'oeil a equicté.

XXXII

L'erreur derrenier, pour abregier,
Si fut car quant Misericorde
Si volut venir au jugier
252   Et y mener Paix et Concorde,
L'en leur tira l'uys et la corde
Pour ne point ouïr[3] leurs requestes,
Et si[4] estoient, comme on recorde[5],
256   Presidens d'Amours aux enquestes.

---

[1] considéra
[2] sévèrement
[3] écouter
[4] et pourtant
[5] se souvient

XXXIII

Ainsi la sentence crüeuse
Fut trop aigre[1] de la moitié,
Car la dame estoit tant eureuse[2]
260 Que tous si en avoient pitié
En desirant son amistié,
Et aussi quant l'en vit les termes
Du jugement qui fut gecté[3],
264 Chacun plouroit a grosses lermes.

XXXIV

Et en oultre, dit on plus fort [Pb, fol. 95v]
Que quant ce vint a la noyer
Et que la faillut mectre a mort,
268 Le bourreau, qu'est de soy murtrier,
Si prinst si fort a lermoyer
Et a plourer soubz son chappeau,
Qu'on luy bailla[4] pour se essuier,
272 Devant tout le monde, ung drappeau.

---

[1] sévère
[2] béate
[3] proféré
[4] donna

XXXV

Or peult estre que ne vouldroit
Pas estre de cest heure au monde,
Car elle a passé orendroit[1]
276 Une grande doleur parfonde ;
Mais pour ce cas icy, l'en fonde[2]
Sur les hoirs[3] d'elle aucun malice,
Qui est charge qui trop redonde[4]
280 A leur grant fame et prejudice.

XXXVI

Non pas des hoirs tant seullement,
Mais de la lignee tant notable
Qui a vescu honnoreement
284 Sans faire cas vitupperable[5],
Dont le mal leur est plus grevable
Que qui leur vouldroit courre sus[6] ;
Pour le reprouche inreparable
288 Si concluoient comme dessus.

...

[La partie adverse, qui soutient la cause de l'amant décédé, revient point par point sur les erreurs]

---

[1] à ce moment-là
[2] jette
[3] héritiers
[4] rejaillit sur
[5] blâmable
[6] attaquer

LXII

Au quart erreur touchant le livre [Pb, fol. 100r]
Qu'ilz disoient estre controuvé[1],
Leur entendement estoit yvre
492 Et avoient cela controuvé[2],
Car il fut de puis approuvé[3]
Par tant de conseilliers notables,
Voire[4] quant ilz eurent trouvé
496 Les faiz d'icelui veritables.

LXIII

L'escripvain si estoit entier[5],
Et fut de ce livre facteur[6]
Le noble maistre Alain Chartier,
500 Jadis excellent orateur
Et si parfait explanateur[7]
Des comedies et faiz d'amours
Qu'il n'a seigneur ne serviteur
504 Qu'il ne prie pour lui tousjours.

...

[Les arguments des deux parties ayant été présentés, la cour rend sa décision]

---

[1] inventé
[2] imaginé
[3] prouvé
[4] surtout
[5] intègre
[6] auteur
[7] exégète

CXXIV

Veu lequel procés dessusdit [Pb, fol. 110r]
Et erreurs dont on l'a chargé,
La court si vous declare et dit,
988   Par arrest et second jugié[1],
Qu'en tout ce qu'il fut adjugié
N'y eust erreur aucunement ;
Ains fut le procés bien jugié
992   Et l'arrest donné justement.

...

CXXVI

Mais la court, pour aucunes choses [Pb, fol. 110v]
Qu'i n'est besoing de publïer[2],
Et par vertu des lectres closes
1004 Quë Amours leur envoya hier
Touchant celle qu'on fist nayer,
Donne congié aux heritiers
De amasser[3] en l'eaue et fouillier
1008 Ses os par morceaulx ou quartiers.

---

[1] jugement
[2] rendre public
[3] ramasser

CXXVII

Oultre, en faveur de ses amis
Et a leur requeste et prïere,
De grace si leur a premis[1]
1012 Qu'ilz puissent lesdiz os en biere
Enterrer dans ung cymentiere
Pres d'une croix ou d'un posteau,
Mais toutesvois[2] la court declare
1016 Qu'il n'aura tumbe ne escripteau[3].

...

CXXXI

Et pour ce qu'il estoit si tard [Pb, fol. 111v]
Que unze venoient de sonner,
Le president, ayant regard[4]
1044 Qu'il n'eust peu aussi bien finer
Les arrestz qu'il avoit adonner[5],
Par ung expedïant querant[6],
En se levant fist assigner
1048 Au premier jour le demourant[7].

---

[1] promis
[2] cependant
[3] épitaphe
[4] prenant en considération
[5] à donner
[6] quel que fût le moyen qu'il cherchât
[7] le reste

CXXXII

Si diz aparmoy[1] que y seroye
Quoy que coustast le sejourner,
Car de tout mon cueur desiroye
1052 Ouÿr lesdiz arrestz donner,
Affin que aprés, au retourner,
J'en peusse parler seurement[2].
Et a tant[3] m'en allay disner,
1056 Car l'en ferma le parlement[4].

Cy finent les erreurs du jugement de la belle dame sans mercy

---

[1] je me dis en aparté
[2] avec autorité
[3] là-dessus
[4] cour de justice

LE TOMBEAU DE JEAN DE MEUN

Transcription par
David F. HULT

Le tombeau de Jean de Meun

Ms. Rothschild 440 (Pl), ff. 123 v°-124 r°

Interpolation, 12 vers en rimes plates, 12 vers en rimes croisées, substituée aux huitains LIV-LV de l'*Hôpital d'Amour*

    Soubz le portal, par dit commun,
    Gisoyt le corps du sage de Mehun.
    Sur sa tombe escrit en lettre d'or
    Estoit de rethorique le tresor,
    Qui en amours fist maint hault fait
    Et par luy achevé et parfait
    Fut de la Rose le Romans,
    Pour lire[1] aux loyaulx amans.
    A la chappelle pres de l'autel
    Amours fist faire ung cher tombel,
    De plus riche et fin cristal
    Que n'est or ne autre metal,
    Pour celle qui renommee
    De beauté porte par tout le monde :
    Encores vit et est nommee
    Par Amours la plus du monde[2].
    Pres du bout et tout de nouvel,
    De velour noir couvert sans lame[3],
    Mort vy le corps, qui tant fut bel,
    De l'amant qui tant ayma sa dame

---

[1] donner à lire, pour instruire
[2] il manque une syllabe, sans doute un adjectif après *plus*
[3] pierre tombale

Que toutes ses voyes en elle fina
Par ung reffus dont l'a occy.
Dieu luy pardoint qui la nomma
'La Belle Dame sans Mercy'.

Leçons rejetées et variantes

I. Leçons Rejetées

On trouvera ci-dessous les leçons rejetées de notre manuscrit de base, Pc. Si notre correction est due à un effet de hypo- ou de hypermétrie, nous le signalons avec un (-1) ou (+1). Nous indiquons le ou les sigles des manuscrits dont nous avons tiré notre correction ; s'il y en a plus d'un, la graphie de la correction vient du premier.

Alain Chartier
Complainte de la Mort a la Dame Maistre Alain

15. sont *surajouté dans la marge supérieure* 19. r. par d. *(+1 ; mss.)* 24. C. larbre q. s. l. p. s. seche *(mauvaise rime ; QdPnPj)* 27. l. donneur *(QdPnPj)* 52. endroit r. *(-1 ; Ql)* 63. Ou D. N. du tout v. c. *(+1 ; mss.)* 70. m. corps *(mss.)* 74. d. en A. *(mss.)* 77. t. damours me p. *(mss.)* 117-19. *Laidlaw avait raison de critiquer la médiocrité de ces vers dans Pc* (Cest la leccon qui convient que je tiengne/ Jay pris ce plait il fault que le maintiengne/ Comment quil voise ne comme il en adviengne), *ainsi que dans la plupart des autres mss. Leçon de Pn, très proche de Qd* 120. la c. 121. joyes *(mss.)* 124. aux d. et aux p. *(mss.)* 134. joy d. *(-1 ; Qd et mss.)* 139. c. mectre *(corr. d'apr. Pk)* 143. sa p. *(mss.)* 148. s. elle d. *(+1 ; Laidlaw avait remarqué que tous les mss. contiennent cette leçon hypermétrique ; nous proposons une solution qui diffère de la sienne :* Si ne sceut el d.) 180. Et s. *(+1 ; corr. d'apr. Pk)*

Alain Chartier
La Belle Dame sans Mercy

Titre donné par Pn 1. **O**a g. *(mss.)* 16. qui a *(+1 ; Pn)* 20. le d. *(Pn)* 44. C. me *(-1 ; QdPfPh)* 78/80. *Pour la rime (et orthographe) leans/leans, voir Chatelain, p. 1* 87. souvent r. *(-1 ; mss.)* 98. M. t. *(-2 ; Pn et mss.)* 115. t. leur r. *(Pn et mss.)* 175. C. aucun n. *(mss.)* 180. Q. et *(-1 ; mss.)* 194. vo b. v. *(mss.) Les rubriques sont tirées de Pf* 205. clalenge *(mss.)* 224. a vostre a vostre c. 229. R. y transmistes *(QdPnNjPh)* 253. decepvoir *(Pn et mss.)* 337. Ha.a *(+1 ; mss.)* 369. Q. ne p. b. *(NjQdPfPh)* 387. ayme b. *(NjQdPnPfPh)* 408. Qui a. s. *(+1 ; mss.)* 410. quelle a. *(PnNjQd)* 461. f. craindre *(-1 ; Pn)* 471. *le copiste a pointé le i, de sorte à écrire* suira 484. doybz *(mss.)* 557. encore p. et quiert *(QdNj)* 574. Quamours font moult t. e. *(QdNjPh)* 575. m. en l. *(mss.)* 577. D. tout *(mss.)* 589. Qui leur l. *(Pn et mss.)* 607. quil r. *(mss.)* 626. Seellés *compte pour deux syllabes ici* 647. a t. s. *(mss.) avant 649, le copiste de Pf a mis à tort* Lamant ; *nous corrigeons* 663. Elle *(+1 ; QdNj)* 674. maiz e. l. *(QdPh)* 675. M. q. *(-1 ; mss.)* 676. Et si b. *(mss.)* 688. soulte *(mss.)* 695. me moustrer *(mss.)* 706. d. plus *(Qd)* 725. saucun a h. *(mss.)* 741. F. i. f. *(-1 ; QdNj)*

Coppie de la requeste faicte et baillee aux dames contre Maistre Alain

Titre donné par Ql 9. de *manque* 15. le r. *(mss.)* 16. est *manque (mss.)* 23. amuse *(Qd)* 31. vos yeulx *manque (mss.)* 34. aultres et vos *(mss.)*

Coppie des lettres envoyees par les dames a Maistre Alain

Titre donné par Ql 15. autant de joye *manque (mss.)*

Alain Chartier
L'Excusacion de Maistre Alain

Titre donné par Pn 40. fut *(mss.)* 60. f. deust *(Ql)* 121. Ha.a. s. *(+1 ; Qd)* 237. d. et s. *(+1)* ennuy *(Qd)*

Baudet Herenc
Accusation contre la Belle Dame sans Mercy

Titre donné par Qa 17. a *manque (-1 ; mss.)* 24. oeuvre *manque (-1 ; Pn et mss.) IV manque dans Pc ; texte de Pn* 32. P. le f. de m. *(mss.)* 69. du V. *(Pn) X manque dans Pc ; texte de Pn* 82. jason 100. L. greffier d. et s. u. *(Pn)* 101. Eulx p. *(Pn)* 124. laisans 128. En p. *(PnPj)* 129. sa *manque (-1 ; mss.)* 130. D. penser *(Pn et mss.)* 148. En l. *(mss.)* 150. vees *ne compte que pour une syllabe ici (voir les remarques de Marchello-Nizia, p. 70) ; Pn corrige en* vez 162. fust *(Pn et mss.) XXIII manque dans Pc ; texte de Pn* 184. telle *(mss.)* 185. se non *(mss.)* 199. consentir *(Pj) XXVI manque dans Pc ; texte de Pn* 213. et s. v. *(mss.)* 223. leurs 225. *le copiste a écrit* dactort *XXXI manque dans Pc ; texte de Pn* 252. o. a *(corr. d'apr. Pj) XXXIII manque dans Pc ; texte de Pn* 275. se non *(mss.) XXXVII manque dans Pc ; texte de Pn* 298. en s. c. 299. se v. *(mss.)* 309. il *manque (PbPnQa)* 311. P. elle qui tant s. *(Pj)* 313. aise *manque (-1 ; Pn) XLI manque dans Pc ; texte de Pn* 346. fut *(PnPkPb)* 352. elle *manque (-2 ; Pn) XLV manque dans Pc ; texte de Pn* 354. De p. b. *(+1 ; mss.)* 355. *Le copiste a sûrement écrit* bailler *pour* bayer/baer, *soit pour une rime visuelle, soit parce que l mouillé était déjà réduit à yod dans son dialecte* 369. deulx m. *(PnPbPj)* 374. Beaulte c. s. *(corr. d'apr. Pn)* 383. asservy *(PnPj) L manque dans Pc ; texte de Pn* 415. aultry *LIII manque dans Pc ; texte de Pn* 423. fait r. *(PbQa)* 442. Aspre en fait et doulx en o. *(-1 ; PnPbPj)* 443. chevanche a e. *(Pn et mss.)* 445. e. seuffrent et se d. *(PnPb)* 446. desqueuurent *(Pn et mss.)* 447. que *manque (-1)* 448. entasses *(Pn) LXI manque dans Pc ; texte de Pn* 481. Et de muse on n. *(Pb)* 492. Fust *(Pn et mss.)* 497. en *manque (-1 ; mss.)* 542. pubiquement 549. En la seruant tout par honneur *(PbQa)*   550. Fist *(PbQaPn)* meudrir 551. menteur *(PnPb)* 556. et *manque (PnPbQa)* 558. Et que elle s. *(Pn et mss.)* 572. Pour ce vees *(Pn)* 594. c. fu *(mss.)* 601. f. rapport *(-1 ; QaPn)*

Anonyme
La Dame loyale en Amour

Titre donné par Pn 1. fut *(Pb)* 27. Inconvenient m. *(Pd ; PnPq ont également* Incontinent *mais le vers est hypométrique)* 34. Ung bien *(-1 ; Pb)* 37. Pour p. *(-1 ; PbPk)* 38. Au c. *(mss.)* 47. b. volloir *(mss.)* 62. Deubt *(Qa)* 66. demye *(+1 ; Pq)* 79. fust *(Qa et mss.)* 82. T. m. au D. s. *(Pq)* 85. bea *(mss.)* 109. pense *(mss.)* 110. Que c. *(-1 ; Pb et mss.)* 114. mon p. *(Pb et mss.)* 124. me b. *(mss.)* 125. Car q. *(Qa et mss.)* 129. bien *manque (-1 ; mss.)* 175. M. souverainnement *(+1 ; PbPg)* 233. Dessoubz *(Pn)* 234. ciel *manque (-1 ; Pb et mss.)* 243. fust *(Pb et mss.)* 245. fust *(Pb et mss.)* 248. Q. sa f. *(-1 ; Pb et mss.)* 268. ons *(mss.)* 273. fust *(Pb et mss.)* 306. dame *manque (-1 ; mss.)* 348. *Il manque un jambage dans* Injure 373. Se non v. *(Pb)* 374. Car la liberte *(-1 ; Pb)* 399. fust *(Pb et mss.)* 416. luy m. *(PdPn)* 417. leuz c. *(corr. d'apr. QaPd.)* 418. percheuz *(corr. d'apr. Pq)* 452. Q. la son h. *(PqQa)* 480. neust *(Pn)* 491. Maiz ce n. *(Qa et mss.)* 492. De les mectre t. *(corr. d'apr. Pb)* 494. se non *(mss.)* 505. Dn c. 521. mercy de homme *(Pb)* 532. doublier piteux *(Pq)* 535. A. comme p. d. hostieulx *(Pq)* 548. Faisoit lors *(-1 ; Pb et mss.)* 569. De c. *(-1 ; Pb)* 597. F. par *(-1 ; Pb et mss.)* 616. Le sans d. *(mss.)* 630. cueur f. delle c. *(mss.)* 643. E d. 651. se c. *(Qa)* 655. fut *(Pq et mss.)* 674. *un jambage manque dans* Amours 682. d. a a. *(mss.)* 713. l. cause *(PbPq)* 715. qui on c. *(Qa et mss.)* 739. Qui a a. f. *(mss.)* 741. perchut *(corr. d'apr. Pk)* 748. Disans *(Pq)* 768. desperance *(-1 ; Pb et mss.)* 792. tout a. *(Qa et mss.)* 813. disposer *(mss.)* 888. tre dur

Achille Caulier
La Cruelle Femme en Amour

Titre donné par Pn 30. lieu *manque (-1; Pb)* 66. Plus plaignant et plus e. *(Pb)* 76. m. et sans a. *(Pn et mss.)* 103. veoir *(Pn et mss.)* 105. roont *(+1; Pb et mss.)* 147. Tombbes *(PnPb)* 165. et a six *(Pn)* 180. appartient *(Pq et mss.)* 182. dela la v. *(+1; mss.)* 205. P. pourveoir *(PnQj)* 206. Lung deulx le v. *(PnQj)* 207. Luy fist en tresgracieux s. *(PbQjPn)* 258. et *manque (-1; PnQj)* 277. sus u. *(PnQj)* 329. son nom *(Pb et mss.)* 336. s. voullente *(Pk et mss.)* 345. d. dictes m. *(PnPbQj)* 368. il preuve *(PnQj)* 375. a exprimer *(PnPbQj) Dans Pc, les strophes XLVIII-LXXI sont placées après la strophe CV; nous rétablissons l'ordre logique d'après les autres mss.* 381. fist *manque (mss.)* 387. p. contre elle m. *(PnQj)* 394. plain de *(PnQj)* 398. f. son e. *(Pn)* 400. Si sen est l'ame a *(Pn)* 417. la aval *(+1; mss.)* 453. silz eussent s. *(Pn)* 468. Quil v. 472. Pour q que 504. son f. *(mss.)* 519. vo p. *(Pn)* 533. Aussy et quant i. *(PnQj)* 543. apprabacion 546. changier *(PnQj)* 549. le n. *(PnQj)* 559. Maiz n. *(PnPb)* 578. dist *(mss.)* 586. S. h. *(Pn)* 601. mie *manque (-2; mss.)* 626. pourchasser *(mss.)* 629. Que d'elle faire tant t. *(PnQj)* 631. selle la chier *(corr. d'apr. Pk)* 681. telle c. *(+1; mss.)* 684. m. esperit *(+1; Qj)* 687. c. enfant *(mss.)* 708. t. grant bonte y. *(mss.)* 734. v. bouches *(mss.)* 742. discret *(corr. pour la rime selon PqQj)* 743. r. ou t. en o. *(PqQj)* 745. Elle est perverse a mon adviz *(PnQj)* 748. C. a vostre m. *(PnPqQjPb)* 750. Et p. p. este niche *(-1; PnQj)* 768. N. euse *(corr. d'apr. Pn et mss.)* 775. portes *(mss.)* 788. eust *(PbPnQj)* 793. Scens *(Pn et mss.)* 796. nen y ot il plus *(PnQj)* 797. eust *(Pn)* 820. Tout ce que au p. d. *(-1; Pn et mss)* 826. en s. p. *(mss.)* 836. s. treyrent *(-1; corr. d'apr. Pq)* 843. r. desire *(PnPbQj)* 855. scait ou daigne *(PnPbQj)* 859. de parler *(PnPbQj)* 866. u. bien poy l. *(mss.)* 875. luy f.b. *(Pb) Le vers 883 semble hypométrique dans tous les mss.* 884. e. mesmes c. *(-1; Pn)* 911. plain *manque (-1; PnQj)* 931. L. teste tout p. *(PnQj)*

Achille Caulier
L'Hôpital d'Amour

Titre donné par Pn 23. on *manque (-1 ; corr. d'apr. Pf)*; soit *(PfPmPn)* 33. tour *(mss.)* 49. luy r. *(mss.)* 50. moy en p. *(Pb)* 61. mal grey f. *(-1; mss.)* 93. L. place *(mss)* 116. Qui d. *(mss.)* 136. m. e e. *(+1)* 153. esperilx *(+1; mss.)* 188. maintenir *(mss.)* 189. contenir *(mss.)* 201. q. je sent *(mss.)* 203. de cent 216. N. ne v. c. i. e. tout s. *(mss.)* 218. b. pensay 219. si p. 238. Tout plain *(mss.)* 240. d. lison *(mss.)* 270. q. espart *(PnPf)* 299. eust *(Pn)* 314. eust *(Pn)* 358. m. ou pres *(mss.)* 367. eust *(Pn)* 375. y couru s. *(Pd et mss.)* 381. secourra *(Pn et mss.)* 413. Je en v. *(-1; Pn)* 429. fust *(Pn)* 440. nommee *(corr. d'apr. Qa)* 452. espris mors *(PnPbPdPf)* 455. s. gette *(Pd et mss.)* 481. embrasercomme 483. p. q. o. je n. f. *(mss.)* 484. ardant *(mss.)* 490. Dy aller je n. *(PfPm)* 502. Et me retray *(Pn et mss.)* 503. c. retrayt *(Pn et mss.)* 505. Si en *(mss.)* 522. Sceust *(mss.)* 564. fus *(PnPbPdPm)* 572. plus c. *(mss.)* 646. vengement *(corr. d'apr. Pn et mss.)* 661. q. ma m. *(PbPdPfPnPp)* 693. a n. c. *(PnPfPbQa)* 717. Qu 755. en a. *(mss.)* 767. m. par quel que voyes *(mss.)* 768. m. t. s. il d. t. *(mss.)* 770. dictes *(mss.)* 784. c. se non *(mss.)* 786. p. a f. *(mss.)* 787. b. et d. *(PdPm)* 789. ne t. f. c. *(mss.)* 809. poyer 823. C. ilz nont point c. b. *(Pf)* 824. o. dont c. d. n. *(PnPf)* 844. daultre q. v. ou qui v. *(Pn et mss.) La strophe CVII manque; texte de Pn* 859. *écrit* sil aime 860. le v. *(mss.)* 869. daagne 870. quelle a v. *(-1; mss.)* 879. torchant *(mss.)* 906. e. se cuydera *(Pd et mss.)* 939. g. painne *(mss.; paour/peur est ici monosyllabique)* 948. si en *(+1 ; mss.)* 957. est f. *(PnPbPf)* 964. E. p. v. n. p. *(-2; mss.)* 972 *et* 973 *sont intervertis dans Pc (mss.)* 993. Quant e. *(mss.)* 1018. et d. p. *(PnPm)* 1031. hault c. *(Pn et mss.)* 1047. C. sil e. d. m. *(Pn)* 1084. Qui voit de joye *(vers mal compris par le copiste; Pd)* 1085. ou c. *(mss.)* 1100. plus *manque (-1 ; mss.)* 1143. veult e. *(Pn et mss.)* 1185. les *(mss.)* 1195. qu t. 1231. donnes *(corr. d'apr. Pn; la plupart des mss. ont* donnerez*)*

Alain Chartier
Le Débat de Réveille Matin

30. v. plaisir *(Qd)* 33. Ha a d. *(+1; QdPh)* 55. *On s'attendrait ici à que, mais cette leçon ne paraît pas dans les mss. Pour l'utilisation de qui/cui comme régime direct du verbe dans une construction relative, voir les remarques de Foulet,* Petite Syntaxe, *pp. 180-81.* 83. gaaing *(+1 ; mss.)* 124. *La rime –vre:-ve est bien attestée à partir du XIVe siècle; voir Chatelain, 54-5; le copiste de Pn avait d'abord écrit* treuve, *puis il le remplace avec* coeuvre. 167. L. semble c. l. veulle v. *(corr. d'apr. Qd)* 183. prye *(+1; corr. d'apr. mss.)* 195. ny p. trouver *(QdPh)* 229. monte h. *(Qd)* 318. de *manque (-1; Nj)* 330. De trop p. n. v. debves *(Qd)* 339. prendra *(Qd)* 367. qui *manque (mss.)*

DOSSIER

Copie des lettres des dames en rithme envoyees a maistre Alain

6. Saucun *(Qj)* 8. dame *(Qj)* 9. et *manque (-1 ; Qj)* 12. Leur p. *(-1 ; Qj)* 14. qui *(Qj)* 15. de b. *(Qj)* 32. ce b. *(-1 ; Qj)* 37. veoir *(mauvaise rime ; Qj)* 52. V. veult *(Qj)* 54. c. cest vo c. *(Correction de Piaget)* 60. de s. *(+1 ; Qj)* 63. p. que v. *(Qj)* 68. V. verres q. c. q. ont t. *(Qj ; pour* qu'ilz *avec la fonction du pronom relatif* qui, *voir Marchello-Nizia,* La Langue française aux XIVe et XIVe siècles, *p. 204)* 76. Johanne *(+1 ; Qj)* 77. esté *manque (-2 ; Qj)*

La copie de la lectre envoyee aux dames par rithme contre ledict maistre Alain

9. *Pour* qu'ilz, *voir la note au v. 68 de la lettre précédente* 15. bouche 20. *vers hypermétrique (+1)* 23. comme *(+1)* 25. Fort 37.

laissie 50. *Le copiste a barré* oel *pour mettre* yeulx *à sa place. Nous gardons la première leçon pour la rime.* 54. *vers hypométrique et fautif (-1)* 74. contenu 75. p. eulx 83. mez 89. a *manque (vers hypométrique) Les vv. 93 et 94 sont intervertis* 96. *vers hypermétrique* 101. *Le remanieur rend ainsi la phrase suivante :* « a vous tollir l'eureux non de Pitié » ; *a-t-il pris le mot* nom *dans le manuscrit qu'il suivait pour* voir *(mot assuré par la rime) ? Autrement, ce vers n'a aucun sens.* 103. *vers indéchiffrable ; après* dames, *le copiste avait écrit un* e, *puis il l'exponctue* 106. humble 113. *vers hypermétrique* 121. faicte 129. humble 135. demoustrer 142. *vers hypermétrique*

La Réponse des Dames faite à Maistre Alain

2. tout m. *(Qa)* 3. Et en e. *(QaQj)* 30. Tu neusses *(+1 ; Qa est également hypermétrique* : Ja nescripvises*)* 33. jeunes *(+1 ; corr. d'apr. Qa)* 42. *le copiste a écrit* mesongier 48. chacun *(-1 ; corr. d'apr. mss.)* 72. son *manque (-1 ; Qa)* 75. Et qui *(Qa)*

Les Erreurs du Jugement de la *Belle Dame sans Mercy*

Titre de Qt (Pb : Les erreurs de la belle dame sans mercy*)* 4. certaines *(+1 ; Qt)* 7. *Comme Piaget l'a fait remarquer (*Romania, *33, 1904, p. 183), ici, comme dans plusieurs autres endroits (vv. 109, 113, 123, 142 et passim), l'auteur des* Erreurs *ne compte pas les e muets devant consonne* 19. ung a. *(+1 ; Qt)* 33. f. il p. *(+1 ; QhQt)* 36. Et de s. *(+1 ; Qh)* 40. *Ici, et ailleurs dans ce texte, tous les mss. comptent* derrenier *pour deux syllabes* 50. Elle n. *(+1 ; Qt)* 62. a c. *(Qt)* 69. Qui de c. et de t. *(Qt)* 73. feust *(QhQt)* 74. que len l. *(+1 ; Qt)* 81. maint m. *(QhQt)* 101. Toutesvoies *(+1 ; Qh)* 115. point e. *(QtQh)* 122. Et quil y a *(+1 ; Qt)* 132. ou il se *(+1 ; Qt)* 143. e. trop publique aventure *(+1 ; Qt)* 147. Si

l. t. n. *(-1 ; Qt)* 159. atelle *barré et remplacé par* luy 168. naroit *(QhQt)* 172. *leçon de Qt, car le vers manque à PbQh* 175. nya t. *(+1 ; Qt)* 184. y a eu *(+1 ; Qt)* 190. perdue *(+1 ; Qt)* 191. vengement *barré et remplacé par* rudement 196. Et de *(+1 ; Qt)* 205. *vers hypermétrique dans tous les mss.* 227. fist *manque (-1 ; Qt)* 230. vestu b. *(Qh ; Qt* : vesquit*)* 239. Denvayr *(Qh)* 253. luy t. *(Qh)* 256. requestes *(Qt)* 257. crueuse *barré et remplacé par* rigoreuse 268. qui est *barré et remplacé par* qu'est 278. *Ce vers a été altéré en* Sur ses hoirs aucun malefice *(corr. d'apr. QhQt)* 279. trope 283. honnorablement *(+1 ; leçon de tous les mss., correction suggérée par Piaget)* 503. n'y a *(+1 ; Qt)* 504. a t. *(+1)* 1013. dedans *(+1 ; correction proposée par Piaget)* 1016. il ny a. *(+1 ; Qt) Explicit de Qt (Pb :* Explicit les erreurs de la belle dame sans mercy*)*

II. Variantes

Ci-dessous figurent les variantes de nos manuscrits de contrôle que nous avons trouvées les plus significatives. Nous utilisons le même système que pour les leçons rejetées du manuscrit de base pour préciser la provenance de la graphie que nous reproduisons.

Alain Chartier
Complainte de la mort a la Dame Maistre Alain

L'ordre des strophes diffère beaucoup parmi les mss. : I-IV, VI-VII, V, VIII, X, IX, XI-XII (QdPn) ; I-III, VI-VII, V, IV, VIII-XII (PhPj) ; I-III, VI-VII, V, IV, VIII, X, IX, XI-XII (Nj) 13. tolu m. d. *(QdPj)* 22. n'est p. *(QdPk)* 25. Si s. *(Qd)* 33. Dont la mienne se souloit s. *(QdPjPn)* 34. Pour mieulx valoir e. *(QdPjPn)* 35. Et mectre peine a m. *(QdPjPn)* 34-35 : meilleur devenir *et* plus hault avenir (*Pj* : parvenir) *intervertis dans PjPn* 41. Qui me pourroit de ce dueil c. *(QdPn)* 43. C. adoulcir *(QdPk)* 44. d. acces *(QdPk)* 52. p. a [en : *Pk*] son gre *(QdPjPnPk)* 53. P. q. v. et *(Qd)* 56. Quel n. *(Qd)* Quil n. *(Pn)* 60. pour s. *(Nj)* 98. m. trouver *(Qd)* 100. E. y faillir *(Qd)* 105. m. temps *(QdPjPn)* 107. jour h. *(QdPjPn)* 111. s. qun seul *(QdPjPk)* 114. Quelque *(QdPkPn)* 116. Et [*Pn* : Nil] nest chose *(QdPjPkPn)* 119. p. ce p. *(Qd)* 134. m. plaisirs *(QdPjPn)* estains *(Qd)* 138. comme a dieu souffert c. *(QdPn)* 139. Que de tous poins m. *(QdPn)* Dainsi laisser mectre a d. *(Pj)* 149. en jenne aage r. *(QdPjPn)* 150. loyaument *(QdPkPn)* 160. et c. s. *(QdPjPn)* dun c. s. *(Pk)* 168. ne se part y *(Qd)* se party *(Pk)* part ty *(Ph)* 171. Sans moy trouver j. en lieu nen v. *(QdPn)* 177-78. *intervertis dans les autre mss.* 177. Ma vie f. e. m. l. d. *(Qd)* 181. Autre bien nay *(QdPn)* 183. Et desire que briefment v. *(Qd)* Et me tarde que briefment v. *(PjPn)*

Alain Chartier
La Belle Dame sans Mercy

6. me tolly *(PnPh)* ma tolly *(Qd)* 13. le t. *(QdNjPnPh)* 23. lenvoyeroit d. *(PhPfQd)* 30. Pris *(Nj)* 52. ma d. *(PnPh)* 53. v. affinee *(PnPf)* 56. Les *(Pf : Des)* menestriers en u. v. *(NjQdPf)* 59. M. quant m. *(QdNjPnPh)* 65. A l'entree *(PnPf)* 66. Des d. et des d. *(NjQdPfPh)* 70. t. ce j. *(NjQdPh)* 85. contretenoit *(QdNjPnPfPh)* 93. r. destrainte *(Nj)* 94. au son *(QdNjPnPfPh)* 120. A. fus je *(Pf)* 121. s. tiroit *(QdNjPfPh)* s. tournoit *(Pn)* 122. P. reformer *(Pn)* P. rasseoir *(Pf)* 129. d. on *(PnQdNjPfPh)* 135. t. retournoit *(Pn et mss.)* 136. sur t. *(mss.)* 144. Avant q. *(mss.)* 148. cuer damant *(PnQdNjPh)* 154. C. jeuz t. *(Pf)* 160. N. me p. *(PnQdNjPfPh)* 163. sen retournoit *(PnPh)* 170. plus est pres *(PnPhNj)* 171. avoit *(Pn)* tiroit *(NjQdPf)* 181. restraint *(Qd)* 191. Mal fut jour *(Nj)* 207. A v. g. *(PnPhPf) Dans Pn, les strophes XXXI-XXXVI sont placées après XLII* 242. c. quil b. *(Nj)* Sans c. *(Pa)* 248. mavez v. *(PnPf)* 249. nul d. *(Pn)* ne d. *(NjQd)* 250. ne ny v. *(NjQd)* 251. n. grant h. *(PnNj)* n. trop h. *(Qd) (Sur la rime des vers 249 et 251, voir la note de Laidlaw, p. 463)* 267. i. siet *(QdPfPh)* 271. grievent t. *(Nj)* 284. n. regart *(NjQdPfPh)* 292. seignouriage *(NjQdPh)* 294. leurs p. *(NjPh)* 305. jangleur *(NjQdPf)* jengleur *(Pn)* gengleur *(Ph)* 308. c. que *(NjQdPh)* 312. p. euvre *(NjQdPn)* 320. Alors d. *(NjPn)* 326. pour *(mss.)* 328. conquis *(NjQdPf)* *XLIII-XLVIII manquent Pn* 341. S. vostre h. tendzs [*Pf :* vueil] s. *(PhPf)* 347. N. cuidez *(NjPh)* 358. chastel *(NjQdPfPh)* 360. lautre *(Nj)* lautruy *(QdPh)* 378. m. quant *(NjQd)* 381. vos pensees *(QdNjPh)* 411. a riens *(QdPfPh)* 412. N. p. donner *(PnPfPh)* N. p. devoir *(QdNj)* 416. Et elle *(QdNjPfPh)* 419. g. et pardon *(PnPf)* 420. m. et m. *(NjPf)* 428. par donner pert *(PnQdNjPf)* 432. vault [*Pf :* est] le demourant *(PnNjPf)* 440. se donnent *(Pn)* 446. sen d. *(PnQdNjPf)* 449. empraint *(PnQdNjPfPh)* merche *(QdNj)* 461. vaincre et assouployer *(QdPf)* 474. o. a qui n. *(Nj)* o. qui n. *(PfPh)* 480. ny m. *(QdPh)* 486. ceste q. *(QdPfPh)* 510. m. en *(Pn)* 530. leur endroit *(QdNjPnPfPh)* 537. J. say *(QdNjPnPh)* J.

voy *(Pf)* 544. puet couster s. c. *(QdNjPnPh)* 549. l'esproeuve *(PnPfPh)* 556. sil l. *(QdNj)* 563. cherir *(mss.)* 573. c. pervers *(Pn)* 578. Damours *(PnNj)* 585. Sur tel meffait *(QdPh)* 593. pende ou arde *(Pn)* 595. bien c. q. q. tarde *(PnNj)* 611. Il d. *(Qd)* 613. impartie *(PnNjPh)* 621. pouez r. *(mss.)* 626. celez *(PnNj)* 631. seront d. *(PnPfPh)* 632. ne b. *(mss.)* 637. tous c. *(Qd)* 638. celle q. *(QdPf)* 645. Et sel voit ma vertu faillir *(QdNjPnPfPh)* 647-8 : Hors sa demeure et sans faillir/A mon secours elle viendra *(Pn)* 648. b. servir *(Ph)* 659. men t. *(QdNj)* 662. En vous d. b. *(mss.)* *Les strophes LXXXV-XC manquent Nj (perte d'un feuillet)* 681. Qui m. *(mss.)* 684. n. foloye *(mss.)* 700. n. querray *(Pn)* 701. Mon cuer p. *(PnQdPfPh)* 708. p. tost *(Qd)* 714. a mesdire *(PnQdPfPh)* 718. aucune *(PnQdPfPh)* 719. a dame *(mss.)* 729. Q. m. fol [*Pn* : folz parlers] eussent *(QdNjPn)* 740 cuer de dame *(PnQdNjPf)* 750. p. prendre *(mss.)* 756. vo d. *(PnNj)* 761. c. et m. *(mss.)* 794. asemble *(Qd)* 799. Qu'on appellera *(PnQdNj)*

Coppie de la requeste faicte et baillee aux dames contre Maistre Alain

Oa introduit : Sensuivent les lectres closes que les dames envoierent a lacteur Et apres la supplicacion qui fut baillee aux dames contre lacteur 2. tresdoulce g. *(Qd)* 8. bon E. *(Qd)* 10. d. response *(Qd)* 21. d. aux autres l. j. *(Qd)* 26. rumeur *(Qd)* 37. moustrer *(mss.)*

Alain Chartier
L'Excusacion de Maistre Alain

9. mavint *(mss.)* 19. de g. b. *(Qd)* 40. fust *(mss.)* 47. Les l. *(Qd)* *Après v. 112, le rubrique suivant dans Pk et quelques autres mss.* : Comme le dieu damours tient larc enteze et la fleche en la corde oyant lexcusacion de maistre alain *Certains mss., dont Qd,*

ms. de base de Laidlaw, substituent une autre version de la strophe XVII ; nous citons d'après Pk : Devant que faire ceste faulte/Mon cuer choisiroit quil mourroit/La folie seroit si haulte/Que ja nul ne la pardonroit/Bien est vil cellui qui vouldroit/A lonneur des dames mal faire/Sans lesquelles nul ne pourrroit/Jamais bien dire ne bien faire 168. sa p. *(Qd)* 190. Tant est l. haulte v. d. *(Qd)* 193. M. livre *(Qd)* 232. jen r. *(Qd)*

Baudet Herenc
Accusation contre la Belle Dame sans Mercy

69. du Vergier *(Pb)* 125. Comment par graces allosees *(Pn)* 129. p. mobille *(Pn)* 168. pour joye recouvrer *(Pj)* 197-199. aquerir *et* conquerir *intervertis (PbPnQa)* 219. f. semblans *(Pb)* 224. ordonnent *(PnQaPj)* 248. porteroit *(PbQa)* 254. difference *(Pb)* 261. adiuracion *(Pj)* admonicion *(Pb)* 262. Quil sceust faire *(Pj)* 268. p. vous t. *(PbPn)* 270. quamans *(PbPnQa)* 278. en b. *(PbPj)* *Les strophes XXXIX-XLIV manquent dans* Le jardin de plaisance 385. fut v. *(Pn et mss.)* 436. que t. *(mss.)* 448. f. cuidier *(Pn)* 469. Pour quoy du tout est sournommee *(PnPb)* 499. Q'un l. d. tourmentoit *(Pn)* 510/512. *à la rime,* se tiegnent/maintiengnent *(PnPbPjQa)* 546. menteur *(mss.)* 568. damours le droit *(PbQa)* 585. femme vey *(PnQa)* 591. m traveillay *(Pn et mss.)* 599. bon d. *(Pb)*

Anonyme
La Dame loyale en Amour

6. ma dame et ma m. *(Pg)* 18. haultaine *(Pd)* 20. q. seul a mercy h. *(Pg)* 22. et seigneur *(Pb)* 31. n. savoye *(Pq)* 44. qui *(Pb)* f. desirant *(Pd)* 57. heures *(PbPq)* 65. volee *(Pq)* 83. c. a. avoie *(Pb)* 105. m. rendy *(Pb)* 110. Quel me declarrast s. *(Pd)* 111. Et quelle estoit sa destinee *(Pd)* 144. A. tost mourir desire et vueil

(Pb) 147. c. arriva droit *(Pb)* 152. P. reluisans quune planecte *(Qa)* 157. effort ne g. *(Pb)* v. fait de guerre *(Pg)* 160. P. sa doulce m. *(Pb)* 189. Et pres *(Pb)* pres que imparables innez *(Pd)* 190. Et plus car par e. *(PgQa)* et pur coral especial *(Pg)* 201-2 : L. m. d. en celle indigence/Sont les faulx amans o. *(Qa)* 218. my parti *(PdPq)* 224. Q. racompter [*PdPgQa* : recorder] n. le pourroye *(PbPdPgQa)* 251. couronnez *(Pb)* 264. Car elle est d'onneur l. m. *(Pd)* 277. p. courtoisement *(Pb)* 307. que son lieu raison a *(Pb)* 314. esgaree *(Pd)* 320. c. garder *(Pb)* 333. p. de cautelle *(Pb)* 350. P. les proces *(Pb)* 352. P. motz q. j. t. repetes *(Qa)* reputez *(Pd)* 362. voulons trouver *(Pg)* 363. q. la dame a bon cuer *(Pq)* 375. t. franchement *(Pb et mss.)* 393. trespuissant d. *(Pb et mss.)* 396. v. sermans *(Pb)* 397. u. de voz bons s. *(Pb)* 416. lui nuisir *(Pq)* 452. atachie t. *(Pb)* 487. P. ly e. et d. *(Pq)*   508. Car cilz e. *(PbQa)* 548. de noblesse *(Pd)* 550. se face *(Pb)* 552. On ne p. gaber *(Pd)* 581. son a. *(Pb)* 584. lencompter *(Pk)* 590. Q. tant ont honnore les d. *(Pb)* 601. se fait *(Pq)* 608. Dont le propre a. *(Pb)* 638. damours les traiz *(Pb)* 641. par faulx y. *(Pd)* 645. fait dire *(Pd)* 647. Et sy ne fait en ce chier sire *(Pn)* 651. chilz c. *(Pq)* 652. la rouver *(PbPqQa)* le nommer *(Pd)* 654. Que m. deust t. *(Pb)* 673. c. point i. *(Pb)* 677. b. moins *(Pq)* b. mieulx quil v. *(Qa)* 687. tenroit *(Pb)* 695. D. mains p. au c. *(Pq)* D. mesparler aux c. *(Qa)*   729. aprins *(Pd)* 741. il sceut vraiement *(Pb)* il sensuit *(Pd)* 778. t. perdi *(Pq et mss.)* 809. deffences *(Pb)* 811. offences *(Pb)* 812. accuser *(Pq)* 813. aucuns t. d. *(Pb)* 822. l. penon *(Pb)* 824. Ung s. *(Pb)* 835. Aux acteurs *(Pb)* 839. Et prestement ilz o. *(Pb)* 843. recorder *(Pb)* raconter *(Qa)* 888. tres dure m. entame *(Pk)*

Achille Caulier
La Cruelle Femme en Amour

14. C. p. m. seulement *(Pq)* 15. A. logie *(PbPnPq)* 16. s. qui sent *(PbPq)* 19. crea *(PbPnPk)* 28. Matin l. et tart couchie *(Pn)* 32. Tenebreux l. *(Pk)* 35. u. flun *(PbPn)* 45. Langueur *(PbPq)* horteur *(Pq)* 59. De vivre t. e. l. *(Pn)* triste et l. *(Pb)* destresse l. *(Pq)* 63. Diverses et *(Pk)* 68. fut *(Pk)* 71. fu *(Pq)* 74. ma maistresse *(PbPq)* 84. ne sceu *(Pb)* 86. m. retenance *(Pn)* 95. m. fus *(PnPbQj)* m. fu *(Pq)* 106. Triangule ne de m. *(Pq)* 112. moult m. *(PnQj)* 115. Coppees p. *(Pq)* 117. fist *(Pb)* 119. ny v. *(PnQj)* 122. nature *(PbPn)* 125. C. len fait q. *(Pq)* 127. s. future *(Qj)* 129. pas t. *(Pb)* 131. madrecay *(Qj)* 132. l. composees *(Pq)* 133. entassees *(Pb)* *Strophe XVIII manque PbPo* 147. precieux m. *(PqPb)* 155. ne casses *(Pb)* 156. Cler y fait comme si fust nonne *(Pk)* 157. R. quamours *(Pq)* 160. f. ung a. *(Pn et mss.)* 168. p. fines *(PbPnPqQj)* 169. Emprez c. *(Pn)* 174. c. gencienne et li b. *(Pn)* 204. d. cleres et benignes *(Pb)* clers et beghines *(Pq)* 206. Ly ung u. *(Pq)* 212. gisoient *(PbPnQj)* 221. affamee *(Pn)* 248. De tres bon cueur et v. *(PbPq)* l. de cuer entier *(Pn)* 255. V. tresorier *(Pq)* 258. desrobe d. l. *(PnPbQj)* desreube *(Pq)* 267. se r. *(Qj)* soy r. *(Pn)* 269. Pria et r. *(Pb)* Leust requise q. *(QjPn)* 270. peust *(Pq)* 277. Et puis par u. subtil l. *(Pb)* 280. Controuve *(PbPq)* 283. f. nommer *(PnQj)* 291. a. ses *(Pq)* 292. Amis s. *(Pq)* 306. dit *(mss.)* 314. ne submist *(Ql)* 328. est icy *(PnPbQj)* 332. la f. *(Qj)* 333. m. samblable *(Pn)* Et moy samblant *(Pq) Les strophes XLIII-XLV manquent Pq* 339. Gy v. bien c. *(PnPbQj)* 368. se preuve *(PbPq)* 374. tient e. *(Pn)* 375. p. chose *(Pq)* 376. Et d. amis *(Pq)* Dist le conseil si s. *(Pd)* 383. d. et non ly *(Pq)* d. sy convient y *(PnQj)* 384. l. tour *(Qj)* 400. sen yert *(Qj)* 404. Quen dictez v. *(Pb)* Quen direz v. *(Pq)* Que dires v. *(PnQj)* 440. Cruelle en lombre de beaulte *(PnPqQj)* 450. soubz bel acoeul e. *(Pq)* 453. e. sceue *(Qj)* 454. C. il apporta *(Pn)* e. apparra *(Qj)* 457. c. bien lacoeul *(Pq)* 464. doulce m. *(Pn)* 472. accuse *(PnPbPqQj)* 480. c. qui ny eust

pas este *(PnPbQjPq* [*PbPq*: point e.]*)* 484. C. damours seroit i. *(Pq)* 493. si longtain *(PqQj)* 496. b. quoy quon die *(Pn)* 498. quon v. *(PnQj)* quen vint *(Pq)* 513. e. quil f. *(Qj)* 527. Ausquelx pouez *(Pq)* 539. c. quele d. *(Qj)* c. quil le d. *(Pq)* 545. o. que m. *(Pq)* 556. tourne *(PnQj)* 557. franc l. *(Pq)* 558. Controuve *(PbPqQj)* 574. maintenant v. *(Pq)* 581. hors n. m. *(PqQj)* 585. aultre *(Pn et mss.)* 586. Sauve *(Qj)* pouoit *(PnPbQj)* 590. elle navoit p. *(PbPq)* 606. rescripsi *(PdPq)* 617. M. v. mort v. e. b. renom *(Pd)* M. v. morir en *(PnPk)* 619. mains r. *(Pq)* maix r. *(Qj)* 640. r. faulx et deteste *(Pn)* 643. a tort e. *(Pq)* 644. autre glose *(PqQj)* 647. S. pugnie *(PnPbQj)* 648. o. en cuer r. *(Pq)* o. encor *(PnQj)* 654. toute a. *(mss.)* 655. Dieu v. *(Pn)* 656. Qui h. tout que tout la h. *(QjQlPq* [le h.]*)* Qui het trestout que tout le hee *(Pn)* 662. r. riant *(Pb)* dames r. virant *(PnPqQj)* 663. A. meffait *(PnPqQj)* 666. t. nommer *(PqQj)* 698. a. de f. *(PqQj)* 699. quon abolice *(PbPqQj)* 709. m. justice *(PnPqQj)* 711. l. force *(PnPb)* 717. n. scet *(Pn et mss.) XCI manque Pn* 742. est s. *(PqQj)* 744. Ou il ne dit pas ce quil scet *(Pb)* n. dist pas v. *(PqQj)* 777. daprouver *(PnQj)* 781. q. pour souffire *(PnQj)* 828. b. en prouvant *(PnPqQj)* 838. fu l. *(Pq)* 845. bon t. *(Qj)* 871. e. fera *(PnPbPqQj)* 874. querir *(Pk) Les vv. 893-948 manquent Pq, en raison de la perte d'un folio* 896. Y s. *(Qj)* 911. puis plains d. *(Qj)* 917. b. si rudement *(Pb)* boute en griefment lanchant *(Qj)* 925. d. tende *(PnQj)* 937,939: *PnQjPb mettent à la rime* retourné/atourné; *Piaget a signalé la possibilité d'un jeu de mots* a tourné/a Tournai, *tel que nous le trouvons dans Pc* 950. toute chose treseureuse *(PnPqQj)* 951. fourfait *(PqQj)* 952. dolloureuse *(PnPqQj)*

Achille Caulier
L'Hôpital d'Amour

6. t. damours *(PfPmPo)* 8. En ung l. *(PbPm)* Et ung l. *(PdPlPnPpQa)* 19-20, var. : Il nest argent avoir ne or/Qui vaille la compaignie delles *(PmPdPo)* 24. deschanter *(PfPmPn)* 25. b. traictie *(Pm)* 45. e. soubdain *(PlPfPm)* 50. d. moy ung pou s. l. *(PpPl)* moy oyr s. l. *(Pn)* 69. u. frenaisie *(PmPo)* 72. E. entray e. advision *(PdPfPp)* 76. M. il. *(PdQa)* 84. Et nenduray *(Pn)* 105. a. tous plains de dueil *(Pm)* 107. noiez jusqua loeil *(Pm)* 127. de destresse p. *(PmPn)* 149. L. f. joye dueil y c. *(PdPmPo)* 150. dy entrer *(Pn)* 192. vray m. *(Pn)* 196. bon d. *(PbPmPnPpQa)* bon vouloir *(PfPl)* 253. P. descripre *(Pd et mss.)* 270. sextend *(Pd)* espend *(Pb)*; se part *(PmPpQa)* 280. a tous c. *(PmPo)* 293. Menclinay *(mss.)* 311. Se nes guery [*Pb*: ne garis] a ma venue *(PdPb)* 319. Depuis oy quil le n. *(Pn)* 323. jeuz r. *(mss.)* 341. que manque *(PdPfPlPmPp)* 344. C. amours *(Pn)* 350. Car la soussye *(PfPlPm)* 368. f. D. s. a q. p. *(PbPmPpQa)* 372. il lacordast *(PmPn)* 373. promptement *(Pn)* 382. delle p. *(PdPfPlPm)*; je luy p. *(PnPpQa)* 390. se je s. *(PbPdPfPp)* 395. P. regarder *(Pn)* 420. b. il fu contendans *(Pn)* 423. e. t. son temps *(PnPbPdPfPlPmQa)* 429. P. qui *(mss.)* 435. Oultre l. *(Pn)* 443. lucerne *(PnPoPbQaPf) PmPo: v. 453 à la place de 452, suivi par*: De sepulture sont bannis 480. Que m. *(PdPfPn) PoPm substituent aux vers 493-96:* Celluy qui [*Pm:* Qui bien] gardoit tout lestage/La porte ne me volt ouvrir/Pour prieres ou beaul [*Pm:* ne pour] langage/Ne pour don n. m. v. o. 520. long t. *(Pn)* 525-26. Et d. aultres que point navoie/Veuz lun estoit s. *(Pm et mss.)* 529. Q. je r. *(PnPdPfPmPb)* 549. degrater *(Pf)* degoisier *(Pm)* 560. cela m. *(PnPfPpQa)* 574. D. q. desoremais s. t. *(Pn)* 580. v. veoye *(Pn)* 603. Car j. *(mss.)* 607. mon s. s. *(PbPd)* 621. amolly *(Pn)* 623. cuer et corps m. *(PnPo)* 627. D. o mon dieu t. c. *(PnPdQaPfPp)* 628. j. brulle *(Pd)* 645. Son cueur estoit bien d. *(PfPl)* 678. maise c. *(PnPf)* mate c. *(Pd)* 701. tant f. *(mss.)* 709. Gist en vostre m.

(PmPo) 728. f. saisonne *(PlPf)* f. [*PbPd:* est] forcene *(PmPbPd)* 739. esprouvay *(PnPb)* 758. sera *(PnPb)* 765. avoyes *(PfPlPpQa)* 766. q. de moy *(Pn)* 778. v. quanciennement *(PfPl)* 779. de t. v. *(mss.)* 787. Par q. *(mss.)* sceusses *(Pm)* 796. Ainsi ont eu trestous leurs joyes *(Pd)* Ainsy ont tous euz leurs royes *(Pn)* 798. D. mal p. *(Pn) PfPlPm: CII et CIII intervertis* 809. v. acquerre *(Pn)* 813. s. acquiert *(Pn)* 823. en m. *(PnPdPbPm)* 828. D. veillier *(Pn)* 831. v. avant la f. *(PfPl)* 833. f. deviser *(mss.)* 859. sil layme *(PdQaPfPm)* 860. j. nyra ne vendra *(Pn)* 866. El ne soit *(Pd)* 872. n. cause *(Pn)* 876. deschausse *(Pm)* 878. e. que a luys viendra *(Pd)* e. a lestable venra *(Pf)* 888. r. ne se fiera *(Qa)* 885. *Dans Pn, le copiste écrit* perdera, *et donc compte* neant *pour une syllabe* 898. riens o. *(mss.)* 903. t. s. gesir *(Pn)* 910. sera *(mss.)* 931. i. se mect *(PdPo)* i. sassiet *(Pn)* 934. m. garnie *(QaPm)* 936. aumosne dypocrisie *(Pf)* 940. n. le s. a. ly *(Pn)* 945. a c. *(mss.)* 948. en u. *(PnQaPmPb)* 957. fait f. *(PdQa)* Et t. est sceu *(PlPm)* 960. bruit *(Pb)* 965. s. viendra *(Pn et mss.)* 970. sen voye *(Pn et mss.)* 973. qu'il la voye *(PnPdPlPmPpQa)* 982. j. lai fait *(Pb)* j. le vois *(Pm)* j. le sens *(Pn)* 1007. fors q. *(PdPlPmPo)* 1015. detire *(PdPlPoPp)* derompt *(Pn)* 1016. taillouer *(Pd)* 1030. le mocque *(PdPb)* 1039. ne q. *(PbPdQa)* nez q. *(Pn)* 1046. c. coup *(mss.)* 1047. Et e. *(PdPbPfPm)* 1064. P. n. *(PfPmQa; certains copistes continuent à compter deux syllabes pour* neant, *d'autres, comme ceux de PcPn, réduisent l'hiatus)* 1066. Surpris *(Pn)* 1069. e. tristour *(Pn)* 1075. r. a icelle *(PdPb)* 1081. doloreux *(PdPb)* desireux *(PfPm)* 1084. m. de fain *(Pn)* 1086. vient m. *(Pn)* 1101. leur s. *(PnPbPfQa)* lui s. *(Pm)* 1116. aussy d. *(Pn)* 1119. Soient *(PnPdQaPm)* 1120. peussent m. hors *(Pn)* 1129. M. prenez *(PnPbPdQaPo)* 1175. b. ne vaillance *(Pn)* 1208. soubz u. s. *(mss.)* 1213. b. renchiery *(Pn et mss.)* 1232. appaisier *(Pm)* abregier *(QaPo)* 1242. Somme *(Pf)* Se ame *(Qa)* Se nully *(Pd)* 1248. m. merveilleuse *(mss.)* 1249-50. p. de son grant benefice/A mon pouoir r. *(Pn)* 1252. tyge e. f. *(Pf)* fust d. l. *(PnPd)* Dung tresbeau raymon d. l. *(Pm)* 1260-61. *Dans PmPn,* Souvenir *et* Entendement

sont intervertis 1269. savance p. *(Pn)* memoire p. *(Pb)* souvenance p. *(Qa) 1277 et 1279 sont intervertis dans PpQaPd* 1279. Et mon plus eureux advenir *(Pn)*

Alain Chartier
Le Débat du Réveille Matin

La strophe III manque dans plusieurs mss. (dont Ph et Pn) 2. resveille *(Qd)* 6. un a. *(Qd)* 11. nouvry *(PnPhQd)* 18. telle p. *(Qd)* 19. l. tenoit *(Qd)* 20. faire chiere j. *(Qd)* 25. Dist celui qui d. *(PnPh)* 27. Et de parler n. l. c. *(PnPh)* 32. desir *(Ph)* 34. Tel voulsist veiller qui sommeille *(QdPn)* 36. Tel cuide dormir qui sesveille *(QdPn)* 42. Beaux amis p. *(QdPh)*   53. vouldroit *(PnQdPh)* 54. Force lui est p. *(Qd)* 66. M. je le sens b. *(QdPhPn)* 68. Quant somme prent l. *(Pn)* 87. Et a toute heure et en t. l. 103. descouvrant ma d. f. *(QdPn)* 104. au l. *(QdPn)* 111. je l. r. *(QdPn)* 112. Jen v. *(Qd)* 120. Fors q. *(QdPnPh)* 124. se queuvre *(QdPhPn)* 129. Portez *(Qd)* 134. Quil pert q. *(PnPhQd)* suis n. *(Qd)* 135. fu *(Qd)* fuz *(Pn)* 137. Ung c. *(Pn)* 139. s. doit *(Pn)* 140. E. oster hors de s. f. *(Pn)* 142. a t. d. *(PnPh)* 144. du chalenger *(QdPh)* chargier *(Pn)* 151. puissent *(Qd)* 164. l. centiesme p. *(Qd)* 166. l. douleur *(QdPnPh)* 171. m. comptez *(Ph)* 191. que durte *(QdPnPh)* 193. P. plourer plaindre et s. *(Qd)* P. plaindre plourer s. *(Pn)* 202. dame de tout b. v. *(QdPnPh)* 206. De tous poins a elle se donne [*Ph*: a une sadonne] *(QdPnPh)* 207. El se doit de s. *(Qd)* Il lui doit de s. *(Pn)* Il se doit de s. *(Ph)* 217. beau s. *(Qd)* l. bien parler *(Pn)* 222. voit s. *(QdPnPh)* 231. mahault *(Ph)* michault *(Pn)* 233. Or par la foy q. *(QdPnPh)* 241. Se maist ores d. *(QdPnPh)* 252. Qui a *(QdPnPh)* 257. Que puis je c. *(QdPnPh)* 258. Qui [*Pn*: Que] m. c. vie et c. *(QdPnPh)* 263. C. el garde m. c. pour g. *(Qd)* 272. leurs servans court e. j. *(QdPnPh)* 276. plaira c. p. ce *(Pn)* 283. Il vous fault vivre *(QdPh)* 287. Espoir s. c. *(Pn)* 288. Dame na p. c. daymant *(QdPnPh)* 294. m. fault *(QdPh)* 295. p. mal q. je p. traire *(QdPh)* saiche f. *(Pn)*

311. q. jen vien *(QdPh)* q. jens s. *(Pn)* 312. je y v. *(Qd)* gy v. *(PnPh)* 329. Saucun *(Pn)* Sautruy *(Qd)* 331. p. servant *(QdPnPh)* 335. s. ou ilz furent v. *(Pn)* 336. appaisent *(QdPh)* acoisent *(Pn)* 352. Elle doit choisir a s. g. *(QdPn)* 353. je pri *(QdPnPh)* 354. S. le bon droit que je y ay *(QdPnPh)* 359. J. requiers d. ou m. f. *(Pn)* 363. s. leva *(QdPn)* 364. T. q. les gens *(Pn)*

DOSSIER

Copie des lettres des dames en rithme envoyees a maistre Alain

4. et. b. *(Qj)* 6. Quaucuns *(Qj)* 28. N. tenez *(Qj)* 55. encourir *(Qj)* 59. p. vous *(Qj)*

La Réponse des Dames faite à Maistre Alain

1. P. quil est Alain sceu n. a. *(Qa)* 2. ou a. *(QfQj)* 8. t. pendit ou que ou feu on te boutast *(Qa)* 11. Lexcusacion q. *(QaQfQj)* 13. Et suppose que *(Qa* : quen*)* pres de nous affames *(dernier mot illisible dans Qa) (QaQfQj)* 16. et secours *(Qf)* 21. c. ou *(QaQj)* 26. puis l. c. *(Qf)* 29. tamasses *(Qa)* 30. Tu nescriprois en f. nen l. *(Qf)* 31. t. pourchasses *(QfQj)* 33. seroye *(Qa)* seroies *(Qf)* feroyes *(Qj)* 35. d. chastier jenne e. v. p. *(QaQf)* 36. seras tu *(QaQf)* 39. mercy n. o. *(Qa)* 40. eschever *(QaQfQj)* 44. q. ten feras p. *(Qa)* que en scauras *(Qf)* que ten saras *(Qj)* 48. Q. mercy *(Qa)* 49. a. quant ce sera a. *(QaQf)* 50. Ques vertus verras lors t. e. *(Qf)* 54. Beaulte F. *(Qf)* 65. Bannis s. *(Qa)* 66. h. semblant m. *(QaQf)* 69. a tout c. *(Qa)* 70. d. pour ton honneur et ton bien *(Qa)* 80. que tu ten veulx deffendre p. e. *(Qa)* 84. qui n. l. *(Qf)* 89. p. en ce mectre c. *(Qf)* 96. h. qui herise [*Qa* : heresi] samort *(QaQf)* 101-4. *Le copiste de Qa n'a pas compris les derniers vers de ce poème, peut-être à cause des noms propres au dernier vers, qu'il*

omet entièrement. Il écrit sur quatre vers : Requerant c'on t'en face justice/Par devant nous appelant en tel cas/Et nos/Nos advocas

Les Erreurs du Jugement de la *Belle Dame sans Mercy*

17. est v. *(Qt)* 19. vaillant *(Qh)* 20. beau b. *(Qt)* 23. Dont v. *(Qt)* 34. s. ensuyot *(Qh)* enfumoit *(Qt)* 59. Ne quelle e. *(Qt)* 70. Quil print *(Qt)* 75. Comparaut *(Qh)* 88. Perdit tout s. *(Qt)* 104. tresdoloreuse *(Qt)* 119. evenement *(QhQt)* 121. n. elle e. *(Qt)* 126. p. quel *(Qh)* 151. Car *(Qh)* Et *(Qt)* 153. selle a. *(Qt)* 154. Ce a. *(Qh)* Tel a. *(Qt)* 159. De aelle b. *(Qh)* De acelle b. *(Qt)* 191. vengeement *(Qh)* e. f. estrangement *(Qt)* 192. itelle c. *(Qt)* 195. par oppression *(Qt)* 205. Arrester *(Qt)* 211. Les deesses y *(Qt)* 213. le pramenoient *(Qh)* 220. par l. d. *(Qh)* 239. D'ennoier *(Qt)* 244. Et q. *(Qt)* 248. acquite *(Qh)* 264. chaudes lermes *(Qt)* 265. Et encores d. *(Qt)* 268. qest *(Qt)* 279. Cest une c. q. r. *(Qt)* 282. noble *(Qh)* 286. vendroit *(Qt)* 990. eut *(Qt)* 1011. promis *(Qh)* 1042. Q. onze heures *(Qh)*

INDICATIONS BIBLIOGRAPHIQUES

par David F. Hult

Indications bibliographiques

I. Principales éditions de *La Belle Dame sans Mercy* (ordre chronologique)

Les Fais maistre alain Chartier notaire et secretaire du Roy Charles VIe, Paris, Pierre Le Caron, 1489. [première édition des œuvres complètes, comprenant, en deux parties, les œuvres en prose et en vers, ainsi que plusieurs ouvrages, tels que l'*Hôpital d'Amour* et le *Régime de Fortune*, faussement attribués à Chartier. De nombreuses réimpressions ont été faites sur la base de cette édition, toutes à Paris, dont : Pierre le Caron pour Vérard, 1493-94 ; Michel Le Noir, 1514 ; La Veuve Feu Jean Trepperel et Jehan Jehannot, 1515 ; Philippe Le Noir, 1523 ; Galliot du Pré, 1526]

La belle dame sans mercy [Lyon : Mathieu Huss, 1490].

Les Œuvres de Maistre Alain Chartier, clerc, notaire et secrétaire des Roys Charles VI. & VII., éd. André du Chesne, Paris : Samuel Thiboust, 1617.

Pagès, A., « La Belle dame sans merci d'Alain Chartier : Texte français et traduction catalane », *Romania,* 62 (1936), pp. 481-531. [établi d'après BNF, ms. fr. 1727]

Alain Chartier, *La Belle Dame sans Mercy et les Poésies lyriques,* éd. A. Piaget, Paris, 1945 ; Deuxième édition, augmentée d'un lexique établi par R.-L. Wagner, TLF, Lille-Genève : Droz, 1949. [établi d'après. Grenoble, Bibl. Mun. 874]

The Poetical Works of Alain Chartier, éd. J. C. Laidlaw, Cambridge, Cambridge University Press, 1974. [Edition de référence, comprenant *Le Lay de Plaisance, Le Débat des Deux Fortunés d'Amours (Le Gras et le Maigre), Le Livre des Quatre Dames, Le Débat de Réveille Matin, La Complainte, La Belle Dame sans Mercy, suivie par les lettres et l'Excusacion,* les rondeaux et ballades, *Le Bréviaire des Nobles, Le Lay de Paix, et Le Débat du Hérault, du Vassault et du Villain*]

Alain Chartier, *Poèmes*, éd. J. Laidlaw, Série « Bibliothèque Médiévale », Paris, UGE, 1988 [Reprise partielle des textes de la grand édition, sans apparat critique. Y manquent *Le Lay de Plaisance, Le Débat des Deux Fortunés d'Amours,* et les poésies lyriques].

II. Editions des autres ouvrages d'Alain Chartier

[NB : Plusieurs ouvrages de Chartier furent, comme la *Belle Dame*, imprimés à part entre 1477 et 1550, notamment *Le Quadrilogue invectif, Le Lai de Paix, Le Bréviaire des Nobles, La Complainte contre la Mort,* et *Le Débat de Réveille Matin* (voir Walravens, pp. 240-261). Nous n'indiquons ici que les éditions modernes auxquelles nous faisons référence dans l'Introduction ou les notes]

Alain Chartier, *Le Livre de l'Espérance*, éd. François Rouy, Paris, Champion (Bibliothèque du XVe siècle, LI), 1989.

Alain Chartier, *Le Quadrilogue invectif*, éd. E. Droz, Deuxième édition, CFMA 32, Paris : Champion, 1950 [1re édition, 1923]. (Traduction par F. Bouchet, coll. « Traduction des CFMA », Paris, H. Champion, 2002).

Bourgain-Hemeryck, P., éd., *Les Œuvres latines d'Alain Chartier*, Paris : Editions du CNRS, 1977.

Lemm, S., « Aus einer Chartier-Handschrift des Kgl. Kupferstichkabinetts zu Berlin. », *Archiv für das Studium der neueren Sprachen und Literaturen*, Bd. 132, 1914, pp. 131-38.

Rice, W. H., « Deux poèmes sur la chevalerie : *Le Bréviaire des Nobles* d'Alain Chartier et *Le Psautier des Vilains* de Michault Taillevent », *Romania*, 75 (1954), pp. 54-97. [éd. d'après le manuscrit de l'Arsenal 3521, notre Pn]

III. Editions des Poèmes du cycle de la *Belle Dame sans Mercy*

[Nota : La source imprimée actuellement la plus complète pour des renseignements sur l'ensemble des « imitations » de la *Belle Dame sans Mercy* et sur les manuscrits qui les ont transmises reste la série d'articles publiés par A. Piaget sous le titre général « La *Belle Dame sans Merci* et ses Imitations » : *Romania*, vol. 30 (1901), pp. 22-48, 317-51 ; vol. 31 (1902), pp. 315-49 ; vol. 33 (1904), pp. 179-208 ; vol. 34 (1905), pp. 375-428, 559-602.]

L'Accusation contre la Belle dame sans mercy (Le Parlement d'Amour)
- Le Jardin de plaisance et fleur de rethoricque, Paris, Antoine Vérard, 1501, pp. cxxxix r-cxlii v (« Comment le parlement damours fut tenu au iardin de plaisance contre la belle dame sans mercy »).
- *Les Œuvres de Maistre Alain Chartier ...*, éd. A. du Chesne (voir ci-dessus), pp. 695-710.

La Dame loyale en Amour
- Piaget, A., « La *Belle dame sans Merci* et ses Imitations », *Romania*, 30 (1901), pp. 323-51.

La Cruelle Femme en Amour
- Le Jardin de plaisance et fleur de rethoricque (voir ci-dessus), pp. cxlii v-cxlviii r (« Comment au iardin de plaisance est baille sentence en la court damours contre la belle dame sans mercy »).
- Piaget, A. « La *Belle dame sans Merci* et ses Imitations », *Romania*, 31 (1902), pp. 322-49.

L'Hôpital d'Amour
- *L'Ospital d'amours* [Lyon, Gaspard Othuin, 1485].
- *Les Fais maistre alain Chartier* (voir ci-dessus), fol. G.i. v-H.ii. v [également imprimé dans toutes les éditions successives des œuvres de Chartier et attribué à lui].
- *Les Œuvres de Maistre Alain Chartier ...*, éd. A. du Chesne (voir ci-dessus), pp. 722-54.

IV. Autres Editions

L'Amant rendu cordelier à l'observance d'Amours, poème attribué à Martial d'Auvergne, éd. A. de Montaiglon, SATF, Paris, Firmin-Didot, 1881.

André le Chapelain, *Traité de l'Amour Courtois*, trad. C. Buridant, Bibliothèque Française et Romane, Paris, Klincksieck, 1974.

Bernard de Ventadour. *Chansons d'amour*, éd. et trad. M. Lazar, Bibliothèque Française et Romane, Paris, Klincksieck, 1966.

Christine de Pizan. *Œuvres poétiques de Christine de Pisan*, éd. M. Roy, 3 vols., SATF, Paris, Firmin-Didot, 1886-96.

–, *Le Débat sur le Roman de la Rose*, éd. E. Hicks, Paris, H. Champion (Bibliothèque du XVe siècle, 43), 1977.

François Villon. *Le Testament Villon*, éd. J. Rychner et A. Henry, TLF, Genève, Droz, 1974.

Guillaume de Lorris et Jean de Meun, *Le Roman de la rose*, éd. F. Lecoy, 3 vols., CFMA, Paris, H. Champion, 1965-70.

Guillaume de Machaut. *Le Livre du Voir Dit*, éd. et trad. Paul Imbs, rev. par Jacqueline Cerquiglini-Toulet, « Lettres Gothiques », Paris, LGF, 1999.

Jean de Garancières. « Jean de Garancières », éd. A. Piaget, *Romania*, 22 (1893), pp. 422-81.

Jean Régnier, *Les fortunes et adversitez*, éd. E. Droz, SATF, Paris, Lib. Edouard Champion, 1923.

Jean le Seneschal (avec la collaboration de Philippe d'Artois, Comte d'Eu, de Boucicaut le Jeune et de Jean de Crésecque). *Les cent ballades : poème du XIVe siècle*, éd. Gaston Raynaud, SATF, Paris, Firmin-Didot, 1905.

Jean de Werchin. « Ballades de Guillebert de Lannoy et de Jean de Werchin », éd. Arthur Piaget, *Romania*, 39 (1910), pp. 324-68.

– « *Le songe de la barge* de Jean de Werchin, Sénéchal de Hainaut », éd. A. Piaget, *Romania,* 38 (1909), pp. 71-110.

Maistre Pierre Pathelin, éd. R. T. Holbrook, 2ᵉ éd. rev., CFMA 35, Paris, Champion, 1967.

Martial d'Auvergne (attrib.), *L'Amant rendu Cordelier à l'Observance d'Amours*, éd. A. de Montaiglon, SATF, Paris, Firmin-Didot, 1881.

– *Les Arrêts d'Amour*, éd. J. Rychner, SATF, Paris, Picard, 1951.

Martin le Franc, *Le Champion des Dames*, éd. R. Deschaux, 5 vols. (CFMA 127-31), Paris, Champion, 1999.

– G. Paris, « Un poème inédit de Martin le Franc », *Romania*, 16 (1887), pp. 383-437.

Le Mesnagier de Paris, éd. G. E. Brereton et J. M. Ferrier, tr. K. Ueltschi, « Lettres Gothiques », Paris, LGF, 1994.

Michault Taillevent. Robert Deschaux, *Un Poète bourguignon du XVᵉ siècle : Michault Taillevent (Édition et Étude)*, Genève, Droz, 1975.

Le Miroir aux Dames : Poème inédit du XVᵉ siècle, éd. A. Piaget, Recueil de Travaux publiés par la Faculté des Lettres de l'Académie de Neuchâtel, fasc. 2, Neuchâtel, Attinger Frères, 1908.

Oton de Grandson. « Oton de Granson et ses poésies », éd. A. Piaget, *Romania*, 19 (1890), pp. 237-59, 403-48.

– A. Piaget, *Oton de Grandson : Sa vie et ses poésies*, Mémoires et Documents publiés par la Société d'Histoire de la Suisse Romande, 3e série, t. 1, Lausanne, Lib. Payot, 1941.

Ovide Moralisé, éd. C. de Boer, Verhandelingen der Koninklijke Akademie van Wetenschappen te Amsterdam, Afdeeling Letterkunde, Nieuwe Reeks, vv. 15, 21, 30, 36-37, 43, Amsterdam, 1915-38.

Pierre de Hauteville, *La Complainte de l'amant trespassé de deuil. L'Inventaire des biens demourez du decés de l'amant trespassé de deuil de Pierre de Hauteville*, éd. R. M. Bidler, Montréal, CERES (Le Moyen Français, 18), 1986.

Pierre Michault, *Œuvres poétiques*, éd. B. Folkart, Paris : 10/18 (Série « Bibliothèque Médiévale »), 1980.

Pierre de Nesson. *Pierre de Nesson et ses œuvres*, éd. A. Piaget et E. Droz (Documents Artistiques du XVe siècle, tome 2), Paris, 1925.

Recueil d'Arts de Seconde Rhétorique, éd. E. Langlois, Paris, Imprimerie Nationale, 1902.

René d'Anjou, *Le Livre du Cuer d'Amours espris*, éd. Susan Wharton, Série « Bibliothèque Médiévale », Paris, UGE, 1980.

Le Roman de Troyle, éd. G. Bianciotto, 2 tomes, Publications de l'Université de Rouen, n. 75, 1994.

V. Etudes portant sur Alain Chartier et *La Belle Dame sans Mercy*

Badel, P.-Y., « 'Les yeux sont faits pour regarder' : Sur la fortune d'un vers d'Alain Chartier », in *« Ce est li fruis selonc la letre » : Mélanges offerts à Charles Méla*, éd. O. Collet, Y. Foehr-Janssens et S. Messerli, Paris, Champion, 2002, pp. 99-109.

Brami, J., « Un lyrisme du veuvage : Etude sur le je poétique dans *La belle dame sans mercy* », *Fifteenth Century Studies*, 15 (1989), pp. 53-66.

Cayley, E., « Collaborative Communities : The Manuscript Context of Alain Chartier's *Belle dame sans mercy* », à paraître dans *Medium Aevum*.

– « Drawing Conclusions : The Poetics of Closure in Alain Chartier's Verse », *Fifteenth Century Studies* (sous presse).

Champion, P., *Histoire poétique du quinzième siècle*, 2 tomes, Paris, Champion, 1923.

Giannasi, R., « Chartier's Deceptive Narrator : *La belle dame sans mercy* as Delusion », *Romania*, 114 (1996), pp. 362-84.

Hoffman, E. J., *Alain Chartier : His Work and Reputation*, New York, Wittes Press, 1942.

Hult, D. F., « The Allegoresis of Everyday Life », *Yale French Studies*, 95, « Rereading Allegory : Essays in Memory of

Daniel Poirion », éd. Sahar Amer et Noah D. Guynn, 1999, pp. 212-33.

Johnson, L. W., *Poets as Players : Theme and Variation in Late Medieval Poetry*, Stanford, Stanford University Press, 1990. [voir surtout le chapitre 3, pp. 106-66]

Kibler, W. W., « The Narrator as Key to Alain Chartier's *La belle dame sans mercy* », *The French Review*, v. 52, n. 5 (April 1979), pp. 714-23.

Laidlaw, J. C., « The Manuscripts of Alain Chartier », *Modern Language Review*, 61 (1966), pp. 188-98.

– « André Du Chesne's Edition of Alain Chartier », *Modern Language Review*, 63 (1968), pp. 569-74.

Lefèvre, S., « 'Le Cachet de la poste faisant foi' : *La Belle Dame sans Mercy* et sa datation au miroir des lettres de réception et de leur lecture », à paraître.

McRae, J. E., *The Trials of Alain Chartier's Belle Dame sans Mercy : The Poems in Their Cyclical and Manuscript Context*, diss. University of Virginia, 1997.

Piaget, A., « Notice sur le manuscrit 1727 du fonds français de la Bibliothèque Nationale », *Romania*, 23 (1894), pp. 192-208.

Poirion, D., « Lectures de la *Belle dame sans mercy* », in *Mélanges de langue et de littérature médiévales offerts à Pierre Le Gentil*, Paris, 1973, pp. 691-705.

Rieger, D., « Alain Chartiers Belle Dame sans Mercy oder der Tod des höfischen Liebhabers », in *Sprachen der Lyrik : Festschrift für Hugo Friedrich zum 70. Geburtstag*, éd. E. Köhler, Frankfurt, 1975, pp. 683-706.

Sansone, G. E., « *La Belle Dame Sans Merci* et le langage courtois », *Le Moyen Français*, 39-41 (1997), pp. 513-26.

Shapley, C. S., *Studies in French Poetry of the Fifteenth Century*, La Haye, Nijhoff, 1970.

Solterer, H., *The Master and Minerva : Disputing Women in French Medieval Culture*, Berkeley, University of California Press, 1995. [voir surtout le chapitre 7, pp. 176-99]

Walravens, C. J. H., *Alain Chartier : Etudes biographiques, suivies de pièces justificatives, d'une description des éditions et d'une édition des ouvrages inédits*, Amsterdam, Meulenhoff-Didier, 1971.

VI. Autres Etudes

Badel, P.-Y., *Le Roman de la Rose au XIVe siècle : Étude de la réception de l'œuvre*, Genève, Droz, 1980.

Bidler, R. M., « De Pierre de Hauteville à Villon », *Le Moyen Français*, 8-9 (1981), pp. 26-36.

Bouchet, F., « Alain Chartier et les paradoxes de la Guerre : *Le Quadrilogue invectif* », in *Images de la Guerre de Cent Ans*, éd. D. Couty, J. Maurice et M. Guéret-Laferté, Paris, PUF, 2002.

Bozzolo, C., et H. Loyau, *La Cour amoureuse dite de Charles VI*, I : Étude et Édition critique des Sources manuscrites, Paris, Le Léopard d'Or, 1982.

Cerquiglini-Toulet, J., *La Couleur de la Mélancolie : La Fréquentation des Livres au XIVe siècle (1300-1415)*, Paris, Hatier (« Coll. Brèves »), 1993.

Chatelain, H., *Recherches sur les Vers français au XVe siècle, rimes, mètres, strophes*, réimp. Genève, Slatkine, 1974. [orig. 1907]

Conseils pour l'Édition des Textes médiévaux, fasc. 1 : *Conseils Généraux*, Françoise Vieillard et Olivier Guyotjeannin (coord.), Paris, École Nationale des Chartes, 2001.

Flutre, L.-F., *Le Moyen Picard d'après les Textes littéraires du temps (1560-1660) : Textes-Lexique-Grammaire*, Amiens, Musée de Picardie, 1970.

Foulet, L., *Petite Syntaxe de l'ancien Français*, CFMA, Paris, H. Champion, 1998.

Gossen, Ch. Th., *Grammaire de l'ancien Picard*, Paris, Klincksieck, 1970.

Hassell, J. W., Jr., *Middle French Proverbs, Sentences, and Proverbial Phrases*, Subsidia Mediaevalia 12, Toronto, Pontifical Institute of Mediaeval Studies, 1982.

Hult, D. F., « Lancelot's Two Steps : A Problem in Textual Criticism », *Speculum*, 61 (1986), pp. 836-58.

– « Reading it Right : The Ideology of Text Editing », *Romanic Review*, LXXIX, No. 1 (1988), pp. 74-88.

Jodogne, O., « *povoir* ou *pouoir* ? Le cas phonétique de l'ancien verbe *pouoir* », *Travaux de linguistique et de littérature,* 4 (1966), pp. 257-66.

Knudson, Ch. A., « 'Hasard' et les autres jeux de dés dans le *Jeu de Saint Nicolas* », *Romania*, 63 (1937), pp. 248-53.

Laidlaw, J. C., « Christine de Pizan–An Author's Progress », *The Modern Language Review*, 78 (1983), pp. 532-50.

– « Christine de Pizan–A Publisher's Progress », *The Modern Language Review*, 82 (1987), pp. 35-75.

– « The Manuscripts of Alain Chartier », *The Modern Language Review*, 61 (1966), pp. 188-98.

Marchello-Nizia, C., *La Langue française aux XIVe et XVe siècles*, Paris, Nathan, 1997.

Martin, R. et M. Wilmet, *Manuel du Français du Moyen Âge : 2. Syntaxe du moyen Français*, Bordeaux, SOBODI, 1980.

Meyenberg, R., *Alain Chartier Prosateur et l'art de la parole au XVe siècle : Etudes littéraires et rhétoriques*, Romanica Helvetica 107, Berne, Francke, 1992.

Oulmont, C., *Les Débats du Clerc et du Chevalier dans la Littérature poétique du Moyen Âge*, réimp. Genève, Slatkine, 1974 [orig. 1911].

Pastoureau, M., *Figures et Couleurs : Études sur la Symbolique et la Sensibilité médiévales*, Paris, Le Léopard d'Or, 1986.

Piaget, A., « La cour amoureuse dite de Charles VI », *Romania*, 20 (1891), pp. 417-54.

– « Pierre Michault et Michault Taillevent », *Romania*, 18 (1889), pp. 439-52.

Piaget, A. et E. Droz, « Recherches sur la tradition manuscrite de Villon : I. Le Manuscrit de Stockholm », *Romania*, 58 (1932), pp. 238-54.

Poirion, D., *Le Poète et le Prince : L'Évolution du Lyrisme courtois de Guillaume de Machaut à Charles d'Orléans*, Paris, PUF (Université de Grenoble Publications de la Faculté des Lettres et Sciences Humaines, 35), 1965.

Rouy, F., *L'Ésthétique du Traité moral d'après les Œuvres d'Alain Chartier*, Publications romanes et françaises, 152, Genève, Droz, 1980.

Rubin, M., *Corpus Christi : The Eucharist in Late Medieval Culture*, Cambridge, Cambridge University Press, 1991.

Santoni, P., « Les Œuvres latines d'Alain Chartier », *Journal des Savants* (1980), pp. 217-24.

Siciliano, I., *François Villon et les Thèmes poétiques du Moyen Age*, Paris, Nizet, 1967 (réimpr. 1992).

Thomas, A., « Une Œuvre patriotique inconnue d'Alain Chartier », *Journal des Savants*, n. s. , 12 (1914), pp. 442-49.

CHRONOLOGIE

NOTA : Pour ce qui concerne la plupart des œuvres littéraires, les dates sont approximatives. La datation des œuvres françaises d'Alain Chartier est déjà donnée dans notre introduction (p. LXIII) et donc nous n'avons pas trouvé nécessaire de l'insérer dans cette chronologie.

1230	Guillaume de Lorris, *Le Roman de la Rose*
1270	Jean de Meun, *Le Roman de la Rose*
1314	Gervais du Bus, *Le Roman de Fauvel*
1321	Mort de Dante
1325	*Ovide moralisé*
1328	Mort de Charles IV, dernier roi capétien ; avènement de Philippe VI de Valois
1330	Juan Ruiz, *El Libro de Buen Amor* (*Le Livre de Bon Amour*)
1331	Guillaume de Digulleville, *Pèlerinage de Vie humaine*
1337	Début de la Guerre de Cent Ans : Philippe VI décide de confisquer la Guyenne et les autres terres qu'Édouard III, roi d'Angleterre, tient de lui sur le Continent. Celui-ci revendique la couronne de France
1341	Guillaume de Machaut, *Le Remède de Fortune*
1346	Bataille de Crécy, défaite de l'armée française Guillaume de Machaut, *Le Jugement du roi de Bohême*
1348	La Peste Noire traverse l'Europe Pétrarque, *Il Canzoniere* (*Le Chansonnier*)
1351	Boccace, *Le Décaméron*
1356	Bataille de Poitiers ; le roi de France, Jean II le Bon, est capturé par les Anglais
1357	Les *Voyages* de Jean de Mandeville

1358	Étienne Marcel et la révolte du peuple à Paris ; révoltes de la Jacquerie en province
1360	Paix de Calais : Les Anglais rentrent en possession de la Guyenne et du Poitou, avec Calais et Ponthieu dans le Nord, mais renoncent à la couronne de France Introduction d'une monnaie stable, le franc
1361-2	Boccace, *De mulieribus claris (Des Femmes illustres)*
1364	Avènement de Charles V
1365	Guillaume de Machaut, *Le Livre du Voir-Dit*
1369	Jean Froissart, *L'Espinette amoureuse* Charles V commence la reconquête de la Guyenne
1370	Jean Froissart commence ses *Chroniques*, dont il poursuit la rédaction jusqu'en 1400 Bertrand du Guesclin nommé connétable de France
1370-72	Nicole Oresme traduit l'*Éthique* et la *Politique* d'Aristote en français
1371	*Le Livre du Chevalier de la Tour Landry pour l'enseignement de ses filles*
1372	Denis Foulechat achève sa traduction française du *Policraticus* de Jean de Salisbury
1373	Jean Froissart, *Le Joli Buisson de Jeunesse*
1375	Raoul de Presles termine sa traduction de la *Cité de Dieu* de Saint Augustin
1377	Mort d'Édouard III
1378	Début du Grand Schisme, qui dure jusqu'en 1417 Jean Le Fèvre traduit les *Lamentations de Matheolus*
1380	Mort de Charles V, avènement de Charles VI
1385	Geoffrey Chaucer, *Troilus and Criseyde*
1387-88	Gaston Phébus, comte de Foix, *Le Livre de la Chasse*
1386-89	Philippe de Mézières, *Le Songe du Vieil Pelerin*
1389	Jean le Sénéchal, *Les Cent Ballades* Jean Gerson est nommé chancelier de l'Université de Paris

1392	Première crise de folie de Charles VI ; rivalité entre Philippe le Hardi, duc de Bourgogne, et Louis, duc d'Orléans
	Eustache Deschamps, *L'Art de dictier et de faire chansons*
1393	*Le Mesnagier de Paris*
	Jean d'Arras, *L'Histoire de la Belle Mélusine*
1394	Naissance de Charles d'Orléans
1395	*L'Estoire de Griseldis en Rimes et par Personnages*
1397	Mort d'Oton de Grandson
1398	Honoré Bovet, *L'Apparicion Maistre Jehan de Meun*
1399	Christine de Pizan, *Epistre au Dieu d'Amour*
1387-1400	Geoffrey Chaucer, *The Canterbury Tales (Les Contes de Cantorbéry)*
1400	Constitution de la Court Amoureuse
	Les Quinze Joies de Mariage
	Christine de Pizan, *Epistre Othea*
1401-2	Christine de Pizan, Jean Gerson, Jean de Montreuil, Gontier et Pierre Col,
	La Querelle du Roman de la Rose
1404	Mort de Philippe le Hardi ; Jean sans Peur devient duc de Bourgogne
1405	Christine de Pizan, *Le Livre de la Cité des Dames* et *l'Avision Christine*
1407	Assassinat de Louis d'Orléans
1413	Henri V de Lancastre devient roi d'Angleterre
1414	Laurent de Premierfait dédie sa traduction du *Décaméron* au duc de Berry
1415	La bataille d'Azincourt, défaite de l'armée française
1417	Henri V s'empare de la Normandie
1418	Les Armagnacs massacrés et chassés de la Capitale par les Bourguignons ; le dauphin réfugié à Bourges
	Christine de Pizan, *L'Epistre de la Prison de Vie humaine*

1419	Assassinat de Jean sans Peur sur le pont de Montereau
1420	Le Traité de Troyes
1422	Mort d'Henri V (août) et de Charles VI (octobre)
1429	Sacre du roi Charles VII dans la Cathédrale de Reims Christine de Pizan, *Ditié de Jeanne d'Arc* Pierre de Nesson, *Lay de Guerre*
1430	Mort de Christine de Pizan Mort d'Alain Chartier
1431	Procès et condamnation de Jeanne d'Arc
1432	Baudet Herenc, *Doctrinal de la Seconde Rhétorique*
1432-33	Jean Régnier, *Les Fortunes et Adversitez*
1435	Traité d'Arras conclu entre Charles VII et Philippe le Bon, duc de Bourgogne
1437	Entrée de Charles VII à Paris
1440	Charles d'Orléans, fait prisonnier par les Anglais à Azincourt, est libéré Michault Taillevent, *Le Débat du Cœur et de l'Œil*
1441-42	Martin le Franc, *Le Champion des Dames*
1441-47	Pierre de Hauteville, *La Confession et Testament de l'Amant Trespassé de Deuil*
1405-49	*Journal d'un Bourgeois de Paris*
1440-50	Invention de l'imprimerie
1450-53	Charles VII reprend la Normandie après la victoire à Formigny (1450), puis la Guyenne après la bataille de Castillon (1453)
1453	Prise de Constantinople par les Turcs
1456	François Villon, *Le Lais* Antoine de la Sale, *Jehan de Saintré (première rédaction)*
1457	René d'Anjou, *Le Livre du Cuer d'Amours Espris*
1458	Arnoul Gréban, *Le Mystère de la Passion*
1460	Martial d'Auvergne, *Les Arrêts d'Amour*
1461	Mort de Charles VII, avènement de Louis XI
1461-2	François Villon, *Le Testament*
1464	*La Farce de Maistre Pierre Pathelin*

1465	*Les Cent Nouvelles Nouvelles*
1489	Premières éditions imprimées du *Testament* de Villon et des *Fais* d'Alain Chartier
1501	Antoine Vérard publie *Le Jardin de Plaisance et la Fleur de Rhétorique*

INDEX DES NOMS PROPRES
(Établi par David F. Hult)

Les références indiquent le titre de l'ouvrage et le numéro du vers (ou de la ligne pour les lettres en prose), selon le système d'abréviations suivant :

A   *Accusation contre la Belle Dame sans Mercy (Parlement d'Amour)*
BD   *La Belle Dame sans Mercy*
C   *La Cruelle Femme en Amour*
Com   *Complainte sur la Mort de la Dame de Maître Alain*
E   *Les Excuses de Maître Alain*
H   *L'Hôpital d'Amour*
L   *La Dame loyale en Amour*
LP1   *Copie de la Requête composée contre Maître Alain*
LP2   *Copie de la Lettre envoyée par les Dames à Maître Alain*
RM   *Le Débat de Réveille Matin*

I. *Noms propres traditionnels (personnages et lieux)*

Achillés (*C*, 222), *Achille*
Alain Chartier (*H*, 427), *Alain Chartier, poète*
Briseÿda (*H*, 473), *Briséida ou bien Criséida, connue pour son inconstance*
Chastelainne de Vergy (la) (*A*, 69), *Châtelaine de Vergy*
Demophon (*C*, 222 ; *H*, 103, 459), *Démophon, amant inconstant qui causa la mort de Philis (« Par Demophon est entendu fainte amour ... », Langlois, p. 66)*
Dido (*C*, 218 ; *H*, 131, 461), *Didon, personnage de l'*Enéide *qui se tue pour Enée*

Dieu (*Com*, 63, 138 ; *BD*, 42, 321, 337, 342, 349, 370, 371, 755 ; *LP2*, 13 ; *E*, 66, 71, 117 ; *A*, 30 ; *L*, 331 ; *C*, 286, 482, 491, 501, 872, 943 ; *H*, 59, 201, 916, 947)

Dÿomedés (*L*, 595), *Diomède, amant de Briséida*

Enee (*H*, 460), *Enée*

Equo (*H*, 118, 463, 641), *Echo*

Gauvain (*L*, 594), *Gauvain, chevalier de la Table Ronde*

Guillaume (de Lorris) (*H*, 653), *Guillaume de Lorris, auteur du* Roman de la Rose

Guynarde (*L*, 538), *La Guignarde, modèle de la femme coquette qui figure dans les* Cent Ballades *de Jean le Sénéchal*

Helainne (*A*, 68 ; *C*, 217), *Hélène*

Hero (*C*, 219 ; *H*, 110), *Hero, amie de Léandre*

Jason (*H*, 457), *Jason*

Jehan (Seneschal des Haynuyers) (*H*, 416-17), *Jean de Werchin, chevalier et poète*

Lancelot (du Lac) (*L*, 594 ; *H*, 407), *Lancelot du Lac*

Leander (*C*, 219 ; *H*, 110), *Léandre, ami de Hero*

Medee (*H*, 458), *Médée*

Narcysus, Narchisus (*H*, 114, 462, 642), *Narcisse*

Pallamedés (*L*, 593), *Palamède, chevalier du* Tristan en prose

Paris (*A*, 68 ; *C*, 217), *Pâris*

Penelope (*C*, 223 ; *H*, 640), *Pénélope, femme d'Ulysse, modèle de fidélité*

Philis, Phylis (*C*, 221 ; *H*, 102), *Philis, victime de l'infidélité de Démophon*

Piramus (*C*, 218 ; *H*, 126, 288), *Pyrame, ami de Thisbée*

Prestre Martin (*H*, 910), *Prêtre Martin, personnage proverbial qui « chante et répond » à la fois*

Pymalïon (*H*, 650), *Pygmalion*

Sathan (*C*, 691), *Satan*

Tisbee, Tybee (*C*, 218 ; *H*, 126, 288), *Thisbé, amie de Pyrame*

Tournay (*C*, 939), *Tournai, ville du Hainaut (Belgique)*

Tristan, Tristren (*L*, 594 ; *H*, 405), *Tristan*

Troÿlus (*H*, 474), *Troilus, victime de l'inconstance de Briséida*

Ulixés (*C*, 224 ; *H*, 639), *Ulysse, mari de Pénélope*

Venus (*L*, 268 ; *C*, 196 ; *H*, 261), *Vénus*

II. *Personnifications allégoriques*

Advis (*BD*, 625 ; *C*, 376, 878), *entendement, sagesse*
Aise (*A*, 313), *contentement*
Alegement (*Com*, 166), *soulagement*
Amo(u)rs (*Com*, 22, 57, 71, 74, 101, 169 ; *BD*, 41, 216, 259, 271, 289, 313, 397, 531, 626, 792 ; *LP1*, 38 ; *E*, 13, 45, 48, 225, 238 ; *A*, 2, 10, 13, 17, 48, 70, 73, 83, 100, 110, 114, 120, 122, 127, 139, 276, 294, 307, 326, 332, 370, 413, 425, 435, 438, 440, 449, 457, 464, 509, 545, 553, 564, 568, 582, 592 ; *L*, 181, 243, 277, 305, 315, 325, 570, 817, 835, 860, 863, 882 ; *C*, 190, 233, 238, 321, 372, 377, 417, 430, 645, 737, 807, 873, 887, 889, 923, 932, 953 ; *H*, 115, 205, 290, 607, 611, 620, 627, 669, 713, 761, 766, 1104, 1215, 1247)
Amoureux Dieus (*A*, 145, 170 ; *L*, 170, 290) ; Dieu d'Amours (*L*, 14, 32, 159 ; *C*, 251, 412, 705, 787, 804, 833 ; *H*, 582) ; Treshaultain Dieu (*L*, 393) ; Dieu Haultain (*L*, 785)
Amoureux Regart (*L*, 635)
Beaulté (*E*, 242 ; *C*, 189 ; *H*, 183)
Bel Acueil (*LP1*, 15 ; *A*, 215, 491 ; *L*, 261, 697, 701 ; *C*, 457, 799, 825 ; *H*, 170 ; *RM*, 313, 317)
Bien Celer (*L*, 581), *discrétion*
Celler (*L*, 258 ; *C*, 791), *discrétion*
Congnoyssance (*H*, 181)
Conscïence (*H*, 285)
Conseil (*BD*, 625), *réflexion, délibération*
Courtoisie, Courtoysie (*BD*, 407, 409 ; *H*, 175, 184, 193, 225, 291, 298, 521, 1259)
Crainte (*BD*, 181, 186 ; *LP1*, 5 ; *E*, 158 ; *C*, 13)
Crainte de Mal Faire (*C*, 879)
Cuider, Cuydier (*BD*, 253, 258 ; *A*, 241, 244 ; *C*, 508, 521, 530), *présomption*
Dangier (*BD*, 152, 644 ; *E*, 93, 98 ; *A*, 56, 245, 282 ; *C*, 173, 799, 821 ; *H*, 342, 357, 365, 495, 557, 574, 733, 756, 789, 1197, 1207, 1212), *résistance, domination*
Desdaing (*E*, 99 ; *A*, 316)
Desespoir (*BD*, 510 ; *H*, 517)

Desir (*BD*, 181, 629 ; *A*, 96, 122, 137, 209, 313, 571 ; *L*, 262, 283, 287, 289, 346, 442. 645, 657, 665, 689, 769, 776, 777, 784, 801, 827, 859 ; *C*, 13, 190, 297, 302, 382, 385, 393, 452, 576, 723 ; *H*, 2, 481)
Despit (*A*, 318)
Doulce Esperance (*C*, 724)
Doulx Actrait (*LP1*, 15)
Doulx Parler (*H*, 187)
Doulx Penser (*A*, 105, 179 ; *L*, 260 ; *C*, 921)
Dou(l)x Regart (*BD*, 229 ; *A*, 130 ; *L*, 259, 646 ; *C*, 267)
Droit (*BD*, 739)
Dure Requeste (*LP1*, 10)
Engoysse (*Com*, 178)
Envie, Envye (*Com*, 145 ; *LP1*, 18 ; *A*, 188, 283 ; *H*, 1242)
Entendement (*H*, 186, 531, 555, 601, 1261), *discernement, esprit*
Esperance (*BD*, 656 ; *H*, 151)
Espoir (*Com*, 166 ; *BD*, 653, 659 ; *LP1*, 8 ; *A*, 91, 138, 313, 376, 554, 584 ; *L*, 259, 282, 287, 347, 447, 778, 781, 802, 859 ; *C*, 184, 297, 302, 382, 385, 531 ; *H*, 192, 300, 376, 510, 539, 556, 580, 586, 617, 726, 727, 747, 1258)
Faintise (*BD*, 363), *tromperie*
Fantasie (*C*, 136)
Faulseté, Faulceté (*BD*, 598 ; *C*, 320, 334, 577)
Faulte de Cueur (*LP1*, 18), *cœur défaillant*
Faulx Acqueul (*C*, 461)
Faulx Semblant (*BD*, 365, 749 ; *A*, 489 ; *L*, 532 ; *C*, 460)
Fictïon (*C*, 331, 347, 363, 367, 473, 577)
Fierté (*E*, 99)
Fol Cuydier (*C*, 518, 524), *folle présomption*
Fol Espoir (*BD*, 623 ; *C*, 395)
Fortune (*Com*, 61, 117, 137 ; *BD*, 37, 245, 342, 453 ; *L*, 413 ; *C*, 37, 920 ; *H*, 1002)
Franc Voulloir (*BD*, 533 ; *A*, 90, 569, 579 ; *L*, 262)
Franchise (*L*, 366). *liberté*
Gracïeux Parler, Parler Gracïeux (*L*, 261, 841, 865 ; *C*, 388, 857)
Honneur, Onneur (*BD*, 410 ; *L*, 257 ; *C*, 572, 791, 815 ; *H*, 185)
Honte (*E*, 98 ; *A*, 421 ; *C*, 865, 868)
Humble Douceur (*A*, 468)
Humble Maintenir (*H*, 189), *humble maintien*

Humilité (*L*, 227 ; *C*, 792 ; *H*, 181)
Jalousie (*H*, 566, 654)
Jennesse (*H*, 183), *jeunesse*
Joye (*Com*, 169)
Justice (*BD*, 739)
Largesse (*L*, 262 ; *C*, 792 ; *H*, 182)
Leësce (*Com*, 172 ; *H*, 183, 282), *allégresse*
Longue Actente (Forest de) (*LP1*, 6)
Loyaulté (*Com*, 102 ; *BD*, 502 ; *A*, 349 ; *L*, 258, 323, 325, 330, 378, 455, 489, 494, 526, 675, 748, 822 ; *C*, 252, 299, 308, 319, 325, 336, 425, 438, 606, 793 ; *H*, 179)
Male Bouche (*BD*, 713 ; *L*, 93 ; *H*, 566, 1243)
Malice (*A*, 303)
Maniere (*H*, 182), *modération*
Memoire (*C*, 879, 882)
Mercy (*BD*, 690 ; *A*, 495 ; *L*, 260, 547), *compassion, pitié*
Mort, (*Com*, 1, 149 ; *BD*, 6, 47, 696, 773 ; *L*, 782 ; *C*, 54, 441, 720 ; *H*, 61, 712)
Nature (*Com*, 63, 83, 141 ; *BD*, 321, 661 ; *E*, 89, 94 ; *A*, 30 ; *L*, 633 ; *C*, 19, 144, 497, 624, 625 ; *H*, 378)
Noblesse (*BD*, 732)
Onneur, voir Honneur
Passïence, Pascïence (*C*, 620 ; *H*, 151)
Pitié (*BD*, 565, 632, 643, 664, 665, 679, 739, 758 ; *LP1*, 5, 27 ; *E*, 83, 86, 96, 101, 153, 158, 161, 187 ; *A,* 189 ; *L*, 260 ; *C*, 726 ; *H*, 178, 190, 232, 324, 337, 361, 502, 524, 573, 726, 729, 758)
Plaisance (*Com*, 172 ; *A*, 335), *jouissance, plaisir*
Plaisir *(Com*, 16)
Poëtrie (*C*, 332), *poésie*
Raison, Rayson (*BD*, 622, 625 ; *E*, 98 ; *C*, 878, 886 ; *H*, 344)
Rebutement d'Amours (*LP1*, 18), *rebuffade en amour*
Reffus (*BD*, 727, 790 ; *LP1*, 5, 12 ; *E*, 198 ; *A*, 318 ; *C*, 403, 799, 821 ; *H*, 210)
Regard, (*A*, 357 ; *H*, 189)
Richesse (*H*, 182)
Rigour, Rigueur (*A*, 318 ; *C,* 725)
Rudesse (*BD*, 245)
Scens (*BD*, 625 ; *C*, 878), *intelligence, bon sens*

Simplesce (*H*, 180), *bonne foi, franchise*
Soussy (*C*, 136)
Souvenir (*A*, 99 ; *L*, 259 ; *C*, 800, 829, 844 ; *H*, 186, 526, 1260)
Tristresse (*BD*, 8 ; *A*, 284)
Verité (*L*, 258, 322, 326, 329, 337, 885 ; *C*, 298, 307, 312, 313, 322, 346, 409, 425, 429, 788, 793, 805, 846, 856, 864, 888 ; *H*, 180)

GLOSSAIRE
(Établi par David F. Hult)

Nous réunissons dans ce glossaire les termes et locutions étrangers au français moderne, ou bien dont le sens a changé depuis le XVe siècle. Nous n'avons pas inclus des termes qui se retrouvent dans un dictionnaire moderne, notre point de repère étant le *Petit Robert*. Nous nous sommes servi de l'infinitif pour regrouper les formes des verbes, même si l'infinitif ne paraît pas dans le texte. Les références, qui ne prétendent pas être exhaustives, suivent le même système que pour l'Index des Noms Propres.

Abandonner, habandonner, v. tr. (*BD*, 735 ; *L*, 483, 564), *laisser en liberté, livrer, accorder, prodiguer* ; (*BD*, 475 ; *H*, 222), *abandonner, renoncer à* ; estre abandonné a, loc. v. (*A*, 495), *être disposé à*

Abeti, adj. (*BD*, 654), *abruti*

Abolir, v. pron. (*BD*, 470), *(sens passif) être anéanti*

Abregié, a l'–, loc. adv. (*C*, 406), *en bref* ; (*H*, 1205), *en toute hâte*

Abusé, adj. (*L*, 641), *trompé*

Abusement, s. m., (*L*, 620), *tromperie*

Abuser, v. tr. (*A*, 226, 487 ; *C*, 451, 555, 723), *tromper* ; soy –, v. pron. (*L*, 504), *se tromper*

Abuseur, s. m. (*A*, 491 ; *L*, 698), *trompeur*

Accessore, s. f. et m. (jur.) (*L*, 358), *argument accessoire (par contraste avec le principal)* [voir *Pathelin* (éd. Holbrook), vv. 1312-13 (« Laissez en paix ceste assessoire, et venons au principal »)]

Accuseur, s. m. (*L*, 805), *accusateur*

Acheson, s. f., *cause, occasion* ; a vostre – (*H*, 725), *à cause de vous*

Acointance, s. f., (*Com*, 86 ; *C*, 459), *fréquentation, accueil* ; (*A*, 407), *connaissance*

Acointier, v. tr., (*A*, 300), *faire connaissance avec, fréquenter* ; soy – de, v. pron. (*L*, 427), *faire la connaissance de, s'approcher de, aborder*

Acoisier, v. tr., (*BD*, 363), *appaiser*

Acroyssance, s. f., (*H*, 1175), *accroissement*
Actainte, s. f., (*BD*, 95), *effort pour atteindre un but*
Actaÿnne, s. f., (*BD*, 249), *colère, attitude querelleuse*
Actendre, v. imp., (*BD*, 595), *se faire attendre (un événement prévisible)* ; soy – a qqn., v. pron. (*BD*, 446, 459, 653 ; *L*, 632), *compter sur qqn., se fier à qqn., s'en remettre à qqn.*
Acteur, s. m., *auteur, écrivain*
Acueuillir, v. tr. (*RM*, 55), *s'adjoindre à, s'emparer*
Adés, adv. (*A*, 506), *continuellement, sans cesse*
Adjourner, v., (*BD*, 191), *faire jour* ; (*L*, 862), *appeler pour un jour fixé, citer devant un juge*
Adonner, v. tr., (*A*, 224), *mettre en œuvre, soutenir, favoriser*
Adont, conj., *alors*
Adresse, s. f., (*RM*, 237), *chemin, voie*
Adresser, v., (*C*, 131), *diriger*, p.p. adrec(h)ié (*C*, 29)
Adroyt, voir droit
Advenant, adj., (*BD*, 430 ; *RM*, 342), *convenable*
Advenir, v. imp. (*Com*, 112 ; *BD*, 541 ; *LP1*, 28 ; *L*, 441, 678 ; *C*, 97, 936 ; *H*, 76, 865 ; *RM*, 172, 186), *arriver, se produire* ; (*H*, 847), *convenir* ; v. pers. (*Com*, 164 ; *H*, 1103, 1276), *arriver* ; (*Com*, 34 ; *H*, 1165), *atteindre* ; (*C*, 98, *H*, 536), agglutination de *a(d)* et *venir*
Adventure, par –, loc. adv., (*L*, 441), *par hasard*
Adverir, voir averir
Advis, s. m., (*A*, 325), *opinion* ; (*C*, 76, 104 ; *H*, 679), *raison, sagesse, réflexion*
Adviser, soy –, v. pron. (*C*, 404), *prendre en considération*
Advoué, s. m., (*L*, 660), *avocat, défenseur*
Aeisier, v. tr., (*H*, 332), *mettre à l'aise*
Affaictier, soy – a, v. pron., (*BD*, 501), *se disposer à, se réconcilier à*
Affaitié, adj. (*LP1*, 25 ; *A*, 259), *complaisant, soigné*
Afferir, v., affiert (*BD*, 554 ; *A*, 205, 561 ; *RM*, 145), *convenir, appartenir*
Affier, soy –, v. pron., (*BD*, 639), *être assuré, présumer*
Afublé, adj., (*L*, 430), *revêtu, recouvert*
Agraver, v. tr., p.p. agravé (*A*, 265), *accabler*
Agreer, – a qqn., v. int., (*L*, 319), *plaire, convenir*
Aguet, s.m., *piège, ruse* ; en –, loc. adv. (*BD*, 750), *aux aguets, à l'affût*
Aherdre, v. tr., (*H*, 852), *saisir*

Ain, aim, s. m., (*E*, 242), *hameçon*
Ainchois, voir ains
Ains, enchoiz, anchois, conj. (après un énoncé négatif), *mais plutôt* ; – que, loc. conj., *avant que* ; (*BD*, 334), *plutôt que*
Aise, ayse s. f., (*BD*, 14 ; *A*, 307), *commodité, bien-être, plaisir* ; a son – (*RM*, 56), *aisément, avec facilité*
Ajoindre, soy –, v. pron., (*A*, 510), *s'unir*
Aleure, s. f., (*C*, 111), *action de se déplacer à pied, par ext., le chemin parcouru*
Al(l)egier, v. tr., (*A*, 236 ; *L*, 21 ; *H*, 224, 541, 1204, 1261), *soulager*
Al(l)egance, s. f., (*L*, 10 ; *C*, 722 ; *H*, 56, 1218, 1256), *soulagement*
Al(l)egement, s. m., (*BD*, 26 ; *H*, 752), *soulagement*
Alloy, s. m. (*A*, 171), *qualité, nature, disposition*
Alöe, s. f., *alouette* ; – de gibier (*L*, 42), *jeune alouette propre à la chasse*
Alucher, v. tr. (*RM*, 302), *séduire*
Amende, s. f., (*E*, 112 ; *C*, 400 ; *RM*, 275), *réparation pour racheter une faute*
Amender, v. tr., (*Com*, 92 ; *A*, 221 ; *L*, 412, 760), *améliorer, soulager* ; soy –, v. pron., (*E*, 110), *s'améliorer*
Amendrir, v. tr., (*Com*, 100), *réduire, diminuer* ; soy –, v. pron., (*L*, 683), *perdre sa valeur, ses qualités*
Amer, adj. subst., (*A*, 176, 297, 480), *amertume*
Amesureement, adv., (*BD*, 220), *de manière mesurée, modérée*
Amont, adv., (*H*, 396), *en haut*
Amoureux, adj. (*BD*, 564 ; *E*, 228), *qui inspire l'amour à un autre* ; (*H*, 238 ; *RM*, 18, 138), *qui a trait à l'amour* ; (*H*, 936), *causé par l'amour*
Amuser, v. tr., (*L*, 557) *retenir, occuper par de faux espoirs*
Amÿable, adj., (*A*, 186), *aimable*
Aönder, v. (*L*, 147), *(lit.) entourer d'eau ; ici, baigner (de lumière)*
Aorné, aourné, adj., (*L*, 251 ; *C*, 557, 858 ; *H*, 258), *orné, paré*
Apart, appart, a par(t), adv. (*BD*, 121 ; *H*, 34, 41), *de côté, à l'écart* ; prép., – moy, soy, luy (*BD*, 119, 494 ; *A*, 500 ; *C*, 14 ; *H*, 980), *tout seul, en aparté*
Apatir, v. tr. (*L*, 576), *soumettre à un tribut, lier à une convention*
Aplain, voir plain
Apparanse, s. f., (*A*, 585), *vraisemblance, probabilité*

Apparoir, v. intr., appert (*BD*, 550), *apparaître, se manifester*
Appartenir, v., (*H*, 1125), *convenir*
Appeler, v. tr., (*Com*, 7 ; *L*, 616), *faire venir devant un juge, accuser* ; (*Com*, 163) – de, *faire appel (d'un jugement)*
Appert, voir apparoir
Appetic(h)ier, v. tr., (*C*, 516), *réduire, abaisser*
Appoint, voir point
Apprendre (*L*, 55), agglutination de la prép. a *et du verbe* prendre
Approbacion, s. f., (*C*, 543), *preuve*
Approuver, v. tr. (*C*, 23, 584, 593), *prouver* ; (*H*, 739), *confirmer* ; (*L*, 789 ; *C*, 789), *porter témoignage, attester*
Aprendre, v. (*RM*, 26), *entreprendre*
Aquerre, v. tr. (*L*, 232 ; *RM*, 252), *obtenir*
Araisonner, v. tr. (*L*, 305), *adresser la parole à quelqu'un*
Ardre, ardoir, v. (ars, art, arde) (*BD*, 175, 593 ; *A*, 343 ; *H*, 130), *brûler*
Arrest, s. m., *jugement, résolution* ; a pou d'– (*RM*, 70), *sans réfléchir*
Arrester, v. tr. (*C*, 749), *décréter*
Arriere, adv. (*C*, 829), *de nouveau, encore, à son tour*
Art, s. m. (*A*, 514 ; *C*, 698), *artifice, ruse*
Aspre, adj. (*BD*, 270, 314, 323, 522 ; *A*, 442 ; *H*, 43, 670), *rude, dur, cruel*
Assavourer, v. (*Com*, 181), *goûter, apprécier*
Assemblement, s. m. (*H*, 11), *groupe*
Assens, s. m. (*C*, 645), *avis, consentement*
Asseoir, v. tr. (*BD*, 47, 111, 609 ; *L*, 395), *placer* ; soy –, v. pron., (*E*, 155), *se disposer, s'exercer*
Asservir, v. tr. (*A*, 41), *obliger*
Assés, adv. (*BD*, 113, 188 ; *L*, 418, 571 ; *C*, 776), *beaucoup*
Asseur, adj. (*H*, 675), *rassuré*
Assorter, v. tr. (*BD*, 364), *mettre ensemble*
Assouvi, adj. (*Com*, 144 ; *E*, 68 ; *RM*, 119), *achevé, exemplaire*
Assouvir, v. tr. (*A*, 324, 383 ; *H*, 1070), *satisfaire, combler*
Atant, a tant, loc. adv., *sur ce, sans aller plus loin* ; se tenir – (*L*, 512), *s'arrêter là, en rester là*
Atouchement, s. m. (*H*, 387), *toucher*
Atoucher, v., – a (*BD*, 356), *toucher*
Atour, s. m. (*A*, 515), *apparence, toilette, charme*
Atout, a tout, prép. (*C*, 7), *avec*

Atre, s. m. (*H*, 449), *cimetière*
Atrempé, adj. (*A*, 450), *tempéré, modéré, adouci*
Aucun (sans négation), pron., *quelqu'un, une certaine personne* ; adj., *quelque*
Aucunement, adv. (*H*, 567), *de quelque façon*
Audictoire, s. m. (*A*, 65), *lieu où l'on plaide, salle d'audience*
Aumosnier(e), s. m. ou f. (*A*, 463), *qui fait l'aumône, qui dispense par charité*
Autel, – comme, loc. conf. (*BD*, 120), *le même que*
Autentique, adj. (*H*, 281), *célèbre, de grande renommée*
Aval, adv. (*H*, 396), *vers le bas* ; de l'– (*C*, 417, 613), *en fin de compte, par le cours naturel des choses*
Avenir, v. (*RM*, 310), *parvenir*
Averir, v. tr. (*H*, 545, 1274), *réaliser* ; (*C*, 583), *vérifier*
Aveuglir, v. tr. (*H*, 621), *rendre aveugle*
Avironné (de) (*L*, 246), *entouré de*
Avis, voir Advis
Aviser, v. tr. (*H*, 395), *examiner*
Avisïon, s. f. (*H*, 667), *vision, songe*
Avoir, s. m. (*BD*, 412), *bien matériel, possession*
Avoyer, soy –, v. pron. (*H*, 970), *se mettre en route*
Aysance, s. f., (*BD*, 281), *plaisir, joie*

Baillier, v. tr. (*BD*, 750), *attraper, atteindre* ; (*A*, 353), *donner, fournir*
Baillier, voir beer
Bandon, s. m. (*RM*, 242), *pouvoir*
Bareteur, barateur, adj. (*A*, 549), *trompeur*
Basillique, s. m., (*E*, 73 ; *H*, 439), *basilic, reptile qui, selon les anciens, pouvait tuer du seul regard*
Bassement, adv. (*BD*, 218), *à voix basse*
Beer, baier, baillier v. (*RM*, 229), *aspirer à* ; – aprez (*A*, 355), *convoiter, désirer avidement*
Begnin, benigne, adj. (*A*, 276 ; *L*, 636), *bienveillant, doux*
Bel, avoir – + inf., (*L*, 433), *pouvoir facilement faire qqch.* ; estre – (*H*, 30), *convenir*
Bende, bande, s. f., (*Com*, 103), *groupe, compagnie*
Besoingneux, adj. (*BD*, 667), *qui est dans le besoin*
Besoingnier, v. intr. (*RM*, 230), *faire un effort, s'efforcer*

Bevrage, s. m. (*H*, 310, 316), *boisson, breuvage*
Bienvegnier, bienveignier, v. tr. (*H*, 25, 540), *accueillir favorablement*
Boche, s. f. (*C*, 113), *bosselure, inégalité (?)*
Bonne, s. f. (*BD*, 47), *borne*
Bonnement, adv. (*C*, 587), *simplement*
Bourde, s. f. (*BD*, 299 ; *A*, 338, 354), *mensonge, baliverne*
Bourdeur, s. m. (*A*, 351), *farceur, menteur*
Bout, s. m. (*H*, 766), *fin, accomplissement* ; sur/sus –, loc. adv. (*Com*, 23), *debout, sur ses pieds* ; de – (*H*, 19), *entièrement*
Bouter, v. tr. (*BD*, 181), *pousser* ; soy –, v. pron. (*H*, 154), *s'introduire, pénétrer*
Brandon, s. m. (*H*, 263), *torche*
Brasser, v. tr. (*C*, 591), *tramer, préparer les premiers éléments (de)*
Brief, briefve, adj. (*C*, 669), *rapide* ; adv. (*LP2*, 15), *bientôt, sous peu*
Briefment, adv. (*H*, 660), *bientôt, sous peu*
Bruire, v. intr. (*H*, 305), *frémir* ; (*H*, 628), *hurler*
Butin, s. m., estre de leur – (*RM*, 366), *être de leur compagnie (?)*

Ça, par de –, loc. adv. (*LP2*, 16), *ici, de ce côté*
Cabuseur, s. m. (*A*, 489), *escroc, tricheur*
Calengier, chalengier, v. tr. (*BD*, 205 ; *E*, 101 ; *L*, 782 ; *C*, 407 ; *RM*, 318), *revendiquer, réclamer* ; (*A*, 323), *contester, démentir*
Carcas, s. m. (*E*, 227), *carquois*
Cause, a bonne –, loc. adv. (*L*, 656), *et pour cause, à raison*
Cavillacïon, s. f. (*C*, 290), *chicane*
Celer, v. tr. *cacher*
Cendal, s. m. (*L*, 63), *étoffe de soie*
Certain, adj. (*A*, 147 ; *L*, 295), *assuré, non douteux* ; de –, loc. adv. (*C*, 490), pour – (*H*, 967), *avec certitude*
Chalengier, voir calengier
Chaloir, v. imp., a qqn. (*Com*, 51 ; *BD*, 136, 195 ; *L*, 450 ; *H*, 334 ; *RM*, 19, 27, 226), *importer à qqn., avoir de l'importance pour qqn.* ; non – (*E*, 78), *avoir de l'indifférence, voire du dédain*
Chaloir, v. subst., non –, nonchaloir (*BD*, 197 ; *H*, 693), *indifférence, insouciance* ; metre a n. (*A*, 92), *négliger*
Chanceler, v. intr. (*L*, 333), *trembler*
Change, s. m. (*BD*, 390), *inconstance, changement en amour*
Changer, v. tr. (*A*, 403), *être inconstant envers*

Charbon, s. m. (*C*, 11), *braise*
Charge, s. f. (*BD*, 441), *tâche, devoir* ; (*LP2*, 14), *blâme, accusation*
Charger, v. tr. (*RM*, 102), *peser sur, oppresser*
Charïer, v., droit – (*H*, 572), *marcher droit, agir avec rectitude*
Chartre, s. m., *prison, cachot*
Chatel, s. m. (*BD*, 358), *patrimoine, possessions*
Cheoir, v. (*BD*, 599 ; *L*, 768), *tomber* ; (*H*, 1107), *tomber, arriver inopinément* ; (*BD*, 267 ; *L*, 525 ; *H*, 208), *convenir (voir* seoir)
Chetif, chetive, adj. (*BD*, 351, 656), *malheureux, misérable*
Chevir, soy – de, v. pron. (*BD*, 441), *venir à bout de, réussir à*
Chief, s. m. (*E*, 142), *apogée, summun*
Chiere, s. f., *visage, mine, accueil* ; faire – (*BD*, 89), *faire bonne mine* ; faire – a qqn. (*C*, 827), *accueillir* ; faire bonne – (*BD*, 393 ; *A*, 418 ; *H*, 1115), *accueillir avec des manifestations de joie, faire bonne mine* ; faire mal(l)e – (*H*, 678), *montrer son déplaisir* ; faire – plaisante (*H*, 988), *montrer son plaisir*
Chierté, s. f. (*BD*, 318), *affection* ; (*E*, 97), *valeur, prix*
Choisir, v. tr. (*BD*, 110 ; *L*, 417), *apercevoir, remarquer* ; (*RM*, 154), *viser, choisir*
Chopper, v. intr. (*C*, 115), *trébucher du pied*
Claim, s. m. (*H*, 1031), *plainte*
Clamer, v. tr. (*RM*, 331), *appeler* ; – droit (*RM*, 317), *revendiquer son droit* ; soy – (*BD*, 333), *s'appeler*
Clamour, s. f. (*E*, 46 ; *A*, 584), *plainte*
Clause, s. f. (*L*, 713, 732), *phrase*
Clos, close, adj. (*BD*, 454 ; *C*, 146), *entouré, enclos*
Coche, s. f., tenir un arc en – (*A*, 48), *se préparer à tirer son arc, la flèche encochée*
Colle, s. f. (*BD*, 303), *humeur, disposition*
Combien que (*L*, 449, 495, 687 ; *C*, 520), *bien que* ; (*C*, 555), suivi par l'indicatif, *à tel point que*
Comble, adj., a – mesure, loc. adv. (*E*, 92), *en abondance, outre mesure*
Comble, s. m. (*C*, 147), *sommet, coupole*
Comman(d), commans, s. m. (*A*, 183 ; *L*, 396), *commandement*
Communelment, adv., *d'un commun accord*
Compas, par –, loc. adv. (*H*, 239), *avec précision*
Compasser, v. tr. (*C*, 132), *dessiner, tracer* ; (*A*, 45), *visualiser, imaginer*
Complaire, v. (*A*, 411 ; *L*, 468, 772), *plaire, satisfaire*

Comprendre, v. tr. (*A*, 488), *saisir, s'emparer de* ; (*L*, 52), *saisir par la vision*

Compte, s. m. (*E*, 195 ; *H*, 409 ; *RM*, 110), *récit* ; faire – de (*H*, 824), *faire grand cas de*

Compter, v. tr. (*A*, 497 ; *L*, 473), *raconter*

Condescendre, v., – a (*C*, 853), *accéder à, souscrire à* ; soy – a (*L*, 485), *céder à, consentir à, se résigner à*

Conditeur, s. m. (*L*, 701), *fondateur*

Conduire, v. tr. (*BD*, 508), *diriger, maîtriser*

Conduit, s. m. (*LP1*, 7), *escorte*

Confire, v. tr. (*BD*, 300 ; *A*, 338, 346), *préparer, façonner*

Confondre, v. tr. (*BD*, 342), *abattre, détruire*

Confort, s. m. (*Com*, 38 ; *BD*, 268, 493, 526, 567, 685, 695 ; *A*, 197, 235 ; *E*, 8 ; *L*, 16, 767 ; *C* 394, 872 ; *H*, 220), *consolation*

Conforter, v. tr. (*Com*, 41 ; *BD*, 673 ; *H*, 554, 703, 1132, 1265), *consoler* ; soy – (*H*, 792), *se consoler*

Congnoissance, s. f. (*L*, 766), *fréquentation, compagnie*

Congnoistre, v. tr. (*C*, 860), *reconnaître, admettre* ; (*H*, 894), *se familiariser avec, fréquenter*

Conmetre, v. tr. (*A*, 375), *désigner, nommer*

Conperer, conparer v. tr. (*RM*, 256, 257), *payer, acheter*

Conquerre, conquerir, v. tr. (*A*, 167, 199, 250 ; *H*, 51 ; *RM*, 253), *acquérir*

Conquester, v. tr. (*L*, 400), *mériter, acquérir*

Conseil, s. m. (*BD*, 503 ; *E*, 8 ; *A*, 577, 580 ; *L*, 317, 321), *aide, secours, conseil* ; (*BD*, 489, 497, 509), *avis, opinion* ; en –, loc. adv. (*L*, 834), *en secret, à huis clos*

Consideré, prép. (*L*, 478), *en considération de, compte tenu de*

Consivir, v. tr. (*L*, 59), *atteindre, attraper*

Contems, voir contendre

Contenance, s. f. (*L*, 418), *visage, mine, maintien* ; – moustrer (*H*, 1011), *maintenir les apparences*

Contendre, v. (*L*, 304, 309, 827 ; *C*, 764, 888), *débattre, disputer en faveur de qqch.* ; (*L*, 53, 468, 770), *s'efforcer*

Contens, s. m. (*L*, 695), *contestation, querelle*

Contourner, v. tr. (*C*, 558), *transformer*

Contrefaire, v. tr. (*Com*, 36), *déformer, bouleverser* ; (*Com*, 121), *simuler, feindre*

Contrefait, adj. (*A*, 219 ; *RM*, 218), *feint*
Convenir, couvenir, v. imp. (*BD*, 452 ; *A*, 117 ; *L*, 308, 343 ; *C*, 733 ; *H*, 31, 845), *falloir, être nécessaire*
Converser, v. (*C*, 43), *habiter, durer*
Convoyer, v. tr. (*H*, 962), *accompagner*
Cor, s. m. (*H*, 435), *coin*
Cornier, s. m. (*A*, 60), *coin*
Coucher, v. tr. (*BD*, 359), *promettre, étaler* ; (*RM*, 259), *miser (au jeu)*
Coulpe, s. f. (*BD*, 242 ; *L*, 312, 392), *culpabilité*
Coup, a –, loc adv. (*H*, 3, 155, 1263), *brusquement, à l'improviste*
Courage, s. m. (*BD*, 219, 394 ; *L*, 324 ; *C*, 495 ; *RM*, 258), *cœur, sentiments, pensées*
Courché, voir courouchié
Courouchié, courché, adj. (*Com*, 5 ; *C*, 28 ; *H*, 907), *énervé, contrarié*
Couroux, courrous, s. m. (*BD*, 281, 784), *affliction, angoisse*
Courre, courir, v., *courir* ; – seure, sur (*Com*, 178), *courir après, poursuivre, assaillir* ; – en (*C*, 928), *encourir*
Cours, plus que le –, loc. adv. (*H*, 158), *à toute vitesse*
Court, tenir –, loc. v. (*A*, 525), *poursuivre*
Couverture, s. f. (*E*, 93), *ce qui sert à cacher, façade*
Coy, adj. (*BD*, 58, 708 ; *H*, 1038), *calme, silencieux*
Crëanter, v. tr., – sa foi (*H*, 989), *promettre par serment* ; soy –, v. pron., (*C*, 603), *se porter garant*
Cremu (*L*, 577 ; *H*, 627) p.p. de craindre
Croliere, s. f. (*H*, 82), *fondrière*
Cuidier, cuydier, v. , *croire, penser*
Cuidier, cuydier, v. subst. (*L*, 392, 679), *présomption, croyance illusoire*
Cure, s. f. (*L*, 443), *soin, application* ; avoir – de, loc. v. (*BD*, 325, 527 ; *RM*, 314), *se soucier de*
Curer, v. tr. (*H*, 731), *guérir*
Curïeus (de), adj. (*A*, 173 ; *L*, 759), *attentif à*
Cuydeur, s. m. (*A*, 237), *présomptueux, outrecuidant*

Dac, s. m. (*A*, 388), *dague*
Dangier, s. m. (*H*, 222 ; *RM*, 142), *domination, résistance, hauteur* ; a –, loc. adv. (*BD*, 443 ; *RM*, 253), *avec difficulté*
Darde, s. f. (*C*, 54 ; *H*, 274) ; dart, s. m. (*Com*, 11 ; *BD*, 5 ; *RM*, 95), *lance, javelot, flèche*

Davantage, adv. (*H*, 914), *d'avance, d'ores et déjà*
Debonnaire, adj. (*E*, 31), *noble, bienfaisant*
Debonnaireté, s. f. (*L*, 327), *noblesse, générosité, bonté*
Debouter, v. tr. (*BD*, 388 ; *C*, 753), *repousser, bannir*
Decepcïon, s. f. (*A*, 260 ; *L*, 430), *tromperie, imposture*
Decepvablement, adv. (*A*, 550), *faussement, perfidement*
Decepvance, s. f. (*A*, 254, 405 ; *L*, 421), *tromperie*
Decepveur, s. m. (*C*, 474), *trompeur*
Dec(h)epvoir, v. tr. (*BD*, 462 ; *L*, 679, 880 ; *H*, 1004 ; *RM*, 302, 348), *tromper* ; soy – , v. pron. (*BD*, 255 ; *A*, 240), *se faire des illusions* ; (*BD*, 619), *se tromper*
Decheoir, v., – a qqn. (*BD*, 597), *(sujet inanimé) faire défaut à qqn.*
Dechoit, voir dec(h)evoir
Declinato[i]re, s. m. (*L*, 355), *acte par lequel on décline une juridiction*
Deduire, soy – , v. pron. (*A*, 333 ; *H*, 274, 487), *se divertir, s'amuser*
Deduysant, adj. (*A*, 453), *de bonne humeur*
Deffaillir, v. (*BD*, 421), *faire défaut, manquer*
Deffait, voir desfait
Deffermer, desfermer, v. tr. (*E*, 157, 159), *ouvrir, défaire*
Deffié, p.p. de deffïer, estre – de, loc. v. (*BD*, 634), *ne plus pouvoir compter sur, être privé de*
Degré, s. m. (*RM*, 350), *niveau, grade*
Deguerpir, v. tr. (*BD*, 577), *abandonner*
Dehachier, v. tr. (*H*, 1021), *découper, hacher*
Delaisser, v. tr. (*BD*, 11 ; *L*, 556), *abandonner*
Delicter, soy – , v. pron. (*Com*, 175 ; *C*, 959 ; *H*, 1271), *prendre du plaisir*
Delinquer, v. intr. (*C*, 408), *commettre une faute, manquer à son devoir*
Delinqueur, s. m. (*C*, 544), *qui a commis une faute, une infraction, une infidélité*
Delit(i)er, voir delicter
Delivre, adj. (*L*, 851 ; *H*, 62 ; *RM*, 248), *libre, libéré*
Demander, v. tr. (*H*, 200), *exiger*
Dementiers, voir endementiers
Demectre, soy – de qqch., v. pron. (*RM*, 139), *céder son droit à qqch.*
Demeure, s. f. (*BD*, 647), *retard*
Demeurer, v. imp. (*H*, 1121), *tarder*
Demourant, s. m. (*BD*, 775 ; *H*, 59), *reste*

Departement, s. m. (*Com*, 161), *séparation*

Departie, s. f. (*BD*, 612), *séparation, départ*

Dep(p)artir, v. tr. (*Com*, 154), *séparer* ; (*BD*, 289, 413, 679 ; *A*, 302, 454 ; *RM*, 262), *distribuer, partager* ; soy – de, v. pron. (*BD*, 506 ; *H*, 1023, 1097), *se séparer de, abandonner*

Deporter, soy – , v. pron. (*Com*, 46 ; *BD*, 780), *se divertir, se distraire*

Depport, sans –, loc. adv. (*C*, 907), *sans délai, sans ménagement*

Depuis, adv., *après, par la suite*

Derrain, adj., *dernier*

Derrainement, adv. (*H*, 564), *auparavant*

Desasservir, v. tr. (*H*, 1191), *libérer qqn. de sa servitude* ; soy – , v. pron. (*H*, 1147), *se dégager de son service ou asservissement*

Desavanchement, s. m. (*LP2*, 3), *ruine, préjudice*

Deschargier, soy – , v. pron. (*C*, 405), *se disculper*

Descognoistre, v. tr. (*BD*, 579), *ne pas reconnaître* ; soy – , v. pron. (*BD*, 774 ; *C*, 660), *devenir méconnaissable*

Desconfire, v. tr. (*Com*, 145 ; *A*, 160, 340 ; *H*, 275), *abattre*

Desconfort, s. m. (*A*, 38, 499 ; *C*, 4, 397 ; *H*, 221, 406, 710, 1118), *désolation*

Desconforter, v. tr. (*Com*, 56 ; *H*, 698), *désoler* ; soy – (*BD*, 783), *se désoler, s'affliger*

Descort, s. m. (*A*, 227), *désaccord*

Descouchier, v. intr. (*C*, 26 ; *H*, 913), *sortir du lit, se lever*

Descouvrir, soy –, v. pron. (*RM*, 125), *se confier, révéler ce qui est en soi*

Desdire, v. tr. (*BD*, 23), *désavouer les paroles ou la conduite de qqn., démentir* ; soy – de qqch., v. pron. (*E*, 42), *renier qqch., avouer son erreur vis-à-vis de qqch.*

Deserte, voir desserte

Deservir, voir desservir

Desfaire, deffaire, v. tr. (*Com*, 143 ; *BD*, 276, 360 ; *E*, 109 ; *A*, 157 ; *H*, 740, 1092), *détruire, abattre* ; (*Com*, 132), *renoncer à, laisser tomber*

Desfait, deffait, adj., (*C*, 310, 376), *annulé* ; – de (*Com*, 25 ; *BD*, 578), *privé de*

Desgorger, v. tr. (*RM*, 103), *vider, exprimer*

Desgressier, desgraissier, v. intr. (*H*, 549), *lit., perdre son embonpoint, maigrir* ; *fig. dépérir*

Deshert, desert, adj. (*Com*, 25), *ravagé, ruiné* ; – de (*LP1*, 11), *privé de, dépouillé de*

Deshouser, v. tr. (*H*, 876), *déchausser*

Deslos, s. m. (*BD*, 677), *mauvaise réputation, désapprobation, blâme*

Desmeslé, adj. (*BD*, 631), *libéré* ; (*H*, 93), *mélangé*

Desmouvoir, soy – , v. pron. (*BD*, 509), *s'éloigner, s'écarter*

Desordonné, adj. (*A*, 490 ; *L*, 446), *chaotique, déréglé, égaré*

Despieça, adv. (*L*, 820), *depuis un certain temps*

Despit(e), adj. (*Com*, 1 ; *A*, 537), *nuisible, haïssable*

Despiteux, despiteuse, adj. (*BD*, 671 ; *E*, 178 ; *A*, 198), *méprisant, plein d'insolence ou de colère*

Desplaisant, adj. (*H*, 1114), *affligé*

Desplaisir, s. m. (*A*, 344), *propos qui fait mal, qui rend douloureux*

Despointié, adj. (*Com*, 25), *grevé, destitué*

Despriser, v. tr. (*BD*, 712 ; *C*, 446), *mépriser, déprécier, dénigrer*

Desrompre, p.p. desroups, v. tr. (*BD*, 782), *déchirer, arracher (cheveux)*

Desserte, deserte, s. f. (*BD*, 370 ; *C*, 727 ; *RM*, 166), *ce qu'on mérite*

Desservir, deservir, v. (*Com*, 151 ; *BD*, 209, 212, 418, 555, 584 ; *E*, 20 ; *A*, 381 ; *H*, 825, 1179, 1186 ; *RM*, 156, 340), *mériter, encourir* ; (*BD*, 213 ; *H*, 1188 ; *RM*, 341), *rendre un mauvais service* ; (*RM*, 267), *récompenser*

Destaindre, v. tr. (*Com*, 134), *ternir, troubler*

Destour, s. m. (*BD*, 167), *barrière, obstacle* ; (*RM*, 308), *lieu écarté*

Destourbier, v. subst. (*H*, 1077), *empêchement, obstacle*

Destrousser, v. tr. (*LP1*, 11), *dévaliser*

Deteurs, voir detordre

Detordre, v. tr. (*Com*, 130 ; *H*, 1029), *tordre*

Detrenchier, v. tr. (*H*, 1020), *couper en morceaux*

Deul, duel, s. m. *douleur* ; c'est – (*L*, 541), *c'est dommage*

Deult, voir douloir

Devenir, v., – en (*RM*, 266), *accéder, aboutir à*

Devis, s. m., a son –, loc. adv. (*A*, 327), *à son gré*

Deviser, v. tr. (*H*, 403), *exposer* ; soy – , v. pron. (*H*, 352, 835, 1241), *parler, s'entretenir*

Dicter, v. tr. (*BD*, 10), *composer, écrire*

Dictié, s. m. (*H*, 686), *poème*

Diffame, s. f. (*L*, 811), *allégation diffamatoire*

Dillacion, s. f. (*L*, 357), *action de différer, délai, retard*

Discorder, v. tr. (*L*, 463), *mettre en désaccord*
Diseteux, adj. (*H*, 1081), *celui qui est dans le besoin, la misère*
Disnee, s. f. (*BD*, 52), *lieu où l'on dîne en voyage, dîner fait en voyage*
Dit, s. m. (*BD*, 27), *poème, récit en vers* ; (*C*, 93), *écrit, composition, suite de paroles* ; (*A*, 72), *parole*
Divers, adj. (*C*, 41), *déplaisant* ; (*C*, 88), *singulier*
Diversement, adv. (*C*, 83), *de manière étrange ou mystérieuse*
Dolent, adj. (*Com*, 176 ; *BD*, 4, 275, 276, 769), *douloureux*
Doublement, adv. (*L*, 456), *avec duplicité, fourberie*
Doubtance, s. f. (*A*, 120), *peur*
Doubter, v. tr. (*BD*, 545 ; *LP2*, 13 ; *A*, 156), *craindre* ; (*L*, 887), *se douter de, se méfier de* ; (*BD*, 386), *respecter*
Douloir, v. (*RM*, 207), *faire souffrir* ; soy – de, v. pron. (*BD*, 687 ; *L*, 368 ; *H*, 226, 690 ; *RM*, 50), *s'affliger, souffrir* ; (*A*, 95), *porter plainte*
Dragme, s. f. (*A*, 264), *mesure de poids (huitième d'une once), d'où petite quantité*
Droicturier, adj. (*L*, 22, 832), *qui agit selon le droit et la justice, légitime*
Droit, adj. (*BD*, 55 ; *H*, 192, 193), *véritable*
Droit, adv. (*A*, 606), *correctement, honnêtement*
Droit, s. m., contre mes droiz (*E*, 24), *contraire à mes lois* ; de – (*C*, 461), par –, loc. adv. (*E*, 63 ; *A*, 434), *légitimement, à juste titre* ; a – (*A*, 504, 505 ; *C*, 561 ; *RM*, 268), *convenablement, correctement* ; a son – (*H*, 809), *à son juste prix*
Droiture, s. m., *justice* ; par –, loc. adv. (*BD*, 243), *en toute justice*
Duire, v. (*BD*, 554, 706), *convenir* ; (*A*, 332 ; *H*, 893), *guider, instruire*
Durer, v. (*A*, 244), *endurer, résister*
Duys, duit, adj. (*H*, 1057), *habile*
Duysant, adj. (*A*, 365), *convenable*

Effet, s. m., valoir – (*C*, 374), *mériter d'être exécuté*
Effort, a – , loc. adv. (*A*, 443), *en abondance*
El, pron. (*C*, 717), *autre chose*
Emblant, en – , loc. adv. (*C*, 83), *de manière furtive*
Emblé, adj. (*C*, 933), *enlevé, dérobé*
Embler, soy – , v. pron. (*H*, 955), *se dérober, dissimuler*
Embuche, s. f., *embuscade, cachette*, faire – (*H*, 132), estre en – (*RM*, 304), *être caché, enseveli*

Employer, v. tr., temps – (*BD*, 13, 458 ; *H*, 8), *passer son temps, passer le temps*
Empraindre, v. tr. (*BD*, 183), *graver, laisser des traces gravées (fig.)*
Emprendre, voir enprendre
Emprés, prép. (*C*, 35 ; *H*, 435, 930), *à côté de* ; adv. (*RM*, 309), *à côté*
Enamouré, adj. (*L*, 458), *amoureux*
Enbuchier, v. tr. (*LP1*, 6), *mettre en embuscade*
Encheoir, v. (*BD*, 594), *tomber dans*
Encherir, v. tr. (*H*, 1213), *faire augmenter le prix, rendre l'accès plus difficile*
Enchois/Enchoiz, voir ains
Enclin, adj., – a (*L*, 637), *disposé à*
Encliner, soy – , v. pron. (*H*, 965, 966), *s'agenouiller*
Encontre, prép., (*A*, 212), *face à*
Encontrer, v. tr. (*L*, 584, 884), *résister, tenir tête à* ; (*C*, 87), *rencontrer*
Encores, adv. (*H*, 369), *et cependant*
Encourir, v. tr. (*BD*, 591), *s'exposer à, subir*
Encourtiné, adj. (*H*, 243), *garni de rideaux*
Encuser, v. tr. (*C*, 472), *accuser, dénoncer*
Endementiers, adv. (*RM*, 43), *entre-temps*
Endroit, prép. (*Com*, 52), *à l'égard de*
Endroit, s. m., en son – (*BD*, 530 ; *RM*, 200), *pour ce qui le concerne*
Engin, s. m. (*C*, 492), *intelligence, talent*
Enhaïr, v. tr. (*H*, 156), *prendre en haine*
Enmy, prép. (*C*, 140), *au milieu de*
Ennuy, s. m., *tourment, affliction*
Ennuyable, adj. (*L*, 474), *fâché, ennuyé*
Ennuyer, v. tr. (*Com*, 106 ; *H*, 60), *fâcher, chagriner, faire de la peine*
Ennuyeux, ennoyeux, adj. (*L*, 74 ; *C*, 66 ; *E*, 170 ; *RM*, 23), *pénible, désagréable, qui cause du tourment* ; (*H*, 325), *affligé*
Enorter, v. tr. (*Com*, 45 ; *H*, 556), *exhorter*
Enpané, adj. (*BD*, 118), *(relatif à une flèche), empenné, muni de plumes*
Enpirier, enpirer, v. tr. (*BD*, 574 ; *C*, 48), *rendre pire*
Enprendre, v. tr. (*BD*, 449 ; *A*, 23), *entreprendre* ; – a + inf. (*Com*, 57 ; *BD*, 479 ; *RM*, 29), *se mettre à* ; – de + inf. (*A*, 371 ; *H*, 857), *se mettre à*

Enprise, emprise, emmprinse, s. f. (*BD*, 710 ; *A*, 486 ; *C*, 398), *projet, entreprise*

Enque, s. f. (*A*, 18), *encre*

Enquerre, enquerir, v. (*RM*, 169), *poser des questions, interroger*

Ens, adv. *dedans, à l'intérieur* ; – en, prép. (*BD*, 177 ; *C*, 766), *dans (avec un effet d'intensification)*

Ensuïr, soy – , v. pron. (*L*, 622), *s'ensuivre, en être la conséquence*

Entaillier, v. tr. (*E*, 90), *sculpter*

Entamer, v. tr. (*BD*, 335 ; *A*, 299 ; *L*, 888 ; *C*, 525), *blesser, transpercer, pénétrer* ; (*C*, 669), *faire fléchir*

Entechier, v. tr. (*A*, 363), *souiller, corrompre*

Entendement, s. m. (*BD*, 28 ; *L*, 454, 712 ; *C*, 569 ; *H*, 684), *jugement, interprétation, intention, esprit*

Entendre, v. tr. (*Com*, 101 ; *E*, 199 ; *L*, 345, 482, 844), *comprendre* ; (*E*, 5), *écouter* ; (*C*, 513), *vouloir dire* ; – a qqch. (*BD* 448, 457 ; *C*, 567), *avoir en vue, s'occuper de*

Entente, s. f. (*BD*, 492 ; *Com*, 89 ; *L*, 438), *intention, but* ; (*BD*, 389 ; *L*, 443) *application*

Entier, adj. (*BD*, 149, 500, 611), *pur, sincère*

Entour, en tour, adv. (*H*, 113, 1242 ; *RM*, 309), *autour, à proximité* ; prép. (*H*, 433, 927), *autour de*

Entregetier, v. tr. (*L*, 431), *jeter, intercaler, insérer, faire intervenir*

Entrejet(z), s. m. (*C*, 475), *proposition(s), ouverture(s)*

Entremés, s. m. (*BD*, 128), *plat d'accompagnement, divertissement offert entre les plats d'un repas*

Entretenir, v. tr. (*BD*, 85, 444 ; *A*, 155), *maintenir*

Envis, envys, adv. (*L*, 688 ; *C*, 880 ; *H*, 343), *à contrecœur*

Envy, s. m., *déplaisir, mauvaise grâce* ; sans – , loc. adv. (*E*, 237), *de bonne grâce*

Errant, adv. *rapidement*

Esbahir, v. tr. (*Com*, 145), *effrayer, intimider* ; soy – , v. pron. (*H*, 674), *s'effrayer, avoir peur*

Esbat, s. m. (*BD*, 694), *jeu, amusement*

Esbatement, s. m. (*Com*, 165), *divertissement*

Esbatre, soy – , v. pron. (*L*, 404, 422), *se divertir*

Eschars, adj. (*L*, 727), *avare, mesquin*

Escheoir, v. (*C*, 500), *tomber, sortir*

Eschieulx, voir escheoir

Eschiver, v. tr. (*BD*, 63, 396, 747 ; *A*, 168 ; *L*, 487), *éviter, s'écarter* ; – qqn. (*A*, 412), *écarter, préserver qqn.*

Escole, tenir – (*BD*, 301), *exercer maîtrise en une matière, enseigner*

Escondire, v. tr. (*BD*, 766 ; *L*, 340, 518, 664 ; *RM*, 196), *refuser, repousser* ; soy – (*L*, 550 ; *H*, 29), *ne pas consentir, se refuser*

Escondit, s. m. (*L*, 480 ; *C*, 735), *refus*

Escripvain, s. m. (*E*, 216 ; *L*, 602), *scripteur, copiste* ; (*C*, 466), *écrivain*

Escueul, s. m., estre en – de, loc. v. (*L*, 144), *se précipiter vers, avoir grande envie de*

Esjoier, soy – , v. pron. (*H*, 1085, 1174), *se réjouir*

Esjouïr, soy – , v. pron. (*BD*, 491 ; *C*, 663 ; *H*, 677, 838, 888), *se divertir, se réjouir*

Esjouyssement, s. m. (*LP2*, 8), *réjouissement*

Esgaré, adj. (*L*, 317), *éperdu, dépourvu*

Esgrun, s. m. (*H*, 593), *amertume, âcreté*

Eslire, v. tr. (*L*, 341), *choisir*

Eslit(e), adj. (*C*, 954), *excellent, parfait*

Eslite, s. f. (*Com*, 12), *ce qu'il y a de meilleur*

Esmai, s. m. (*L*, 36, 875 ; *C*, 27), *souci, désarroi, effroi*

Esmouvoir, v. tr. (*BD*, 546), *inciter, inspirer*

Espars, voir espartir

Espart, s. m. (*Com*, 153), *éclair, ou bien séparation*

Espartir, v. (*L*, 724 ; *H*, 452) *disperser* ; (*H*, 143), *lancer des éclairs* ; (*Com*, 153), *fig., frapper comme un éclair* ; (*Com*, 168), *diviser (en deux), séparer* ; soy – , v. pron. (*H*, 270), *rayonner*

Esploitier, v. tr. (*BD*, 498), *exécuter*

Esploure(e), adj. (*L*, 314), *en pleurs*

Espouenté, adj. (*H*, 672), *effrayé, terrifié*

Esprendre, v. tr. (*RM*, 28), *saisir*

Espreuve, s. f., de fine – (*RM*, 157), *ayant fait preuve d'excellence*

Esprouver, v. tr. (*BD*, 558), *faire preuve de* ; (*A*, 568), *juger, justifier*

Esroullé, enrouillé, adj. (*H*, 122), *lit. couvert de rouille, ici rougi*

Essai, s. m. (*BD*, 549), *épreuve* ; livrer – a qqn. (*L*, 531), *mettre qqn. à l'épreuve*

Essayer, v. tr. (*RM*, 72), *éprouver, faire l'expérience*

Esseul(l)e(e), adj. (*L*, 316 ; *H*, 1025), *seul*

Estant, en – , loc. adv. (*L*, 428), *debout*

Estat, s. m. (*A*, 587), *suspension* [cf. *Le Dictionnaire de l'Académie Française* (1694) : "Tenir les choses en estat ... C'est les tenir en suspens, les laisser comme elles sont"]

Estomac, s. m. (*A*, 386), *cœur, source des sentiments*

Estraine, s. f., le jour de l'– (*E*, 4), *le jour de l'an (c'est-à-dire, le jour de Pâques, selon le calendrier utilisé à la cour de France)*

Estrange, s.m. (*BD*, 392, 402, 424 ; *C*, 782), *étranger, inconnu*

Estrangier, v. tr. (*E*, 100), *éloigner*

Estrener, v. tr., – qqn. (*A*, 5), *donner en étrennes à qqn.*

Estriver, v. intr. (*BD*, 61), *faire des efforts, s'évertuer*

Eul, s. m.. *œil*, sur l'– (*RM*, 316), *au risque de perdre son œil*

Eür, eur, heur, s. m. (*BD*, 603 ; *E*, 62, 130), *bonheur, bonne fortune*

Exalcement, s. m. (*H*, 687), *glorification, exaltation*

Excusacïon, s. f. (*L*, 826), *excuse, justification*

Excuse, s. f. (*H*, 30), *excuse, prétexte (pour ne pas faire qqch.)*

Exploit, par – , loc. adv. (*L*, 415), *avec empressement, ardeur*

Exprés, adj. (*H*, 351), *explicite*

Faicture, s. f. (*C*, 122), *exécution, réalisation*

Faillir, v. intr. (*BD*, 145, 642 ; *L*, 48 ; *H*, 623 ; *RM*, 211, 294) *manquer* ; (*Com*, 95 ; *E*, 218 ; *L*, 20 ; *RM*, 127) *se trouver en défaut, ne pas réussir* ; (*Com*, 136 ; *H*, 33), *prendre fin*

Failly, adj. (*BD*, 485), *lâche*

Faintif, adj. (*A*, 380), *trompeur, fourbe*

Faintise, feintise, s. f. (*Com*, 156 ; *BD*, 310, 390), *tromperie, dissimulation*

Fait, s. m. (*Com*, 51, 122 [plur.] ; *L*, 460, 507 ; *H*, 1090, 1214 ; *RM*, 220), *état, situation* ; (*L*. 746), *cause, plaidoierie* ; (*Com* 26), *pouvoir d'agir* ; plur. (*Com*, 3 ; *C*, 778), *exploits, actions* ; de – , loc. adv. (*H*, 1095), *réellement, de force*

Fame, s. f. (*L*, 184, 795), *renommée, réputation*

Famer, v. tr. (*L*, 728), *attribuer une bonne réputation à qqn., louer*

Fantasie, s. f. (*H*, 69, 73, 1041), *vision, chimère, produit de l'imagination*

Fantasïeux, adj. (*C*, 73), *plein de fantaisie, sujet à son imagination*

Faulte, s. f., avoir – de, loc. v. (*BD*, 507 ; *H*, 808), *manquer de* ; estre en – de (*H*, 691), *manquer de*

Fëable, adj. (*A*, 191), *fidèle, digne de confiance*

Fëal, adj., *fidèle*

Fëaulté, s. f. (*BD*, 401 ; *L*, 381, 749), *fidélité, loyauté*
Fel, adj. (*A*, 245), *traître, cruel*
Fenir, v. (*Com*, 32 ; *BD*, 759 ; *E*, 88), *terminer*
Ferir, v. tr. (*A*, 207, 563 ; *L*, 671 ; *C*, 534), *frapper* ; soy – en , v. pron. (*A*, 204), *se précipiter dans, pénétrer*
Fermer, v. tr. (*BD*, 641 ; *L*, 451), *fixer, établir fermement*
Fermeur, s. m. (*E*, 159), *fermoir*
Feuillie, s. f. (*H*, 656), *feuillage*
Feur, s. m., pour nul – (*RM*, 219), *à aucun prix*
Fier, adj. (*A*, 202, 291, 473 ; *L*, 666 ; *C*, 828 ; *RM*, 191), *hardi, orgueilleux*
Fiere, voir ferir
Fierté, s. f. (*BD*, 320), *cruauté, férocité*
Fillé, s. m., *fil* ; tordre son – (*H*, 879), *filer à la quenouille*
Finablement, adv., *finalement, enfin*
Financiere, s. f., (*H*, 1082, 1141), *celle qui manie les affaires, les finances*
Finé, adj. (*C*, 769, 790), *mort, décédé*
Fins, s. (*L*, 844), (jur.) *tenants et aboutissants*
Finer, v. tr. et intr. (*C*, 637 ; *H*, 1078), *mourir* ; (*BD*, 53 ; *C*, 929), *terminer* ; – de qqn. ou qch. (*C*, 144 ; *H*, 639, 807), *achever, mener à terme, atteindre*
Flot, flos, s. m. (*C*, 35), *pièce d'eau, étang*
Fois, a la – , loc. adv. (*BD*, 107, 121 ; *L*, 425), *souvent, parfois*
Foloyer, v. intr. (*BD*, 460), *agir en fou*
Fonder, v. tr. (*H*, 161, 296), *établir sur une fondation*
Forbanir, v. tr. (*H*, 142), *bannir, exiler*
Force, s. f. (*H*, 1236), *contrainte, obligation* ; il est – que (*Com*, 113), *il faut que*
Forcier, s. m. (*BD*, 37), *coffre-fort*
Forcourre, v. intr. (*A*, 527), *s'égarer, faire fausse route*
Forfaire, v. tr. (*Com*, 30 ; *A*, 12, 156), *trahir, transgresser, faire du tort à* ; inf. subst. (*H*, 741)
Forment, adv. (*H*, 1035 ; *RM*, 15), *fortement*
Fors, prép., *sauf, excepté*
Forsené, adj. (*H*, 461), *fou, emporté*

Fort, adj. (*Com*, 97, 120 ; *BD*, 691), *difficile, pénible* ; (*H*, 798), *vigoureux* ; au – , loc. adv. (*BD*, 271 ; *A*, 269 ; *L*, 567 ; *C*, 5 ; *H*, 218, 341 ; *RM*, 79, 229), *somme toute, en fin de compte*

Fournir, v. tr. (*L*, 500), *achever, parfaire*

Fouÿr, p.p. fouÿ, v. (*E*, 115), *s'enfuir*

Franc(h)(e), adj. (*BD*, 286, 292, 469 ; *L*, 650 ; *RM*, 315), *libre* ; (*BD*, 202, 394 ; *A*, 455), *sincère* ; (*E*, 135), *noble* ; (*H*, 335, 347), *pur, chaste*

Francement, franchement, adv. (*H*, 372), *clairement, nettement* ; (*H*, 639), *noblement, honorablement*

Franc(h)ise, s. f. (*BD*, 104, 208 ; *A*, 328 ; *RM*, 140), *liberté*

Frenesie, s. f. (*H*, 1043), *délire*

Frique, frisque, adj. (*H*, 994), *attentionné, vif, pimpant*

Froisser, v. tr. (*BD*, 179), *briser*

Ganboyer, v. intr. (*H*, 922), *marcher*

Garde, s. f., faire – de (*BD*, 234), *prendre soin de, surveiller* ; prendre – a (*BD*, 239 ; *L*, 580), *s'occuper de* ; (*L*, 388, 540 ; *C*, 486 ; *H*, 276), *être en garde contre, se méfier de, faire attention à* ; soy donner – (*C*, 929), *faire attention, remarquer* ; sus vostre – (*L*, 578), *sous votre nez* ; en vostre — (*C*, 488), *sous votre protection*

Garder, v. tr. (*BD*, 236, 556 ; *LP2*, 13 ; *A*, 213, 560 ; *L*, 590 ; *C*, 536 ; *H*, 217), *préserver, protéger* ; (*E*, 19), *tenir en réserve* ; (*E*, 22, 169 ; *A*, 557), *maintenir* ; – que (*A*, 536), *veiller à ce que* ; soy – de (*BD*, 240, 748 ; *A*, 220, 516 ; *L*, 434, 440 ; *H*, 593), *prendre garde, avoir soin de, se méfier de*

Garnison, s. f. (*BD*, 147), *approvisionnement, garnison (d'une forteresse)*

General, adj. (*H*, 399), *commun à tous* ; en –, loc. adv. (*H*, 447), *pêle-mêle*

Gent(e), adj. (*BD*, 149, 490), *noble*

Gerray, voir gesir

Gesir, v. intr. (*RM*, 9), *être couché* ; (*BD*, 700), *se coucher (dans un lit de malade), c-à-d, se rendre malade*

Geter, jeter, soy – de, v. pron. (*LP2*, 7), *se délivrer de*

Gibier, s. m. (*L*, 40), *chasse au gibier*

Gist, voir gesir

Goulïardie, s. f. (*BD*, 716), *débauche*

Goullïart, s. m. (*A*, 522, 544 ; *L*, 722), *débauché, personnnage grossier*

Goute, adv., ne ... –, *ne ... rien*
Gracïeuseté, s. f. (*H*, 22), *politesse, manière aimable*
Gracïeux, adj., *bienveillant, aimable, doux*
Grant, en – , loc. adj. (*L*, 68), *désireux*
Gré, s. m. (*BD*, 139 ; *L*, 791), *volonté, bonne disposition* ; a mon – (*BD*, 137 ; *RM*, 118), *à mon avis, sans que je sois en désaccord* ; a vostre – (*BD*, 332), *selon votre plaisir* ; prendre en – (*BD*, 640), *accepter volontiers* ; porter en – (*A*, 248), *supporter* ; au – de (*RM*, 40), *pour le plaisir de*
Gregneur, adj. (*H*, 1156), *plus grand*
Grever, v. tr. (*BD*, 201, 271, 383, 516 ; *A*, 166, 233 ; *C*, 1 ; *H*, 790), *accabler, affliger*
Grief, adj. (*BD*, 519 ; *A*, 187, 222, 395, 557 ; *L*, 876 ; *RM*, 165), *grave, pesant, pénible*
Guere, adv., ne ... de – (*BD*, 400), *à peine, pas beaucoup*
Guermenter, v. intr. (*BD*, 269), *se lamenter*
Guerredon, s. m. (*BD*, 415, 417 ; *RM*, 245), *récompense donnée en échange d'un premier don ou service*
Guerredonner, v. tr. (*RM*, 208), *récompenser*
Guise, s. f., de nouvelle – , loc. adv. (*H*, 923), *de nouveau, encore une fois*

Habandonné, voir abandonné
Hardïer, hardoyer, v. tr. (*BD*, 108), *attaquer, pourchasser*
Hasard, s. m. (*A*, 516), *jeu de dés* ; gecter –, *réussir un coup à ce jeu*
Herbegier, herbergier, v. intr. (*BD*, 54), *se loger, s'arrêter en route*
Herite, s. m. (*E*, 43), *hérétique*
Heur, voir eür
Honneur, s. m., (*H*, 6, 14), *vertu (appliqué à une femme)*
Honnir, v. tr. (*BD*, 725, 738), *déshonorer* ; (*BD*, 756), *mettre à mal, dévaster*
Honny, voir onny
Honteux, adj. (*H*, 1083), *réservé, timide*
Hostel, voir ostel
Hucher, v. tr. (*H*, 135, 300 ; *RM*, 14), *appeler qqn. à haute voix*
Hutin, s. m. (*H*, 84), *expérience pénible, vacarme, mauvais traitement*
Huyer, v. tr. (*BD*, 787), *crier, dénoncer à haute voix*
Huys, uys, s. m., (*H*, 866, 869, 890, 894, 1059), *porte*

Illeuc, adv., *là*
Imagineur, s. m. (*L*, 247), *faiseur d'images, portraitiste, sculpteur*
Imposer, v. tr., – sus (*L*, 730), *imputer*
Inçanser, insenser, v. tr. (*C*, 395), *mettre hors de la raison*
Incessanment, adv. (*A*, 333), *sans cesse*
Incontinent, adv. (*L*, 27, 837 ; *H*, 1194), *immédiatement, sur-le-champ*
Infemme, adj. (*A*, 475), *infâme*
Inferne, s. m. (*H*, 443), *enfer*
Infinité, s. f. (*H*, 1000), *chose qui n'a pas de limites*
Informeur, s. m. (*C*, 476), *informateur*
Ire, s. f. (*A*, 163 ; *L*, 306 ; *C*, 778), *colère, rage*

Ja, adv., ne ... –, *jamais*
Jengleur, jongleur, s. m. (*L*, 587, 685), *jaseur, mauvaise langue* ; (*BD*, 305), *beau parleur*
Judiciaire, adj. (*L*, 250), *relatif au juge, au tribunal*
Jugeant, prép. (*L*, 626), *selon*
Justement, adv. (*H*, 897), *avec précision*

Labourer, v. intr. (*Com*, 179), *peiner, travailler*
Lac(h)er, v. tr. (*C*, 631), *attacher avec un lacet*
Lache, lasche, adj. (*BD*, 234), *faible*
Lacz, lacs, las, s. m. (*BD*, 260, 632 ; *C*, 462), *lacet, filet, piège*
Laidure, s. f. (*Com*, 148), *injure, outrage*
Laissier, v., – a + inf. (*L*, 465), *cesser de*
Lame, s. f. (*BD*, 32), *pierre tombale, tombeau*
Large, adj. (*BD*, 427 ; *L*, 727), *généreux* ; a – (*RM*, 104), *à l'aise*
Lassé, adj. (*C*, 59), *fatigué*
Lëans, adv., *là-dedans, à l'intérieur*
Leesce, s. f. (*Com*, 140 ; *C*, 4), *allégresse*
Legier, adj. (*RM*, 67), *facile* ; (*RM*, 189), *imprudent* ; de –, loc. adv. (*A*, 285), *facilement* ; (*A*, 414 ; *L*, 390), *à la légère, rapidement*
Legierement, adv. (*RM*, 68), *d'une manière irréfléchie*
Lermoyer, v. intr. (*BD*, 12), *pleurer, verser des larmes*
Lé(s), s. m. (*L*, 643), *côté*
Lés, prép. (*L*, 868), *à côté de*
Lié, lie (f.), adj. (*A*, 406 ; *H*, 13), *joyeux*
Liesse, leesse, s. f. (*Com*, 14 ; *H*, 920), *allégresse, réjouissance*

Lieu, avoir – , loc. v. (*L*, 307), *valoir, être pertinent*
Ligement, estre – , loc. v. (*E*, 125), *jurer sa fidélité absolue*
Loer, v. tr. (*H*, 485), *conseiller* ; soy – v. pron. (*C*, 10 ; *H*, 583), *se féliciter*
Loisir, s. m., a mon beau – (*H*, 5), *tout à mon aise*
Los, loz, s. m. (*Com* 27 ; *BD*, 674 ; *LP2*, 4 ; *L*, 694), *réputation, gloire, honneur*
Losengerie, s. f. (*L*, 694), *flatterie*
Losengier, s. m. (*BD* 313 ; *A*, 441, 546 ; *C*, 551), *flatteur, menteur*
Lot, pl. los, s. m. (*BD*, 679), *lot, ce qui échoit à quelqu'un*
Louyer, s. m. (*E*, 16 ; *RM*, 343), *récompense*
Loz, voir los

Mac(h)e, s. f. (*C*, 922), *massue*
Maintenant, adv., *aussitôt, tout de suite*
Majeur, s. m. (*L*, 361), *argument principal*
Malvestié, s. f. (*L*, 408), *méchanceté, vice*
Main, matin, s. m. (*L*, 599), *matin* ; adv. (*L*, 34 ; *C*, 28) *tôt, de bonne heure*
Main, s.m., tenir la – , loc. v. (*L*, 596), *venir en aide, maintenir son parti*
Mains, adv., *moins*
Maint, adj., *beaucoup de*
Maint, voir manoir
Mais, voir maiz
Maiz, mais, mes, adv., a toujours – (*BD*, 612), *à tout jamais* ; – que (*LP1*, 13 ; *H*, 576), *pourvu que* ; n'en pouoir – (*BD*, 243 ; *E*, 36), *être impuissant, incapable de changer la situation*
Malheureux, adj. (*RM*, 152), *malchanceux*
Mander, v. tr. (*A*, 107 ; *H*, 756), *ordonner*
Maniere, s. f. (*L*, 432, 488 ; *H*, 195 ; *RM*, 306), *conduite, comportement* ; (*BD*, 686 ; *A*, 118), *mesure, retenue, modération* ; tenir – (*L*, 506), *se maîtriser, avoir de la retenue*
Manoir, v. (*A*, 433), *demeurer*
Marche, s. f. (*C*, 91), *pays, province*
Marry, adj. (*H*, 1212), *triste, affligé*
Martirer, v. tr. et intr. (*Com*, 70 ; *H*, 812), *souffrir le martyre* ; (*A*, 280, 290 ; *H*, 754), *faire souffrir le martyre*
Mat, adj. (*C*, 75), *anéanti, vaincu*

Matin, voir main

Mauvais, adj., *malveillant, nuisible*

Meffaire, voir mesfaire

Mehaing, s. m. (*BD*, 246), *blessure*

Mener, v. tr. (*C*, 15), *traiter, malmener qqn.* ; (*BD*, 90, 308), *manifester* ; – du bruit (*BD*, 84), *faire du bruit*

Mercy, merci, s. f., (*dérivé du latin médiéval chrétien*) *compassion ou clémence que l'on accorde à quelqu'un sans qu'il l'ait mérité, d'où grâce, pitié, miséricorde* ; crïer – (*Com*, 96 ; *C*, 562, 869 ; *H*, 118, 1031 ; *RM*, 173), *demander pardon* ; en la – de qqn. (*BD*, 262, 454 ; *L*, 17), *à la merci de qqn., au pouvoir de qqn.* ; sans – (*BD*, 800 ; *E*, 40 ; *L*, 520, 607, 800 ; *C*, 262, 378, 674, 758 ; *H*, 432, 467), *impitoyable*

Merveille, s. f., *ce qui provoque l'étonnement* ; a –, loc. adv., *étonnamment, extrêmement*

Merveilleux, adj. (*Com*, 3 ; *A*, 329), *étonnant, impétueux*

Més, s. m. (*BD*, 126), *chacun des services d'un repas*

Mesaise, s. f. (*Com*, 44 ; *BD*, 280, 339 ; *A*, 305), *malaise, chagrin*

Meschans, adj. (*BD*, 729 ; *H*, 1083), *malheureux, médiocre, minable*

Meschëoir, v. imp. (*BD*, 263, 596 ; *L*, 544), *arriver malheur*

Meschief, s. m. (*BD*, 592), *infortune, malheur* ; (*A*, 361), *dommage*

Mescongnoyssance, s. f. (*H*, 746), *ignorance, sottise*

Mescroire, v. tr., – qqn. de qqch. (*BD*, 718), *soupçonner qqn. de qqch.*

Mesdit, s. m. (*BD*, 726), *calomnie, propos malveillant*

Mesfaire, meffaire, v. (*BD*, 279 ; *RM*, 223), *faire du mal* ; soy – , v. pron. (*H*, 713), *commettre une faute*

Meslee, s. f. (*H*, 95), *mélange*

Mesnie, s. f. (*BD*, 365), *ensemble des personnes qui habitent une maison, suite d'un seigneur*

Mesprendre, v. (*BD*, 618 ; *E*, 218), *commettre une erreur*

Mespris, s. m. (*BD*, 485), *faute, manquement*

Mesprison, s. f. (*BD*, 534), *tort, outrage*

Message, s. m. (*H*, 495), *messager, interlocuteur*

Mestier, s. m. (*A*, 14 ; *L*, 648 ; *C*, 532), *charge, activité* ; v. imp., estre – (*C*, 404, 533, 777), *être nécessaire, avoir besoin* ; estre – a qqn. (*A*, 16 ; *H*, 661), *servir à qqn., être utile à qqn.* ; avoir – (*C*, 231), *avoir besoin*

Mestroyer, v. tr. (*L*, 83), *gouverner, exercer sa maîtrise*

Mettre qqch. sus a qqn., loc. v. (*L*, 346, 657 ; *C*, 490), *accuser qqn. de qqch.*

Meurdrir, v. tr. (*Com*, 14 ; *L*, 296, 619), *tuer, faire mourir*

Mie, adv., *ne ... –, ne ... point*

Miparty, adj. (*BD*, 613), *partagé, divisé* ; – de (*Com*, 159), *partagé par*

Mire, s. m. (*BD*, 173 ; *H*, 539, 605, 1086), *médecin*

Mirer, v. (*Com*, 67), *regarder, refléter, renvoyer l'image de*

Mireur, miroir, s. m. (*Com*, 67), *modèle, exemple*

Mon, adv. (*H*, 16), *à coup sûr, bien (particule affirmative)*

Monjoye, montjoye, s. f. (*E*, 140 ; *H*, 14, 96, 1084), *sommet, comble*

Monter, v. intr. (*E*, 193 ; *H*, 822), *avoir de l'importance, de la valeur*

Mordre, v. tr. (*L*, 888), *attaquer, déchirer*

Moustrer, v. tr. (*L*, 320), *démontrer, plaider (une cause)*

Müable, adj. (*L*, 479 ; *C*, 63). *changeant, ambigu*

Müableté, s. f. (*C*, 12), *instabilité, changement*

Müer, v. tr. (*BD*, 219 ; *A*, 520 ; *H*, 1221), *changer* ; soy – , v. pron. (*H*, 311), *se transformer, disparaître*

Musard, musart, adj. (*A*, 517 ; *L*, 389), *sot, irréfléchi*

Musc(h)ier, v. tr. (*L*, 508), *cacher* ; soy – . v. pron. (*C*, 31 ; *H*, 133), *se cacher*

Muse, s. f. (*A*, 481, 490), *état de rêverie, indolence*

Muser, v. intr. (*BD*, 480, 481 ; *A*, 228, 480, 482, 483, 494 ; *RM*, 300), *perdre son temps, rêvasser* ; faire – qqn. (*C*, 341), *p. ext., jeter qqn. dans la confusion, ou même tromper*

My, adv., *milieu* ; par –, prép, *au milieu de*

Naïf, adj. (*RM*, 218), *pur, sincère*

Neant, adv., *rien* ; – plus que (*E*, 175), *pas plus que* ; – que, (*H*, 1039), *pas plus que*

No, s. m., a – , loc. adv. (*H*, 643), *à la nage*

Nöer, v. (*H*, 643), *nager*

Nonchaloir, voir chaloir

Nonc(h)ier, v. tr. (*H*, 303), *annoncer*

Nonobstant, prép., *malgré*

Nourreture, s. f. (*A*, 331), *formation, éducation*

Nouvel, nouveau, adj. (*BD*, 71 ; *C*, 30), *extraordinaire, imprévu* ; de–, loc. adv. (*L*, 557), *depuis peu, récemment*

Noyse, s. f. (*H*, 24), *bruit*

Nu(e), adj. (*L*, 317), *dénué, privé*
Nue, s. f., *nuage* ; soubz les nues (*C*, 99), *en ce monde*
Nuysance, s.f., *action de nuire* ; estre en la − de qqn. (*C*, 725), *porter préjudice à qqn., lui nuire*
Nuytie, s. f. (*H*, 66), *nuit*
Nyceté, s. f. (*L*, 585), *sottise*
Nyent, voir neant

O, prép., *avec*
Occir, v. tr., *tuer* ; soy − , v. pron., (*H*, 125), *se suicider*
Occuper, v. tr. ; − a + inf. (*H*, 684), *consacrer à, employer à*
Octroyer, v. tr. (*L*, 399 ; *C*, 787), *accorder, consentir à*
Oeuvre, voir ouvrir
Office, s. m. (*H*, 193, 584, 1249), *fonction, charge, devoir*
Ointure, s. f. (*H*, 742), *application d'un onguent (p. ex., sur une blessure)*
Onneur, voir honneur
Onni, onny, honny, adj. (*BD*, 722, 741 ; *C*, 597), *uniforme, indifférent* ; (*C*, 117), *égal, poli*
Onques, onquez, onc, adv., *(avec nég.), jamais*
Opposite, a l'− , loc. adv. (*H*, 931), *en face*
Or, adv., *maintenant, à présent* ; tres − que, loc. conj. (*RM*, 251), *dès l'instant que*
Orcheux, s. m. (*L*, 535), *petit vase, p. ext., mesure*
Ordener, ordonner, v. tr. (*L*, 839, 842), *désigner* ; (*BD*, 291), *conférer*
Ordenance, s. f. (*C*, 88), *organisation, disposition* ; (re)prendre son − (*BD*, 125), *se donner une contenance*
Orendroit, adv., *maintenant, désormais, tout à l'heure*
Orgueilleux, adj. (*H*, 640), *fier*
Osiere, s. f. (*L*, 509), *osier*
Ostel, hostel, s. m. (*H*, 232, 845, 863, 971), *logement*
Otroy, octroy, faire − (*BD*, 429), *consentir*
Ouïr, v. tr., *entendre*
Oultrageux, adj., *excessif, immodéré, téméraire*
Oultre, prép. (*A*, 109), *contre*
Outrelargesse, s. f. (*H*, 168), *très grande quantité*
Oultrepasse, s. (*A*, 44), *chose qui surpasse toutes les autres*
Oultrer, v. tr. (*BD*, 693 ; *C*, 909), *exterminer, achever*

Ouvert, adj. (*C*, 95), *envahi, rempli*
Ouvrer, v. tr. (*H*, 238, 245, 378), *confectionner, broder*
Ouvrir, v. tr. (*A*, 444 ; *RM*, 305), *ouvrir, rendre accessible, révéler*

Paistre, v. tr. (*BD*, 656), *nourrir*
Paix, s. f. (*H*, 950), *paix, patène* (*voir la note à ce vers*)
Palis, s. m. (*H*, 165), *palissade*
Parabol(l)e, s. f. (*L*, 803), *récit allégorique ou métaphorique, d'où langage figuré*
Parement, s. m. (*LP1*, 29), *parure, ornement*
Parfournir, v. tr. (*BD*, 757), *fournir en entier* ; (*C*, 335), *effectuer jusqu'au bout*
Parlement, s. m. (*A*, 97), *cour de justice*
Paroi, s. m. (*C*, 108), *mur*
Paroir, v. intr. (*BD*, 552), *paraître*
Part, s. f., *côté, direction* ; (*BD*, 291), *portion* ; en toutes – (*L*, 725), en pluseurs – (*C*, 129), loc. adv., *de tous côtés* ; de sa – (*A*, 456), *de son côté* ; sans – (*H*, 36), *sans partage, entièrement* ; a – , *voir* apart
Partie, s. f. (*BD*, 610), *bien-aimée* ; (*H*, 68), *séparation* ; (*L*, 696), *camp, parti* ; – adverse (*LP2*, 12), *adversaire dans un procès* ; sans – (*L*, 457), *sans être aimé de retour, sans qu'il y ait réciprocité ni partage de sentiments*
Partir, v. tr. (*L*, 459), *disposer, engager* ; (*Com*, 157), *diviser* ; (*BD*, 615), *répartir, distribuer, partager*
Party, s. m., (*Com*, 158 ; *A*, 230), *situation, union (entre personnes), sort commun*
Pas, s. m. (*LP1*, 10 ; *RM*, 99), *passage, franchissement*
Passé, adj. (*H*, 7, 843), *révolu*
Passer, v. tr. (*Com*, 79), *surpasser* ; (*BD*, 660), *supporter, venir à bout de* ; oultre – , v. intr. (*H*, 816), *tout surpasser*
Pastis, pactis s. m., « pacte, convention concernant les contributions, et l'impôt lui-même, le tribut ... » (Godefroy, v. V, 683b) ; metre a – (*BD*, 792), *soumettre à un tribut selon un pacte, rançonner*
Pel, s. f. (*RM*, 240), *peau, fig., situation*
Pendant, s. m. (*C*, 919), *pente*
Pener, soy – , v. pron. (*L*, 405, 652), *faire des efforts*
Pennon, penon, s. m. (*C*, 770 ; *H*, 271), *drapeau, étendard*
Pensement, s. m. (*Com*, 156 ; *BD*, 221 ; *C*, 65), *pensée, préoccupation*

Personnage, s. m. (*C*, 113), voir note à ce vers
Pert, voir paroir
Perte, s. f., donner en – (*RM*, 168), *donner en pure perte, gaspiller*
Peser, v. intr. (*RM*, 184), *avoir de l'importance, de la valeur*
Piecha, pieça, adv., *il y a quelque temps*
Plain, a – , loc. adv. (*C*, 468), *clairement, nettement, ouvertement* ; de – (*L*, 175), *entièrement*
Plain, s. m. (*A*, 395), *plainte*
Plaisance, s. f. (*Com*, 76 ; *BD*, 144 ; *A*, 256 ; *L*, 13 ; *C*, 43 ; *H*, 1170 ; *RM*, 42), *plaisir, jouissance*
Planté, s.f., *abondance* ; adv. (*C*, 138), *beaucoup*
Plege, s. m., (*RM*, 260), *caution, garantie*
Plevir, – sa foy (*Com*, 147 ; *E*, 236), *jurer sa foi*
Ploy, pli, s. m., *manière* ; prendre le – (*Com*, 119), *prendre l'habitude*
Ployer, v. (*BD*, 463, 691), *plier*
Plus, – sur – , loc. adv. (*H*, 867), *d'autant plus*
Poindre, v. tr. (*H*, 742, 1111), *piquer, blesser*
Point, s. m., *état, situation* ; a – , loc. adv. (*L*, 437 ; *H*, 1107), *avec adresse, convenablement* ; appoint (*H*, 984 ; *RM*, 79), *en bon état, en bonne forme* ; en bon – (*H*, 393), *en bonne santé* ; mal a – (*A*, 141), *mal disposé* ; (*A*, 507), *au dépourvu, sans être préparé* ; en ce – (*Com* 23, 101 ; *L*, 505, 562 ; *H*, 77, 841), *en ce moment, à cette occasion* ; (*Com*, 117 ; *H*, 889, 982, 1065, 1073, 1105 ; *RM*, 246, 293), *en cet état, de cette manière* ; de tous poins (*Com*, 21, 71), *complètement, entièrement* ; pour ce – (*A*, 243), *à cet effet* ; de – en – (*H*, 395), *entièrement*
Pointure, s. f. (*BD*, 323 ; *A*, 187 ; *E*, 95 ; *H*, 1111), *piqûre, blessure*
Poosté, s. f. (*L*, 587), *pouvoir*
Porter, v. tr. (*H*, 790), *supporter* ; soy –, v. pron. (*RM*, 86, 128), *se conduire*
Pose, une – , loc. adv, (*E*, 160), *pendant un certain temps*
Posé, – que, loc. conj. (*H*, 1129), *supposant que*
Pourchas, s. m. (*BD*, 294 ; *A*, 283), *poursuite*
Pourchasser, v. tr. (*BD*, 257), *chercher à infliger, causer* ; (*BD*, 559 ; *LP1*, 5 ; *RM*, 155, 328), *poursuivre, solliciter* ; soy – , v. pron. (*H*, 933), *solliciter, quémander* ; (*C*, 626) – son droit, *poursuivre, faire valoir ses droits*
Pourpris, s. m. (*H*, 1142), *enclos, domaine*

Poursuïr, v. tr. (*L*, 858), *poursuivre*

Poy, adv. (*L*, 439), *peu* ; a – que, loc. conj. (*BD*, 179), *il s'en faut de peu que*

Poyse, voir peser

Poyson, poison, s. f. (*H*, 727), *breuvage*

Premis, adj. (*C*, 745), *exposé avant*

Prendre, soy – a qqn. de qqch., v. pron. (*BD*, 521), *reprocher qqch. a qqn.*

Preschement, s. m. (*H*, 553), *sermon*

Prestement, adv. (*L*, 37 ; *H*, 304, 373, 669), *promptement, rapidement*

Pretendre, v. intr., – a (*L*, 484, 845), *revendiquer*

Preschier, v. (*E*, 43), *faire des remontrances, condamner, excommunier*

Prise, s. f. (*BD*, 532), *emprise, autorité*

Prison, s. f., tenir – (*RM*, 94), *se constituer prisonnier*

Priveté, s. f. (*BD*, 252), *vie intime, sentiments privés*

Procés, s. m. (*C*, 874), *pièce d'instruction*

Propos, s. m. (*H*, 985), *entretien, conversation* ; (*H*, 992), *délibération* ; (*H*, 1051, 1219), *matière de discours, dessein*

Proprement, adv. (*H*, 671), *véritablement, en personne*

Prouver, v. tr. (*A*, 566), *examiner, mettre à l'épreuve*

Publïer, v. tr. (*C*, 535, 941 ; *H*, 424, 717), *annoncer, avouer*

Publïeur, s. m. (*C*, 922), *crieur public*

Puc(h)e, s. f., avoir la – en l'oreille (*RM*, 5), *être inquiet ou préoccupé (sens qui commence à concurrencer celui, médiéval, de « avoir un désir amoureux »)*

Puis, s. m. (*A*, 320 ; *H*, 106), *puits*

Puis, prép. (*C*, 604), *après* ; adv. (*H*, 421), *depuis*

Puis que, loc. conj. (*Com* 16 ; *L*, 521), *depuis que* ; (*BD*, 560), *après que*

Quanque, pron. rel., *tout ce que*

Querelle, s. f. (*Com*, 93), *cause* ; (*L*, 95), *plainte pour demander justice, réclamation* ; (*L*, 335), *affaire, entreprise*

Querre, Querir, v. tr. (*BD*, 338, 354 ; *E*, 51 ; *A*, 165, 194, 235, 255 ; *L*, 384 ; *H*, 594, 862), *chercher, rechercher* ; (*BD*, 326), *évoquer*

Queurt, voir courre

Quieuvre, s. m. (*A*, 447), *airain, bronze*

Quite, adj. (*BD*, 469), *libre d'obligations* ; (*E*, 41), *acquitté (d'un crime ou d'un forfait)*

Quiter, v. tr. (*H*, 59), *abandonner, céder*
Quiz, voir querre

Rade, adj. (*L*, 46), *impétueux, vigoureux*
Raison, s. f. (*L*, 359, 866 ; *H*, 680), *argument, discours*
Ramentevoir, v. tr. (*H*, 776), *rappeler*
Rapetiche(r), voir appetichier
Rappeler, v. tr. (*A*, 427), *révoquer, reprendre*
Rapporter, v. tr. (*C*, 152), *raconter* ; v. intr. (*Com*, 52), *établir un rapport* ; soy – , v. pron. (*C*, 607), *certifier*
Rassis, adj. (*BD*, 150, 611), *calme, serein*
Ravi, adj. (*BD*, 82), *hors de soi, transporté*
Re- + v. (*A*, 179), *également, de son côté*
Rebouter, v. tr. (*BD*, 391, 547 ; *E*, 198 ; *H*, 735, 803), *repousser*
Rebruire, voir bruire
Rechief, de – , loc. adv. (*BD*, 590), *de nouveau*
Recitayn, s. m. (*L*, 604), *celui qui raconte*
Reclamer, v. tr. (*BD*, 606), *(terme de fauconnerie) appeler un oiseau pour le faire revenir sur le poing ou au leurre, donc, apprivoiser* ; (*RM*, 198), *prier avec insistance* ; soy – , v. pron. (*E*, 230), *faire appel*
Recommandé, avoir pour – (*E*, 240), *traiter avec faveur, bienveillance*
Recorder, v. tr. (*E*, 195 ; *H*, 706, 904, 1058), *évoquer, rappeler* ; soy –, v. pron. (*C*, 696), *affirmer qqch. que l'on a à l'esprit* ; (*E*, 116 ; *RM*, 278), *se rappeler*
Recort, record, s. m. (*A*, 601), *récit*
Recouvrer, v. tr. (*H*, 381), *rétablir, mettre en état* ; soy –, v. pron. (*E*, 166), *(valeur passive) être récompensé*
Recouvrir, v. tr. (*RM*, 127), *récupérer, frapper de nouveau*
Recreu, adj. (*LP1*, 19), *lâche*
Recueillir, v. tr. (*BD*, 65), *accueillir* ; (*BD*, 511), *récolter, retirer*
Recueul, s. m. (*H*, 172), *accueil*
Reffaire, v. tr. (*BD*, 581 ; *C*, 632 ; *H*, 976), *restituer, réhabiliter*
Reffraindre, v. tr. (*BD*, 181), *ralentir, refréner* ; – a (*BD*, 461), *s'abstenir de*
Refuir, v. (*H*, 497), *fuir, se réfugier*
Regracïer, v. tr. (*H*, 1250), *remercier*
Relaiz, s. m. (*BD*, 93), *résidu, trace*
Remaindre, v. intr. (*Com*, 131 ; *H*, 313), *rester*

Remembrer, soy – , v. pron. (*H*, 947), *se souvenir*
Remenant, s. f. (*BD*, 432), *reste*
Remordre, v. imp. (*C*, 715), *se souvenir*
Rencheoir, v. intr. (*H*, 499), *retomber*
Renchiere, s. f. (*BD*, 415 ; *A*, 423 ; *L*, 668 ; *H*, 1140), *surenchère, augmentation de prix*
Renchierir, v. tr. (*C*, 703 ; *H*, 615), *augmenter le prix, donc, rendre l'accès plus difficile*
Rendu, p.p.-adj. (*H*, 552), *vaincu, fatigué* (voir *Galeran de Bretagne*, éd. Foulet, v. 5800)
Renommer, v. (*A*, 436, 468), *célébrer*
Renoyé, s. m. (*H*, 642), *infidèle, traître*
Renoyer, v. tr. (*H*, 663), *nier, rejeter*
Reparer, v. tr. (*L*, 794), *parer de nouveau*
Reppaire, s. m., *lieu de séjour* ; prendre son – (*L*, 469), *séjourner*
Reppairer, v. (*C*, 40), *demeurer, séjourner* ; (*C*, 885), *retourner*
Reprendre, v. tr. (*BD*, 484 ; *L*, 729), *critiquer, blâmer*
Requerre, Requerir, v. tr. (*BD*, 698 ; *A*, 603 ; *L*, 339, 342, 674 ; *H*, 27, 205, 332, 814, 1048, 1088, 1219, 1273, 1275 ; *RM*, 109, 171, 324), *demander, prier* ; (*L*, 370, 382 ; *H*, 49), *faire la cour* ; (*A*, 574), *exiger*
Resjouÿr, v. tr. (*L*, 409), *égayer*
Respiter, v. tr. (*BD*, 696), *accorder un répit* ; – a + inf. (*A*, 539), *différer de* ; soy – de (*C*, 957), *se trouver un répit, se préserver*
Retourner, v. tr. (*L*, 836), *consulter, feuilleter (un livre)*
Retraire, v. tr. (*LP1*, 6 ; *L*, 471, 710 ; *C*, 582, 588), *retirer* ; v. int. (*RM*, 290), *reculer* ; soy – , v. pron.(*BD*, 57, 480 ; *A*, 478 ; *L*, 775), *se retirer, s'écarter*
Revel, s. m. (*C*, 32), *gaieté, fête bruyante*
Revenir, v. intr., – a qqch. (*H*, 528), *se rappeler*
Revenue, s. f. (*H*, 309), *retour*
Revers, s. m. (*BD*, 570 ; *A*, 257), *contraire*
Rien, s. m. et f., *chose*
Rimeur, s. f. (*LP1*, 26), *bruit, rumeur, dispute*
Rimoyer, v. intr. (*BD*, 10), *faire des vers, chanter*
Rolle, s. m. (*A*, 347), *rouleau*

Sade, adj. (*A*, 595), *charmant, gracieux*

Saillir, v. intr. (*BD*, 646, 647 ; *H*, 1205 ; *RM*, 296), *sauter, s'échapper (d'une prison)*

Sain, adj. (*RM*, 224), *en bon état, exempt*

Saison, s. f. ; hors de – , loc. adj. (*L*, 475 ; *H*, 1067), *inconvenant, mal à propos* ; estre – (*BD*, 88 ; *RM*, 16), *être convenable*

Salvacïon, s. f. (*A*, 573), *moyen par lequel on se disculpe*

Sanchier, v. tr. (*C*, 546), *apaiser, satisfaire*

Sarcus, s. m. (*L*, 64), *cercueil*

Saudra, voir saillir

Sauf, – s'honneur (*C*, 586), formule de politesse, lit., *sans porter atteinte à son honneur*

Saulx, voir saillir

Saux, s. m. (*BD*, 158), *saules (plur.)*

Savance, s. f. (*Com*, 85), *sagesse*

Scïenteux, adj. (*A*, 503), *habile*

Sëant, adj. (*RM*, 201), *convenable*

Secret, segré, adj. (*BD*, 717 ; *A*, 523 ; *H*, 782, 958 ; *RM*, 286), *discret, privé*

Seel, s. m. (*C*, 438), *sceau, autorité*

Seellé, p.p.-adj. (*BD*, 626), *marqué d'un sceau (figurant une autorité)*

Segré, voir secret

Seigneurie, s. f. (*E*, 169), *domination*

Semblance, voir semblant

Semblant, s. m., semblance, s. f. (*Com*, 121 ; *BD*, 85 ; *A*, 259 ; *L*, 437 ; *H*, 935), *apparence, mine* ; faire – (*H*, 40), *s'exprimer par des signes extérieurs* ; estre – (*H*, 77), *sembler*

Semondre, v. tr. (*BD*, 407), *exhorter, inciter*

Semonneur, s. m. (*C*, 575), *instigateur, inspirateur*

Sentement, s. m. (*BD*, 14 ; *E*, 127 ; *A*, 35 ; *H*, 529), *capacité de sentir, de percevoir, émotion*

Sentir, se – de qu.ch. (*BD*, 43), *avoir l'impression, se ressentir de, se rendre compte*

Seoir, v. (*E*, 153), *s'asseoir* ; (*BD*, 678), *convenir* [voir également cheoir : *Pour la substitution de* ch *à* s *étymologique, effet d'hypercorrection typique des dialectes du Nord dès la fin du Moyen Âge, cf.* Flutre, Le Moyen Picard, *1970, p. 467*]

Serf, s. m. (*A*, 88), *serviteur, celui qui sert*

Sermenter, v. tr. (*C*, 807), *faire prêter serment à qqn.*

Seul, voir souloir
Sievy, sievir voir suire
Sollas, voir soulas
Sonner, v. tr. (*A*, 471), *proclamer*
Sorte, s. f. (*C*, 711), *compagnie*
Sortir, v. tr. (*C*, 691), *jeter un sort (à qqn.), fixer son destin* ; (*Com*, 124), *produire, engendrer* ; – a (*BD*, 492), *correspondre à*
Soubte, s. f. (*BD*, 391), *partie la plus basse*
Souffrir, v. tr. (*Com*, 138, 142), *permettre* ; (*BD*, 648 ; *E*, 160 ; *A*, 88 ; *H*, 1187 ; *RM*, 284), *supporter, tolérer*
Soulas, s. m. (*A*, 605 ; *H*, 1279), *plaisir, joie*
Soulde, s. f. (*BD*, 688), *paie, récompense*
Souldre, v. tr. (*A*, 193), *résoudre (une question, un problème), réfuter*
Souloir, v. (*BD*, 576 ; *H*, 13, 681), *avoir l'habitude*
Souployer, v. (*BD*, 684), *céder, se plier, se soumettre*
Sourplus, s. m. (*Com*, 106 ; *H*, 345), *le reste* ; au – , loc. adv. (*A*, 203 ; *C*, 729, 797), *en plus, en outre*
Sourquerir, v. (*BD*, 341), *exiger ou désirer plus qu'il ne faut, faire trop de pression sur*
Sourvenir, v. intr. (*H*, 3 ; *RM*, 326), *apparaître, arriver à l'improviste*
Sousprendre, v. tr. (*H*, 1066), *saisir, accabler*
Soussie, s. f. (*H*, 350), *souci (plante)*
Suire, sievir, v. tr. (*L*, 57 ; *H*, 63), *suivre, poursuivre*
Supplïer, v. (*L*, 881), *prier avec insistance*
Supployer, v. tr. (*BD*, 461), *renforcer, encourager*
Sur, prép. (*L*, 342), *contre*
Surnommer, sournommer, v. tr. (*L*, 799 ; *C*, 671), *donner un surnom (avec une connotation péjorative)*
Sus, prep., *sur* ; en – de, *au-dessus de*
Susciter, v. tr. (*C*, 892), *ressusciter*
Sy, sans – loc. adv. (*C*, 564), *sans réserve, sans condition*

Talent, s. m. (*L*, 372), *goût, désir*
Tant, – comme, conj. (*BD*, 348), *aussi longtemps que*
Tantost, adv. (*L*, 719, 817), *aussitôt, sur-le-champ* ; – que, loc. conj. (*L*, 363 ; *H*, 873), *aussitôt que, dès que*
Tart, a – , loc. adv. (*BD*, 541), *en retard, trop tard*
Taysir. inf. subst. (*L*, 691), *occasion de se taire*

Tempre, adv., *tôt*, – ne tart (*A*, 519), *ni tôt ni tard, c'est-à-dire, jamais*
Tendre, v. tr. (*L*, 105), *soumettre à une tension* ; – (a) (*Com*, 35 ; *E*, 194, 226 ; *L*, 739), *viser, avoir pour but* ; (*BD* 341), *être porté vers (sans que le résultat en soit certain)*
Tenir, v. tr. (*L*, 352), *considérer* ; soy – (*L*, 512), *se retenir* ; – a (*H*, 709), *dépendre de*
Tens, voir tenser
Tenser, tencer, v. (*L*, 298 ; *C*, 925), *soutenir une opinion* ; – a qqn. (*H*, 868, 1002), *faire des reproches à qqn.*
Terme, s. m. (*H*, 137), *limite*
Teurtre, s. f. (*H*, 1252), *tourterelle*
Tire, s. f., *trait* ; de chaude – , loc. adv. (*H*, 759), *sur-le-champ*
Tirer, v. ; – a + inf. (*A*, 283) *pousser, entraîner* ; – a qu. ch. (*L*, 644), *se diriger vers*
Tollir, tolir (*BD*, 6, 44, 472, 659 ; *LP1*, 27 ; *E*, 51, 107 ; *H*, 215, 216), *enlever*
Tousdis, adv. (*BD*, 569 ; *A*, 298 ; *C*, 123), *toujours*
Tout, du – , loc. adv. (*A*, 226 ; *E*, 100), *entièrement*
Toutesvoyes, adv. (*H*, 767), *néanmoins, quoi qu'il en soit*
Trac[h]ier, v. tr. (*L*, 41 ; *C*, 129), *poursuivre, suivre à la trace, voyager* ; (*C*, 629), *marquer avec un trait pour rayer, annuler, invalider*
Traire, trayre, v. tr. (*A*, 128, 130, 177, 336), *tirer, entraîner* ; – affin (*C*, 876), *conclure, terminer* ; soy – , v. pron. (*BD*, 121 ; *H*, 35), *se déplacer, se diriger* ; soy – de (*RM*, 292), *sortir*
Traire, v. subst. (*A*, 133), *fait de tirer*
Trait, s. m. (*BD*, 117 ; *E*, 243 ; *RM*, 92), *flèche* ; plur. (*L*, 638), *traits du visage, expression*
Transe, s. f. (*H*, 624), *affres de la mort, évanouissement*
Travail, s. m., pl. travaulx (*L*, 231), *souffrance, peine*
Traveillier, v. (*H*, 1071), *souffrir* ; soy – , v. pron. (*A*, 184, 501 ; *RM*, 78), *se tourmenter*
Travers, en – , loc. adv. (*L*, 429), *de long en large*
Travers, adj. (*BD*, 573), *pervers, dépravé*
Trencheur, s. m. (*H*, 1016, 1019), *morceau de pain servant d'assiette*
Tres- (*LP1*, 7 ; *L*, 547, 572), *préfixe indiquant l'intensification ou le dépassement*
Trespas, s. m. *décès*
Trespassé, s. m. (*C*, 774 ; *H*, 108), *défunt*

Trespasser, v. (*L*, 624), *mourir* ; (*Com*, 111 ; *E*, 212), *négliger, passer outre* ; soy – (*BD*, 46), *s'en aller, disparaître*
Trestout, adv. *entièrement*
Treü, s. m. (*C*, 432), *tribut, redevance*
Trïangle, adj. (*C*, 106), *triangulaire*

Umbre, s. f. (*C*, 440), *apparence* ; souz – de, loc. prép. (*A*, 100 ; *L*, 421), *sous prétexte de*
Uny, adj. (*H*, 11), *harmonieux*
Uys, voir huys

Val(l)ue, s. f. (*H*, 1140), *valeur*
Vanter, inf. subst. (*H*, 22), *vantardise, louange exagérée*
Vanteur, s. m. (*BD*, 786 ; *A*, 551), *vantard*
Varïableté, s. f. (*L*, 383), *disposition changeante*
Varïacïon, s. f. (*L*, 716), *hésitation*
Varïer, v. intr. (*RM*, 356), *changer, être inconstant*
Veer, v. tr. (*RM*, 203), *refuser*
Vegnié, voir bienvegnier
Venir, inf. subst., au mieulx – (*BD*, 543), *dans le meilleur des cas*
Vert, adj. (*BD*, 158), *jeune, vigoureux*
Veul, s. m., *volonté* ; contre le – de qqn. (*C*, 765), *malgré lui* ; a son/ton – (*A*, 213 ; *H*, 12, 779), *à sa/ta guise, selon sa/ta volonté* ; de son bon – (*RM*, 319), *de son plein gré*
Veulant, veullant, s. m., bien – (*C*, 259 ; *H*, 1119), *ami, quelqu'un qui veut du bien*
Vif, adj., au – (*RM*, 82), *sérieux*
Voir, adj., *vrai* ; de –, loc. adv.(*L*, 323 ; *RM*, 178), *vraiment* ; – disant (*BD*, 357, 789 ; *A*, 450), *qui dit la vérité, dont les discours sont pris pour la vérité*
Vÿaire, s. m. ou f., *visage*

Yessir, voir yssir
Ymage, s. f. (*A*, 533 ; *H*, 916), *forme, image* ; (*C*, 94 ; *H*, 260, 650), *statue*
Ymaginacïon, s. f. (*C*, 78 ; *H*, 69), *chose conçue par l'esprit, hallucination*
Yssir, yessir, v., *sortir*
Ystoire, s. f. (*C*, 93, 121), *scène, image*

TABLE DES MATIÈRES

Introduction VII
Sigles des manuscrits LXV
Établissement du texte LXVII
Le cycle de la *Belle Dame sans mercy* 1
  1 Alain Chartier, *La Complainte sur la Mort de la Dame de Maître Alain* 1
  2 Alain Chartier, *La Belle Dame sans Mercy* 15
  3 *Copie de la Requête composée contre Maître Alain et donnée aux Dames* 86
  4 *Copie de la Lettre envoyée par les Dames à Maître Alain* 88
  5 Alain Chartier, *Les Excuses de Maître Alain* 91
  6 Baudet Herenc, *Accusation contre la Belle Dame sans Mercy (Le Parlement d'Amour)* 115
  7 *La Dame loyale en Amour* (anonyme) 169
  8 Achille Caulier, *La Cruelle Femme en Amour* 245
  9 Achille Caulier, *L'Hôpital d'Amour* 327
  10 Alain Chartier, *Le Débat de Réveille Matin* 439

Dossier 473
  1 *Copie des Lettres des Dames en Rime* 477
  2 *Copie de la Lettre envoyée aux Dames par Rime contre ledit Maître Alain* 481
  3 *La Réponse des Dames faite à Maître Alain* 491
  4 *Les Erreurs du Jugement de la Belle Dame sans Mercy* (anonyme) (extraits) 501
  5 *Le Tombeau de Jean de Meun* 525

Leçons rejetées et Variantes 529
Indications bibliographiques 553
Chronologie 565
Index des noms propres 571
Glossaire 577

*Achevé d'imprimer en 2003
sur les presses des Editions Slatkine
à Genève–Suisse*